现代管理系列教材

企业管理学

（第三版）

金占明 白涛 主编

清华大学出版社
北 京

内容简介

本教材扼要介绍了企业战略的军事起源和历史演进；系统介绍了战略的概念、特征及解释战略形成的不同观点；深入分析了党的十一届三中全会以来中国政治、经济和社会文化环境的巨大变化及其对企业战略形成的深刻影响；重点讨论了行业结构、企业的资源和战略能力及其决定企业经营绩效方面的重要作用。本书分析了企业的基本竞争战略与适用条件，企业成长战略的类型和特点，尤其是一体化和多样化战略选择过程中可能遇到的矛盾和问题，并简要介绍在世界经济全球化和一体化的大背景下国际市场进入战略的选择问题。最后，讨论了企业战略的实施过程，尤其是战略与组织结构的关系及影响组织设计的因素。

本书的特点是结合中外典型案例进行分析，颇具启发性与可读性。本教材适合作为经济管理类专业的本科生、MBA 等教材选用，也可供从事企业管理相关工作人员参阅。

图书在版编目(CIP)数据

企业管理学 / 金占明，白涛主编. —3 版. —北京：清华大学出版社，2010.8（2023.2 重印）
（现代管理系列教材）
ISBN 978-7-302-23031-1

Ⅰ. ①企… Ⅱ. ①金… ②白… Ⅲ. ①企业管理－高等学校－教材 Ⅳ. ①F270

中国版本图书馆 CIP 数据核字(2010)第 111925 号

责任编辑：刘志彬
责任校对：宋玉莲
责任印制：杨 艳

出版发行：清华大学出版社
网 址：http://www.tup.com.cn，http://www.wqbook.com
地 址：北京清华大学学研大厦 A 座 邮 编：100084
社 总 机：010-83470000 邮 购：010-62786544
投稿与读者服务：010-62776969，c-service@tup.tsinghua.edu.cn
质 量 反 馈：010-62772015，zhiliang@tup.tsinghua.edu.cn
印 装 者：三河市龙大印装有限公司
经 销：全国新华书店
开 本：185mm×260mm **印 张**：23 **字 数**：531 千字
版 次：2010 年 8 月第 3 版 **印 次**：2023 年 2 月第 11 次印刷
定 价：50.00 元

产品编号：034308-02

第三版前言

Foreword

这些年来，在实际的课堂教学中，我深刻地体会到能够全面而系统地掌握企业管理知识，无论是对课堂上的在校学生还是前来深造的企业家们，都是十分重要的。学生可以在学习的过程中全面了解企业基本运行机制和运行中的相关问题，进而为以后的实践打好坚实的管理学基础；而企业家们则可以在学习过程中结合自身企业运作的实际情况对企业管理知识进行“查漏补缺”，更加系统地掌握企业管理的基本原理和运行机制，进而更加有的放矢地处理企业运营过程中出现的问题。

鉴于“全面而系统”地学习掌握企业管理学知识的必要性，同时根据环境的变化和企业管理学研究方面的进展，我们对《企业管理学》一书进行了全面修订，对企业管理学知识进行了重新梳理，为读者呈现更为全面而系统的管理学读本，帮助读者更加宏观地把握企业管理知识全景，更好地把握企业管理知识内在逻辑性。

本书的全面性和系统性主要体现在如下方面：

首先，全面性体现在对全书章节的划分和整体框架的构建上。全书共分为五大部分：市场营销、企业生产运作管理、企业技术系统的管理、企业会计基本知识以及企业财务管理与财务决策，这五个部分涵盖了企业运营的五大职能。读者通过学习，不仅可以从总体上把握企业运营的基本脉络，而且能够对企业管理知识有一个清晰而全面的认识。在每章之后，我们还增加了对应思考题，这些题目涵盖了对应章节的重要内容，便于读者更加深刻认识和理解每章的知识。

其次，在对各个职能部分分解的过程中我们充分地体现了本书的系统性。如在对企业市场营销职能的讲解上，是按照具体市场营销在实际中具体制定的过程来进行介绍，即按先市场细分，然后选择目标市场再进行定位(STP 战略)，最后根据 STP 战略来设计具体的营销组合(4P 营销组合策略)；在展开介绍企业生产运作管理职能时，我们先是概括介绍生产运作系统的内在规律，接下来介绍如何设计和构建一个好的生产运作系统，进而介绍如何高效运行企业生产运作管理系统以及对其进行维护和改进，整个逻辑结构完全按照企业生产运作管理的过程来设计；在技术管理、企业会计以及企业财务管理的部分也是同样，我们按照这些职能具体的运行过程来分析介绍，力争把完整、系统以及科学的企业管理过程呈现给大家。

本书修订后的版本，依旧为十一章，但具体内容和章节的设置都进行了较大的调整。在第一部分的市场营销环节中：完善了对于市场营销的概况介绍，加入了 STP 战略，除了按照具体的市场营销进行了重新梳理外，还对市场营销环境的全部数据和案例进行了更新；在第二部分的企业生产运作管理部分中：为全面反映各类企业的实际情况，我们将原书中提到的“企业生产管理”全部改为“企业生产运作管理”。在对企业生产运作管理重新进行概述梳理后,按照设计、运行和维护的逻辑过程对企业生产运作管理进行介绍,并在运行和维护的环节中加入了目前管理领域中的研究热点——供应链管理;在第四部分的企业会计基础知识部分,加入了管理会计的内容,并对财务会计的相关条款内容全部进行了更新,这样通过财务会计和管理会计两个部分的结合,把全面的企业会计知识呈现给读者;在第五部分的企业财务管理与财务决策部分中,加入了对于财务管理的概况性介绍和描述,以便读者对于财务管理有更加全面的了解。

本书第一版由金占明、石涌江、张荟和谢滨编写;第二版由侯贵松、孔国平、张荟参与修订,全书由金占明统一修改、定稿;本次第三版由白涛进行修订,由金占明统一修改、定稿。

在企业管理领域中,实践经验固然重要,但能够掌握企业运营的基本规律,从总体上把握企业的发展方向,不仅可以帮助企业管理人员少走很多弯路,在面对新问题的时候也可以做到"举一反三"和"触类旁通"。古人云,"工欲善其事,必先利其器",就是说,要想做好工作,先要使工具锋利,做好充分的准备。我们希望呈现在大家面前的这本《企业管理学》能够成为为企业管理者量身打造的一件"利器",为我国企业的发展保驾护航。

金占明

2010年4月于清华园

目录

Contents

第二部分　企业生产运作管理

第三部分 企业技术系统的管理

第四部分　企业会计基本知识

第五部分　企业财务管理与财务决策

第一章

企业系统与企业管理

就像家庭是组成社会系统的细胞，没有了家庭社会便会失去生命力一样，企业是构成经济系统并使其具有活力的细胞，经济、社会丧失了它便很难具有生机而赢得繁荣与发展。

从整个人类社会进程看，企业和工商业活动的历史还不到1 000年，而公司的出现则是最近100年前后的事情，然而，整个人类现代社会的文明，尤其是工业化和信息化时代的成就与发展，主要都是建立在企业贡献的基础之上的。若是回顾中国的改革开放、社会经济发展的历程，最关键的是我们引入了社会主义市场经济的机制。而其中，中国的企业——无论是以家庭联产承包责任制为基础的，还是集体、国家所有，或是建立在现代企业制度基础之上的——毫无疑问是创造这一发展奇迹的主角。因为正是这种具有活力的细胞凝聚了亿万人民提高生活质量的朴素愿望和巨大动力，并使之能够自由、充分地释放出来。因此可见，企业是现代社会繁荣的基础，而且随着人类需求日趋多样化、个人潜力与个性更需充分发挥，今后的社会发展，如果没有企业这一细胞的支持，将是不可想象的。

企业为社会进步、国家富强、乃至个人成长都提供了一种很好的组织形式和活动方式，但是这并不意味着每个企业因此就一定会被社会所接受，除去那些居心不良、道德不善的企业必遭恶有恶报之外，即使你的企业真有服务于社会、造福于人类的愿望，而缺乏实际的经营能力与最终绩效，现代这种竞争社会也很难容忍这样的企业有生存的可能。进入市场的企业如同进入战场的部队，虽不至于在肉体与灵魂上拼得你死我活那么残酷，但同样面临着优胜劣汰的无情选择。于是，便产生了如何争取生存、寻求发展的问题——也就是对如何有效地管理好企业提出了理论与实践方面的要求。

要管理好任何一个对象，除了需要具备一般的管理知识、技能与素质外，至少他还需要具备另外两个条件：首先，对所管理的对象要有深入的了解，如企业是什么、由什么构成、如何运转、有哪些具体的职能/业务性活动等，把握住对象的内部规律；其次，对该对象管理的特殊性要有充分的了解，如企业各职能管理的目标、任务是什么？企业各职能子系统的结构如何设计、运作如何监控？最重要的决策是什么？等等，在掌握了对象规律的基础上驾驭好它。本书主要就是要解决这两个基本问题，其中本章主要针对第一个问题，后面十章则从不同职能子系统的角度探讨其业务管理的特殊性问题。

第一节 企业的使命与活动

一、企业的概念与含义

企业是为满足社会需要并获取盈利,实行自主经营、自负盈亏、独立核算、具有法人资格,从事商品生产和经营的基本经济单位。从这一企业概念中我们可发现企业的五个特点。

1. 企业是一个经济性组织

人们把经济理解为"经世济民",意思是要在有限的资源条件下,使用尽可能少的投入来创造尽可能多的社会财富以满足社会日益增长的物质和文化生活需要。企业作为一个经济性组织,首先表明它是一个投入—产出系统,即从事经济性活动,具体表现为生产性和营销性等方面的活动,都是把资源按照用户的需要转变成可被接受的产品与服务;其次表明它具有追求经济性的目标,即在经营企业的过程中实现"产出/投入"之比的最大化。具体而言,企业不同于行政事业和福利性机构,它必须获取盈利。盈利是企业创造附加价值的组成部分,也是社会对企业所生产的产品和服务能否满足社会需要的认可与报酬。在发育完善的市场体系下,企业所获得的利润报酬与其为社会所作的贡献成正比;而不获利或亏损的企业则可认为是在占用、浪费、损害社会资源,是不应让其继续存在的。企业的经济性或获利性还意味着政府的税收与国民的福利、公益事业的发展,以及企业自身的扩大再生产、职工生活水平的不断提高。对于当今绝大多数的企业来说,经济性不仅是一种要求,它往往被认为是企业行动的最高且唯一的目的:实现利润的最大化。

2. 企业是一个社会性单位

企业不仅是经济组织也是社会组织;而且在现代社会中,企业的社会性功能已不是单纯地从属于其经济性功能,不是简单地反映为"取之于社会,用之于社会"的道义方面的要求,现代企业已是一个向社会全面开放的系统,它所承担的社会责任与政治责任有时甚至会对其经济性行为产生决定性影响。所以,企业概念中的"为满足社会需要"不仅指满足用户甚至市场的需要,它还包括了满足企业股东和一切经营及其结果的"相关者"的需要,这些相关者都在不同方面、不同程度上与企业发生着联系,影响、帮助或制约着企业的行为,如图 1-1 所示,形成了企业经营的社会环境,企业无论如何也是脱离不了这种环境的。应当注意到,企业社会性的责任与功能有时与其经济性的责任与目的之间会形成矛盾,结果往往是迫使企业在经济性方面妥协,因此企业利润最大化的目标一般是很难实现的。企业的社会性要求其管理者不仅要有经济头脑,还必须会解决社会、政治问题。

3. 企业是一个独立法人

即企业具有自己的独立财产与组织机构,能以自己的名义进行民事活动并承担责任,享有民事权利与义务。企业的法人特点规定了它需依法定程序建立组织,如必须在政府部门登记注册,应有专门的名称、固定的工作地与组织章程,具有独立的财产,实行独立核算,能够充分独立对外、自主经营等;同时,作为法人,企业也只对"有限"的自己负法律责任,如企业的行为并不殃及其员工,企业资产的清算仅对法人的注册资本与负债有效,并

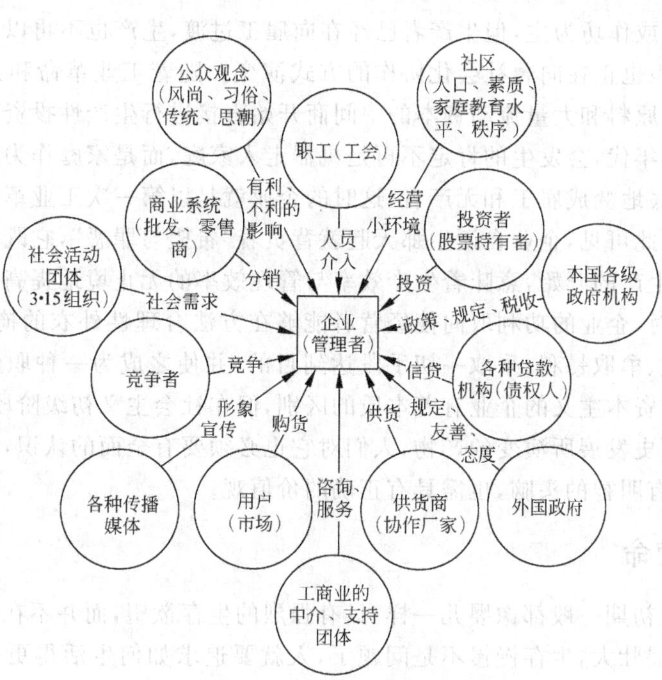

图 1-1　企业及其社会环境

不涉及出资人的其他财产问题。因此，独立法人的特点决定了企业一定是自负盈亏、独立核算与自主经营的。企业的经理、厂长是法人代表，应该对自己的权利有充分的认识，同时也应对自己要负的责任有明确的了解。

4. 企业是一个自主经营系统

除了独立法人的自主权利与责任所要求的自主行动之外，由于企业是在市场中运作，面对的是各种各样的需求、稍纵即逝的机会、优胜劣汰的竞争，经营决策除了需有有效性，还必须强调行动高效率，这也要求企业对其经营要有充分的自主性，不应受到其他方面的直接干预。同时对于企业经营者来说，自主经营除了行动的自主性之外，还意味着与自主经营所相对应的"自觉"负责，包括"自负盈亏、自我积累、自我发展和自我制约"，这些都是所有权与经营权分离之后，企业经营管理应该承担的义务。为了利用好自主经营使企业得以长期、稳定的发展，管理者还必须为此建立一个科学管理的企业经营系统，其中包括有效的企业组织与领导体制、高效率运作的经营决策机制。

5. 企业是一个历史发展的产物

企业并不是从来就有的，它是商品经济的产物，也标志着生产力发展的一定水平。在奴隶社会和封建社会中，主要的经济形态是自给自足的自然经济，家庭既是社会又是经济的基本单位，包括那时少数的工业作坊的生产都并不是为了交换，而主要是为了自身或给奴隶主、封建主的消费，因此这种以家庭和手工业作坊为基础的自给自足的生产组织形式都不叫企业。只有到了商品交换发展到一定程度、尤其是中间商介入生产与交换之间时，才开始产生了最原始的企业组织：简单协作生产制，这种生产形式的核心是由中间商来控制家庭或作坊的生产，原料的购进、销售的环节都与生产相脱节，尽管生产工具和劳动力还主要以家庭或作坊为主，但生产者已经在向雇工过渡，生产也不再以个人或家庭消费为主，生产的组织也正在向着社会化协作的方式演变。随着工业革命和大机器生产的推行，掌握着市场、原料和大量流动资本的中间商开始直接进行生产性投资。可以想象在机器应用于生产的年代，会发生的肯定不再是机器走入家庭，而是家庭作为经济细胞的彻底破裂，生产者彻底地变成雇工和无产者，这时的企业就是以第一次工业革命为基础的工厂生产制企业。由此可见，企业自诞生那天起就背负着"希望与罪恶"，它既代表着新的生产方式，是社会化生产的开始，意味着生产效率与管理效率的无止境地提高，创新、创造活动的空前活跃；同时，企业的功利取向使经营者能够在方法合理性外衣的掩盖下，肆无忌惮地榨取剩余价值、牟取暴利、采取一切手段达到目的，并使之成为一种职业规范。尽管社会主义的企业与资本主义的企业有着本质的区别，但在社会主义初级阶段，更重要的是企业都作为一个历史发展所演变的产物，人们对它也必须要有全面的认识，尤其是对于管理者而言，除了应有明智的头脑，也需具有正确的价值观。

二、企业的使命

企业在创业初期一般都像婴儿一样，只有强烈的生存欲望，而并不在意生存究竟为了什么，但随着发展壮大，生存慢慢不是问题了，人就要追求如何生活得更幸福、更有价值；同样，当企业不再面临生存挑战而面临发展选择之时，企业的使命、信念、理想一类的问题便会自然产生。

根据企业的概念，其目的包括两个方面："满足社会需要并获得盈利"，即"顾客满意＋合理利润"，它反映出企业社会与经济两方面的职能与责任。然而，在管理者实际决策之时，两方面目标的完全保证往往不如单一目标的不懈追求来得简单明确，况且社会利益与经济效益对于企业而言并非总是协调、统一的。在这种情况下，管理者的决策则可能遇到这种问题：在企业经营中究竟是以什么作为本质目的进行追求？是"合理利润"为目标、"顾客满意"为手段，还是"顾容满意"为目标，"合理利润"为回报？这并非想评判哪种方式正确，而是通过这一问题的讨论，管理者可能对自己企业的使命、经营信念与企业文化等方面会有更进一步的认识。

关于企业的社会责任问题从来就有两种不同的看法，其中主张企业只应负有限社会责任的人士认为：在一个自由竞争的市场体系下，企业追求私利极大化的过程会导致社会公利极大化的结果；担负社会责任的企业往往以牺牲企业利润和效率为代价；公平的社会取决于代表民意的政府，而不应由企业领袖来参与；企业管理者应接受更多的营销、生产、财务方面的职业训练，社会决策并非它们之所长；企业利润分散于社会既不稳定又不充足，不能有效地解决好社会问题。因此认为企业主要是完成其经济任务、追求利润目标，社会问题由政府或社会本身来解决。

另一种观点认为企业应该具有社会责任感，因为这对企业本身有很大的好处，如果企业都不进行大规模裁员就不会有很高的失业率，相应的购买力也不会下降，企业市场便不会萎缩；如果企业不管社会问题，很有可能会导致社会混乱，受害者仍是企业；同样，企业不顾社会，人民会转向政府，要求对企业进行更严厉控制，这有可能更为糟糕；还有许多问题的确是由企业造成的，企业有义务负责完善、改善社会环境及其公众形象。

企业作为一个经济系统，无论从哪一方面来说都必须是盈利的，千方百计地提高经济效益毫无疑问是管理者的中心任务。然而，盈利或利润是应该直接作为目的来追求，还是当成一种过程产物来看待，这一问题确实是值得管理者考虑的，尤其是那些经营较好、正在谋求进一步发展的企业更应慎重考虑这一关系。如果管理者把盈利水平作为最高目标加以追求，其他的一切都只是实现这一目标的手段，这比较容易导致经营方面的短期行为、影响战略目标的稳定，容易使企业去追逐高回报率的行业或市场，而不易使企业在长期竞争中把注意力集中于自身素质的提高，这可能对企业长远的生存与发展产生基础性的动摇。相反，若是企业把更多的精力关注于市场、用户、对市场的变化、用户需求发展的趋势能够了解、掌握，迅速做出反应、甚至引导，把握趋势的变化，企业就将在这一市场上长久不衰、日益兴旺，相应地不仅利润水平会较高而且稳定性会很好，高市场占有率与良好的公司形象所导致的经营风险会很低。由此可见，如果企业把眼光更多地放在服务对象身上，更多地关注于长远的社会、市场、顾客利益，社会和用户是会充分予以回报的。利润作为服务过程的产物将自然而然地产生而无须你刻意追逐。

“生产的目的是以丰富大众日常生活的必需品、改善及扩充其生活内容为主要目的。”这是 1932 年松下幸之助向全体员工致辞时讲到的，它部分地揭示了这个公司成功的秘密。还在世界经济大萧条之时，松下先生就在考虑“生产者的使命”、“为什么办企业”这类经营理念问题，并从一次偶然的宗教活动中悟出了“正义的经营”之道：“宗教事业，是全力以赴地引导广大有烦恼的人获得精神寄托，是使其人生幸福的神圣事业；而我们所经营的事业，则是生产和满足人类生活不断提高所需要的物质产品，因而它也是必不可少的神圣事业”，于是建立了他“实业人的使命，就是克服贫困，就是使整个社会脱贫致富。把商店和工厂繁荣起来并不是经营和生产的目的，而是，通过其劳动和活动，使社会富起来”。在这一信念体系下，顾客满意与合理利润问题也就很容易解决了，“所谓利润，应该看做是对完成企业使命所给予的报酬，因此，没有利润的经营可以看做是这个企业对社会贡献小，没有完成本来使命的企业”。

美国著名的经验管理学家彼得·德鲁克(Peter Drucker)也曾指出“企业目标的唯一有效定义就是要创造顾客”，德鲁克的本意当然不是说企业只用创造顾客及服务用户，而可以不管成本或不盈利，他关键是想告诫经理及管理者存在着一种更好的经营思想，即时刻不要忽视顾客，不要“只顾盈利而不爱服务”，若不管用户需求、服务不佳，企业在竞争中必然受挫、自然也难以盈利；而采用追求“创造顾客”模式、盈利是必然的结果。

由此可见，尽管追求企业的经济性、甚至以利润为经营目标并无可厚非，但中外管理学界与实业界也在思考、探索着一种更好的经营思想与思想方法，试图把企业利益与公众、客户利益更好、更自然地协调统一起来。

三、企业的类型划分

由于现代经济生活十分复杂，作为基本经济单位的企业也就有很多类别；为了更深入地研究企业管理的特点和规律，也需将企业进行分类研究。因所要研究的问题不同，企业类型划分的原则也有多种，表 1-1 便是从资产构成形式、行业属性等方面对企业进行的分类。

表 1-1 企业的类型划分

企业分类原则	企业类型
根据企业财产构成和所负法律责任	①单一业主制；②合伙制；③公司
根据企业所属经济部门	①农业企业；②工业企业；③建筑安装企业；④运输企业；⑤商业企业；⑥邮电企业；⑦金融企业；⑧咨询企业
根据生产力要素比重	①劳动密集型企业；②技术密集型企业；③知识密集型企业；④资源密集型企业
根据企业经营规模	①大型企业；②中型企业；③小型企业
根据企业经营方式	①国有国营；②国有民营；③民有国营；④民有民营
根据产品的经济性质	①工业品生产企业；②消费品生产企业；③军工生产企业
根据组织结构类型	①企业集团；②公司；③总厂；④工厂

在当今经济体制改革不断深入、社会经济生活日益多样化的时候,无论是有志于振兴中国经济的豪杰,还是有心下海弄潮、自己雇自己的老板,或是正在探求职业去向的一般草民,大家都不约而同地把关心焦点对准了产权关系的明晰之上。的确,企业的产权关系确实在很大程度上影响着其经营及效益,无论管理者还是一般职工都需对它加深了解和认识。

根据企业资产的构成形式和所负法律责任,企业可划分为单一业主制、合伙制和公司,前两者只具有“自然人”资格,而公司则具有“法人”资格,其“自然人”资格掌握在出资者手中,只有董事长或总经理一人代表企业这一法人。表 1-2 对三种形式进行了概括,了解其中的规律对于开办、拥有、管理企业是有意义的。

表 1-2 企业所有制形式的三种分类

项目	单一业主制	合伙制	公司
定义	单人拥有并控制的企业	两人或多人拥有并控制的企业	两个以上的资产所有人经法律批准所组成的社团法人
优点	1. 容易组成和解散 2. 决策、作业自由、简单化 3. 管理灵活性大 4. 利润独享 5. 信用可靠、个人身份担保 6. 政府管制少 7. 政府课税优惠	1. 容易组成和解散 2. 使用可靠 3. 政府管制少 4. 资金来源较多 5. 政府课税优惠 6. 经营、管理可分工、专门化 7. 较容易成长与扩展	1. 容易筹集大量资金 2. 股东只负有限债务责任 3. 企业可望长期生存 4. 容易吸收各种人才 5. 股权细分、有利于决策民主 6. 容易成长、发展 7. 股权易转移,资源配置市场化
缺点	1. 无限债务清偿责任 2. 企业生存寿命不稳定 3. 筹集资金困难 4. 缺乏经营、管理人才	1. 无限债务清偿责任 2. 企业生存寿命更不稳定 3. 内部职权矛盾冲突加剧 4. 难以撤退投资	1. 公司组成的成本较高 2. 政府对公司的监管较严 3. 投资者个人的经营权丧失 4. 经营者拿薪金有时缺乏责任心 5. 投资者的利益不易确保 6. 不能保持公司亏盈机密 7. 对投资者来说,双重缴税

四、企业的职能活动

所谓“职能”可以从两方面来理解，其一是环境对于系统绩效功能表现的要求；其二是系统对其环境的贡献水平。企业的职能活动是指企业为了实现其目标所必须进行的各种功能性行动，既表示活动的有效性，也表示活动的功能属性。

不管企业经营何种产品、所有制形式怎样、规模大小如何或组织结构形式差异有多大，为了达到它作为投入-产出经济系统的基本要求，任何企业都必然进行以下六种职能性活动：

1. 营销性活动

认识市场和用户的需求特性，并根据企业的特长进行产品、定价、分销、促销及公共关系建立与服务方面的决策，以沟通外界需求与内部能力，使企业系统的经营能够以市场为导向并使产品/服务能有效抵达用户。

2. 生产性活动

这是将市场信息与用户需要按工艺要求转化为物质形态的产品或能够满足需要的服务过程，使市场信息和企业营销愿望能够真正变为可供用户消费的实物或服务。

3. 技术性活动

这是进行产品（或经营对象）及其生产方法（或经营方法）方面的研究与开发，使企业有能力保持经营对象及其方法上的先进性，继而塑造企业整体的市场竞争优势。技术性的职能对经营对象而言与营销性职能类似，但侧重于对市场潜在需求的开发；而对经营方法而言则与生产性职能类似，但比它更为广泛，不仅涉及生产工艺方法，还要对整个企业的经营方法进行研究与开发。

4. 财务性活动

这是对企业全部资产的经营性活动，包括各种资金的筹措、分配、运用，对负债、股本、利润的管理，以使企业的经营能够在正常的资金条件下进行，并使企业的财务结构合理、经济效益提高、出资者的利益得以保护。

5. 会计性活动

这是对企业的经营活动及其财务状态进行统计、记载、整理、汇总、分析，以提供组织的财务性资料，帮助不同的人，如业主、债权人、投资者、政府、员工、金融机构等进行分析决策。会计本身偏重于对财务性活动的记录；而财务性活动是对以资金为表现形式的全部资本进行的经营。

6. 管理性活动

这是通过计划、组织、领导、激励与控制等手段，对企业以上各职能性活动以及所使用的各类资源进行协调，以期达到企业的经营目的。所以管理性活动是一种综合性的职能，其核心是在目标基础上进行各种活动的协调。

企业的以上六种职能性活动是完成企业使命、达到企业目标的基本活动，本质上说是缺一不可的。但是，这六项活动并不是同等重要的；它们之间的关系反映了经营企业的机制问题。一般来说，前五项企业运营性活动的次序不能颠倒，其相互关系可表示为

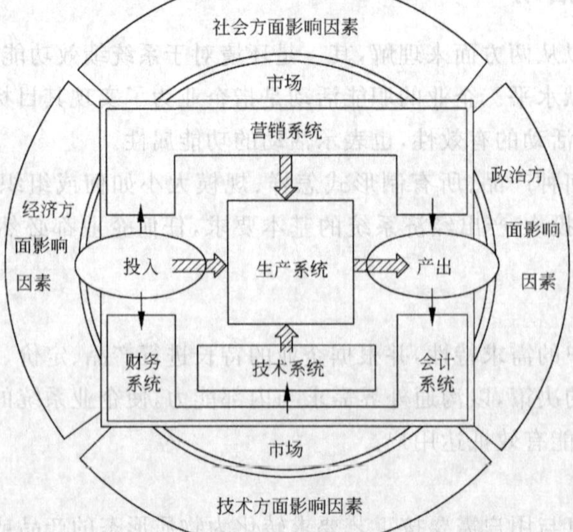

图 1-2 企业各种职能及相互关系

图 1-2。即企业应该以市场为基础，以营销活动为先导，以生产或创造性活动为核心，在其他各项活动的支持下达到企业的目标。任何一个企业生存、成长的前提一定要符合社会和市场的需要，因此企业营销活动，尤其是发现市场需求、了解顾客愿望的活动，应该是任何一个企业全部经营活动的起点，营销系统就像人体的感觉器官把握着行动的方向、目标，指挥着最有效的反应；如同人活在世上不仅是为了感觉而且更是为了创造一样，企业营销的目的本质是为了实现企业的创造性职能，即生产，它是企业创造价值的核心部门，就像人体的骨骼、肌肉、运动系统实现着劳动、创造的职能；技术性的活动关系到企业的长期生存问题，就像人类的生殖系统，不仅担负着繁衍而且还承担着优选进化的使命；财务活动供给着企业运转所需要的血液、养分，谋划着养料摄取的途径以及营养配方、消化方式等；会计活动监视、反映着企业的运作状态，如同人体免疫系统起着反应、控制、自动抵御外界干扰的作用；而企业管理性的活动就像人体的大脑思维与神经指挥系统一样，把各子系统的职能加以集成、协调，纳入统一的目标之下进行有条不紊的工作。因此，企业职能活动的关系可表示为图 1-3 的平面逻辑关系，纵坐标是企业运营性职能活动，横坐标为管理性职能活动。显然，管理性的各项职能是渗透在各项运营性职能之中的，每项运营性活动也都需要在管理中得到协调、统一。不同的企业，其具体的运营活动可能千差万别，但渗透于各项业务活动之中的管理性活动却有着一些共同的规律性；而且正是由于有这种管理性活动，才使得分配于各职能部门中的业务活动得以统一、各项工作在分工之后能够协调，因此，探寻这种管理活动本身的规律性，对于更好地经营企业、实现企业目标有着极其重要的价值。

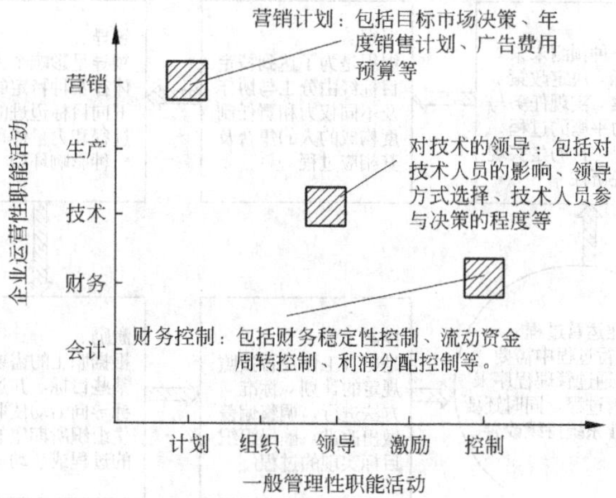

图 1-3　企业职能活动间的关系

第二节　管理的基本职能及其演进

一、管理的概念与特点

管理作为一种人类的实践活动是伴随着人类历史而产生、发展的，但就一门系统的学科建立却是在工业化的 20 世纪初，而且迄今为止，管理一词也还没有一个统一的可为大多数人都接受的定义，原因是不同的人在不同层次、以不同的角度看待管理工作，自然对管理的认识、总结也就不同。强调管理与执行差异的人视管理为"设法经由他人之力量来完成管理者意图的活动"，强调工作任务的人认为"管理是由一个人或多人来协调其他人的活动，以便收到个人单独活动所不能收到的效果"；强调职能的人认为管理是"计划、组织、领导、控制等"；而强调管理的对象重要性的人却视"管理就是调动人的积极性"。这些都是从不同的角度来反映管理的性质或内容。

一般来说，管理可被定义为：是通过计划、组织、领导、激励、控制等环节来协调好组织的各项运营性活动与资源以期达到组织目标的过程。在这一定义中表明了管理的三方面含义：①管理作为一个过程，是通过计划、组织、领导、激励、控制等职能来加以实现的，它也表明了管理的基本职能与管理者的工作内容，各职能的基本含义与工作逻辑关系如图 1-4 所示；②管理的对象是组织的各项业务性活动及其所使用的资源，包括人力、财力、物力、时间、信息等，凡是使用资源的就有天赋的义务通过业务性和管理性的活动以求经济性；③管理的目的在于达到组织的目标，这是其有效性的规定，至于管理过程中对效率、经济性目标的追求是在有效性确定的基础上进一步完善的过程。

组织的管理性活动与其他运营性业务活动有很大的差异，它的核心是进行一种综合协调，其工作特点如表 1-3 所示。

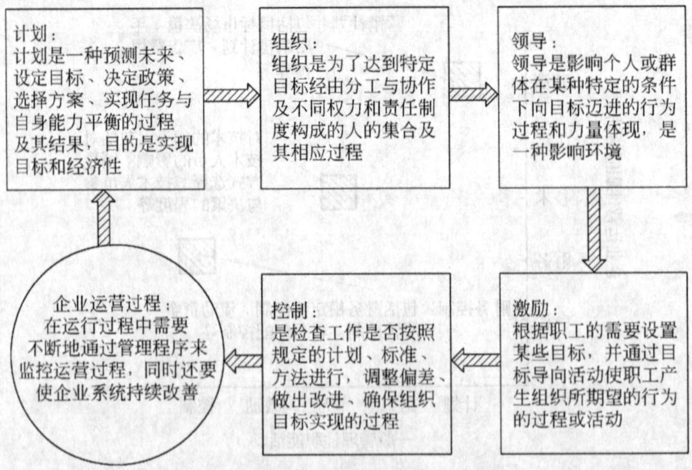

图 1-4 管理的基本职能及其关系

表 1-3 管理的特点

1. 管理的科学性：	管理是一门科学，因为它具有科学的特点：客观规律性；真理性；实践指导性；系统性和可发展、完善性。
2. 管理的艺术性：	管理的理论、方法、原则的应用具有艺术性，这种艺术性主要指管理的技巧和根据管理对象、环境而有效应变的技艺；此外，艺术性也可指领导者的感召力，使员工能够感受到领导者所要表达的目标、准则、期望。
3. 管理的综合性：	管理是渗透在业务活动之中实现的，由于管理的对象、过程、目的诸要素都很复杂，管理者仅掌握单一方面的知识与技能是远远不够的，管理者要具有管理素质，也需要有业务基础，还需要有处理人际关系的能力。
4. 管理的不精确性：	管理在已知条件完全一致的情况下有可能产生截然相反的结果，即投入资源相同而产出却可能不同，说明管理系统非线性，其中存在着很多无法预知的因素，或不可能确切表示的因素，这是该系统的"本性状态"。
5. 管理的系统性：	管理是通过系统实施、实现的；在管理系统中，它尊重一般系统的规律性；管理的任务也可认为是进行一种管理系统的决策：分析—设计—运行。
6. 管理的两重性：	管理既具有与生产力相联系的自然属性，也具有与生产关系相联系的社会属性，两位一体不能分开。

二、管理思想的发展过程

人类文明、进步的历史也就是管理的发展史，因为一旦出现了组织性的活动便产生了管理的需要。纵观人类文明过程，从公元前 5000 年至今，每一重要阶段都留下了管理实践的印迹和思想的遗产。在这 7000 多年的发展进程中，管理思想的演进可大致分为四个阶段：①公元前 5000 年到 19 世纪末为早期管理思想发展阶段；②19 世纪末到 20 世纪 30 年代为古典管理思想发展阶段；③1930 年到 1945 年为中期管理思想发展阶段；④从 1945 年到现在为现代管理思想发展阶段。各个阶段都有其思想代表人物与管理特点，但各阶段的管理思想之间并不彼此孤立，它们是相互补充，不断充实、提高、系统化的。

1. 早期的管理思想

这是一个漫长的文明发展时期，尽管工商企业管理在这一阶段还很薄弱、很不系统，

但人类在与自然进行抗争的经济活动、与自身进行协调的社会活动中，确实创造了很大的业绩，并产生了很多优秀的管理思想，例如，

- 公元前5000年，苏美尔人在祭祀中便有了庞大的赋税制度与“公司”概念、记账体系；
- 公元前4000多年，古埃及人建造金字塔，集中约10万人，历经20年以上的时间；
- 公元前2000年，巴比伦王制定了关于个人财产、不动产、贸易和商业、家庭和劳动的各种法律；
- 公元前1200年，《周礼》中记载了当时的中国在官僚体制、计划、指挥、控制方面的原则；
- 公元前600年，中国产生了以《孙子兵法》为代表的一系列战略战术方面的兵书战策；
- 公元前370年，古希腊人希诺芬调查了当时的生产活动，论述了劳动分工的概念及其优越性；
- 公元前250年，中国的李冰父子主持修建四川都江堰水利工程；
- 公元前284年，罗马建立中央集权大帝国，西起英国，东至叙利亚，控制着5 000万人；
- 公元前214年，中国秦将蒙恬受命率30万众修长城；
- 中世纪，随着威尼斯海上商运业的繁荣，威尼斯兵工厂开始实行标准化零部件与生产线生产；
- 16世纪，英国的托马斯·莫尔发表了《乌托邦》，描述了当时社会的缺陷以及理想的国家模式；
- 1513年，尼科洛·马基雅维利写了《群论》一书，论述领导与统治的艺术；

在18世纪中期世界出现产业革命之后，手工作坊制向着以机器为基础的工厂制转变，计划、组织、控制等职能相继在生产过程中产生，一批专职的“管理”人员也开始从其他工作中分离出来。这期间著名的英国经济学家亚当·斯密(Adam Smith，1732—1790)发表了《国民财富的性质和原因的研究》(旧译《国富论》)，提出劳动是国民财富的源泉；并特别论述了劳动分工对劳动生产力的促进机理，即分工可提高熟练程度、减少变换工作所造成的时间损失以及简化劳动、有益于改进工具设备；另外，还提出：“经济现象是基于具有利己主义目的的人们活动所产生的”重要假设，奠定了资本主义经济理论的基础。

后来，英国空想社会主义者欧文(Robert Owen，1771—1858)以其博大的仁爱之心进行了多项试验，试图证实发展生产力并不一定需要当时那种残酷的剥削、压榨方式。他关心工人的工作条件与福利待遇，规定童工的最低年龄限制，为工人建造宿舍与街道，限制每日工作时间，提供饮食设备，修建学校以培训员工，开辟夜间娱乐场所以丰富员工的生活。因此，他也被称为“现代人事管理之父”。

19世纪初，英国的巴贝奇(Charles Babbage，1792—1871)在其广泛的调查与实践基础上总结出了他的管理思想，他呼吁管理者要开展时间研究和成本分析，并进一步分析了劳动分工的优点，还提出了一种工资加利润分享的分配制度，强调工人与业主之间存在着利益共同点。他的这些学说无论在深度上，还是在广度上都较前人甚至同时代人有较大进步，

他研究了制造业的几乎所有方面,其理论不仅适用于企业也适用于其他类型的组织。

2. 古典的管理思想

从19世纪中后期到20世纪30年代,这是工商企业界乃至社会大变化的时代,其间随着制造业的大规模发展,企业完成了所有权与经营权的分离,形成了股份有限公司的组织形式;同时,机械化水平的提高,要求劳工的生产效率能够进一步增强,要求管理者不再单凭直觉与经验指挥生产,而要根据科学来制定工作标准与作业方法;另外如何解决劳资双方的争斗问题,这些都对当时的管理方式提出了尖锐的挑战。也正是由于社会发展的需要以及传统经验式管理的束缚,美国出现了以泰勒为首的科学管理运动倡导者,形成了划时代的"科学管理原理",在法国出现了以法约尔为代表的"一般管理理论"。他们使这一时代成为管理学科的转折点,使管理逐步由经验变为科学,由支离破碎走向系统化。

1) 泰勒:科学管理原理

"科学管理"理论的创始人是美国的泰勒(Frederick Winslow Taylor,1856—1915)。泰勒22岁到一家钢铁厂当学徒,在技术与管理上得到了锻炼,后被提拔为工长、中层管理者和总工程师。泰勒的经历使他对生产现场十分熟悉,尽管他发明过多项技术专利,但他还是意识到在当时的工厂中要提高劳动生产率,最主要的问题不在于技术而在于管理,他认为单凭经验进行管理是不科学的,必须加以改变。于是他利用自己取得的地位开始了管理方面的一系列科学试验和革新活动,并据此提出了他的"科学管理原理",其主要观点如表1-4所示。

表1-4 泰勒的科学管理理论主要观点

1. 科学管理的中心问题是提高劳动生产率,为此要制定出有科学依据的劳动定额,要进行动作与时间研究,具体方法涉及马表计时、过程分析、动作研究、人-机联合分析等;
2. 科学管理是一场思想革命,它要用科学试验的方法使管理摆脱过去长期以来单凭经验、直觉的束缚,管理者应把传统的经验收集起来、记录下来,进行分析概括为规律和守则,使之科学化;
3. 要科学地挑选工人和使工人进步,为工作完成的需要进行工作,方法设计,根据需要选择工人,然后对他进行科学地训练,使其达到要求。选拔"第一流的工人"意味着工作对人适合与人愿意尽力完成;
4. 工人与管理方面保持不断和密切的合作,劳资双方应把注意力由盈余分配转移到盈余创造之上,通过双方的共同努力,要使盈余增加到根本不必为如何分配而争论、对抗,双方应友谊合作;
5. 把计划职能(管理职能)与执行职能(实际操作)加以分开,计划部门的主要任务是:调查研究,为定额与方法提供科学依据;制定定额、操作方法;拟订计划、发布指令;比较标准与实际进行控制;
6. 差别计件付酬制,如果工人完成、超额完成定额,按比正常单价高出25%计酬,不仅超额部分,而且定额内的部分也按此单价计酬;如果工人完成不了定额,则按比正常单价低20%计酬。

2) 法约尔:一般管理理论

法约尔(Henri Fayol,1884—1925)曾经较长时间担任法国一个大煤矿公司的领导工作,与泰勒基层工作的经历不同,他积累了丰富的高层管理经验,与此同时,他还任教于法国军事大学,对社会其他行业的管理也进行过广泛调查。因此1914年其代表作《工业管理与一般管理》更能反映管理的一般规律和他的理论抽象概括。法约尔认为要经营好一个企业必须要注意改善企业的六方面职能,即技术、商业、财务、安全、会计和管理,其中管理的职能为计划、组织、指挥、协调与控制。这是对企业活动最早、最系统的概括,同时也是对管理职能最早、最经典的总结，他认为只要从事了这些工作便对企业进行了管理，也就是告诉人们什么是企业和管理，它们都应该干些什么(What)。至于如何更好地管理(How)，法约尔总结了14条管理原则，如表1-5所示。

表1-5 法约尔的14条管理原则

1. 劳动分工：劳动的专业化分工可以提高效率，它不仅适于生产、技术，也适用于管理；但分工要适度，并非越细越好；
2. 权力与责任：权力与责任是互为依存互为因果的，权力是"指挥他人的权和促使他人服从的力"，责任则是随着权力而来的奖罚。一个人管理位置越高，明确其责任范围就越困难。避免滥用权力的最好方法是提高个人素质；
3. 纪律：是企业领导人同下属人员之间在服从、勤勉、积极、举止、尊敬方面所达成的协议，组织成功离不开纪律；
4. 统一指挥：无论什么时候，一个下级都应接受且只应接受一个上级的命令。双重命令是对于权威、纪律、稳定的威胁；
5. 统一领导：强调统一的行动，只应有一套计划和一个领导人来协调资源应用与活动安排；
6. 个人利益服从集体利益：集体目标应包含员工个人的目标，但个人均不免有私心与缺点，这些因素常促使员工将个人利益放在集体利益之上，因此作为管理者，必须经常监督，并以身作则，这样才能缓和两者的矛盾，使其一致；
7. 合理的报酬：对工人和管理人员工作所付给的报酬应以系统地奖励方向正确的活动为基础；
8. 适当的集权与分权：提高下属重要性的做法是分权，降低这种重要性的做法便是集权。就集权制度本身而言无所谓好、坏，集权程度适当与否取决于管理层和员工的素质，企业的条件与环境；
9. 等级链与跳板原则：从上到下进行联系的各层权力等级称为等级链，它保证着统一指挥原则的实施，也可以使信息传递有秩序地进行。当平级要进行沟通时，为了提高沟通效率，可平级直接通过"跳板"沟通，但事后要汇报；
10. 秩序："凡事都应各有其位"，这一原则适用于物质资源，也适用于人力资源，各种资源都应在自己的岗位发挥作用；
11. 公平：公平是由善意与公道产生的，而公道是执行既定的协定。员工有希望得到善待和平等的愿望，但管理者为了企业总体利益的实现，又应该严格执行已定出的合法、公正的章程。一般雇员在受到公平对待时，会以忠诚和献身的精神来完成他们的任务；
12. 保持人员稳定：生意兴隆的公司通常都需要有一批稳定的管理者，作为一条原则，最高管理层应采取一些做法鼓励雇员，尤其是长期为公司服务的管理人员；
13. 首创精神：鼓励雇员认真思考和实现某种行动计划。给人以发挥主动性的机会是一种强大的推动力，领导者要在不违反职权和纪律的条件下，鼓励和发挥下级的首创精神；
14. 人员的团结：这是通过利益的一致性来实现行动的统一：一个组织内集体精神的强弱取决于组织内部员工间的团结。培养集体精神的有效方法是严守统一指挥，并加强情况的交流。

在古典管理思想中，探索者与贡献者有很多，但是法约尔与泰勒的理论最具代表性，而且加起来可被视为是一个较完整的体系，前者概括了最普遍的管理职能，至今仍被管理者所铭记，而后者的贡献则主要在于其思想方法，他所告诉管理者的不仅是知识、学问、技法，更重要的是：管理是科学，其真理性在于探索的过程，管理者需要这种探索，尽管其结果可能并不是放之四海而皆准的。

3. 中期的管理思想

在1930年至1945年这15年中，以梅约和巴纳德为代表的思想开始了对于人的社会性的探索，如同早期管理思想揭示了管理真理性和科学性规律一样，通过他们的科学研究与管理实践，也划时代地向人类展现了人的"非线性"社会行为，管理人的艺术性、复杂性和管理学科的不精确性。

1）梅约：人群关系理论

行为科学的发展是从人群关系理论开始的，在此之前甚至心理学家都相信人类似于线性系统，一定的行为环境条件下就必然产生一定的行为表现。而美国管理学家埃尔顿·梅约(Elton Mayo,1880—1949)却在芝加哥西方电器公司霍桑工厂所进行的试验基础上提出工人是“社会人”的假说，工人表现不取决于物质条件的改变而在于工作群体对个人的心理影响。这项试验便是引起各界高度重视的“霍桑试验”。霍桑试验经历了 8 年的时间，最初是想证明生产的物理条件(如照明、工休、环境)对生产效率有直接的影响，但试验结果与试验假设大相径庭，使心理学家们困惑不解。梅约中途介入并领导了后续的访谈与试验，发现了工作小组中的“非正式组织”现象，继而提出了与科学管理理论不同的“人群关系理论”，见表 1-6。

表 1-6 梅约的人群关系理论主要观点

1. 工人是“社会人”而不是“经济人”：科学管理把人当成“经济人”看待，认为金钱是刺激人员积极性的唯一动力。而梅约认为：工人是“社会人”。影响人们积极性的因素除物质方面外，还有社会与心理方面：友情、安全感、归属感、自尊等； 2. 企业中存在着“非正式组织”：正式组织是以效率逻辑为导向的，非正式组织是以感情逻辑为导向的，为了满足工作中的情感需求，非正式组织的成因包括：兴趣爱好相投、亲朋故旧关系、工作联系、工作位置关系等。非正式组织的弊端是可能集体抵制管理者的决策与命令，不利于统一指挥，统一行动；而其优点是使员工有倾泻感情的场所，沟通迅速，使人在工作中感受到生活的乐趣； 3. 工人生产效率主要取决于职工的工作态度以及与他周围人的关系：职工的工作态度是由其背景决定的，如家庭、经历、学历等；工作场所的情况涉及职工之间、职工—领导之间的关系好坏。

2）巴纳德：社会系统理论

美国管理学家巴纳德(Chester I. Barnard,1886—1961)是中期管理思想中最有卓越贡献的代表者，他既是实践者又是理论家，他对于组织理论的贡献，使这位未能获一个学士学位的哈佛肄业生荣获了七个荣誉博士学位。他在管理界的知名度仅次于科学管理之父泰勒，其 1938 年发表的《经理的职能》至今仍是管理者重要的阅读书目，对西蒙等一代学者影响巨大。巴纳德的社会系统理论的主要观点如表 1-7 所示。

表 1-7 巴纳德的社会系统理论主要观点

1. 组织是一个合作系统：组织并不是只由职责分工和权力结构组成的僵硬结构，组织是用人类意识加以协调而成的活动与力量系统； 2. 组织要有明确的目标：组织目标不明确，成员便不知他们的行为准则；组织的目标还应被成员所理解接受；组织的成员具有双重人格，既有自己的目标体系，也要接受组织的，这两者并不是在任何时候都一致的，制定组织目标时应考虑到这一点； 3. 组织的成员都需要有协作的意愿：在组织内部强调协作，就是要求成员要实行自我克制、交出个人行动的部分控制权，让组织控制。组织无协作，目标将无法实现； 4. 组织的存在与发展需要沟通、交流：这是管理的职能，要达到目标和实现协作，基础是进行良好的沟通； 5. 组织效力与组织效率原则：前者指实现组织目标的程度，后者指实现成员个人目标的程度。前者是管理者追求的对象，而后者则是实现前者的条件，因此要充分提供诱因、机会； 6. 管理者的权威主要应来自下级的认可：权威并不是来自上级的授予，而是自下而上的承认

总之，中期管理思想主要体现在对组织行为的研究方面，这一方面是由于古典管理思想对人、对组织较为僵硬的理解所造成的；另一方面反映了管理研究、实践的深入，从这一时代开始人们已从组织的系统方面和构成组织的成员方面来探讨它们的行为表现规律，为后来的组织行为学奠定了基础。

4. 现代的管理思想

第二次世界大战之后，世界政治形势基本稳定，许多国家都致力于发展本国经济，相应的工商企业活动日趋广泛、对企业管理的研究也日臻深入，呈现出了百家争鸣理论繁荣局面。美国管理学家孔茨(Harold Koontz)曾两次在《哈佛工商评论》中发表文章讨论他所提出的"管理理论丛林"问题，在1980年发表的《再论管理理论的丛林》一文中他认为目前至少已发展到有11个学派，如管理过程学派、权变理论学派、经验主义学派、决策理论学派、系统管理学派、管理科学学派、行为科学学派、社会系统学派、社会技术系统学派、经理角色学派、经营管理理论学派。这些学派的形成，与经济学中的流派类似，是建立在基本理论观点、基本分析方法和主要管理措施相一致的基础上的，各家都有自己的独到之处，而且都曾解决或说明过一些实际问题，现在同样也都在经历着实践的检验。我们学习这些学派、思想的目的是为了更好地了解管理思想发展的脉络，同时更加全面、多侧面地了解企业管理的特点，而且一些学派的思想和方法也可能具体指导我们的管理实践活动。表1-8概括性地描述了当代管理理论丛林中主要管理学派的代表人物和理论观点。

表1-8 主要管理学派的代表人物与观点

学派名称	代表人物及其代表作或突出贡献	管理学派的理论观点
管理过程学派	孔茨(Harold Koontz)、奥唐奈(Cyril O'Donnell)：《管理学》	①管理是由相互关联的职能所构成的一种程序；②管理的职能与程序是有共性的；③对管理职能的分析可归纳出管理原则，它们可指导实践
权变理论学派	伍德沃德(Joan Woodward)：《工业组织：理论和实践》 劳伦斯(Paul Lawrence)、洛希(Jay Lorsch)：企业分类研究法	① 组织和成员的行为是复杂的、变化的，因此管理不可能存在着一种通用程序，它完全依环境、自身的变化而变化；②管理的规律性与方法应建立在调查、分类基础上
经验主义学派	德鲁克(Peter Drucker)《管理的实践》、《管理：任务、责任、实践》 戴尔(Ernest Dale)：《伟大的组织者》；彼德斯(Thomas Peters)等	①管理的理论知识解决不了现实问题、充其量是过时的经验；②管理的科学应建立在目前成功或失败的企业管理经验之上，对它们进行调查、概括、抽象，提供建议
行为科学学派	马斯洛(Abraham Maslow)：需要层次论；赫兹伯格(Frederick Herzberg)：双因素理论；麦格雷戈(Douglas McGregor)：人性假设；布莱克(Robert Blake)：领导方格理论	①管理之本在于人，要探索人类的行为规律，善于用人、善于激励人；②强调个人目标与组织目标的一致性，调动积极性要考虑人的需求；③企业中要恢复人的尊严，实行民主参与管理，启发职工的创业、自主精神；④改进工作设计
系统管理学派	卡斯特(F. E. Kast)：《系统理论和管理》；约翰逊(Richard Johnson)、罗森茨韦克(James Rosenzweig)	①企业是一个人造的开放系统，由多个职能子系统构成，并与环境保持协调；②企业组织是一个完整的系统；结构与运行机制；③管理靠系统性实现

续表

学派名称	代表人物及其代表作或突出贡献	管理学派的理论观点
决策理论学派	西蒙(Herbert Simon):《管理决策新学科》;马奇(J. G. March)	①管理的关键在于决策;②决策是一个复杂过程;③决策分程序化决策与非程序化决策;④决策的满意行为准则;⑤管理是设计决策系统
管理科学学派	伯法(E. S. Buffa):《现代生产运作管理》;布莱克特(Blackett);丹齐克(G. Dantzig);丘奇曼(Churchman)等	①尽量减少决策中的个人艺术成分,尽量以数量方法客观描述;②决策依据尽量以经济效果为准;③尽量使用数理方法与计算机
企业战略学派	安索夫(H. Ansoff):公司战略;波特(M. Porter):竞争战略;欧迈(K. Ohmae):制胜要素 KSF	①企业经营之魂在于正确的战略,战略是一种指导思想与行为准则;②战略是一个协调环境与自身能力的全局性决策过程

三、管理的关键是决策

决策,决定对策,不仅决策学派的人士,而且几乎所有的管理者与学者都认为它是实现管理的关键环节,如图 1-5 所示那样,它贯穿于管理的全过程、渗透在企业的全部工作之中。由于管理者的使命就是要解决问题、达到目标,而面对每个需解决的矛盾便构成了一个管理决策的问题,因此管理者无时无刻不在工作中进行着决策。

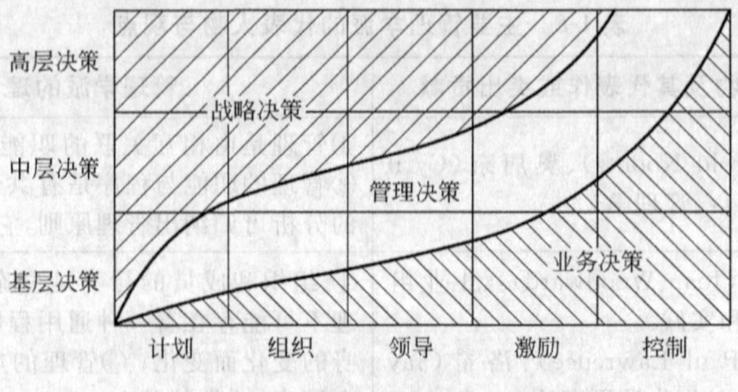

图 1-5 决策与管理的关系

决策是一种为了达到一定的目的在可供选择的方案中作出有利选择的过程,它的确往往是在关键时刻做出的决定,但决策的过程又是复杂的,需要调查情况、分析事实、明确目标、权衡利弊、谨慎实施。一般的决策过程都可分解为图 1-6 那样的几个步骤,其中发现问题、确定目标、寻求方案与分析选择是过程中最为核心的环节,而且以往人们更注重方案的提出与分析评价,较为忽视目标的确定,这对于管理者来说是犯了大忌。

"管理的关键是决策"本意是要管理者慎重对待效力(有效性,effectiveness)和效率(efficiency)的关系,注意到管理者的使命首先是要追求效力、追求目标、进行正确的决策;其次才是力求提高效率、减少浪费、达到完美。效力决定着管理的目标与方向,效率强调着方法与速度,在管理中不属于一个层次的内容。

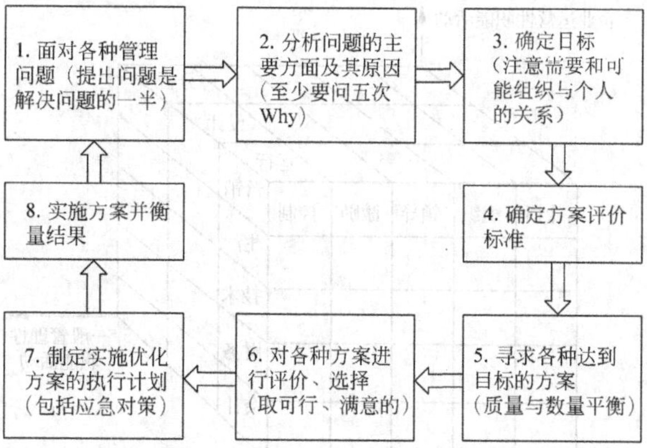

图 1-6　管理决策的过程

第三节　本书的总体框架

企业管理是“企业”与“管理”这两个名词集成组装起来的。具体而言是像图 1-3 那样：由企业的各项运营活动（营销、生产、技术、财务、会计）和一般性的管理活动（计划、组织、领导、激励、控制）综合而成的。“企业”本身包含着从业者从事一种“事业”的“企盼”、“企图”，是一种长期不懈的追求；而“管理”本身则意味着一种对为官、管人、管事的规律的总结，在于寻求其中之道理。因此，一方面，“企业管理”本身必然包括企业的运营（常称为经营）实践、管理实践及其实践过程之中的规律性、理论性的不断总结；另一方面，“企业管理”之中也必然有“理”、有其学问，需要我们或是值得我们去学习和掌握。企业管理并非全是个人艺术、天赋才能，企业管理既是艺术也是科学，而且其艺术部分也是可以学习的，只要注意其特点以及相应的学习方法，学得的知识将会转变为技术、升华为素质，对于指导实际工作必定产生效益。

企业管理是在一个系统的运行过程中实现的。企业本身是一个大系统，包含着各个业务性运营系统和管理性协调系统；管理性的子系统的关键任务就是要进行企业大系统的优化决策，具体而言包括三项主要职能：①对企业系统进行分析：明确目标、任务内容及要求、内在的规律性；②对企业系统进行设计：结构性资源配置、静态的活动过程安排、方法选择；③对企业系统进行运作：动态地运行企业使之发挥出创造力与效益，并监控其运行状态以保证其正常运转。因此，总的企业管理的构成可理解为如图 1-7 所示的三个方面：企业运营性职能、一般管理性职能和系统决策性职能，它们互为正交并非表示不包容而主要表示它们之间的相互贯穿、渗透的关系，这三维空间就像一个由 75 个模块组成的魔方，企业管理者的任务就是要“玩”好它，在“玩”的过程中它可能会给你产生效益，而如何“玩”得好却也奥妙无穷。

全书的章节安排力求保持企业管理的整体、逻辑关系。其主要内容是以企业运营的五大职能为基础的，可分为营销、生产、技术、财务、会计管理；在各部分中为了强调决策的重要性，主要是以系统决策的三大职能为基本思路来论述的，以使大家对企业管理中的各

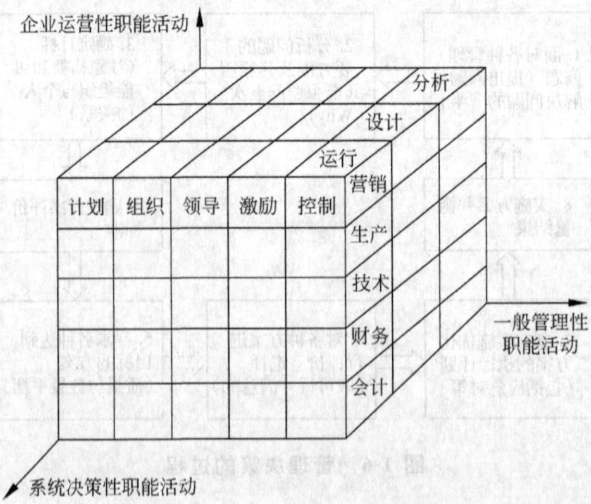

图 1-7 企业管理系统的总体框架

子系统及其任务特点有较全面的了解;至于如何具体实现管理则基本散布于论述之中,原因是不敢奢望在本书之中能够对如何管理进行深入讨论。当然,这种安排只反映了我们对企业管理的理解,最多也只是从一个方面向大家展现了"企业管理系统",要真正了解它继而得心应手地驾驭它,自然还需要另外的视角,尤其是在实践中自我体会与总结。

本章复习题

1. 什么是企业?企业主要有哪些特点?
2. 企业可以从哪些角度进行类型划分?企业的主要职能有哪些?
3. 论述管理的基本职能及其关系。
4. 管理学是科学还是艺术?为什么说管理学是综合性的学科?
5. 如何理解管理的系统性和二重性?
6. 如何理解"管理的关键是决策"这句话?
7. 管理思想的发展可以分为几个阶段?各个阶段的代表管理思想是什么?
8. 简述科学管理原理的主要内容。
9. 简述法约尔一般管理理论的主要内容。
10. 简述梅约和巴纳德对管理思想发展的主要贡献。
11. 西方管理思想学派主要有哪些?它们的主要理论观点是什么?

第一部分

市场营销

随着社会经济的发展和国际竞争的日益激烈，同时也由于科学技术的飞速进步和人们多样化需求的愈加凸显，市场营销在当代企业中的作用越来越重要。如果说在生产力水平较低、生产出的商品尚不能满足人们基本需要的条件下，或在经济持续繁荣，市场营销还只是作为一种信息交流和沟通手段的话，那么，在"地球变得越来越小"、人们的需求十分多样化和各种资源日益短缺的今天，市场营销就成为整个企业活动和企业成败的关键。甚至可以说，没有出色的市场营销活动，哪怕是很出色的管理和控制都将失去意义。

现代市场营销学借助经济学、数学、行为科学和心理学的原理和方法来研究人们的需求和欲望，研究如何确定目标市场以及怎样才能比竞争对手更有效和更有利地提供满足消费者期望的产品或服务。换句话说，营销管理的任务就是如何通过对产品、价格、销售渠道和促销等基本环节的控制来影响消费需求的水平、时机和构成。

市场营销活动的研究在西方发达国家已进行多年，形成了比较完整的理论体系，在促进经济的发展和繁荣起到了相当重要的作用。纵观世界各国的经济发展进程，尤其是国际著名企业的发展过程，可以注意到这样一个基本事实：那些在国际市场或本土市场富有竞争力的企业无论其竞争优势来自哪个方面，但无一例外地都在市场营销方面做了出色的努力。相比之下，我国企业在这方面的差距要大些，这固然与计划经济体制下企业并不是独立的商品生产者和经营者，因而真正意义上的市场并不存在或极不发达有关；同时，也与企业管理人员素质不高，缺乏对现代市场营销的了解有关。如果说，在传统体制下，我国企业不通过市场营销的努力还可以在本国市场勉强维持生存的话，那么，随着我国社会主义市场经济体制的建立，随着中国加入 WTO，国内企业已经被推上国际市场从事经营活动，因此，通过积极的市场营销活动来参与国际竞争已成为迫在眉睫的问题。这一客观形势要求我国企业管理者树立正确的市场营销观念，在充分借鉴发达国家企业在市场营销方面成功经验和理论体系的基础上，探索具有中国特色的市场营销的特殊规律。

本部分将全面介绍企业市场营销职能。首先第二章将对市场营销的发展、演变进行回顾，并着重介绍现代市场营销的概念和特点，以便读者对市场营销有更为深入和全面的了解；第三章是市场营销职能的核心部分，即企业开展营销管理的完整过程，包括 STP 营销战略以及 4P 营销组合策略；第四章将为大家介绍目前营销领域值得关注的理念。

第二章

市场营销概论

第一节　市场营销内涵

一、市场的概念

为了说明什么是市场，首先要了解与市场有关的基本概念，它们是市场营销研究的基础。这些概念包括需要、欲望和需求、产品和交换等。

1. 需要、欲望和需求

人类的需要是指没有得到某些基本满足的感受状态。如人们需要食物、衣服和住所以维持生存。在这些基本生存需要得到满足以后，人们还有安全、归属和自尊方面的需要。这些需要构成市场营销的内容，但它们是营销者和企业所不能创造的，它们的存在依赖于人类自身的生理结构和生存条件的变迁。

人的欲望是指想得到某些具体满足上述基本需要的物品和服务的愿望。一个人需要食品充饥——想得到一块面包或其他食品；需要御寒——想得到一件衣服；需要社交——想和其他人交朋友。尽管在不同的国家和地区或对于不同的社会阶层，满足这些需要的方式可能不同，或者说，人们的欲望可能很多，但它们都来源于人们为数不多的几种需要。

人的需求是指愿意购买并且有能力购买某些具体产品的欲望。可见，当人们具有购买能力时，他们对某些产品的占有欲望便转化为需求。很多人都想要有自己的汽车和豪华的住宅，但其中只有极少数人真正有能力购买它们，也就是说，需求只是人们各种各样欲望的一小部分。因此，市场营销的任务不在于估计有多少人需要企业的产品，而在于确定在何种程度上他们的欲望已转化为对本企业产品的需求。

营销者和企业虽然不能创造人类的需要，但却可以通过自己的营销努力来影响人们的需求和水平。

2. 产品和交换

人们各种各样的欲望和需求只有通过某些具体满足物才得以实现，这种具体满足物就是产品。从广义上说，任何能用于满足人类某种需要或欲望的东西都是产品，它既可以是自行车、电冰箱和手表等实体，也可以是各种无形产品，如旅馆、理发店或心理咨询诊所提供的各种服务。

产品可用来满足人们的欲望和需求，但人们怎样才能获得所需要的产品呢？哪种获得方式与我们所要研究的市场概念有关呢？一般来说，人们可通过以下几种方式获得所需要的产品：

第一种方式是自行生产。一个饥饿的人可以通过打猎、捕鱼或采集野果来消除饥饿。在这种情况下,饿汉不必与其他任何人发生联系。

第二种方式是强制取得。一个饿汉可以从其他人那里夺取食物。对另一个人来说,不仅没有任何益处,还可能因争执而被伤害。

第三种方式是乞讨。饿汉可以向别人乞讨食物。在这种情况下,乞讨者没有拿出任何有形的东西作为回报。

第四种方式是交换。这个饿汉利用钱、别的货物或某些服务从一个拥有食物的人手中换回食物。

确切地说,所谓交换就是某些个人或组织通过提供某种物品或服务行为作为回报,从其他人或另一组织那儿取得所要的东西的行为。一般来说,交换的发生需要符合以下几个条件:

(1) 至少要有两方;

(2) 每一方都有被对方认为有价值的东西并且双方都认为互相交换是有益的;

(3) 每一方都能沟通信息和传送货物;

(4) 每一方都可以自由接受或拒绝对方的产品。

正是第四种产品获得方式即交换构成了市场活动的基础,而前三种方式则与我们所要研究的市场活动无关。

现在,我们可以给市场下一个定义:一个市场是由那些具有特定的需求或欲望,而且愿意并能够通过交换来满足这种需求或欲望的全部现实的和潜在的顾客所构成。简单地说,一个市场就是具有购买欲望和购买力的人数,他们愿意通过交换来满足自身的需要。

市场一词最早是指买主和卖主在一起进行交换的场所,如某一百货大楼、某一农贸市场等。这样一种表述主要是就形式而言的,随着人们对市场本质认识的加深和现代营销活动的拓宽,如促销员送货上门、采用邮购、网上购物等。显然,上述表述已难以准确概括商品交换的形式和内容。实际上,当我们谈及某一市场的大小或某国市场时,主要指的是愿意而且有能力购买某一商品的所有潜在顾客,而不会考虑他们在哪一具体场所或以什么方式购买。

必须说明:上述市场的定义是站在营销管理人员的角度上来看的,从经济学意义上说,市场乃是卖主和买主的集合,或者说是出售某项产品或劳务的所有出售者和购买该产品和劳务的所有现实和潜在的购买者的集合。显然,所有卖主的集合构成通常所说的行业,而所有买主的集合则成为它们的用户(或市场)。

二、市场营销的含义

明确了市场概念以后,现在我们来看看什么是市场营销,为什么要进行营销管理以及怎样对待营销活动。

从广义上说,凡与市场有关的人类活动都可以称为市场营销,它涉及的范围非常广泛,但在本书所讨论的市场营销则主要考虑与产品和服务市场有关的企业活动。

在商品交换过程中,如果一方比另一方更主动,更积极地寻求交换,我们就把前者称为营销者,后者称为潜在顾客。不过,当个人和企业进行某种商品交换,尤其是个人以货币来购买企业提供的产品或服务时，通常总是把企业及其代理人称为营销者，而把个人称为顾客，而不管哪一方先寻求交换。在另外一些情况下，如果两个企业或两个人都在积极地寻求交换，那么，双方都可以称为营销者，并称这种情况为相互营销。

综上所述，所谓营销乃是个人或组织通过生产和制造并同别人或其他组织交换产品和服务，以获得其所需所欲之物的一种社会过程。

产品和服务的多样性以及交换过程涉及众多因素的事实决定了处理交换事务时需要一定的知识和技巧。现代商品交换活动的范围无论从品种上还是流通的地理区域上与过去相比都有了很大的扩增，很多商品已不可能简单地面对面地进行交换。从资源的获得，通过加工和制造，再将产品通过市场与别人或组织进行交换，中间需要经过很多过程，其中从事营销活动的有关人员有市场调查和预测人员、广告设计者、促销人员、销售代表和经理等。如何通过分析、计划和控制来达到有效交换的目的乃是营销管理的任务。按照菲力普·科特勒的观点，营销管理的任务是按照某种帮助企业达到自己目标的方式来影响需求的水平、时机和构成。在整个营销管理过程中，营销管理人员必须进行有关目标市场、产品设计和开发、价格、销售渠道和促进销售等方面的决策以实现企业的营销目标。

三、营销观念的演化

既然营销管理的目的旨在使企业在目标市场上达到有效交换，并通过各种努力来影响消费需求的水平，那么，对营销管理人员来说，应该用怎样的观念来指导自己的实践以妥善处理企业、顾客和社会公众之间的利益关系呢？尤其是在三者之间的利益发生冲突的时候，营销管理人员是首先考虑企业自身的盈利而不顾消费者的好恶，还是首先想到满足顾客的需要并在此基础上以更有效的方法实现企业的利益目标？又应该如何考虑社会公众对企业生产和销售行为的反应？显然，能否以正确的观念指导营销活动对企业或其他组织的成败具有重要的影响。

从历史上看，存在着几种不同的市场导向，企业和其他组织无一不是在其中某一观念的指导下从事其营销活动，尽管有时某些企业或组织可能对此并未形成明确的认识。

1. 生产观念

这种观念是最早的市场导向，是指导卖者行为的一种重要观念。持生产观念的营销者认为：消费者总是喜欢那些随处可得价格低廉的产品，因此，生产企业的任务就是致力于提高劳动生产率和尽可能地扩大销售覆盖面。

一般来说，在以下两种情况下营销者有某种程度上的生产观念对企业可能是合适和奏效的。其一是生产力水平较低，产品的数量极其有限，市场上对某些产品的需求大于供给，因而顾客最关心的是能否得到某一产品，而不是关心产品的某些具体特征、功能以致质量，此时企业的核心任务是扩大产量和销售；其二是产品虽具有顾客所喜欢的外形、功能和质量，但生产成本太高以致顾客无力购买，因此必须努力提高劳动生产率、降低产品的成本以扩大销售。在20世纪初，由于受当时生产力水平的局限，大多数营销者都持有这一市场导向。在不同的时期，对于某些类型的生产企业或服务组织，可以而且应该以这种观念指导它们的业务活动。值得说明的是，尽管在许多情况下追求价格低廉仍是很多顾客的目标之一，但随着产品的增多和买方市场的形成，生产观念已不能有效地指导营销者的行为和企业的经营。

2. 产品观念

指导营销实践的另一种市场导向是产品观念，这是一种广泛存在并且往往被营销者和生产企业有意无意奉为行为准则的哲学。

产品观念认为消费者最喜欢高质量、多功能和具有鲜明特色的产品并愿意花高价去购买它们，因而企业的任务就是尽可能地生产高档、高值产品，并不断地通过产品改进来满足顾客高层次的物质需要。

毋庸置疑，的确有很多顾客喜欢高档商品，但衡量一个产品的质量高低、功能是否齐全、是否具有特色以及价格是否合适的标准，只能是顾客的偏好而不是营销者和生产企业的主观判断。而在很多情况下，一些营销者和生产企业往往忽略了这一点，结果往往使其生产和销售陷于困境。这方面的例子很多，其中尤以美国爱尔琴手表公司最为典型。

自 1864 年创立以来，爱尔琴手表公司多年以来一直享有全美最佳手表制造商的声誉。爱尔琴公司把重点放在保持其优质产品的形象上，通过由首饰店和百货公司组成的巨大分销网进行促销，销售量持续上升。但是到 1958 年以后，许多消费者开始对手表走时必须十分准确、必须是名牌和必须包用一辈子等失去兴趣，他们开始选择造型优美、价格适中而且具有各种特性，如方便性(各种自动手表)和耐用性(防水防震)的手表，同时不少美国人都不愿再到具有高盈利的珠宝店去购买手表。尽管消费市场的顾客行为发生了如此巨大的变化，但由于爱尔琴公司的管理者太醉心于优质而式样陈旧的手表，没有像竞争者那样推出造型优美的低价手表和通过大众化的分销渠道来出售，因而其销售量和市场份额开始下降，以致使该公司的优势地位受到很大的削弱。

产品观念的形成有时可能是由营销者和生产企业的无意识行为引起的，尤其是当企业的开发和研究部门专心于某项技术的采用而发明了一种功能新颖、质量优异的新产品时，营销管理人员往往过分迷恋产品本身而忽略了顾客对产品的真正需要，从而导致“营销近视症”。

患有“营销近视症”的营销管理人员总是不适当地将注意力集中在产品本身上，而忽略了顾客购买产品是为了获得由产品所包含的功能或服务。在这种情况下，营销者往往不能及时地察觉出来自替代品的威胁，同时常常对顾客和社会公众对其自认为质量上乘的产品所表示的冷漠感到困惑不解。由此不难理解为什么我们的许多研究部门每年鉴定的新产品数以千计，但真正能投放市场并受到顾客喜爱的产品却为数不多，尽管其中很多产品采用了高新技术和作出了很大的销售努力。更广泛地，一些社会团体和个人也往往因忽略了顾客需要而使他们提供的产品或服务受到冷遇。当一个演讲人在台上口若悬河、津津乐道地促销一些观念时，却发现听众已酣然入睡；当一些宣传机构煞费苦心，喋喋不休地向读者或听众传播某些思想和行为模式时，却总是感到力不从心。凡此种种，都与“营销者”太醉心于自己的产品而无视顾客和公众的反应有关。

3. 促销观念

促销观念(或称销售观念)是许多营销者和企业奉行的另一种观念。这种观念形成在生产力高速发展，但社会购买力并没有同步提高，因而社会上商品大量积压的 20 世纪 20—40 年代。在这一时期。促销学或广告学获得了广泛注意和很快发展。

持促销观念的营销者认为，只有积极地促销和进行大量的促销活动，消费者才会克服购买惰性或者抗衡心理而足量购买某一组织的产品，而不能听其自然。因而，企业的任务就是利用一切机会和方式去刺激人们增加购买。

对于购买者一般不会想到的一类"非渴求商品"，如人身保险和生活保健用品等，奉行促销观念可能是合适的。即使对于广泛的渴求商品，促销往往也是必要的，它可以帮助消费者了解商品的功能和质量并增加购买。事实上，各种各样的企业和社会机构总要做某种程度的促销工作，问题在于是否有了不遗余力的促销活动，企业或社会机构总能成功地使消费者感到满意呢？若果然如此，又何以解释很多企业尽管花了大量的广告和促销费用去促销其产品，但结果仍无人问津的事实！看来，促销工作仅仅是帮助顾客取得信息、了解产品的一种手段，而它能否成功则取决于产品或服务是否以顾客满意的价格和质量满足了他们的需求。菲力普·科特勒在其名著《营销管理》中曾引用美国管理理论家彼得·德鲁克如下一段精彩评论：

"可以设想，某些促销工作总是需要的。然而营销的目的就是要使促销成为多余，营销的目的在于深刻地认识和了解顾客，从而使产品或服务完全适合他们的需要而形成产品自我销售。理想的营销会产生一个已经准备来购买的顾客。剩下的事就是如何便于顾客得到产品或服务。"

像产品观念过分强调产品本身而忽视了顾客的需求一样，促销观念不适当地夸大了促销的作用而忽视了如何通过市场调查和预测、产品开发和定价等其他营销功能来满足顾客的需要，结果常常遭到失败。持促销观念的营销者总是假定顾客听了他对某种产品的几句溢美之词就会忘记本身的真实需要而购买并不满意的产品。显然，这样一种假设在绝大多数情况下只是一种不切实际的幻想。

在现实生活中，很多企业的营销管理人员往往是产品观念和促销观念的忠实信奉者。一方面他们认为自己的产品完美无缺或可以通过不断改进而加以完善；另一方面则把产品销售不利归因于促销的失误，深信经过艰苦的促销努力，自己的"高质"产品必将受到顾客的青睐。殊不知，如何正确认识消费者的需求才是至关重要的。产品质量的优劣只能用消费者的眼光和标准来评价。

4. 市场观念

这种观念是在上述几种观念已不能适应市场环境的变化和指导企业活动的前提下逐步形成和发展的，其核心原则直到第二次世界大战以后，随着市场上商品的不断丰富和消费者的购买选择标准的提高、产品供大于求，因而很多企业已无法靠上述观念制胜时才真正得以形成。

市场观念认为：实现企业或组织目标的关键在于正确确定潜在顾客的需要或欲望，并且比竞争对手更有效、更有利地提供满足这些需要或欲望的产品。换句话说，企业或一个组织的关键任务是如何正确判断顾客心目中的选择偏好，并以顾客满意的价格提供其所需要的产品，同时获得丰厚的利润。

市场观念的实质是以消费者为中心来考虑企业的产、供、销活动，一切计划和行动都是围绕这个中心来展开，既不沾沾自喜于企业业已研究和制造出的产品，也不将企业营销管理人员的好恶和价值观念强加于顾客而硬性地促销他们并不满意的产品。企业获利只能建立在满足顾客需要和欲望的基础上，这和促销观念只注意现有产品和只考虑如何将它们销售出去的做法有很大的差异。

市场观念虽然已经形成几十年，但成功地始终能在经营管理上坚持这一观念的企业即使在西方发达国家也为数寥寥，尤其要使企业内各种各样的部门和人员普遍接受“顾客就是上帝”这一理念就更困难。在我国，由于几十年产品经济的观念已根深蒂固，同时也由于了解和熟悉市场营销的人员和企业实际上非常有限，因而更不可能希望在很短的时期内有很多企业和营销管理人员能努力实践这一哲学。

很多营销者和企业是在付出沉重代价以后才认识到确定市场观念的重要性，并且这一营销原则会因企业暂时的成功或组织人员的更替而被迅速遗忘。当下述情况发生时，企业营销管理人员可能不得不考虑他们的经营观念是否存在问题和开始注意顾客的需求。

(1) 销售额下降：一个销售量或市场份额很大的产品突然遭到来自替代品的威胁。

(2) 购买模式发生变化：目前，越来越多的企业面临着变化日益激烈的市场环境，顾客的需求十分多样化并经常更换他们对一些产品的好恶和口味，这种形势迫使企业掌握更多的营销技术以争取潜在的顾客。

(3) 竞争激烈：当一些企业面临竞争对手的有力攻击而导致销售增长缓慢时，它们不得不更多地注意顾客实际上更喜欢哪类产品和需要哪种类型的服务。

5. 社会营销观念

市场营销观念比生产观念、产品观念和促销观念更多地注意到顾客的需要和欲望，强调以消费者为中心来开展企业的生产和销售活动，通过最大限度地满足顾客对产品和服务的要求来实现企业的利润目标，但当一些企业以出色的营销活动赢得一部分顾客的喜爱时，它们是否损害了其他顾客、社会公众以及它们现在所服务的顾客的长远利益呢？市场营销观念虽较好地解决了企业和顾客之间的矛盾，但以其为导向的企业活动却往往损害了社会公众的利益，而且这种损害可能在短期内不易觉察或难以受到来自顾客的有力监督。环视一下我们周围日益恶化的环境和一些企业为了赢得短期局部利润而不惜大量浪费各种稀缺资源的现象就不难理解这一点。

我们应该大力提倡如下所表述的社会营销观念，即企业或组织的核心任务就是确定现实和潜在顾客的需求或欲望，并以保持和维护消费者和社会公众长远利益的方式，比竞争对手更有效、更有利地提供满足消费者需要和欲望的产品。

社会营销观念要求营销者和企业在从事生产和销售活动时综合考虑企业利润、顾客需要和社会利益的关系，既不能不顾消费者的需要而把盈利作为唯一的目标，同时在使现有服务对象满意并获得盈利时不能忽视可能对社会公众造成的危害。首先，企业在生产经营活动中必须考虑环境保护问题，如不能在人口密集区生产毒化和污染环境的产品及产生过量的振动和噪声等。其次，还要注意维护整个环境的生态平衡，如不能大量向江河排放污染物等。最后，企业的生产和销售活动应有助于社会文明程度的提高，如不应向儿童销售有害于他们身心健康的读物。当然，能够获利往往是企业致力于生产和销售的直接动力，也不能奢望它们在不顾自身利益的基础上从事对社会和公众有益的活动。显然，社会营销观念的确立，尤其是在经济尚不发达和科学技术落后的欠发达和发展中国家乃是一个经过长期努力才能完成的过程。

随着全球经济的不断发展，社会和市场环境的不断变化，企业的市场营销管理哲学在经历了生产观念、产品观念、促销观念、市场营销观念和社会营销观念之后，继续随着实践的发展而不断丰富和深化。这里我们向大家介绍新的营销观念中基本被接受的整体营销观念，以引起大家对新的营销哲学的思考和关注。

6. 整体营销观念

整体营销观念是1992年由菲利普·科特勒提出的。他认为，从长远利益出发，企业的市场营销活动应囊括构成其内、外部环境的所有重要行为者，他们是：供应商、分销商、最终顾客、职员、财务公司、政府、同盟者、竞争者、传媒、一般大众。其核心思想就是“合作”。整体营销包括以下十个方面的营销活动：

(1) 供应商营销。主要包括两个方面的内容，一是确定严格的标准以选择优秀的供应商，这些标准可以包括财务状况、技术水平、创新能力等；二是积极争取那些成绩卓著的供应商使其成为自己的合作者。

(2) 分销商营销。具体包括，一是“正面营销”，即与分销商展开直接交流与合作；二是“侧面营销”，即设法避开分销商的主观偏好，而以密集广告、质量改进等手段建立并维持巩固的顾客偏好，从而迫使分销商购买企业产品。

(3) 最终顾客营销。包括传统的针对目标顾客的营销和“牵动顾客”策略，即企业在推出顾客意想不到的新产品后，应该通过积极有效的市场营销活动使人们逐渐了解它、喜爱它和接受它。

(4) 职员营销。也叫“内部营销”，一方面是通过培训提高职员的技能与服务水平；另一方面它要求强化与职员的沟通，理解并满足他们的需求，激励他们在工作中发挥最大的潜能。

(5) 财务公司营销。是为了解金融机构对企业的资信评价，并设法影响其看法，以便在资金成本和便利性方面获得优势。

(6) 政府营销。是指企业影响政府的立法行为，以促使制定对本企业有利的立法，消除不利的立法。

(7) 同盟者营销。主要是识别、赢得并维持同盟者，建立起互惠互利的合作关系，以便在设计、生产、营销等领域为公司的扩张提供帮助。

(8) 竞争者营销。旨在将竞争者转变为合作者，以获取最大竞争收益。

(9) 传媒营销。旨在与传媒建立良好的关系，赢得大众传媒的信任、好感，使之多做与己有利的宣传报道。

(10) 大众营销。通过广泛收集公众意见，了解他们关注的焦点，进而有针对性地开展与公众的沟通、交流活动，以赢得大众的好感。

新的营销观念除此之外还有顾客让渡价值、文化营销观念、关系营销观念、服务营销观念，等等，读者可以自己去阅读和思考。

第二节 现代市场营销发展历程

市场营销学于 20 世纪初从经济学中分离出来,从而开启了市场营销理论与实践的探索,并于 20 世纪 50 年代正式从经济学研究范式转向了管理学的研究范式。市场营销理论在 20 世纪经历了从萌芽、发展到完善和扩展的转变,其中市场环境的不断变迁迫使市场营销理论和实践做出适应性改变,由此推动了市场营销理论不断发展和完善。

一、市场营销的发展历程

1. 市场营销萌芽时期(1900—1920 年)

这一时期是美国资本主义迅速发展的时期,西部开发运动和铁路向全国各地的延伸,使美国国内市场急剧扩大,加之市场竞争日趋激烈,促使企业必须要重视广告、分销活动。这些市场营销赖以产生和发展的客观环境,使得专业化广告代理、连锁商店、邮购商品等形式迅速发展,薄利多销的新观念开始流行。

在市场营销的实践方面,1923 年,美国人尼尔逊(Neilson)创建了专业的市场调查公司,公司业务主要为客户企业开展市场调查和分析;1931 年,迈克·罗伊(Mike Rowe)建立了宝洁公司的品牌管理体系,这一体系为宝洁成为消费者可信赖的品牌、成为"快消"行业领导者奠定了坚实的基础。

与此同时,在市场营销理论研究上也有了长足发展。1902 年密执安大学等几所大学开设了名为"美国分销管理行业"的课程,但当时的课程上还没有人使用"市场营销"这一术语,而用得最广泛的是"贸易"、"商业"、"分销"等。尽管当时学者们的研究是在美国几个不同的地方进行的,而且相互之间联系很少,但他们都感觉到需要有一个新名称来规范他们所讲授的课程,于是便出现了"市场营销"这个名词。这一时期的市场营销理论大多是以生产观念为导向的,其依据仍然是以供给为中心的传统经济学,但是这些研究在经济学家所持的生产观念和市场营销学家所持的消费观念之间架起了一座桥梁。所以,这一时期被称为市场营销理论的萌芽时期。

2. 市场营销职能研究时期(1921—1945 年)

市场环境的变化推动着市场营销实践和理论的快速发展。在第一次世界大战以后的十几年时间里,美国经济迅速发展、国际地位提高和国民收入增加,一跃成为世界上消费水平最高的国家,但其分配不均的现象引起了消费经济结构的显著变化,并引起了学术界和企业界对市场营销理论的进一步研究热潮。

在市场营销具有统一定义后,这一时期的研究主要集中于市场营销的职能部分。美国全国市场营销教师协会定义委员会在 1934 年提出了具体的市场营销职能内涵:①商品化;②购买;③销售;④标准化和分级;⑤风险管理;⑥集中;⑦融资;⑧运输及管理;⑨储存。上述职能又可归纳为三类:①交换职能——销售(创造需求)和收集(购买);②物流职能——运输和储存;③辅助职能——融资、风险承担、市场信息沟通和标准化等。

这一时期的市场营销研究主要集中在职能研究上,但对于销售这一职能的解释却是耐人寻味的。克拉克(Clark)和韦尔德(Weld)认为销售就是寻找买主;亚历山大(Alexander)则提出,销售应该更富有主动性,来说服现有顾客和潜在顾客购买;1942年,克拉克(Clark)又提出,销售是创造需求。从销售定义的演变中,我们可以窥见这与第一时期的"生产观念"完全不同,市场营销观念的雏形初步建立。

3. 市场营销理论形成时期(1946—1965年)

第二次世界大战以后,社会主义国家纷纷诞生,殖民地国家相继独立,导致了资本主义世界市场相对狭小,而战时膨胀起来的生产力又急需寻找新的出路,大多数传统产品的需求处于饱和状态,买方市场已经形成,市场竞争日趋激烈。为适应这种变化,市场营销学者的主要研究视角从经济学转向社会科学,市场营销理论逐步形成并走向成熟。

1952年,范利伟(Vaile)、格雷瑟(Crether)和柯克斯(Cox)合著的《美国经济中的市场营销》以及由梅纳德(Maynard)和贝克曼(Beckmen)合著的《市场营销原理》这两部重要著作分别从市场营销如何进行资源配置和研究市场营销的方法两个方面推动了市场营销进一步发展。在20世纪50年代中期,人们不再被物质的稀缺性所困扰,价格不再是影响消费者选购产品的唯一要素。尤其是战后出生的一代逐渐开始成为消费主流,他们看重的更多是个性化和差异化,在这个大的背景下,1956年温德尔·史密斯(Wendell Smith)提出了"市场细分"的概念和方法,从此正式开启了营销界对消费者的研究。而这一时期对日后营销理论发展影响最大的是密歇根大学教授杰罗姆·麦卡锡(Jerome McCarthy)提出的著名的"4P",即产品(product)、价格(price)、渠道(place)、促销(promotion)。他认为,一次成功和完整的市场营销活动,意味着以适当的产品、适当的价格、适当的渠道和适当的传播促销推广为手段,将适当的产品和服务投放到特定市场的行为组合。"4P"理论促进了市场营销理论在具体实践中的规范操作模式,"4P"理论也在一定程度上成为了市场营销的代名词。

这一阶段市场营销除了理论领域的蓬勃发展外,具体在实践中也实现了企业营销观念质的飞跃。这其中最有代表性的是通用电气公司提出了"市场营销观",认为一个组织应当从发现顾客的需求出发,然后提供相应的产品和服务,最后使顾客得到结果,只有这样企业才能获得持久的发展。

4. 市场营销理论的发展和完善时期(1966—1980年)

在这一阶段,市场营销理论开始吸收行为科学、管理科学,心理学、社会学等学科的理论知识,并进行统合。在此期间,市场营销理论进一步成熟,市场营销概念和原理的运用日益普及,这其中乔治·道宁(George S. Downing)和菲利普·科特勒(Philip Kotler)等学者做出了突出的贡献。

菲利普·科特勒是当代市场营销学界最具影响力的学者之一。他所著的《市场营销管理》一书在1967年出版后,成为美国商学院最受欢迎的教材,并多次再版,被译成十几国文字,受到各国管理学界和企业界的高度重视。科特勒全面发展了市场营销管理理论,他提出,市场营销管理是通过创造、建立和保持与目标市场之间的有益交换和联系,为实现组织的各种目标而进行的分析、计划、执行和控制的过程。其管理体系包括:①分析市场营销机会;②确定市场营销战略;③制定市场营销战术;④组织市场营销活动;⑤执行和控制市场营销。他还指出,市场营销是与市场有关的人类活动,市场营销理论既适用于营利组织，也适用于非营利组织。这一观点，扩大了市场营销学的研究和应用领域。乔治·道宁的贡献在于他首次提出了系统研究法，在《基础市场营销：系统研究法》(1971年)一书中他提出，市场营销通过定价、促销、分销活动，并通过各种渠道把产品和服务提供给现实顾客和潜在顾客。道宁强调说，市场营销并非仅仅是某种职能，它也是一个贯穿始终的过程。

5. 市场营销理论的分化与扩展时期(1980年至今)

1980年以来，随着全球经济、技术等的高速发展，企业间的竞争更加激烈，为了适应这种环境，市场营销领域出现了大量丰富的新概念和新方法，使得市场营销学科出现了变形和分化的趋势，其应用范围也在不断扩展。

瑞典学者克里斯琴·格罗路斯(Christian Gronroos)和科特勒都提出了“内部市场营销”，即要在企业内部创造一种市场营销文化。1983年，西奥多·莱维特(Theodore Levitt)对“全球市场营销”问题进行了研究，他提出，过于强调对各个当地市场的适应性将导致由于生产、分销和广告方面规模经济的损失而带来的成本增加。因此提倡跨国公司向全世界提供统一的产品，并采用统一的沟通手段。1985年，巴巴拉·本德·杰克逊(Barbara Bund Jackson)提出了“关系市场营销”、“协商促销”等新观点；科特勒提出了“大市场营销”概念，提出了企业如何打进被保护市场的问题。在此期间，“直接市场营销”也是一个引人注目的新问题，其实质是以数据资料为基础的市场营销，由于事先获得大量信息和电视通信技术的发展才使直接市场营销成为可能。随后，市场营销领域百花齐放，学术界和企业界开始关注关于市场营销、市场营销网络、政治市场营销、市场营销决策支持系统、市场营销专家系统等新的理论与实践问题。

二、现代营销理论的特点

1. 市场营销的多样化

随着营销理论与实践的不断发展，现代的营销方式越来越多，且各有优势。目前多样化营销的典型方式有：定制营销，按照特定顾客的具体要求设计、生产和销售个性化产品，定制营销已实现零部件可任意组合的大批量生产，这种方式可以按顾客要求组合形成各种各样的不同产品，目前这一方式在计算机、汽车、电子等领域都已获得很好的实践证明；形象营销，针对目前人们追求个性化的趋势，赋予产品和服务文化内涵成为企业发展的主要方向，同时也是使得企业的产品和服务具有不可模仿性和差异化的重要手段，文化或者说形象成为企业产品和服务的重要构成要素；互联网营销，顾名思义，就是利用计算机信息网络进行社会交易活动，目前电子商务已经成为最有活力的一个领域和开展经济活动的基本工具；借势营销，是指将销售的目的隐藏于营销活动之中，将产品的推广融入一个消费者喜闻乐见的环境里，使消费者在这种环境中了解产品并接受产品的营销手段，目前很多企业都热衷于这种方式。通过产品体验、路演等方式争夺消费者眼球，借助消费者自身的传播力、依靠轻松娱乐的方式等潜移默化地引导市场消费。当然还有很多重要的现代营销理念，我们在后面的章节将会详细介绍。

2. 市场营销的科学化、艺术化

现代市场营销发展至今已经成为一门科学，具有严格、完善的概念、方法以及理论体系。企业在进行营销的过程中体现了程序化、公式化的特点，企业能够在一定范围内和一定程度上揭示和把握营销的内在规律，把握市场需求的本质，并可以预见市场需求变化的一种客观趋势；当然市场营销也包含艺术性的成分，企业在尊重市场规律的前提下，生产满足消费者需求的产品，并运用一定的策略技巧，使企业的产品和服务在市场上实现价值。这就要求企业要具有不断创新的能力，而不能一味地照抄照搬。这也要求我们要辩证地学习市场营销理论，在充分掌握市场营销理论解决问题的方法和思路的基础上，启迪思维、发挥创新精神、理论结合实际，否则很容易达不到预期的学习目标。

3. 市场营销的普及化、广泛化

摩根营销顾问公司有句名言，"人人都是促销员"，虽然不能把营销等同于促销，但这句话确实反映了目前营销理论的普及化和广泛化现象。营销不再仅仅是销售部门所关注的事情，任何人、任何组织都不可能离开营销而存在。现代社会是一个营销的社会，我们每一个人都需要用心经营和促销自己。作为具有"社会属性"的个人，不可能独立于社会存在，所有的组织和个人都要获得社会的承认并融入社会。领导的见解只有得到员工的认可才能称为社会行为；员工的才能和表现只有得到组织和领导的肯定才是有意义的；参赛者的观点和看法只有获得了评委的青睐才能获得好的成绩；等等。在这个信息爆炸的时代，观点、人品、才能和感情不会自动得到赏识，恰当地运用营销方法有助于各种价值的实现。

4. 市场营销的社会化

随着经济的不断发展，市场营销已经渗透于生活的每个角落，市场营销所肩负的不仅仅是创造经济价值的责任，还要扮演着"社会人"的角色。目前倡导的社会市场营销观念是对市场营销观念的重要补充与延伸，它强调企业不仅要满足消费者的需求与欲望，而且要符合消费者和社会的长远利益，要将企业利润、消费需要、社会利益三方面协调统一。我们看到，在目前能源短缺、通货膨胀、失业增加、消费者保护运动盛行、环境污染严重、全世界大力倡导低碳经济的情形下，传统的市场营销观念回避了消费者需要、消费者利益和长期社会福利之间隐含着冲突的现实。因此，现代市场营销观念倡导社会化便是大势所趋，它能够缓解或消除部分企业急功近利地进行市场营销所造成的环境污染、破坏社会生态平衡、假冒伪劣欺骗性广告以及大量攫取中间利益等未考虑消费者和社会长远利益的不理性行为。

第三节 现代市场营销环境

营销环境是指企业在其中开展营销活动并受之影响和冲击的不可控行动者与社会力量，如供应商、顾客、文化与法律环境等。营销环境具有以下几方面特点：

(1) 客观性。企业总是在特定的社会经济以及其他环境条件下生存和发展的。

(2) 差异性。不同的企业会受到不同环境的影响，即使同样一种环境因素的变化对不同企业的影响也是不相同的。

(3) 相关性。市场营销环境是一个系统，系统中的各个因素是相互依存、相互作用和相互制约的。

(4) 动态性。营销环境不是静止和一成不变的,它是随着其他因素以及时间的变化而变化的。

(5) 不可控性。影响市场营销环境的因素是多方面的,也是复杂的,企业不可能随意改变。

(6) 可影响性。虽然对企业来说环境是不可控制的,但是并不是说企业对环境是无能为力或者束手无策的。企业可以从积极的角度出发,能动地去适应环境,或者运用自己的营销资源去影响和改变营销环境,为企业创造一个更有利的活动空间。

研究营销环境的目的在于通过对环境变化的观察来把握其趋势以发现企业发展的新机会和避免这些变化所带来的威胁。大量的营销实践说明:即使在经济严重衰退的时期,企业也常常可以捕获到一些新的发展机会,其中还有相当一部分企业通过自己出色的营销活动而创造了良好的业绩。同样,在经济繁荣时期,市场营销环境也可能给企业带来一些新的威胁,即在经济繁荣期同样也有一些企业难免遭到倒闭的厄运。当然,对大多数企业来说,在经济繁荣时期可能面临的机会多一些,而在经济衰退时期,尤其是在面临能源危机、通货膨胀和战争等环境时可能要更多地注意到威胁。营销者的职责就在于正确识别市场环境所带来的可能机会和威胁,从而调整企业的营销策略以适应环境的变化。

根据营销环境中各种力量对企业营销活动影响的方式和程度,我们可以把市场营销环境分为微观环境和宏观环境。微观环境是指环境中那些直接影响企业营销活动的各种行动者,如供应商、顾客、各种中间商、竞争对手和社会公众。宏观环境则包括那些影响微观环境中所有行动者的较大的社会力量,也就是人口、政治、经济、技术和社会文化等。当宏观环境发生变化时,它们对企业营销活动的影响较多地是以间接的方式,并同时作用于企业和顾客等各个部分,而微观环境的影响范围要小得多。

一、微观环境

企业营销管理人员所采取的各种策略和措施的最终目的是通过满足一组顾客特定的需要而获得利润。在这一过程中,企业要同各种组织和个人打交道,首先需要从供应商处获得各种原材料或其他物流,然后经过企业内部各职能部门和车间的协作生产出产品,最后这些产品要通过各层中间商才能最后到达对产品性能和质量都有一定要求的消费者手中。除以上几种力量外,由于能向某一目标市场提供产品或服务的企业不止一家,所以,企业必须在很多竞争者的包围和进攻下开展营销活动。同时,社会公众对某些产品和营销活动的态度也深刻地制约着企业的行为,企业文化和企业组织结构等内部因素也在一定程度上影响着企业的营销效果,所以,必须对它们逐一进行分析。

1. 供应商

供应商是向企业及其竞争对手供应各种所需资源的工商企业和个人。它们会对企业的营销活动产生巨大的影响,如原材料价格变化、短缺以及原材料供应企业的工人罢工等都会影响企业产品的价格和交货期,并且会因此削弱企业与客户的长期合作与利益。因此,营销管理人员必须对供应商的情况有比较全面的了解和透彻的分析。一般来说,按照与供应商的对抗程度,可以把供应商分为两类:作为竞争对手的供应商(寄生关系)和作为合作伙伴的供应商(共生关系)。供应商管理的目的就是确定在哪些条件下对哪些原材料可以通过自行生产来解决，而哪些原材料需要通过外购来解决。

1）作为竞争对手的供应商

一般来说，尤其是在传统的观念或教科书中，对供应商的管理意味着实现输入成本的最优化，也就是说，企业主要关心原料的价格和数量并设法维持一种强有力的与供应商议价的能力。

例如，当一个企业进行是自行生产还是在开放的原料市场上购买所需资源的决策时，它实际上关心的是以哪种形式投资能够获取最大利润。类似地，确定库存的经济批量是减少库存和供应成本的一种方式。

因此，把供应商作为竞争对手的观念实际上是倡导这样一种原则。即尽可能地削弱他们议价的能力，以获得更大的收益。在这种情况下，下列一些做法可能有利于企业维持与供应商的关系并能保证原材料的有效供应。

(1) 寻找和开发其他备选的供应来源，以尽量减少对任何一个供应商的过分依赖和降低其原料成为企业单位产品成本的重要部分的可能性。

(2) 如果企业仅有一两个供应商，可以通过积极地寻找替代品供应商，从而减弱他们与企业议价的能力(如用塑料容器代替玻璃容器)。

(3) 向供应商表明企业有能力实现后向一体化，也就是说，企业有潜力成为供应商的竞争者，而不仅仅是一般的顾客。另外，如果企业具有自我生产的经验，那么就有助于了解供应商的制造过程和原材料成本方面的信息，从而使企业处于有利的议价地位。

(4) 选择一些相对较小的供应商，使企业的购买成为其收入的一个重要部分，亦即增加供应商对企业的依赖性。

2）作为合作伙伴的供应商

企业把供应商作为竞争对手来考虑往往会引起一些消极的后果，为了获得原材料或者其他物料的稳定供应和维持质量的一致性以及与供应商长期而灵活的关系，企业最好把供应商作为自己的合作伙伴，并在此基础上考虑自己的营销活动。人们一般认为，这种合作模式首先形成于日本，实际上，西欧企业更普遍地采用这一模式。它的主要特点是，企业在管理供应商过程中更多地采用谈判而不是讨价还价的方式，力图维持与供应商长期和互利的关系。为实现上述目标，可以考虑以下几种方案：

(1) 与供应商签订长期合同，而不是采用间断式的购买方式从供应商那里获得原料，这对稳定将来的供应关系具有很大的作用，它所带来的优势是使供应商拒绝向竞争者提供货物。在许多情况下，供应商实际上也喜欢签订长期合同。签订长期合同并不一定像人们抱怨的那样会使企业丧失灵活性。事实上，一个经过充分准备的长期合作需要考虑将来发生的偶然事件(如需求变化、产品线扩张等)以及在这些偶发事件中合同双方各自的期望。此外，签订长期合同也有助于企业更好地对库存、运输、供货的数量、组合以及供应商的地位进行规划，而这些正是战略思维所要考虑的问题。

(2) 说服供应商积极地接近顾客，尤其是当企业处于下游生产过程，也就是更接近于终端用户时，帮助供应商了解顾客可能是有益的，它有助于供应商更有效地为企业提供服务。

(3) 分担供应商的风险。例如，企业可以与供应商密切协作以改进原料制造工艺和质量,这样做有可能降低供应商的成本。在特殊情况下,企业甚至应向供应商投资以促进其采用新技术和扩大生产能力。在必要的情形下,企业也可以与供应商联合或组成合资企业并通过共同研究和开发来进入新的市场。

虽然上述两种模式对于帮助我们认识不同的供应商是有益的,但在实际情况下,并没有哪一家供应商的行为完全与其中一种模式完全吻合,但无论对于哪种类型的供应商,营销管理人员都应该培养一种对他们进行理智分析的能力。尽管目前营销人员在顾客和市场研究方面已变得相当成熟,同时关于竞争者和竞争态势的分析也已逐步流行,但比较起来,对供应商的分析仍处于萌芽阶段。

在对供应商进行分析时,主要应该了解以下信息:

(1) 备选供应品的来源、组合、适用性以及确定可接受替代品供应商的可能性;

(2) 了解企业所购物品在供应商收入中所占的百分比,它是企业对供应商是否重要的一种度量;

(3) 供应商与企业目前所在行业前向一体化的兴趣、能力,也就是说供应商成为企业自身竞争对手的可能性;

(4) 供应商与竞争对手协议的项目及条件。

无疑,只有在全面了解和深入分析供应商的基础上,企业才能做出适当的购买决策。

2. 营销中介单位

在大多数情况下,企业的产品要经过营销中介单位才达到目标顾客。所谓营销中介单位是协助企业推广、销售和分配产品给最终消费者的企业和个人,包括中间商、实体分配公司、营销服务机构和金融机构。

中间商在企业的营销活动中起着十分重要的作用,它帮助企业寻找顾客并直接与顾客进行交易,从而完成产品从生产者向顾客的转移。关于中间商的类型、作用和如何选择中间商,我们将在后面企业生产运作管理部分详细阐述。

实体分配公司,主要包括将货物运往下一个目的地前专门储存和保管商品的仓储公司和负责把货物从一地运往另一地的运输公司。在我国,更多地是采用中间商和实体分配公司相结合的方式,也就是中间商除分配产品外,还同时负责储存和运输。但无论采用哪种方式销售商品,企业都要考虑储存成本、运输费用、安全性和交货期等因素。

市场营销服务机构是指调研公司、营销咨询公司、广告公司以及各种广告媒体,这些机构协助企业选择目标市场并帮助促销产品。目前我国专门的市场调研和营销咨询公司处于蓬勃发展阶段,但数量仍非常有限,大多数情况下企业都是自己进行调研,或者与大学和管理咨询公司合作开展这方面的工作。

金融机构,包括银行、信贷公司、保险公司等。它们负责为企业和顾客之间的交易融通资金并对企业的营销活动施以显著的影响,因此,企业应该与金融机构建立良好的合作关系,这对我国企业在目前一定时期内资金短缺的情况下显得尤为重要。

3. 顾客

顾客是企业产品或服务的购买者,是企业服务的对象。顾客可以是个人、家庭,也可以是组织机构(包括其他企业和转售商)和政府部门,它们可能与企业同在一个国家,也可能在其他的国家和地区。

对于一个企业来说，最不想看到的现象就是顾客采取了它所不期望的行为，如许多顾客突然开始购买竞争者的产品，或要求企业提供更好的服务或更低的价格等。那么，在上述情况下，企业应作出怎样的反应以避免冒失去最好顾客的风险呢？答案自然应该是制订一个妥善的计划以赢回失去的顾客和满足他们的要求。

顾客分析的目的在于了解顾客为什么选择企业的产品或服务？是因为价格低、质量高、快速送货、可靠的服务、有趣的广告还是促销人员的能干？如果企业不能精确地知道哪些东西吸引顾客以及他们的选择将来可能如何变化，那么，企业最终将失去市场上的优势地位。有效的顾客分析应包括以下几个步骤：

第一，确定分析的目的。首先要收集有关顾客的全面信息并进行仔细研究，不能把顾客分析简单地作为一种短期的应急事务；其次要把分析结果与实际的决策过程相结合。

第二，明确企业的顾客。这似乎是一个简单而宽泛的问题，但事实上它经常被企业营销管理人员所忽视。在这里，最重要的是了解以下几点：

(1) 产品对用户的最终适用性(如技术上的要求是否适合顾客的产品或工艺)。

(2) 顾客的购买方法。

(3) 顾客的统计学特点。

(4) 地理位置。

(5) 需求特性(服务、质量和功能)。

第三，明确企业需要在哪些方面增进对顾客的了解。初步选定了所要服务的顾客群体后，下一步就是仔细地考察企业在对顾客的认识上仍存在着哪些空白，它们往往成为随后数据收集和分析的焦点。它们包括：

(1) 产品满足了顾客的哪些需求？

(2) 顾客还有哪些需求未得到满足？

(3) 顾客对企业产品和技术的熟悉程度如何？

(4) 谁是购买决定者和参与者？

(5) 顾客购买标准是什么？

(6) 顾客群体的范围和增长程度如何？

第四，决定由谁和如何来分析所收集的信息。在这一过程中，至关重要的是将有关信息在企业各部门内广泛交流，同时要求市场、销售和研究开发部门的管理人员明确顾客分析的特殊意义，以及他们各自应采取哪些新的行动。企业高层管理人员应该判断企业的计划是否真正符合顾客的需要。总之，顾客分析的目的在于帮助企业做一些实际的决策，而不是将一大堆数据和报告束之高阁。

4. 竞争者

一般来说，为某一顾客群体服务的企业不止一个，企业的营销系统是在一群竞争对手的包围和制约下从事自己的营销活动。这些竞争对手不仅来自本国市场，而且也来自其他国家和地区；竞争不仅发生在行业内，行业外的一些企业可能通过替代品的生产而参与竞争。所以，对竞争者进行分析是成功开展营销活动的一个重要方面。

竞争者分析的内容相当广泛，大体包括以下几个方面。对这些问题的了解有助于识别竞争者并制定相应的变通战略。

1）产品研究与开发

了解竞争者的产品研究和开发策略是否与其产品生命周期阶段相适应，无论从绝对意义上还是相对意义上都是重要的。在产品生命周期的早期，产品研究和开发具有较高的投资风险，同时竞争对手可能还没有明确顾客需要的特点。因此，应着重分析其实验、制造和正确判断的能力。

随着行业进入发展阶段，产量开始缓慢增加，这时应特别注意竞争对手研究与开发的规模并与本企业作对比。显然，对实力不同的企业，即使用于研究和开发的费用同样多，但对它们基础的冲击是大不相同的。如IBM公司和苹果公司虽然花同样多的钱来开发新型个人电脑，但它对IBM的影响可以说是微不足道的，而对苹果公司的销售和利润却有着很大的影响。

在产品生命周期的后期，产品的研究与开发对企业的影响更为复杂，所以应特别注意竞争对手是否正在重新设计产品以减少成本；是否正在扩大技术并服务于新的市场，以及是否正在对产品采取一定的修补以维持其竞争地位。

2）产品制造过程

可以根据成本、质量、灵活性和可靠性等变量来评价竞争对手所设计的制造过程的有效性。一般来说，在产品生命周期的早期，消费者选择的主要依据是质量和灵活性，而在成熟期则主要考虑产品的成本和可靠性。

3）采购

在外购货物在总成本中占有很大比例的行业或者当供应商非常强大时，分析竞争者的购买方式是非常重要的。在做这种分析时，关键是明确所购买货物的性质。如对于原材料，关键问题是竞争者是否利用了长期合同、数量折扣和接近供应商，并因此减少了成本；对于劳动力，关键问题是竞争者如何组织的？是否利用了国际市场上的劳动力？为了获得有技能的和非技术性的劳动力，是否采用了不同的策略？除此之外，还应了解竞争者在哪里购买了何种产品以及购买条件（合同、价格）。

4）市场

企业营销人员应该分析和评价竞争者是如何选择目标市场和顾客需要的产品的。同时要了解它们在细分市场的销售量、产品组合、广告费用和促销项目等。尤其需要明确竞争者市场计划中的要素是什么，以及它们之间是否互相适应。最后还要了解竞争者为了保持竞争优势，为目前和潜在的消费者进行了哪些方面的努力？

5）销售和零售渠道

在技术比较稳定和适用性比较好的成熟行业，销售和零售渠道往往成为企业能否成功进行营销的关键。在这些行业，必须仔细地估计竞争者的销售渠道的成本、规模和质量。在一些特殊行业，不仅要评价竞争者销售渠道对顾客需要的敏感性，而且要评价其经销商和销售人员的专业知识水平。

6）服务

要认真评价竞争对手在修理能力、服务、培训、零配件的适用性等方面为顾客提供优质的能力和意向，其中包括服务人员的数量和背景、服务项目的数量、服务人员和销售人员之间的关系以及服务在竞争战略中的作用。

7）财务管理

对某些竞争者来说，良好的财务系统往往是执行其总体战略的关键部门，因此，营销人员应该分析竞争对手的现有资产、债券、债务和红利的管理方式并与本企业进行比较。

8）个性和文化

在竞争分析领域，普遍强调收集和分析有关竞争对手的财务、制造、市场方面的定量数据，尽管这些信息对揭示竞争对手的能力是重要的，但它们通常并不能说明竞争对手将如何利用这些能力。因此，企业营销人员应该重视对竞争对手个性和文化的分析，这不仅有助于了解它的思维方式，而且有助于更好地预测其将来的动向和对企业所坚持的不同战略将做出怎样的反应。例如，通过对竞争对手目标的分析，可以了解其个性和可能坚持的战略。一个承诺不解雇员工的企业在需求下降的市场上将难以实现低成本战略；一个追求高增长目标的企业在价格上很可能比强调利润的企业更富于进攻性。分析竞争对手的投资历史可以帮助企业了解其基本原则和习惯；通过对竞争对手在其他行业的战略的研究，可以估计它在本行业和其他感兴趣的行业的战略，例如，它是一贯倾向于高价还是低价？它经常以怎样的方式扩张？在研究和开发环节，它是领先者还是追随者？此外，通过对竞争对手在过去时期内一些实践的分析，也能够在很大程度上揭示其思维方式：是坚强的还是懦弱的？例如，它是否很快地丢弃不获利的业务，或者虽已失败却仍向这种业务投资；它的主要财力资源是用于现有业务，还是致力于新的发展。

对竞争者个性和文化的分析还包括对其组织结构和管理人员的分析，如它的所有权、理事会的组成和主要管理者的个人情况等。一般来说，个人持股的竞争者通常有较低的利润目标，这往往使企业难以和它们竞争；董事会的组成有时能够说明其管理方式，例如，以内部董事（在企业中有管理职位）为主的董事会倾向于注意生产，而外部董事则可能更多地强调财务收益。主要管理者个人的经历对竞争对手的行为也有重要的影响，他们往往倾向于采用自己在其他企业和业务活动中所采用过的成功的战略方法。

概括来说，对竞争对手的分析包括两个方面：一是它的行为；二是它的个性和文化。有关前者的事实和数据会告诉企业竞争对手是否能够开展竞争，而后者则说明竞争者喜欢如何竞争，它是企业努力分析竞争对手的最终目标。

5. 公众

一个企业在向顾客提供产品或服务的过程中，不仅要和供应商打交道、与竞争对手争夺市场，而且还有社会公众对企业的业务活动产生兴趣，他们既可以增强企业的能力也有可能成为阻碍企业实现目标的因素。公众是指对企业完成目标的能力有着实际或潜在兴趣及影响的群体。一个成功的企业应该考虑如何主动地处理好与主要公众的关系而不是消极地等待或对公众采取冷漠的态度。一般来说，企业周围的公众可以分为七类。

1）金融界

金融界包括银行、投资公司、证券经纪商和股东等，它们会影响企业的融资能力。

2）政府机构

政府机构的一些政策与措施可能影响企业的营销活动，因此，企业必须随时注意政府机构有关方面的变化并主动采取相应的措施。

3）新闻媒介

新闻媒介包括报纸、电台、杂志和电视台等。这些机构不仅是企业广告的主要媒体，而且在建立企业信誉、树立良好形象方面起着重要的作用。

4）公民团体

公民团体包括消费者协会、环境保护组织以及民众团体等，它们可能热心地支持企业的某些活动，也可能强烈地反对企业的某些做法，因此，企业必须和它们建立良好的关系。

5）内部民众

内部民众是指企业职工，他们对企业的信任与否和积极性不仅直接决定了劳动生产率，而且他们对企业的态度也会潜移默化地影响企业以外的公众。除此以外，企业还需要关注一般公众对企业产品和服务的态度。

6. 内部因素

在相同的外部环境下，不同企业的营销活动可能会取得完全不同的效果，其主要原因是它们有着不同的内部因素。

内部因素是指企业内部与营销相关的因素。比如，员工是企业营销策略的制定者与执行者，是企业最重要的资源，他们的素质决定了企业营销水平的高低；企业管理水平的高低、规章制度的优劣影响着营销机构的工作效率；企业资金状况与厂房设备等条件是企业进行一切营销活动的物质基础，这些物质条件的状况决定了企业的营销规模。

企业文化与企业组织结构是对营销活动具有重要影响的两个内部因素。企业文化是指企业的管理人员与普通员工共同拥有的一系列思想观念和企业的管理风貌，包括价值标准、经营哲学、管理制度、思想教育、行为准则、典礼仪式以及企业形象等。良好的企业文化氛围能够促使员工努力工作以取得更高的绩效，从而更好地实现企业目标；能够增加员工对企业的好感，并通过员工对外树立企业的形象，这些对企业营销的成败都有着深刻的影响。企业组织结构的影响主要是指企业营销部门与其他部门在组织结构上的关系，因为营销部门在整个企业当中的地位直接影响到营销活动能否顺利进行，因此也是一个关键因素。

二、宏观环境

1. 政治与法律环境

政治与法律环境的变化显著地影响着企业的营销活动和利益。政治与法律环境主要是指法律、政治机构的政策法规以及各种政治团体对企业活动所采取的态度和行动。主要包括以下几个方面。

1）政治局势

政治局势是指企业营销所处国家或地区的政治稳定状况。一个国家或地区政治与生活稳定是大多数企业顺利进行营销活动的基本前提，而内战、频繁的罢工或外部的武装冲突往往会使企业经受萧条和倒闭的痛苦。一个国家和地区内发生的一些重要活动和事件也总是直接或间接地影响企业的经营计划和策略，如我国的“文革”时期，企业就不可能专心从事正常的生产经营活动。

2）方针政策

各个国家在不同的时期会根据不同的需要颁布一些经济政策，制定经济发展的方针，这些方针政策会对企业的营销活动产生重要的影响。比如，在传统的计划经济体制下，企业不可能也没必要做大量的市场调查、预测、分析、计划和控制工作，但是党的十四大确定了发展社会主义市场经济的方针，在实行市场经济体制以后，伴随着激烈的国内外市场竞争，企业则必须做好上述工作才能得以生存和发展。

3）国际关系

发展国际间的经济和贸易关系是人类社会发展的必然趋势。在企业的生产经营过程中，或多或少都会与其他国家发生往来，对那些进行国际营销的企业来说更是如此。国际关系会对企业尤其是有国际往来的企业的营销活动产生重大影响。我国与营销对象国的良好关系对我国企业在该国的经营有利；反之，我国企业就有可能受到不利的对待，甚至遭受攻击或抵制。比如，中美之间的贸易关系就经常受到两国外交关系的影响。

4）法律因素

对企业来说，法律是评判企业营销活动的重要准则之一。法律的变化可能直接鼓励或限制着某些商品的生产和销售，例如，我国对爆竹、雷管和炸药等危险品实行定点生产定点销售的管理模式。目前，世界上很多国家都对企业的商务活动进行了大量立法，这些法律对企业的影响和制约一直在不断增加。商务立法的目的有三个：第一，保护各企业的利益不受侵害，即通过立法保护竞争。例如，美国的《反托拉斯法案》、1993年由全国人大常委会第三次会议通过的《中华人民共和国反不正当竞争法》以及2007年第十届全国人民代表大会常务委员会审议通过的《中华人民共和国反垄断法》，都是旨在规范经营者的竞争行为，维护市场竞争秩序。第二，保护消费者利益免受不正当商业活动的损害。对于一些采用掺假、虚假广告、伪劣产品等不正当手法损害消费者利益的企业，必须予以限制和制裁。例如，美国的《联邦食品及药物法案》、《肉类检验法案》和《消费品安全法案》；我国人大 1993 年制定的《关于惩治生产、销售伪劣商品犯罪的决定》；1995 年制定的《关于严惩虚开、伪造和非法出售增值税专用发票犯罪的决定》；2000 年第九届全国人民代表大会常务委员会上更是对《中华人民共和国产品质量法》进行了大约 20 条内容的修改，使其日趋完善。第三，保护社会公众和消费者更大的和长期的利益不受不法商业行为的危害。如有些企业为了追求利润可能生产加重环境污染的产品或销售有危险性的儿童玩具或物品，因此，必须对它们实施约束。例如，美国有《国家环境政策法案》和《儿童保护法案》、我国有《大气污染防治法》等。目前全球变暖现象严重，世界各国倡导共同行动抑制全球变暖，亟须出台相关的国际气候政策，而这些政策届时将会对很多企业的营销活动产生重大影响。

我国由于正处于经济的转型阶段，市场具有一定的不稳定性，相关的市场支持机制尚未完全建立起来，相应的法律、法规也有待进一步完善和落实。而有关产品质量问题事件的报道也是不绝于耳，例如，国内一次性餐盒的合格率不到一半，其对长期使用消费者的危害不亚于吸毒；丰田汽车因为加速踏板、制动系统等存在缺陷而引发的“全球召回”事件；被曝光的“地沟油”事件，统计表明每年有 200 万～300 万吨地沟油流回广大老百姓的餐桌;等等。这些揭露的产品质量问题严重影响了广大人民群众的生活,所以国家一定会加强相关立法和监管的力度。随着市场经济体制的不断完善,企业将受到越来越多的法律条款的约束,如《水资源保护法》、《森林法》和《药物法》等。

2. 经济环境

经济环境在这里主要指人口及其购买力。与其他环境力量相比,经济环境对企业的营销活动具有更直接的影响。下面我们来讨论我国人口趋势及影响人们购买力的主要因素。

1) 人口

人口是市场营销人员最感兴趣的环境因素之一,正是它构成了市场。总人口、人口地理分布和密度、家庭数量、年龄构成以及人口增长率等因素对企业的营销计划都有显著的影响。

A. 总体人口的继续增长

与世界人口的"爆炸性"增长相吻合,我国的总人口将继续增长。1980 年世界人口总数为 44 亿人,并以每年 1.8%的增长率在扩大,据统计,截至 2009 年年末世界人口数达到了 68 亿人,预测到 2011 年,世界人口总数将突破 70 亿人,且增长主要来自发展中国家。我国人口数从 1978 年的 9.63 亿人增长到 2008 年的 13.28 亿人,人口总数保持持续增长的态势;出生率则从 1978 年的 18.25‰到 1987 年的最高峰 23.33‰,然后开始下降,2008 年的出生率为 12.14‰。虽然我国从 20 世纪 70 年代便开始大力控制人口增长,并取得了世人瞩目的成就,人口出生率和增长率都在下降,但由于人口基数大,净增人口数仍旧很大。

我国的巨量人口产生了两个严重的后果:第一,使我国的人均自然资源占有量进一步下降,其中淡水、耕地、森林、能源等方面的问题尤为突出,因而有限的资源难以达到或维持多数人所渴望的工业发达国家那样的生活水平;第二,人口增长较快的边远地区和广大农村恰恰是经济不发达和难以养活过多人口的地方。

我国的众多人口既有使改善人民生活不利的一面,同时又是一个广阔的消费品市场和廉价劳动力的供给源。显然,在收入水平一定的条件下,人口增加就意味着市场扩大,而廉价和丰富的劳动力资源可以增加出口产品,尤其是劳动密集型产品的竞争能力。

B. 生产年龄人口的空前膨胀与人口老龄化

总体人口的继续增长主要是由现有人口的年龄构成决定的,而生产年龄人口的空前膨胀与人口老化则受人口年龄结构、出生率和死亡率的共同影响。15~64 岁生产年龄人口总数从 1982 年的 6.25 亿人增长到 2008 年的 9.67 亿人,相应地,15~64 岁生产年龄人口总数占总人口的比重也从 1982 年的 61.5%增长到 2008 年的 72.7%。但从近几年的情况看,生产年龄人口比重增长有所放缓。按照现有人口年龄构成推移,在生产年龄人口膨胀的同时,我国也迎来了人口年龄老龄化的高潮。进入 20 世纪 90 年代以后,65 岁以上老年人口平均每年以 3%左右的速度增长,截至 2008 年年末,我国已经有 1.095 6 亿老年人,预计到 2020 年将达到 2.3 亿人,约占总人口的 15.6%;到 2050 年将达到 4.1 亿人,约占总人口的 27.4%。

人口年龄结构及其变化对企业的经营活动有直接而显著的影响,如出生率下降可能使儿童玩具、用品和服装的需求量下降。15～64岁人口数量的急剧膨胀，一方面使某些商品，如住房、摩托车、汽车、服装、旅游等的需求扩张，使企业容易获得所要求的劳动力。另一方面却带来了巨大的就业压力，这种压力可能使某些劳动密集型产业获得优先发展。老龄人口的迅速增加意味着居家养老服务市场（如送饭、维修服务、咨询等），医疗保健服务市场（如家庭病床、重危病护理、住院陪床），老年福利设施市场（老年住宅和公寓、老年医院、老年活动中心等）以及老年用品市场（如老年用床、浴盆、体位交换器、手杖、轮椅、助听器等）将有较大的发展。此外，将不同阶段年龄人口进行细分还可以进一步了解市场对某些产品的需要。

C. 我国家庭结构的变化

我国家庭结构变化的主要特征是向小型化趋势发展。从新中国成立以来，我国共开展了5次人口普查。而据最近一次2000年11月的第五次人口抽样调查资料显示，我国家庭户平均规模已由1980年的4.54人下降到了3.63人。其中市、镇平均家庭户规模都为3.12人，县家庭户平均规模为3.17人。而到了2006年，我国家庭户平均规模更是下降到3.39人。近30年来，家庭规模的小型化是我国城乡家庭结构变化的重要特征之一。对于家庭规模的小型化，不能简单地认为是核心家庭替代大家庭，从一种模式演变为另一种模式的过程。核心家庭确已成为主流家庭模式，但是1人户和2人户在近年来呈现出持续增长势头，1人户、2人户和3人户的比例从乡村到镇到城市呈逐步升高的态势，而4人户以上家庭则相反。1人户、2人户的增长在很大程度上说明，除核心家庭外，其他非核心化的小家庭式样，如空巢家庭、丁克家庭、单身家庭、单亲家庭等，正在构成我国城乡家庭结构的重要内容。而在一定时期内一定地区的家庭户数及其结构对某些类型消费品的需求有很大的影响。例如，新建立的家庭可能需要添置家具、厨房用具、家用电器和卫生设备等，无子女的年轻夫妇或单身户将有更多的时间和金钱去旅游或是去饭店，而日益被社会关注的空巢家庭更是需要社会中有更多的为老年人提供相关产品和服务的机构出现。因此，企业营销人员应该注意到这些变化。

D. 我国城镇贫困与富裕人口的空间分布很不平衡

我国不同地区之间的发展差距不仅影响地区的产业结构特点，而且也是企业进行市场预测和制定有关战略时必须考虑的问题，因为不同收入水平的人口具有不同的购买力，并由此决定了他们的消费结构和价格接受水平。从1985年以来，反映地区间收入水平差异的变异系数（各地区的标准差/各地区的平均数）和极值比（最高地区/最低地区）进一步上升。从城镇和农村内部居民收入差距情况看，2005年，31个地区的城镇居民人均可支配收入的变异系数为0.29，而农村居民人均纯收入的变异系数为0.46，比城镇居民人均可支配收入的变异系数高0.17点，说明相对于城镇居民，地区间农村居民的收入差距更加明显。

如表2-1所示为2008年各省（直辖市、自治区）居民消费水平数据。

由表2-1可见，目前我国居民消费水平具有以下几个特点：第一，高消费水平地区集中在东部。2008年居民消费水平最高的5个省（直辖市、自治区）都集中在东部（上海、北京、广东、天津和浙江）。第二，低消费水平区集中在西部，有几个省份的居民消费水平都徘徊在4 000元的水平。

表 2-1 2008 年国内各省(直辖市、自治区)居民消费水平数据

(单位：元,按当年价格计算)

东部		中部		西部	
地区	地区居民消费水平	地区	地区居民消费水平	地区	地区居民消费水平
北京	20 346	山西	6 187	四川	6 072
天津	14 000	内蒙古	8 108	贵州	4 426
河北	6 570	吉林	7 591	云南	4 553
辽宁	9 625	黑龙江	7 039	西藏	3 504
上海	27 343	安徽	6 377	陕西	6 209
江苏	11 013	江西	5 753	甘肃	4 869
浙江	13 893	河南	5 877	青海	5 830
福建	10 361	湖北	7 406	宁夏	7 193
山东	9 573	海南	6 550	新疆	5 542
广东	14 390	广西	6 103	湖南	7 145

2) 购买力

形成市场不仅需要人口,还需要购买力。一个有效的市场包括人口及购买力两个因素,前面我们已经讨论了我国人口的主要变化倾向,下面我们来分析影响人们购买力的主要因素。

A. 人均国内生产总值

人均国内生产总值等于一定时期内一个国家的国内生产总值除以总人口,它反映了一个国家的经济发展水平。2008 年,我国人均国内生产总值达到 22 698 元,而在 1978 年,我国的人均国内生产总值仅为 381 元。

B. 个人可支配收入

个人可支配收入是指在个人收入中扣除税款、收税性负担以及维持生活的必需品支出后的余额,它是影响消费结构的重要因素之一。2008 年我国全年城镇居民人均可支配收入为 15 781 元,比上年增长 14.5%,扣除价格因素,实际增长 8.4%。农村居民人均纯收入 4 761 元,比上年增长 15.0%,扣除价格因素,实际增长 8.0%。反映居民总体生活质量的恩格尔系数,2008 年城镇为 37.9%,比 1990 年的 54.2%下降了 16.3 个百分点,但比 2007 年的 36.3%略有增加;2008 年农村居民家庭恩格尔系数为 43.7%,比 1990 年的 58.8%下降了 15.1 个百分点。

C. 储蓄速度及消费者信贷情况

消费者的消费水平和结构除受以上因素影响外,还受储蓄状况的影响。改革开放以来,我国城乡居民的储蓄速度有很大增长,全国城乡储蓄年存款余额已从 1979 年的 280.1 亿元增加到 2008 年的 217 885.4 亿元,储蓄年增长额从 1980 年的 114.8 亿元增加到 2008 年的 45 353.0 亿元。这些储蓄是购买贵重商品资金的主要来源。但是,城市和农村居民对储蓄金额的用途有较大差异,城市居民的储蓄主要用来购买高档耐用消费品,如商品房、汽车以及黄金等,而农村居民则主要用于住宅建设和购买农用生产资料和设备。

西方国家广泛存在的消费者信贷对购买力的影响也很大。所谓消费者信贷，就是消费者凭信用先取得商品的使用权，然后按期归还贷款，以购买商品。这实际上就是消费者提前支取未来的收入，提前消费。自 1997 年以来，我国个人信贷消费从无到有，之后快速增长。2003 年年末，全国各商业银行人民币消费贷款余额 15 736 亿元，较 1997 年年末的 172 亿元增长 90 倍，其中个人住房贷款余额 11 780 亿元，信用消费占各项贷款的比例也由不足 0.13%上升到 10%。而近几年国家更是在政策上鼓励“信用消费”。

D. 消费者的支出模式

我国消费者的支出模式与西方发达国家有较大差别。虽然随着家庭收入的增加，用于食品的开支占收入的百分率下降，用于住房以及家庭日常开支的费用占收入的百分率变动不大，用于其他方面及储蓄占收入的百分率上升的规律也基本上适用于我国。但与西方发达国家同期的收入水平相比，我国居民用于“用品”，如电视机、洗衣机等的支出却远远高于发达国家，也就是说，我国的消费者更偏重于“用品”的消费。因此，管理人员必须注意到这一倾向及支出模式随经济发展而可能发生的变化。表 2-2 为我国平均每人消费性支出构成（人均消费性支出＝100）。

表 2-2　我国人均消费支出构成

内容 时间	食品	衣着	居住	家庭设备用品及服务	医疗保健	交通通信	教育文化娱乐服务	杂项商品与服务
1990	54.25	13.36	6.98	10.14	2.01	1.20	11.12	0.94
1995	50.09	13.55	8.02	7.44	3.11	5.18	9.36	3.25
2000	39.44	10.01	11.31	7.49	6.36	8.54	13.40	3.44
2007	36.29	10.42	9.83	6.02	6.99	13.58	13.29	3.58
2008	37.89	10.37	10.19	6.15	6.99	12.60	12.08	3.72

3) 其他影响因素

除了上述直接影响企业营销活动的因素外，还有一些因素或多或少也对企业的营销活动具有影响。

A. 经济体制

不同的经济体制必然会对企业的营销活动产生不同的限制和影响。比如在计划经济体制下，企业没有经营自主权，企业的产、供、销都由国家计划统一安排，在这种经济体制下，企业不能独立地开展生产经营活动，因此也谈不上开展市场营销活动。而在市场经济体制下，企业的一切活动都要以市场为中心，因此企业必须特别重视市场营销活动，通过营销活动实现自己的利益目标。

B. 经济发展水平

企业的市场营销活动受到一个国家或地区的经济发展水平的制约。经济发展阶段不同，居民的收入水平不同，对产品的需求也不同，因此经济发展阶段会在一定程度上影响企业的营销活动。

C. 地区和行业的发展状况

在我国，由于各地条件的制约，地区经济发展很不平衡，形成了从西部到中部到东部逐渐提高的发展格局。而且在不同的省区也呈现出多极发展的趋势，这种地区不平衡的发展状况必然会对企业的营销分析以及营销战略造成一定的影响。

不同行业的营销情况也是不同的,因为我国行业与部门的发展也有差别,比如我国将重点发展农业、原料和能源等基础产业,这就必然会给营销活动带来影响。企业一方面要处理好与有关部门的关系;另一方面也要根据与企业联系紧密的部门与行业的发展情况,制定有效的营销措施。

D. 城市化程度

城市化程度是指城市人口占全国总人口的百分比。它在一定程度上影响着营销活动,因为城乡居民存在着某种程度的经济和文化上的差别,所以会有不同的消费行为。比如目前我国大多数农村居民的消费仍以自给自足为主,而城市居民则主要通过货币交换来满足。

3. 物质环境

任何企业的生产经营活动都与物质环境息息相关,因为无论制造哪种产品都需要原材料、能源和水资源等。随着工业生产活动范围的不断扩大,同时也由于前些年我们对环境保护的忽视,我国的物质环境在过去几十年中已遭受了很大程度的破坏。今后,各种资源的短缺将对企业的生产和经营活动形成很大的制约,同时有关环境保护的立法也对企业提出了很多新的要求。企业管理人员必须注意到物质环境的变化以及相关法律政策的影响。具体说来,我国的物质环境注意面临以下几个问题:

1) 土地持续荒漠化和土壤持续污染化

目前,我国荒漠化土地面积约为 270 多万平方公里,占国土总面积的 28%,而且每年还在增加 1 万多平方公里;我国 18 个省的 471 个县,近 4 亿人口的耕地和家园正受到不同程度的荒漠化威胁,整个生态系统在急剧恶化。其中草原沙化现象很突出,一些牧区牲畜存栏大幅度下降,绵羊的体重与 20 世纪五六十年代相比下降了一半以上。与此同时,在近 50 年中,我国森林面积减少了 30%,森林覆盖面积仅为世界平均森林覆盖面积的 1/3。森林的减少导致了水土流失,洪灾频繁,物种减少,气候变化等多种严重恶果。

从我国发射的"神舟"六号卫星上拍摄的鸟瞰东亚地区的照片中可以看到,我国以前大片国土上郁郁葱葱的景象现已不见,出现了较为严重的荒漠化(棕黄色)。多年来的气候变化和人们对环境无所顾忌的活动,对土地的破坏作用甚大,较为严重的乱砍滥伐、过度放牧及重用轻养的恶习使草地逐渐退化,加上水土流失的不断侵蚀,致使荒漠化这一盲目改造自然的恶果悄然袭来。

同时,我国大多数城市的近郊土壤环境也受到了不同程度的污染。目前,全国污染的土地面积已超过 1.5 亿亩,污水灌溉引起的污染耕地约 3 250 万亩,固体废弃物堆存占地和毁田约 200 万亩,合计约占耕地总面积的 1/10 以上,且每年还在以大约 15%的速度递增。这些污染土地大多数集中在经济较发达地区。其主要的污染物有石油类、化肥农药类有机物、放射性元素以及重金属等。其中有些难降解污染物在土壤中积累,能转化为毒性更大的化合物。一些受污染较为严重的地段,土壤中发现的有害物质已多达近百种。

2) 森林赤字

作为一种可再生的有限资源,我国近几十年来森林面积正在不断下降。下面的一系列数字也告诉我们,我国森林资源告急。我国国土面积 960 万平方公里(折合 143.992 8 亿亩)，约占世界总量的7%，人口13亿，约占世界总量的22%，而森林面积仅占世界的4.6%。我国森林总面积15 894.1万公顷(折合23.94亿亩)，林木总蓄积量不足世界总量的3%，森林蓄积量为112.7亿立方米，森林覆盖率为16.55%，排世界第142位；人均森林面积0.128公顷，只有世界平均水平的1/5，排世界120位；人均森林蓄积量9.048立方米，只有世界平均水平的1/8，排世界第121位；年人均消费木材0.22立方米，而世界平均水平是0.65立方米，比我国高近3倍多，差距十分明显。

森林资源匮乏一方面容易造成大规模水土流失和江河污染，影响国家经济的长远发展；另一方面也直接关系到一些企业的生产和销售，如建筑木材较少将导致某些替代品的出现或造成建筑业成本的上升。

3) 淡水资源紧缺

我国是一个干旱和缺水严重的国家。淡水资源总量为28 000亿立方米，占全球水资源的6%，仅次于巴西、俄罗斯和加拿大，居世界第四位，但人均只有2 300立方米，仅为世界平均水平的1/4、美国的1/5，在世界上名列第121位，是全球13个人均水资源最贫乏的国家之一。扣除难以利用的洪水泾流和散布在偏远地区的地下水资源后，我国实际可利用的淡水资源量则更少，仅为11 000亿立方米左右，人均可利用水资源量约为900立方米，并且其分布极不均衡。全国600多座城市中，已有400多个城市存在供水不足问题，其中比较严重的缺水城市达110个，全国城市缺水总量为60亿立方米。水利部预测，2030年中国人口将达到16亿，届时人均水资源量仅为1 750立方米。在充分考虑节水的情况下，预计用水总量为7 000亿～8 000亿立方米，要求供水能力比现在增长1 300亿～2 300亿立方米，全国实际可利用水资源量接近合理利用水量上限，水资源开发难度极大。水资源的短缺对以淡水为原料或动力的企业形成很大的制约。

4) 不可再生的有限资源的短缺

我国的矿石资源和石油蕴藏量虽然很丰富，但由于人口数量巨大和增长过快，能源短缺现象十分严重。据2006年统计结果显示，我国煤炭保有资源量10 345亿吨，剩余探明可采储量约占世界的13%，居世界第3位。已探明的石油、天然气资源储量相对不足，油页岩、煤层气等非常规化石能源储量潜力较大。中国拥有较为丰富的可再生能源资源。水力资源理论蕴藏量折合年发电量为6.19万亿千瓦时，经济可开发年发电量约1.76万亿千瓦时，相当于世界水力资源量的12%，居世界首位。但人均能源资源拥有量在世界上处于较低水平。煤炭和水力资源人均拥有量相当于世界平均水平的50%，石油、天然气人均资源量仅为世界平均水平的1/15左右。耕地资源不足世界人均水平的30%，制约了生物质能源的开发。

另外，能源资源分布不均衡也是我国资源的一大特点。中国能源资源分布广泛但不均衡。煤炭资源主要富存在华北、西北地区，水力资源主要分布在西南地区，石油、天然气资源主要富存在东、中、西部地区和海域。中国主要的能源消费地区集中在东南沿海经济发达地区，资源富存与能源消费地域存在明显差别。大规模、长距离的北煤南运、北油南运、西气东输、西电东送，是中国能源流向的显著特征和能源运输的基本格局。

4. 技术环境

像经济环境一样，技术环境变化对企业的生产和销售活动具有直接而重大的影响，尤其是在面临原料、能源严重短缺的今天，技术往往成为决定人类命运和社会进步的关键所在，同时，技术水平及其产业化程度高低也是衡量一个国家和地区综合力量和发展水平的重要标志。如美国高科技产业在国内生产总值中的比重已达40%～60%。与经济因素不同的是，技术是一种创造性-破坏因素，或者说，当一种新技术给某一行业或某些企业带来增长机会的同时，可能对另一行业形成巨大的威胁。例如，晶体管的发明和生产严重危害了真空管行业；数码相机的出现使得原始胶片相机受到沉重的打击；高性能塑料和陶瓷材料的研制和开发严重削弱了钢铁业的获利能力。

技术的发明和进步不仅影响行业的生存和发展，而且也影响多数企业具体的生产和销售活动，因此，世界上成功的企业无一不对新技术的采用给予极大的重视。目前技术环境的变化有以下几个趋向。

1) 新技术和发明的范围不断加宽

自第二次世界大战以来，科学技术取得了巨大进步，同时它们应用的范围也在不断加宽，已涉及人类生活的各个领域。近几十年来，以下几个领域的科技进步尤为迅速：

A. 信息技术

在微电子技术方面，几十年来其发展一直遵循摩尔定律，即集成度平均每18个月翻一番，30年时间内尺寸减小1 000倍，性能提高10 000倍。由于CMOS(金属氧化物半导体)的技术极限被不断突破，在可预见的10多年内，摩尔定律仍将继续起作用。我国经济长时间高速发展，使中国成为全球第二大集成电路(IC)市场，但目前国内市场自给率不到25%，尤其是在代表IC水平的计算机中央处理器(CPU)方面，国内的技术差距就更大。近年来我国微电子取得关键技术的突破，成功开发出北大众志-863、龙芯等CPU，但在自主产权的核心技术方面仍然落后于国际先进水平。目前，微电子技术进入纳米尺寸和System-on-Chip时代，CPU时钟进入GHz。中国具有较强整机系统设计能力，SOC时代的到来是我国IC产业跨越式发展的机遇。

信息技术的发展不仅使信息产业占国内生产总值的比重不断上升，而且也使企业的组织结构和市场营销产生了深刻的变化。信息化使组织结构进一步扁平化和网络化，即高层管理人员可以更多地通过计算机终端来了解企业的运行情况，如产品价格、库存、资金储备等，从而对整个组织实施控制。有人甚至预言，在信息化时代中层管理人员将面临失业的威胁。网络化可以使跨国公司的不同子公司、企业不同部门之间的信息交流更为方便和快捷，同时可以对市场需求变化作出更迅速的反应。2002年年底，美国《财富》杂志评出的全美500家最大的公司已有400多家在网上开展营销。此外，越来越多的交易和广告开始在互联网上进行。2008年全年，中国网上交易总额达3.1万亿元，比2007年增长了43%，并且这种增长的态势将持续下去。

B. 生物技术

生物技术是当今最为活跃的科技领域之一，自20世纪40年代青霉素发明以后，已有100多种抗菌素投入生产。伴随着基因DNA重组技术、克隆绵羊问世等一系列重大技术的突破，生物技术在人们生活中具有越来越重要的作用。它在保障粮食安全、促进经济结构调整、提高健康水平、改善生态环境、缓解能源短缺压力、保障国家安全等方面的作用和潜力日益凸显。专家们预言，以生物技术为重点的第四次科技革命，将成为继信息产业之后又一个最具活力的经济增长点，由其引领的生物经济，将驱动全球经济结构的加速调整和重组。

C. 新型材料

众所周知，材料曾作为划分人类历史进程的重要里程碑，人们已经历了石器时代、青铜器时代和铁器时代。据1976年的统计，全世界经过注册的材料就有25万种，而目前已多达60多万种，并以每年大约5%的速度增长。新型材料，尤其是有机高分子合成材料和陶瓷复合材料的发展尤为迅速。进入21世纪后，涌现了多种具有重大意义的新型材料，包括：高强高模纤维、高耐热纤维、超轻纤维、高导电纤维、可生物降解纤维以及一系列具有环保节能功效的新型材料。这些材料在社会生活的各个行业中所占的比重越来越大，与此相反，钢铁业的发展则有式微的倾向。

D. 空间技术

空间技术是一门高度综合性的科学技术，是很多现代科学和技术的综合集成。自1957年10月4日苏联发射第一颗人造地球卫星以来，到目前为止，世界各国已发射了几千个航天器，其中包括：载人飞船、航天飞机、空间试验站和空间站等。人类已经飞出地球，1997年又成功向火星发射了探测器，不久还可能飞出太阳系。空间技术的发展扩大了人类的物质资源和知识宝库，推动了现代科学技术和现代工农业生产的发展。例如，美国使用气象卫星每年可从120亿美元的自然损失中挽回50亿美元，印度从气象卫星中每年可收益10亿～15亿美元。再如，美国发射一颗地球资源卫星仅花费2 000万美元，但每年可获益14亿美元。此外，空间是一个微重力、近乎理想的真空和无菌的领域，在空间能生产出在地球上不可能生产的高纯度、高均匀的特殊合金、半导体陶瓷、玻璃、超导体、光敏材料和医药等。托夫勒在他的《第三次浪潮》一书中曾预言："航天工业是下一代技术革命的策源地。"美国一位咨询公司的副总经理预言："21世纪的太空商业活动也许将等于20世纪的航空、电子和电子计算机的总和，它代表了人类的又一次进化。"

2）理论成果转化为产品和产品更新的周期大大缩短

由于技术本身的巨大进步，理论成果转化为可应用产品的间隔大大缩短。例如，英国在1741年批准了第一项打字机专利权，但是拖了一个半世纪，打字机才开始批量生产。斯坦福研究所的罗伯特·B.杨发现：在1920年以前，美国销售的日用设备，包括吸尘器、电炉和冰箱，从投产到高峰生产所需时间平均是34年，而在1939—1959年出现的另一批设备，包括电煎锅、电视机和洗衣甩干机的相应时间仅有8年，缩短了76%以上。同样，同类产品更新换代的周期也大大缩短了。例如，半导体行业的产品生命周期在20世纪80年代要比70年代平均下降25%。美国硅谷的统计资料显示，在20世纪80年代每30秒钟就有一项新发明面世。又如美国的3M公司，在20世纪70年代新产品（产品生命周期少于5年）利润占全公司利润的20%，1980年这一比例上升为33%，而到1995年，这一比例上升为45%。

3）研究和开发费用急剧增加

为了在市场竞争中以新产品和新工艺获胜，世界各国和企业普遍增加了研究和开发费用。例如，美国每年用于研究和开发的费用高达1 000亿美元，约有10 000种新产品投放市场。美国一些企业的研究开发费用占销售额的比例达5%～7%，而它们的毛利润率大约为15%。与发达国家相比,我国企业的研究和开发费用要低得多,尤其是在传统经济体制下,企业资金有限,几乎拿不出钱来搞研究开发。在产品研究开发方面我国面临的另一个问题是由于将理论成果转化为产品的巨额费用无法解决,这其中的主要原因是传统体制下科研部门与其他部门的交流非常少,以致很多科技成果离市场要求相距甚远或被束之高阁。近年来,随着科研体制改革的深入和企业竞争的加剧,这方面的情况已有所改变。

4) 互联网的影响日渐深入

随着信息技术的发展,网络技术的应用使得互联网与人们的生活的联系越来越密切。互联网可以克服营销中时间和空间的限制,为市场中所有顾客提供及时的服务,同时还可以通过其交互性来了解不同顾客的需求并提供针对性的服务。可以说,互联网是营销中满足顾客需求最具魅力的工具之一。互联网将同4P(产品,价格,分销,促销)和以顾客为中心的4C(顾客、成本、方便、沟通)相结合而对企业营销产生深刻影响。

(1) 以顾客为中心提供产品和服务。市场上顾客的需求是千差万别的,利用互联网良好的互动性和引导性,企业可以引导顾客对产品或服务进行选择或提出具体的要求,并针对顾客的要求提供相应的产品或服务。同时,企业还可以通过互联网及时了解顾客需求的变化并满足顾客变化了的需求,提高企业营销的效率。

(2) 以顾客能接受的心理价位进行定价。在当今经济和市场全球化的情况下,传统的成本导向定价方法已经不再适应这种日趋激烈的市场竞争格局。由于营销可能要面对不同的国家或不同市场和地区的顾客,而他们的消费层次和需求可能各不相同,因此要求的价格也就有着比较大的弹性。在这种情况下,应当将成本导向定价转变为市场导向定价,要考虑顾客的需求,也要考虑顾客的价值观念,还要考虑顾客能接受的心理预期价格,并根据成本来组织生产和销售。顾客可以通过互联网来提出所能接受的心理价位,而企业根据顾客心理价位提出柔性的产品设计和生产方案供顾客选择,直到顾客认同后再进行生产。

(3) 产品的分销以方便顾客为主。网络营销是一对一的分销渠道,是跨时空进行的销售,顾客可以随时随地利用互联网进行订货和购买产品。

(4) 加强与顾客直接沟通的促销方式。传统促销是以企业为主体,通过一定的媒体或工具强迫顾客接受公司的产品,顾客是完全被动的,企业缺乏与顾客的直接沟通。互联网上的营销是交互的,顾客可以参与到企业的营销活动当中来,加强了与顾客的直接沟通和联系,直接了解顾客需求,得到了顾客的认可。

营销管理人员了解技术环境变化的目的在于如何与研究开发人员建立起密切的联系,从而帮助他们注意市场对新技术和产品的需求,并采取积极措施限制技术发明所带来的副作用。总之,要使企业和消费者从技术发明和新产品中获益。

三、市场营销环境和市场机会分析

SWOT法常被用来分析市场营销环境,SWOT实际上是优势(strength)、劣势(weakness)、机会(opportunity)和威胁(threat)的首字母缩略词。其中优势劣势分析主要着眼于企业自身的实力及其与竞争对手的比较,而机会和威胁分析将注意力放在外部环境的变化及其对企业的可能影响上。

1. 机会威胁分析

外部环境的机会是指市场上有未被满足的需求，也就是说存在着市场空隙，它可能来源于宏观环境，也可能来源于微观环境。对于不同的企业，外部环境机会是不等的，同一个机会对某些企业可能是机会，而对另外一些企业可能就是威胁。外部环境机会能否成为企业的机会，要看是否与企业的目标、资源以及任务相一致，企业能否利用这机会获得比竞争者更多的利益。

外部环境威胁是指对企业营销活动不利或限制企业营销活动发展的因素。这种威胁主要有两个方面：一是直接威胁企业的营销活动，比如政府颁布的《环境保护法》对造成环境污染的企业来说就构成了巨大的威胁；二是企业的目标、资源和任务与环境机会相矛盾，比如人们对胶片相机的需求转为对数码相机的需求，这使得原胶片相机生产企业的目标以及所拥有的资源与外部环境机会呈现出了非常大的差异。

2. 优势劣势分析

很明显，企业的优势是指当在同一市场或者向同一顾客群体提供产品和服务时，企业是否拥有比竞争对手更高的盈利率或盈利潜力。每个企业都应当定期检查自己的优势和劣势。但是企业并不需要去纠正自己所有的劣势，也不是对优势都不加利用，企业应当考虑是停留在目前已有优势的机会中，还是应当去获取和发展一些优势以获得更多的机会。

3. 市场机会分析

如前所述，市场机会是指某种特定的营销环境条件，在该营销环境条件下企业可以通过一定的营销活动获得利益。特定的市场营销环境条件只对那些具有相应内部条件的企业来说才是机会，因此市场机会具有针对性；它可以为企业带来经济的或者社会的效应，因此它又具有利益性；对现代企业来讲，营销环境的变化越来越快，市场机会从出现到消失的过程也是非常短暂的，因此它又具有时效性；市场机会时客观存在的，它是所有企业都可以发现和共享的，因此又具有公开性。

市场机会可以按其吸引力和每一个机会可能获得成功的概率来加以分类。市场机会的吸引力是指企业利用该市场机会可能创造的最大利益，主要用市场需求规模、利润率、发展潜力等指标来评价。成功率是指企业把握住市场机会并将其转化为具体利益的可能性(图 2-1)。

		成功概率	
		高	低
吸引力	大	1	2
	小	3	4

图 2-1 市场机会矩阵图

在图 2-1 中，区域 1 是吸引力大，成功概率高的市场机会，企业的营销人员应该及时、准确地把握这些市场机会，因为该区域的市场机会是企业营销活动最理想的经营内容。而对于区域 4 的市场机会企业可以不必考虑，因为该类机会不大可能直接跃迁到区域 1 中。而对于区域 2 和区域 3，企业应该加以密切关注，因为其中任何一个机会的吸引力和成功概率都可能因环境的变化而变化。

需要注意的是，该矩阵是针对特定企业的。同一市场机会在不同企业的矩阵中出现的位置是不同的。这是因为，不同经营环境条件的企业，其市场机会的利润率、发展潜力等影响吸引力大小的因素和成功概率都是不同的。

本章复习题

1. 简述需要、欲望和需求之间的异同。

2. 请分别从广义和狭义的角度论述市场营销的内涵。

3. 简单阐述生产观念、产品观念、促销观念、市场观念、社会营销观念以及整体营销观念的异同。

4. 市场营销理论发展可以分为几个阶段？简述市场营销的发展历程。

5. 什么是一个企业的营销环境？营销环境主要有哪些特点？

6. 企业的微观营销环境主要包括哪些方面？它们是如何影响企业的营销活动的？

7. 企业的宏观营销环境主要包括哪些方面？请举例说明目前的宏观环境特点是如何影响企业的营销活动的。

8. 应如何运用 SWOT 分析企业所处的市场营销环境？

第三章

市场营销过程

在第二章我们详细分析了市场营销的概念、内涵、发展历程、现代营销特点以及目前企业界开展市场营销所面临的环境。在了解了市场营销的相关基础知识之后，第三章我们将具体讨论如何开展一项完整的市场营销，即分析市场营销创造价值的全过程。

随着市场机制的不断完善、企业间竞争的加剧，如何实现价值、如何获得市场份额成为企业发展的关键所在，而市场营销也成为企业获取竞争力的重要手段。但很多企业在具体的营销过程中，远没有达到理想效果，更有企业仅仅根据一知半解的市场营销理论去运作市场，结果却是铩羽而归。这其中很重要的原因就在于企业没有全面地把控住市场营销过程，即虽然注重了市场营销过程中的某个环节，但却因忽略其他的部分而导致全盘皆输。

市场营销是分析、规划、执行和控制的循环，是从市场研究、确定目标市场、产品定位到策略规划、计划实施、效果反馈的完整过程，是产品、价格、渠道、促销的完美组合。人们可能只看到了可口可乐强大的品牌效应，但却忽略了其在产品生产、分销渠道、促销手段各环节中同样表现出色；我们见证了央视标王“秦池”巨大的广告效应，但后来却由于产品“勾兑”负面新闻被披露而瞬间陨落，这其中的主要原因在于其没有重视市场营销的整体过程，而过多地依赖广告这一环节。现实中这样的例子比比皆是，本章我们将详细阐述开展市场营销的具体步骤。

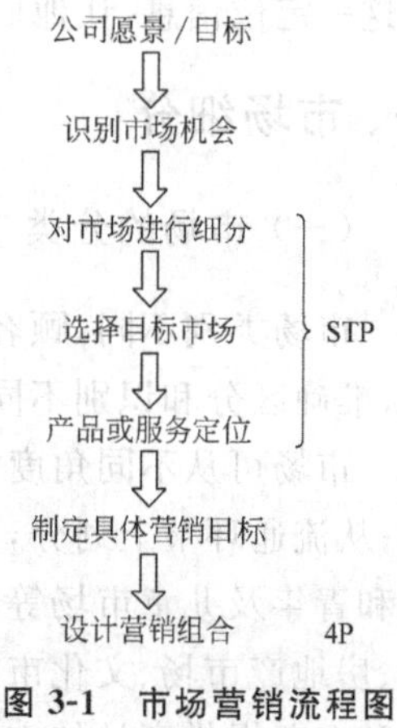

图 3-1 市场营销流程图

目前广为接受的市场营销过程可以主要分为两个阶段（STP 和 4P），如图 3-1 所示。

首先确定目标市场，这其中包括：①细分市场，根据购买者对产品或营销组合的不同需要，将市场分为若干不同的顾客群体，并勾勒出细分市场的轮廓。②确定目标市场，选择要进入的一个或多个细分市场。③定位，建立起要在目标市场上传播的该产品关键特征，这也是市场营销中重要的 STP（segmenting market，targeting market，positioning）营销战略。

接下来要针对目标市场来制定具体的营销策略，我们看到营销理论发展至今很多学者提出了不同的营销策略，包括有 4P 理论（product，price，promotion，place），4C 理论（consumer's needs，cost，communication，convenience），4R 理论（relationship，retrenchment，relevancy，rewards）等。万变不离其宗，这些理论中内在都有着实质性的联系。4P 理论在 1960 年提出，由于其深刻、全面且简约地反映了营销策略，因此在被提出后迅速得到大家的认可。本书将着重从4P营销策略角度来分析具体的营销策略制定过程,即产品策略、价格制定策略、促销策略以及渠道策略。

第一节 STP营销战略

市场细分(market segmentation)的概念是美国营销学家温德尔·斯密(Wended Smith)在1956年最早提出的,此后,美国著名营销学家菲利普·科特勒进一步发展和完善了温德尔·斯密的理论,并最终形成了成熟的STP理论[市场细分(segmentation)、目标市场选择(targeting)和定位(positioning)]。目前STP理论已经成为战略营销的核心,是企业开展市场营销相关工作时需要重点落实的内容。

STP理论的根本要义在于选择确定目标消费者或客户,也可以理解为是为产品或服务找到准确的市场定位。我们知道,随着经济全球化的发展,市场的边界也越来越模糊,企业面对的是一个综合的,多层次、多元化的消费需求集合体,任何企业都无法满足所有的需求。加之企业的资源与能力有限,所以企业应该集中精力做好利基市场。企业首先应该根据不同需求、购买力等因素把市场分为由相似需求构成的消费群,这就是市场细分。接下来在众多细分市场中,企业根据自身战略和产品情况从子市场中选取有一定规模和发展前景,并且符合公司的目标和能力的细分市场作为公司的目标市场。然后,企业需要将产品定位在目标消费者所偏好的位置上,并通过一系列营销活动向目标消费者传达这一定位信息,让他们注意到品牌,并感知到这就是他们所需要的。

一、市场细分

(一)市场的分类

市场类别不同,顾客的购买行为不同,企业的市场营销策略和方法也有很大差别。因此,准确区分和识别不同类型的市场是营销管理人员的首要任务。

市场可从不同角度加以划分,如从地域上划分,可以有国内市场、国际市场和地区市场;从流通环节上划分,可以有批发市场和零售市场;从顾客的年龄划分,可以有老年人市场和青年及儿童市场等;从产品和服务的特征及所在行业划分,可以有金融市场、技术市场、房地产市场、文化市场和物质产品市场。在物质产品市场中,可以根据产品的消费对象和企业提供产品的方式,把市场进一步分为消费品市场、生产资料市场和政府市场等。本节主要讨论消费品市场和生产资料市场,而对政府市场只作简要介绍。

1. 消费品市场

消费品市场是由为个人消费而交换商品或劳务的全部个人或家庭构成,它是最终产品的交换。下面我们逐一来讨论消费品市场的主要特点、消费品的分类和影响消费者购买行为的主要因素。

1) 消费品市场的特点

A. 消费者人数多

消费品市场包括全部人口。按2000年第五次全国人口普查经济,我国有12亿4千多万人口，也就有12亿9千多万消费者。对大多数消费品来说，中国都是一个潜在的巨大市场。随着我国经济的发展和人民生活水平的提高，市场潜力越来越大。当然，对于某些种类的消费品，由于受到购买力的限制，目前尚不能以人口作为测量市场真实容量的指标。

B. 消费者购买多属小型购买

相对于生产资料而言，消费者每次购买商品的数量要少得多。除消费者每次或一定时间内消费的数量较少外，某些商品的使用价值和储存期也决定了消费者不会大量购买，如蔬菜、水果、蛋类和肉类等；有些商品虽可长期储存或年年使用，但由于产品经常更新和受时代的影响、消费者也不愿多购买，如时装等。消费者属小型购买的特点决定了对消费品要以零售贸易为主，并应注意到商品体积的大小和包装等。

C. 消费者购买的频率大

由于消费者每次购买的商品数量少，因此对很多商品，尤其是日用品需要定期或不定期地重复购买以保证经常性的生活需要。对这类商品，经营者尤其要提高服务质量和改善服务态度，以吸引顾客再来购买。对一些价格很高的高档消费品，如冰箱等，决定消费者购买行为的可能主要是产品本身的质量和售后服务等，同时销售这类产品的网点也没有日用品那么多。而对于一些价值小的日用消费品，商店服务质量如何往往成为能否发生重复购买的重要条件。

D. 消费者购买属非专家购买

一般来说，消费者购买商品时对所要买商品的性能、质量和制造过程、工艺水平以及在国内外同类产品中的地位并不了解，这一方面是因为消费品种类繁多，生产和制造过程涉及很多生产部门、产品更新快和受时尚影响大等；另一方面则是因为很多消费者，如儿童等尚不可能具备广泛深入了解同类产品的能力。所以，营销管理人员应注意通过广告和营业推广等方法加强对企业产品的宣传，帮助各类消费者了解产品的性能和使用方法，以加速购买行为的发生。

E. 消费者购买行为变化快

所谓消费者购买行为变化快是指他们在购买商品时容易改变购买决定。很多因素的变化都可导致消费者产生购买欲望或打消购买念头，随着人们购买力的增强和消费品的日益丰富，这一特点将变得更为明显。

2）消费品的分类

消费品种类很多，既有很贵重的商品，也有价格很便宜的商品，它们的性质和特点可能有很大差异。根据产品的价格和消费习惯，我们可以把消费品分为以下四类。

A. 日用品

日用品的一般特点是：消费者在购买前就比较熟悉，并且不愿花很多精力去比较同类产品的价格与品质；价格较低；消费者对名牌产品和商标没有过分的偏好，同时愿意接受其他代用品。

日用品的范围相当广泛，涉及千家万户，如日用杂品、糖果、牙膏、肥皂、文具和香烟等。由于大多数日用品体积小、单价低，所以消费者一般希望很方便就能买到，同时不会过细挑选，因此，对这类商品应尽量扩大销售覆盖面，如销售点应尽量接近住宅区、车站和码头等人群密集区，同时要力求包装美观，方便携带。

B. 选购品

选购品的一般特点是：价格比日用品高，但购买次数要比日用品少；消费者对其质量、价格和式样有一定要求，购买时要进行认真地比较和挑选；往往集中在城市、集市的特定地区以及商店的同一柜台销售，以便消费者对同类产品进行选择和比较。选购品如时装、衣料、皮鞋和家具等。

C. 特殊品

特殊品的一般特点是：价格比较高，使用时间比较长，如电视机、冰箱、电风扇、空调器、照相机、自行车和洗衣机等；消费者对某些品牌和商标有一定的选择偏好和忠实性，从而愿意多花时间与精力去购买；很多消费者可能不愿接受其他代用品。特殊品的上述特点要求营销管理人员采用更集中的经营方式，如通过专营商店和直接与零售商建立联系等来扩大产品的销售。

D. 奢侈品

奢侈品主要是指那种不直接为人们生活所必需，而主要是用于观赏或讲排场的一类商品，如名贵花卉、字画和盆景等。相对其他几类消费品来说，奢侈品的需求量较小，但随着人们购买力的增加，这类商品的需求量也在扩大，它们往往是政府、机关团体、饭店和旅馆等购买的对象。

如果按照商品的耐用程度和使用频率，消费品可以分为耐用品和非耐用品：

(1) 耐用品。指能多次使用、寿命较长的商品，如电视机、电冰箱、音响、计算机等。消费者购买这类商品时，决策较为慎重。生产这类商品的企业，要注重技术创新，提高产品质量，同时要做好售后服务，满足消费者的购后需求。

(2) 非耐用品。指使用次数较少、消费者需经常购买的商品，如食品、文化娱乐品等。生产这类产品的企业，除应保证产品质量外，要特别注意销售点的设置，以方便消费者的购买。

应该说明的是，消费品的以上分类只具有相对的意义。在不同的国家或地区，或者在不同的时期和对于不同的消费者，前述某些商品所属类别是变化的，对低收入阶层来说属于特殊品或奢侈品的商品，对高收入阶层则可能是日用品或选购品。也就是说，消费者的购买行为和习惯会随着时间的推移和经济条件的变化而变化。

3) 影响消费者购买行为的主要因素

当你走进一家百货商场或某些专营商店，可能发现一些顾客对某种产品爱不释手和赞不绝口，而另外一些顾客却对同一产品不屑一顾，不同的顾客为什么会对同一产品表现出如此大的差异呢？除以前讨论的购买力及所处地理位置不同外，一个顾客的购买行为还受其年龄、性别、家庭、所属社会层次、职业、生活方式和心理状态等多种因素的影响，研究这些影响有助于营销管理人员根据消费者的不同特征制定相应的营销策略。

A. 个人因素

a. 性别

人的性别对消费者购买行为的影响主要体现在以下两个方面：第一，对消费品品种的需求不同，如男性顾客是摩托车、烈性酒和香烟的主要购买者；而女性顾客则是化妆品、服装和首饰的主要购买者；第二，不同性别顾客除形成某些专用性需求外，他们的审美观念和购买习惯也有相当大的差异，如男性顾客对服装的要求是朴素大方，而女性则是颜色鲜艳。近年来，所有顾客对花色品种的要求有越来越多的倾向。

b. 年龄结构

消费者年龄不同同样可能引起消费需求的差异，以及某些特殊的专用性需求。如儿童用品市场需要大量的玩具、文具、儿童食品和连环画等，而老年人市场需要手杖、保健食品和健身药物等。企业营销管理人员应研究不同地区和城市年龄结构的差别以便投放合适数量的商品，如我国大城市的儿童在总人口中的比例正在下降，老年人的相应比例正在上升等。

c. 职业

一个人的职业也影响其消费模式。知识分子和青年学生是各种专业性书籍和杂志的主要订阅者和购买者；煤矿工人和其他重体力劳动者往往习惯于喝烈性酒，而目前个体户和公司老板则是房屋、私人小汽车和高档皮货的主要顾客。了解不同顾客群体的某些专门性需要有助于企业更有效地开展营销活动。

B. 社会因素

a. 文化价值观念

文化价值观念包括由消费者文化教育水平和背景所决定的审美观念、情趣和价值取向等，它们对消费者的行为有决定性的影响。可以说，文化是人类欲望和行为最基本的决定因素，这也是人类有别于行为主要受其本能控制的低级动物的最本质的区别。人们在通过学习而掌握知识、取得经验和有效地参与社会活动的过程中，逐步形成了一套与环境相适应的价值观、偏好和行为模式。例如，在美国等一些西方国家，人们比较注重自我价值的实现，愿意并努力表现人格特性，他们对商品的要求往往是差异性或者说标新立异，以致老年人也愿意选择颜色鲜艳和式样新颖的服装；而对东方民族来说，人们则比较注重自身与环境的协调一致，即努力体现"儒家文化"和"协和精神"，表现在选购商品上往往是乐于观望和随波逐流。除了不同民族文化差异的影响外，不同的宗教群体和同一国家的不同少数民族之间的文化差异对消费行为也有一定的影响，如我国有56个民族，它们对饮食、服装和家具等很多商品的需求都存在着很大差异。

b. 社会阶层

文化价值观念的另一种表现形式就是人类社会中存在着的社会阶层。在同一阶层里具有相对同质和持久的群体，他们是按等级排列的，每一阶层成员具有类似的价值观和行为方式。

社会阶层有几个特点：第一，凡属同一社会阶层的人，其行为要比来自两个不同社会阶层的人的行为更加相似；第二，人们以自己所处的社会阶层来判断各自在社会中占有的高低地位；第三，某人所处的社会阶层并非由一个变量所决定，而是受到职业、财富、教育和价值观等多个变量的影响；第四，个人能够在一生中改变自己所处的阶层，既可以向高阶层迈进，也可以跌至低阶层。

我国的社会阶层若按收入划分可分为五类：超高收入阶层、高收入阶层、中等收入阶层、低收入阶层和超低收入阶层。他们之间的收入悬殊，其中前两个阶层可以买得起小汽车、房地产、高档乐器和豪华家具，而超低收入阶层最大的支出项目为食品支出，约占其支出总额的50%以上,营销管理人员注意到这些变化无疑是十分有益的。

不同社会阶层的购买行为除受其经济状态的影响外,他们长期处在某一阶层以后还产生一种心理惰性和行为惰性。例如,我国知识分子阶层近几年来收入状况虽有较大改善,但其对很多商品的需求模式和购买习惯却没有相应的改变。其他各社会阶层的成员同样也尽力使自己的购买行为符合其所属社会阶层的特点。

虽然各社会阶层大体上都有自己的行为准则和购买习惯并与其他阶层相区别,但大量研究表明:同一阶层的成员也可因审美观念差别而导致完全不同的购买消费行为。所谓审美观念,是指人们对周围事物的是非、善恶和美丑的评价。不同的审美观念对同一事物的认识是不同的。例如,同样一件牛仔服或毛料西服,有的人认为穿上去很潇洒,而有的人就觉得非常一般;不同的价值观念对人们的消费行为也有类似的影响。例如,有些人认为驾驶一辆摩托车是其富有和地位的象征,而有的人则认为骑摩托车既危险又有噪声。

c. 相关群体

相关群体是指能直接和间接影响消费者行为和价值观的群体。相关群体有两种基本类型:一是个人具有成员资格并因而受到直接影响的群体,比如家庭、朋友等给个人以最大影响的主要群体和职业协会、学生会等给个人以较次要影响的次要群体。二是个人并不具有正式成员资格但期望成为其中一员的群体,如电影明星、体育名将等崇拜性群体。相关群体对消费者购买行为的影响主要有三个方面:一是影响消费者的生活方式,进而影响其购买行为;二是引起消费者的购买欲望,从而促成其购买行为;三是影响消费者对产品品牌及商标的选择。

C. 经济因素

应该看到:消费者总是希望以尽可能少的支出获得最大的商品效用。其中包括两个方面:一是追求物美价廉的商品。消费者在进行购买时,主要考虑的是自己的收入、商品的功能和商品的价格,在个人收入和商品的功能一定的条件下,商品的价格便成为推动消费者购买的主要动力;二是追求商品的最大效用。在通常情况下,个人购买者不会将其全部收入都花费在同一种商品上,根据边际效用理论,效用是物品满足消费者欲望的能力,人对某物品的欲望随其不断被满足而递减。也就是说,消费者对同一种商品的需求程度会随着商品的增多而递减,因此消费者会用自己有限的收入去购买他更需要的其他商品。

D. 心理因素

消费者的购买行为会受到其心理的支配。影响消费者购买行为的心理因素包括动机、感觉和知觉、学习、信念和态度等心理过程。

a. 动机

在任一时期,每个人总有许多需求,需求是指客观刺激物通过人体感官作用于人的大脑而引起的某种缺乏状态,当这种状态达到一定程度时,便产生需求,而需求又引起动机,后者又是引起人的行为、支配人的行为的直接原因和动力。人的需求是多样的,而且也是分层次的。这就启发市场营销人员要采取一定的刺激物来引发消费者的需求和动机,进而促使消费者采取购买行为。

b. 感觉和知觉

感觉是指人们通过感觉器官,对客观刺激事物和情境的反映。知觉是将感觉到的外界刺激变成有意义的个人经验的一种过程，也就是理解了的感觉。消费者有了购买动机以后，就要采取行动，至于怎样采取行动则要受到认识过程的影响。消费者的认识过程由感性认识和理性认识两个阶段组成，感觉和知觉都属于感性认识。人们会对同一刺激物产生不同的知觉，这是因为人们会经历三种知觉过程，那就是：选择性注意、选择性扭曲和选择性保留过程。这就要求市场营销人员必须精心设计他们的促销活动，如果广告宣传的表达方式不新颖、不生动，给出的刺激不强烈，那就无法形成正确的知觉，无法产生深刻的印象，因此也就达不到宣传的效果，也就无法突破消费者们知觉选择性的壁垒。

c. 学习

人类有些行为是与生俱来的，但大多数行为是从后天经验中得来的。这种通过实践，由于经验而引起的个人行为的改变就是学习。一个人的学习是通过驱使力、刺激物、诱因、反应和强化的相互影响而产生的，如图 3-2 所示。

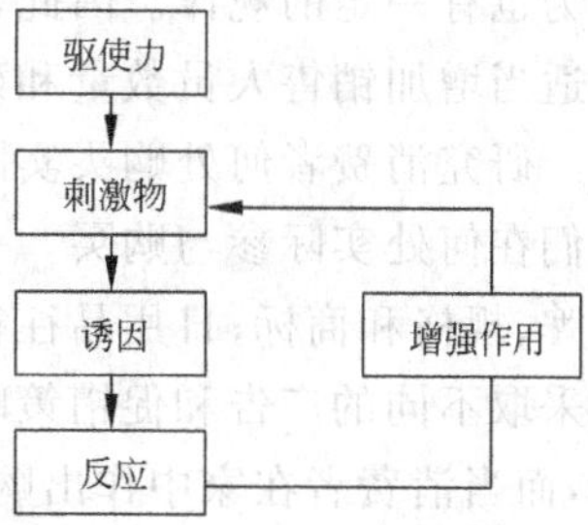

图 3-2　人的学习过程

例如，小王要购买运动鞋，正好百货公司举办运动鞋展销，陈列有各种最新款式的运动鞋。展销的运动鞋的牌子很多，琳琅满目，究竟选哪一种牌子的最好呢？小王想起电视上刚推出不久的喜得龙运动鞋的广告，就决定购买这种牌子的鞋，穿上后感觉非常不错，就对喜得龙加深了印象，以后再购买运动鞋就直截了当地认定这种牌子购买。在这个例子中，小王需要购买运动鞋就是驱使力，展销会上陈列的运动鞋就是刺激物，喜得龙的广告就是诱因，穿后十分满意就是反应，以后认定这种牌子购买就是增强作用。

根据学习理论，市场营销人员应当将企业的产品（刺激物）与消费者的驱使力结合起来，使产品在各方面符合消费者的需求，并且提供激励其行动的诱因（适当的广告宣传）来增强刺激物的诱导作用，增加消费者对该产品的需求。

d. 信念和态度

信念是指一个人对某些事物所持有的描绘性思想。如有人认为国产彩色胶卷照出的照片并不比进口彩卷差，这种信念就会影响他的购买决策（转买国产胶卷）。企业应关心消费者对其商品的信念，因为信念会形成产品和品牌形象，会影响消费者的购买选择。如果因为误解而限制了购买，企业应展开宣传运动，设法纠正消费者的信念。

态度是指一个人对某些事物或观念长期持有的好与坏的认识上的评价、情感上的感受和行动倾向。人们对每一事物都持有态度，如对宗教、政治、衣服、音乐、食物等。态度能使人们对相似的事物产生相当一致的行为，因此企业一般情况下应使产品迎合人们现存的态度，而不是设法去改变这种态度，因为改变消费者的态度是相当困难的。

4）消费者的购买模式

消费者的购买模式主要是指他们在何时、何处、由何人作出购买决定以及如何购买等。研究这些问题有助于商品经营者制订合适的销售计划和促销策略，以尽可能低的成本扩大商品的销售，从而满足消费者的需求。

从购买时间上看，很多商品都有明显的时间性，如时装、鞋帽等表现出很强的季节性。

夏天的汗衫、凉鞋和冬天的棉衣在不同气候的地区在一定时期形成销售旺季。一些商品则受传统节日或政治纪念日的影响，如月饼在中秋节有大量的需求；春节期间往往是各种礼品、食品和肉类销售的黄金时期。一些临时性的大型文艺活动或体育比赛往往给生产某些商品的企业带来发财的良机，如第11届北京亚洲运动会期间，各种亚运标志，如小旗和带有亚运纪念意义的服装十分畅销。除了商品本身具有明显的时间性外，人们购买商品的时间也有明显的规律。在一个星期内，一些日用品的销量可能是比较均匀的，而其他一些商品在星期天可能销量较大，尤其是服装和电器等贵重商品，这是因为人们平时难得有大量时间去选购。而在美国和加拿大，人们通常在周六去采购下周所用的物品。不仅季节和节日等对消费行为有显著的影响，实际上在每天的不同时间内人们的购买习惯和行为也有一定的规律。因此，营销管理人员必须研究这些规律。如当购买者大量增多时应适当增加销售人员数量和延长服务时间等以尽量扩大销售。

研究消费者何处购买实际上要解决两个问题：一是他们在何处作出购买决定；二是他们在何处实际参与购买。一般来说，特殊品在家中作决定，然后再去商场寻求已选好的品牌、规格和商标；日用品往往在现场作决定。因此，营销管理人员应根据这两种情况分别采取不同的广告和促销策略，如在现场作决定时消费者较多地受包装、商标和陈列的影响，而当消费者在家中作出购买决定时，则应通过报纸和电视做广告。

除了以上时间和地点因素与营销活动有关外，谁担任购买主体，尤其是谁是家庭购买决定者也与营销活动有密切的关系，它决定了诸如采用何种手段影响消费者以及广告等媒体的具体设计等。家庭购买决定者可以有如下三种形式：第一种是各自为政式，即丈夫和妻子在各自的领域内做主，一般丈夫是人身保险、汽车等商品的购买决定者，而妻子则有权决定是否购买洗衣机、地毯和厨房用具；第二种是由丈夫或妻子单方面作出购买决定，即所谓专制型家庭，如在我国东北比较偏僻的山村或在一些民族内，丈夫往往是家庭事务的主要决策者；第三种就是双方协商式，如大城市居民，文化层次较高的知识分子家庭往往采用这种方式，尤其是对诸如卧室家具、度假和住宅等这样一些商品或服务的需求。谁是家庭购买决定者与市场经营关系很大。比如，同样形式和内容的广告宣传对不同性别、年龄和文化层次的人说服力显著不同。假如，一个冰箱营销管理人员试图通过广告打动消费者，那么，对于一个机械工程专业的男性大学教师是购买决定者的广告设计应强调宣传产品的耐用性和节能，而对一个女性时装模特或演员作为购买决定者的广告设计则应强调冰箱的颜色、外观和新颖性。

消费者购买模式研究中的另外一个重要问题是他们如何将购买决定付诸实施，即不同的消费者如何根据他们的选择偏好来采取实际的购买行为，这方面同样涉及很多内容，在这里仅考虑几种典型的情况：

(1) 有的消费者受其经济条件的限制，特别重视商品的价格，总是购买最便宜的商品，而不论商品的厂牌或质量。

(2) 有的消费者特别重视产品的厂牌或商标，这些人往往是社交界的活跃人物或经济条件较好的人。他们特别重视名牌，甚至愿意花较高价格去购买质量和形式都和一般品牌无明显差别的商品。

(3) 另有一类消费者特别重视产品的售后服务，即只要方便购买、能修能换，即使价格高一些也愿意购买。实际上这类顾客追求的往往是延伸产品(关于延伸产品的概念将在第七章第一节中详细介绍)。

除了以上几个方面外,消费者购买模式的研究还涉及一些其他问题,如消费者在采用新产品时有哪些行为特征以及近年来购买模式有哪些变化等,限于篇幅这里就不再讨论了。

5)消费流行

消费流行是指在一定时间或一定区域内所产生的对某种商品或服务需求的迅速膨胀,它是消费者普遍心理共鸣的反映。消费流行的最主要特征就是对某种商品或服务的需求量很大,并且集中在一定时期或区域内发生,同时需求具有不重复性,或者再次在同一地区流行的间隔期很长。

消费流行按其性质或对社会进步的作用可以分为两类:第一类为进步的流行,即反映消费求新求实求美的共同心理、体现时代的新特点或人们新的精神风貌,如北京市为迎接2000年奥运会所兴起的学外语热潮导致的外语图书畅销,显示了中国人民企盼奥运和走向世界的共同理念;第二类为不健康的流行,往往体现一些人空虚、颓废的心理以及低级无聊的追求。消费流行按其速度分有速起的流行和缓慢的流行。速起的流行如1992年"呼啦圈"在北京地区的流行,缓慢的流行如在一些城市中牛仔服的流行。一般来说,缓慢的流行可运用促销手段加以推动,而速起的流行对促销不甚敏感。按流行范围可以把消费流行分为国际、国内和区域流行,掌握流行范围有助于企业控制生产的规模和数量,以避免供货不足或大量过剩。除以上划分标准外,还可按消费对象将消费流行分为差别性流行和无差别性流行,前者是指在某一特定消费者群中流行,如在知识分子中流行,在青年工人中流行等;而后者是指在所有消费者中广泛流行,较少受购买者年龄、性别和文化背景的影响,如空调器目前在北京市场的流行。

消费流行受很多因素的影响,其中经济因素、文艺宣传和人口素质是比较重要的方面。有些比较贵重的商品或劳务能否得以在某一地区流行主要取决于当时消费者的购买水平,即经济条件,如目前在大城市流行自动洗衣机、空调器和组合音响等都是收入水平提高的表现;同样,这些商品之所以在农村还没有流行或国外流行的小汽车尚没有在我国流行也是由经济因素决定的。没有一定的经济基础和社会购买力水平,尽管很多人在观念上已接受了某种产品或服务,但仍不能引起消费流行。当然,也有一些价格比较低廉的商品,能否流行则较少受经济因素的制约。各种宣传,尤其是文艺宣传往往对消费者的心理具有重要的影响,引起人们审美和价值观念的改变,如电影和电视节目中主要角色的形象往往潜移默化地影响人们的消费行为,前几年出现的"理惠裙"和"大岛服"热等都是消费流行受文艺宣传影响的标志。消费流行除受经济因素和文艺宣传的影响外,消费者的文化教育水平和社会风尚常常决定流行的性质和持续时间。消费者文化水平低或鉴别能力差,常常是机械地模仿其他人或轻信别人的宣传或示范,因而流行的时间就比较短;而当消费者文化教育水平高、有良好的鉴别能力和欣赏水平时,则基本上是因某种程度上的思想共鸣和审美观念一致而产生流行,所以流行就比较持久并较少受偶然因素的干扰。另外,随着人们文化教育水平的提高,某些不健康的流行也自然会受到某种程度的抑制。

消费流行的另一个显著特点就是具有时间差和地域差。前者是指不同地域的消费流行在同一时间处于不同的发展阶段,例如,在甲地刚刚兴起,在乙地已达到高峰;后者是指在不同地域上消费流行所表现出的除时间先后以外的不同特征,如在甲地流行的产品在乙地可能根本不受欢迎。

确切地掌握消费流行的范围、时限和速度对于企业制定合适的营销策略和控制产量是十分重要的。只有对消费流行的特点有充分的认识,才能在适当的时间和地域上推出合适数量的产品或服务,才不至于大量地浪费人力、物力和资源。

2. 生产资料市场

生产资料市场也叫工业市场、生产者市场或企业市场。它由一切购买商品或劳务以将它们用于其他商品或劳务的生产的企业或组织所组成。

生产资料市场与消费品市场的主要区别在于流通的作用和形式不同。生产资料的流通主要是为了满足生产的消费,而消费品流通则主要是为了满足人们的生活消费。从形式上看,生产资料进入市场以后,通过交换转移到另一个生产单位当做物质要素而消耗,然后生产出新的生产物,从而完成生产资料的再生产过程;而消费品则通过交换转移到消费者手中,通过生活消费,创造出人类的劳动能力,从而完成消费品的再生产过程。

生产资料商品可按在产品形成中的地位和作用分为主要设备、附属设备、原料、半成品、零件和供应品等几类,它们在生产环节中的作用和需要的营销策略各有不同,企业营销人员必须充分注意。关于生产资料的分类和特点读者可参阅其他有关书籍。

1) 生产资料消费需求的特点

A. 生产资料需求户数较少

因为生产资料主要销售给企业和机关团体,所以比消费品的需求者少得多,即使全国的各类企业加在一起也不过几百万个消费者。对于那些生产专门设备或专用部件的企业来说,消费者就更少。因此,为了向有关顾客适时地供应商品,营销管理人员就要了解相关企业的多少和地理分布,以便采取相应的措施。

B. 生产资料需求属于引申需求

对生产资料的需求最终来源于对消费品的需求,或者说,生产资料的需求者因消费品的需求者而存在。随着消费品需求的减少,用来生产这些消费品的生产资料的需求也将相应减少,如汽车等机械制品需求量的下降将导致对钢材需要量的下降。因此,生产资料生产企业有必要注意到有关消费品市场的需求变化。

C. 生产资料需求属于无弹性需求或弹性很小

所谓无弹性或弹性很小是指价格变化时需求量没有很大变化,生产资料需求就有这个特点,其需求量主要取决于生产规模和结构。只要在某一时期内生产结构和规模无重大变化,那么对生产资料的需求量也基本一定,并不会因为某种产品或原料的价格上涨或下跌而大量减少或增加。当然,这并不意味着企业不可以根据价格变化和市场行情采取一定的购买策略,如储存或抛售某些生产资料。

D. 农业生产资料需求还具有特殊性

农业生产资料需求具有如下特点,即使用上的季节性,操作上的习惯性以及地区性。如农药和化肥仅在农作物生长的季节使用;有些地域的土壤属于碱性,有些地域则属于酸性,因而影响所使用化肥的种类。另外,南方大量种植水稻,北方则盛产玉米,农作物害虫也不一样，所以，对农药种类的要求也不一样。

2）影响生产者购买行为的主要因素

同消费者的购买行为一样，生产者的购买行为也同样会受到各种因素的影响。美国的韦伯斯特和温德将影响生产者购买行为的各种因素概括为四个主要因素：即环境因素、组织因素、购买核心成员间的关系因素和个人因素。

在诸多的环境因素当中，经济环境是最主要的影响因素。当经济不景气，或前景不佳时，生产者就会缩减投资，减少采购，压缩原材料的库存和采购。营销人员在这种环境下刺激采购往往无能为力，只能在增加或维持其需求份额上做艰苦的努力。此外，生产资料购买者也受科技、政治和竞争发展的影响。营销者要密切注视这些环境因素的作用，力争将问题变成机遇。

每一个采购部门都会有其具体目标、政策、程序、组织结构及系统，营销人员应当弄明白采购部门在组织中的地位，是专业职能部门还是参谋部门？在组织内的级别如何？在决定购买的过程中，集中决定还是分散决定？哪些人参与最后的决策？等等。只有对这些问题心中有数，营销活动才能做到有的放矢。

一般来说，生产资料购买的决定，是由公司各个部门和各个不同层次的人员组成的“采购中心”作出的。“采购中心”的成员由质量管理者、采购申请者、财务主管者、工程技术人员等组成。这些都是有着不同地位、职权、神态和说服力的参与者。他们之间的关系不同，对生产资料的采购决定所起的作用也不同，因而在采购决定上存在着纷繁复杂的人际关系。营销人员必须了解这些信息，以便采取有效的营销措施，赢得客户的光临。

生产资料的购买行为不能忽视个人因素的影响。所有组织的购买行为最终都是在有组织的相互影响基础上产生的一种个人行为，所以个人的年龄、收入、教育水平、个性和对风险的偏好都将影响购买行为。因此，市场营销人员应了解生产资料市场采购员的个人情况，以便采取“因人而异”的营销措施。

3）生产资料的购买模式

A. 购买的次数少

生产资料属于企业需求的特点决定了其一次购买的数量较大，因而其购买次数明显少于消费品的购买次数，其中一些大型骨干设备若干年甚至几十年才购买一次，某些原材料或物料也是一年购买一次或数次。

B. 购买者在地理区域上比较集中

很多工业企业集中在沿海和其他工业发达区，有些产业在我国有明显的地域性，如制糖业主要集中在两广地区；煤炭、森林和钢铁的主要生产基地是东北和山西等。某些产业的地区性集中分布有助于降低产品的销售成本和运输成本，应引起工业品营销者的足够重视。

C. 生产资料的购买属专家购买

与消费品需求者相比，生产资料需求者一般都具备一定的产品知识，因而对产品的可靠性、耐用性和适用性有更高的要求。一般是由受过专门训练的采购人员来购买生产资料，他们往往能正确地选择竞争品、代用品及其供应商，因此，生产资料生产企业的营销管理人员必须懂得产品的性能或相关业务。对于较重要的大型设备或技术性很强的产品，应多采用人员促销和提供相应的服务,如提供安装、维修和培训操作人员等。

D. 购买的形式多样

生产资料商品除通过中间商购买外,还常采用直接购买或互购方式。所谓直接购买就是购买者直接从生产厂商那里购买,而不经过中间商环节,尤其是对那些技术性复杂和贵重的品目更是如此。互购则是指生产资料购买者经常选择那些也从自己这里购物的供应商。

E. 根据商品的目录购买

生产资料购买的一种常用方法就是按产品目录购买。因为生产资料,尤其是某些设备常常涉及性能、规格和用途等,购买者事前必须对此有充分的了解。因此,生产企业需要编好产品目录、详细说明、规格和型号等,以便购买者查阅并作出购买决定。

3. 政府市场

政府市场是由为执行行政、监督和联系等职能而采购或租用商品的各级政府、社会团体和事业单位所组成。在我国,政府采购是社会集团购买的主要部分,所涉及的商品或服务范围非常之广,从生活日用品到豪华汽车,从易损耗的物品到价值巨大的固定设备。这些商品有的用于公共教育和国防,有的用于医疗保险和自然资源开发。几乎可以认为,政府市场对任何企业都是一个巨大的市场,以小汽车为例,仅 1981 年至 1986 年,全国光进口小汽车就花了 50 多亿美元,它们中的绝大部分是由政府单位购买的。

在我国,政府采购有以下几个特点:

第一,政府采购与消费者和企业采购不同,往往更多地受社会和法律环境的制约。如当中央政府制定有关政策和法律限制集团购买力或社会风气好转时,政府的消费需求就有明显的下降;反之则呈恶性膨胀的趋势。在需求大幅度上升期间,政府采购有一种盲目攀比的倾向,往往形成对某类商品的过量需求。

第二,政府采购常常有追求单一指标的倾向,它们或者在一定时期内只注意商品的价格而忽视质量,或者只注意质量而不管它的价格,即政府单位的购买不如个人消费者或企业那样讲究实效。

第三,政府采购时要受到外界公众的监视,尤其是对高档耐用消费品,如空调器和汽车等的采购。这些商品的购买量往往成为公众和监督机构评价政府廉明与否的标志。我国的各级监察部门、审计部门以及政协组织就是这样的监督机构。

正是因为政府支出要受到公众的监督评论,所以政府机构在采购过程中往往填写并签署一些内容详尽的表格,作出购买决定比较困难或巧借一些名目,销售商向政府机构出售商品时要注意到这些特点。

政府采购受到环境、组织、人际关系和个人因素的影响,政府采购的独特之处在于它受到外界公众的严密注视。由于政府支出决策要受到公众的评论,所以政府组织要做大量文书工作,在批准采购之前,必须填写并签署一些内容详尽的表格,官僚主义盛行,所以,营销人员必须设法"抄近路穿过这些官样文章"的迷宫。

4. 服务市场

1) 服务市场的概念

所谓服务市场是指以提供和消费劳务来满足顾客需要的市场。与商品市场不同,劳务市场不涉及商品的转移,或商品转移居于不重要的地位。

在日常生活中,人们既有对商品的需求,如对衣服、冰箱的需求;也有对劳务的需求,如对交通服务、信息咨询的需求等。换句话说,商品需求是以一定的实物产品来满足人们的某种需要,而劳务需求则是通过无形的服务来满足人们生产和生活的需要。

服务市场的本质是劳务的经营。劳务之所以成为商品,是因为它同其他商品一样具有一定的使用价值,能够满足人们的某种需要。两者的区别在于一个是劳动的凝结物;而另一个是劳动本身,当人们的生活需要和劳务发生联系时,仍然要遵循等价交换的原则,于是便产生了服务市场。

2) 服务市场的范围

服务市场包括的范围很广,门类很多,主要包括以下几类:

(1)金融服务业:如银行、证券机构、信托和保险等。

(2) 公用事业与交通服务业:如供水、供气、供电、电话、电报、其他通信以及陆、海、空运输。

(3) 个人服务:如理发、美容、照相、洗染、修补、旅游、医疗保健、音乐、文艺、电影等。

(4) 信息服务:如提供技术信息、业务咨询以及顾问活动等。

(5) 企业服务:如广告业务、专题论证、可行性分析和设备租赁等。

(6) 各种修理服务和其他专业性或特殊性的服务行业。

3) 服务市场的特点

由于服务市场上劳务这种产品的特殊性,所以服务市场具有同其他市场不同的特点:

(1) 服务的直接性。所谓服务的直接性是指劳务通常并不与执行人员相分离,它的生产、销售与消费过程紧密相连,如理发师一面理发,一面同时出售其劳务,与此同时,理发者也完成了消费过程。一般来说,服务不能由中间商代理,直接销售是其唯一分配途径。

(2) 服务的不可触知性。由于顾客在购买劳务前不可能接触劳务,即顾客和服务的不可分割性决定了顾客在享受某种服务之前不可能了解该项服务的功能和效果。因此,对服务的广告宣传应强调其给人们带来的利益,而不是宣传服务本身。

(3) 服务的差异性大。由于劳务服务的机械化和自动化程度低,以手工劳动为主,因而服务不像商品那样容易实现生产的标准化和质量的均一,并且受地理区域和文化习惯的影响较大。

(4) 需求的不稳定性。服务需求具有明显的不稳定性,即需要量时高时低,同时服务具有不可储藏性,如旅馆中的空房间、理发馆的空座位等均可给服务业造成损失。

4) 影响服务需求的主要因素

(1) 物质文化生活水平和购买力的高低。一般来说,随着人们物质文化生活水平和购买力的提高,对服务品种的数量和质量的要求会随之提高。例如,随着经济的发展和物质生活的繁荣,人们对文化娱乐、家庭服务、旅游的需求越来越多,同时对它们的质量要求也越来越高。

(2) 社会劳动就业的程度。一般来说,社会劳动就业程度的提高会导致服务需求的扩大,如妇女就业人数的增加会直接刺激家庭服务需求的增长。

(3) 社会商品供需关系的变化。服务市场的大小不仅与人们的生活水平和劳动就业程度有关,而且还受市场上商品的供应状况的影响,如市场上商品供不应求,就会导致修理业、洗染业等劳务需求量的上升。

5. 市场细分化及其原则

1) 市场细分化的概念

无论一个企业是在消费品市场、生产资料市场还是政府市场开展营销活动,首先,必须注意到消费需求的异质性,即一般情况下,消费者的需要、购买动机和行为不可能完全相同,换句话说,不同的购买者常常需要不同形式、规格、质量和价格的产品;其次,任何一个企业,即使是一个规模很大、实力雄厚的企业,由于受资源和技术能力的限制,也不可能向市场提供能满足所有顾客需要的商品或劳务。总起来说,生产企业必须面对其所提供的产品或劳务有限,而顾客需求几乎无限多样化的矛盾,解决问题的唯一办法就是对市场进行细分。

市场细分化的概念是在 20 世纪中期,由美国市场学家温德尔·斯密提出来的,源自上述消费者需求的异质性理论。由于消费者需求的差异程度,市场可分为同质市场和异质市场。消费者对商品的要求以及对市场经营策略的反应都十分相似的市场称为同质市场;消费者对商品的质量、式样、价格、商标等要素有不同要求,且其购买方式、地点也不尽相同的市场称为异质市场。在异质市场上,具有类似需求的消费者群就构成一个细分市场。

需要说明的是,市场细分化与一般的市场分类并不完全相同。虽然从本质上说,市场分类也是一种细分化,但它往往强调产品的特性,同时划分是粗线条的,而市场细分化则是从消费者的角度,按照他们的选择偏好来划分的。简言之,仅有市场分类还不能有效地选择目标市场,对某一类型的市场,如消费品市场或生产资料市场,还必须进一步细分。

2) 市场细分化的意义和原则

市场细分化是企业选择目标市场的基础,也是市场营销人员所要研究的一个核心问题。可以认为,一个企业能否有效地开展营销活动,所提供的产品或服务是否具有竞争能力在很大程度上取决于它对市场细分的合理程度和有效性。概括来说,市场细分化有以下几方面的意义:

第一,有利于企业发现市场机会。某一时期在某一地域内的消费者对同一产品既不可能同时都感到需要,也不大可能仅有一两个消费者。营销管理人员的任务就是要了解哪些顾客需要自己的产品,其需求强度如何。通过市场细分,往往可以找到顾客未满足的需求,从而找到对企业有利的营销机会。例如,“状元红”酒是河南上蔡酒厂生产的历史名酒,享誉 300 多年。该酒于 1980 年获河南省优质产品证书,畅销北国,但当首批“状元红”酒运至上海试销时,结果却销路不畅。后来,上蔡厂根据居民收入情况对上海酒市场进行细分,区分出上海市场有三类不同的消费者群:第一类消费者购买价格较低的酒,以自用为目的,比例约占上海酒市场的 37%;第二类顾客购买价格较高的酒,以送礼为目的,约占上海酒市场的 52%;第三类顾客是外地人员,买酒带回本地,约占 11%。他们还发现,购买者以青年居多,约占酒市场的 64%。细分市场以后,他们根据年轻人送礼需要装潢和购买方便的特点,在包装和分销渠道上采取了针对性措施,所以当 1982 年“状元红”二进上海时十分畅销。可见,市场细分是企业发现市场机会的有效方法。

第二,有利于根据细分市场的特点选择适合企业资源和技术条件的目标市场。一般来说,相对于顾客需求的多样化来说,企业,尤其是中小企业的人力、物力和财力都是很有限的,往往难以在整个市场上满足消费者的需要,若能细分出一个比较小的市场,则可以集中优势兵力、避免四面出击。例如,在20世纪60年代的美国皮鞋市场,各种皮革制成的各种款式的皮鞋种类很多,竞争也相当激烈。但美国澳尔费林环球股份有限公司对皮鞋市场细分后发现,很多消费者喜欢穿起来比较舒服的皮便鞋,于是便凭借自己有制作特种皮革的经验而率先采用有良好防汗、防潮性质和不易变质的猪皮生产皮便鞋,一度风靡美国市场。

第三,可避免采用价格竞争。若企业在整个市场上开展营销活动和提供与竞争对手差异不大的产品,那么,为了提高市场占有率,竞争对手在不利情况下往往采用价格竞争手段,这是对生产企业极为不利的竞争情形;相反,如果企业能通过细分布场向顾客提供其他竞争对手不能提供的商品,则这一狭小的市场可能成为卖方市场,由此就可避免价格竞争并增加企业的讨价还价能力。

为了进行有效的市场细分,必须坚持以下原则:

(1) 可衡量性。用来细分市场的消费者特性应有明显的区别,同时体现这些特性的确切资料应该易于取得。但是,做到这一点并不容易,例如,对同一种产品很难确知多少购买者首先考虑价格因素,多少购买者首先考虑商品的规格或式样,而这些数据又恰恰是有效细分所必需的数据,因此,营销管理人员必须做详细的分析和认真的研究。

(2) 可接受性。细分市场以后,其中一个或多个子市场应该是企业能够占领的市场,即在该子市场上企业能够通过有效的营销活动获得竞争优势,从而获得较高的经济效益。

(3) 细分市场的规模和范围必须适当。一方面,企业要占领的子市场应有一定的规模和发展潜力,可给企业带来显著的效益,即不能过小;另一方面,这些子市场的范围又不能过大,以免因企业的资源和能力有限而设计不出满足顾客需求的独特产品并且最终失去市场份额。总之,细分市场必须使企业有利可图。

3) 市场细分化的标准

既然市场细分和企业的经营活动有非常密切的关系,那么,企业应该以什么作为细分市场的标准呢? 下面我们就来讨论这个问题。

A. 消费品市场的细分标准

细分市场并没有统一的方法,理论上凡是影响消费者需求的因素都可以成为市场细分的标准。但一般可按地理环境、人口统计、心理因素等来细分市场。

a. 地理环境

按地理环境细分市场就是把某一国家、地区、城市或乡村作为整体市场的一个子市场,因为这些区域的地理、气候、人口密度和经济状况等都可形成消费需求的差异。如在沿海城市,海风较大,且空气比较纯净,人们适宜穿呢子服装,而我国西北部风沙较大,就不宜穿呢绒服装。同样,在丘陵地区带动力装置的自行车或摩托车比较受顾客欢迎,而在平原地区对它们的需求就不那么强烈。

b. 人口统计

在多数情况下,人口统计资料往往是细分市场的主要标准。人口统计细分是将市场按人口统计变量,如年龄、性别、民族、文化程度、职业、收入、家庭人数、宗教信仰、生活阶段以及国籍划分为不同的群体,某一群体中的成员往往较其他群体的成员有共同的偏好和需求。例如,我国的回族不吃猪肉和不喝酒,而蒙族人则特别喜欢奶制品和牛羊肉;再如,煤矿工人喜欢喝烈性酒,而知识分子则更喜欢低度酒。较高文化修养的人通常是艺术作品、理论著作或世界名著的主要读者;文化程度中等的人可能喜欢阅读武侠小说、爱情故事和实用技术书籍,而文化层次较低的人往往是街头书贩的常客。

c. 心理细分

在市场营销活动中,经常会遇到这样一种情况,即在人口因素和地理环境都相同的顾客当中,对同一商品或服务的好恶和选择却截然不同或差别很大,这主要是由心理因素不同引起的。影响消费心理的因素很多,现择其要者叙述如下:

- 生活方式。所谓生活方式是指处于某一社会阶层的个人或团体在长期的社会活动中形成的有关消费、工作和娱乐的特定习惯。人们形成或追求的生活方式决定了他们的消费倾向及所需要的产品,如高收入阶层往往追求豪华舒适的工作和生活环境,需要更多的闲暇等。因此,营销管理人员,尤其是当经营某些特殊行业的产品或劳务,如服装、家具、旅馆等时必须充分估计生活方式对这些商品需求量和质量花色的影响。例如,美国有的服装公司把妇女分成三种类型:“简朴型”、“时髦型”和“有男子气型”,分别根据她们的需要设计和制造体现上述特点的服装款式。
- 购买动机。不同顾客心理因素的差异常常产生对同一种类商品的不同购买动机和目的。例如,同样是挂钟,有的人购买它是为了计时和方便,而有的人则主要是为了装饰房间。再如,现在仍购买摩托车的美国人主要是为了“兜风”和追求一种刺激,而对印度和中国人则更主要是解决交通问题。不仅在产品的功能上人们所追求的目标和购买动机不同,而且在产品的外观和颜色等其他方面,人们的购买动机也不尽一致。
- 品牌偏好。不仅购买动机影响消费者对商品的选择,而且有些消费者对某些品牌有特殊的偏好,如有的人总喜欢买“老字号”产品,而另一些人则更愿意购买新潮式样,还有人总爱买“名牌”等。
- 使用者状况。有些商品可以根据顾客的使用情况对市场进行细分。例如,按使用次数可分为曾经使用者、初次使用者、经常使用者和潜在使用者。企业营销管理人员应根据他们的特点分别采取不同的促销组合策略。如对冰箱来说,初次使用者,尤其是性格外向的顾客可能较多地注意冰箱的外形、容量和颜色,而经常使用者则可能将注意力转移到冰箱是否节能、是否具有自动除霜功能上。因而,企业的广告和其他促销方式应有不同的侧重。同样,已占有很高市场份额的企业应特别注重如何将潜在使用者变为实际使用者,而实力较弱的企业则应更多地注意保持已有的经常使用者。
- 使用数量。可以根据消费者对某种商品的使用数量将市场分为大量使用者、中量使用者和少量使用者,这样细分市场的作用也是十分明显的。因为占人口比例很小的某类消费者所购买的某类商品的数量比例可能很大,他们可能是企业某种商品销售收入的主要来源。显然,企业应该注意吸引一个大量使用者而不是几个少量使用者。

总之,心理细分是市场细分中比较难以把握的一个问题。消费者心理受很多因素的影响,同时又往往被企业营销人员所忽略,因此,为了有效地选择目标市场,必须对消费者心理进行仔细的研究。

以上我们讨论了消费品市场细分的几个主要标准,但实际上市场细分的标准还可列出很多,其中一些属于上述因素的延伸,如化妆品生产企业可以根据消费者的皮肤颜色和老化程度对市场进行细分,生产各种增白霜、祛皱霜和眼角祛皱霜等以满足顾客的不同需要;另外,一些细分标准可能是人口、地理和心理标准的组合。

B. 生产资料市场的细分标准

生产资料市场同样可以使用某些用于细分消费品市场的标准,如地理位置、使用数量和使用者状况等。但由于生产资料市场的细分对象是企业用户,所以还具有一些不同于消费者市场的特点,即其购买行为受个人心理因素的影响较少一些。最一般地,可按下述标准对生产资料市场进行细分。

a. 按最终用户的要求

有些企业购买商品是为了生产,而另有一些是为了转售,因而它们对产品往往有不同的需求。如有些商品可能有军用和民用两类用户,而后者又可进一步分为两类:制造商和修理商用户。这几类用户对所购产品的要求往往有不同的特征,一般军用买主特别重视产品的质量和可靠性,宁愿多花钱而购买信得过的产品;制造商用户不但要求质量好,还要求合适的价格;而修理商则可能更关注产品的价格以赢得更多的顾客。

b. 用户规模及购买力大小

按用户规模和购买力大小细分市场对生产企业非常重要,因为规模大的用户虽然户数少,但却可能左右着生产企业的经营活动。因此,生产者必须十分注意与这些大客户的关系,在必要时应考虑是否和这些用户签订长期合同。

c. 用户的地理位置

生产资料购买者的地理位置常常是其重要的细分标准之一。如我国沿海地区和大城市工业比较发达和集中,而内地、边疆和小城镇工业则比较落后和分散,所以,营销管理人员必须考虑不同地理位置上用户对产品数量、质量和价格的不同要求。此外,在一个国家或地区,往往形成若干工业区,如我国上海、江苏和浙江轻纺工业比较发达和集中;广东、广西地区制糖工业比较发达和集中;山西地区煤炭工业比较发达;而东北地区机械、煤炭和木材工业比较集中。注意到上述特点有利于企业集中生产和销售力量满足主要用户的需要,也便于商品运输和节约流通费用。

d. 行业的特点

行业的特点对生产资料需求也有显著的影响,如精密机械行业对原材料的成分、质量和加工工艺往往有更高的要求;而农业机械对原材料等的要求则比较低,价格最好也低一些。

4) 市场细分的方法

通常采用以下三种方法对市场进行细分:

第一,单一变数法:只根据影响消费需求的某一种因素进行细分。如可以根据年龄将儿童玩具市场分为1~3周岁,3~5周岁,5~7周岁,7~10周岁,10~12周岁,12周岁以上等。

第二,综合变数法:即按影响消费需求的两种以上的元素进行综合划分,例如,可按年龄和性别将上述儿童玩具市场分为12个细分市场,如图3-3所示。

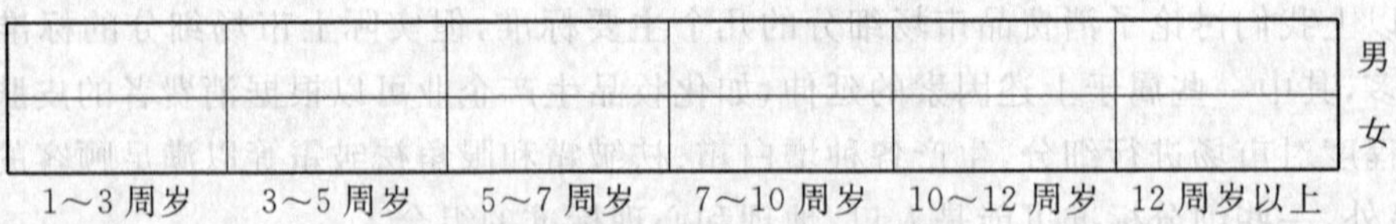

图3-3 玩具市场细分的综合变数法

第三,系列变数法:即尽可能多地列出影响消费需求的因素,然后由粗到细地进行系列划分。下面我们以服装为例加以说明,如图3-4所示。

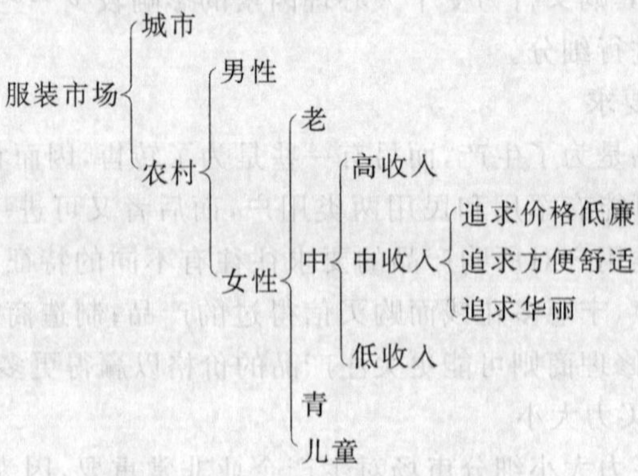

图3-4 服装市场的系列变数法

以上三种细分方法各有利弊,究竟采用何种方法对市场进行细分既取决于产品特性,又取决于营销管理人员的经验和能力。单一变数法适用于市场比较简单的情况,便于抓住影响消费需求的最主要因素并且简单易行,其缺点是在营销管理人员经验不足的情况下难以奏效,可能忽略掉影响消费需求的主要因素。系列变数法综合考虑了各种因素对消费需求的影响,比较全面,但比较繁杂。因此,营销人员必须根据具体情况进行分析,以便选择一个适合于特定产品的较好办法。

二、目标市场选择

通过市场细分明了企业面临的市场机会后,企业营销管理人员应进一步对各个细分市场进行评价,以便决定为哪些细分市场提供产品和采用怎样的营销策略。首先让我们来讨论细分市场的评价。

1. 细分市场的评价

评价细分市场的目的旨在确定某一细分市场的潜力如何、盈利多少和是否值得开发。下面以某一服装公司为例来说明如何评价细分市场。

第一,用消费者年龄和收入两个因素将服装市场细分为9个子市场,然后将有关这9

个子市场的销售统计资料列于表 3-1。

表 3-1 某一服装公司在不同子市场上的销售额 单位：万元

年龄 \ 收入	低收入顾客销售额	中等收入顾客销售额	高收入顾客销售额	总销售额
老年	10	20	15	45
中年	10	12	27	49
青年	5	15	3	23
合计	25	47	45	117

由表 3-1 可知，若从年龄因素上看，中年服装市场的销售额占总销售额的比例最大；从收入因素上看，中等收入顾客销售额占总销售额的比例最大，但光凭已实现的销售额还不能预测每一个细分市场的相对盈利潜力，还需进一步分析每一个细分市场的需求趋势。该公司初步选定中等收入的中青年为目标市场。

第二，预测该公司在目标市场上将来的销售额。该公司预测明年的销售额可以达到 13.8 万元，比今年增长 15%，而全行业明年预期销售额是 85 万元，比今年的 80 万元增长 6%，该公司的市场占有率可增长 1%。由此可见，选择中等收入的中年服装市场作为目标市场可能是合适的。如表 3-2 所示。

表 3-2 某公司销售状况预测 单位：万元

中等收入顾客	今年销售实绩	明年预计销售额	年增长率/%
全行业销售额	80	85	6
某公司销售额	12	13.8	15
某公司的市场份额	15%	16%	1

实际上，在上面例子中，该公司还应对中年中的高收入者予以充分注意，因为在整个销售额中，中等收入和高收入顾客所占比例差别不大，而中年中的高收入者的销售额却比中等收入者高 2 倍以上，因此可能是更有发展潜力的目标市场。

2. 目标市场的基本策略

在对市场细分和评价的基础上，企业就可以选择对企业最具发展潜力的目标市场。一般来说，有以下三种基本策略可供选择。

1) 无差别市场策略(或称之为大规模营销)

采用这种策略时企业面向所有的顾客，把整个市场作为一个单一的市场，即较多地注意顾客对某种商品需求的共同点，忽略可能存在的某些差异点，因而向整个市场大量生产、分配和促销某一单一产品。如美国可口可乐公司曾经向整个市场仅推出一种饮料。再如，前些年我国第一汽车厂生产的解放牌汽车，基本上是一种功率和颜色。此外，还有很多厂家有意无意地使用了无差别市场策略。

采用无差别市场策略有利于实行批量生产和达到规模经济，因而可以降低生产成本，同时由于一定时期内企业生产的品种比较单一，所以可以降低储存和销售费用。这种策略的缺点是只适用于本身差异性不大或消费者对此不予注意的产品，并且可能会遇到较多的竞争者，这是因为在较大市场上的产品容易引起竞争者的注意。此外，在一些较小的市场上,消费者的某些需求又往往得不到满足。

2) 差别市场策略

所谓差别市场策略就是企业在两个以上的细分市场上从事经营活动,根据每一子市场上顾客需求的特性设计和生产不同的产品,以尽可能最大限度地满足消费者不同层次的需求。例如,美国通用汽车公司,通过生产"卡迪莱克"、"别克"、"雪佛莱"等不同牌号的轿车来满足高、中、低收入者对小汽车的特定要求。再如,我国苏州指甲钳厂曾成功地采用差别市场策略在全国指甲钳滞销的情况下扩大了市场占有率。它把顾客分为儿童、老人、青年以及妇女等细分市场,分别采用不同的图案,如为儿童设计的指甲钳图案为"庆祝六·一"等;为老人设计的是山水花卉图案,清净幽雅;为农民设计适合农村传统习惯的十二生肖和宫灯形图案。

差别市场策略是比无差别市场策略更广泛使用的一种目标市场策略,它能以产品品种、规格和价格的多样化满足更多顾客的需求、能大幅度增加企业的营业额。但采用这种策略时需要增加生产成本和营销费用,如研究开发费用;因小批量生产所增加的成本费用;为占领不同细分市场而采用不同广告宣传所增加的促销费用以及较高的存货费用等。

3) 密集性市场策略

密集性市场策略和前两种市场策略有所不同。无差别市场策略以整体市场作为目标市场,只生产单一产品;差异市场策略虽对市场进行细分,但企业是在两个以上的细分市场上从事经营活动,仍追求最大的市场面;而密集性市场策略则是将目标集中在特定较小的市场上,实行专业化生产和经营,以求在狭小的市场占有绝对优势和拥有较大的份额。如一家橡胶厂只生产用于农村运输的畜力车轮胎而不生产其他橡胶制品。

密集性市场策略由于实施专业化生产,因而生产成本和营销费用都可明显降低。另外,由于采用此种策略时企业的目标市场往往是竞争对手没有注意到的一些消费者群,所以企业与顾客讨价还价的能力增强。通过密集性市场策略,企业可以增加知名度并为采用前两种策略奠定一定的基础。

3. 选择目标市场策略的依据

上述三种目标市场策略各有利弊,很难说哪一种策略更好些。最好的办法是根据具体情况综合分析产品、市场、竞争对手以及企业本身的资源条件来作出抉择。

1) 企业的资源条件

如果企业资源充足、实力雄厚,那么,可以采用无差别市场策略,因为实力强的企业可以通过购买先进设备或采用新工艺降低成本和生产优质产品,而实力较差的企业则不宜把整个市场作为自己的经营范围,最好采用密集性市场策略。

2) 产品的类似性

对具有类似性,或者消费者对其差异性不予重视或难以区分的产品,较适合于采用无差异市场策略,如食盐、煤炭和大米等;而对洗衣机、冰箱等,顾客对它们的外观和功能有明显不同的要求,因而应采用差别市场策略。

3) 市场的类似性

如果对某类商品,消费者的爱好和购买习惯比较接近,可采用无差异市场策略;反之则宜采用差别市场策略或密集性市场策略。

4）产品在生命周期中所处的阶段

当产品处于投入期或成长期时，企业可首先选择无差别市场策略扩大市场面和争取潜在顾客，而产品已进入成熟期或饱和期时，则可通过差别市场策略延长产品的市场寿命期。

5）竞争对手的市场策略

如果竞争对手实力较强并且采用无差别市场策略，则宜采用差别市场策略或密集性市场策略与之在较小的市场上竞争。若企业自己的实力优于对手，可根据具体情况选择三种策略中的一种或组合策略。

6）竞争者的数目

当市场上同类产品的竞争者较少，竞争不激烈时，可采用无差异性营销策略。当竞争者多，竞争激烈时，可采用差别营销策略或密集性营销策略。

4. 其他需要考虑的因素

在评估和选择目标市场时，还要考虑三个因素：

(1) 选择目标市场的道德问题。市场目标有时会引起争议。例如，在美国有些企业故意选取缺乏鉴别能力、易受蛊惑性宣传的儿童，或内地居民、少数民族、低收入者等处于劣势地位的顾客作为目标市场，向他们促销有潜在危害性的商品，以获取不正当的利益。当涉及这样的问题时，营销人员应当担负起社会责任。

(2) 细分市场之间的相互关系。企业在选取一个以上的细分市场作为目标市场时，要注意这些细分市场在成本、性能和技术等方面的相互关系。企业的某些固定成本会因产品品种或数量的增多而得到分摊和降低，因此企业应该着重从细分市场之间的关系上，而不是逐个孤立地去进行评估和选择。单个细分市场联合归并组成的细分市场称为超级细分市场，企业如果能够选择一个超级细分市场，而不是在超级细分市场中选择一个单独的细分市场作为目标市场，就能有效地降低成本，而在竞争中处于有利地位。

(3) 逐个进入细分市场。当某个企业已确定若干个细分市场或者某个超级细分市场作为目标市场时，明智的做法应该是一次进入一个细分市场，并将逐步进入的时间和顺序的全盘计划保密，不让竞争者知道本企业下一步将要进入哪个细分市场。这样做对企业有两个好处：一是可以减少竞争，发挥企业的优势；二是可以减少风险，使企业稳步发展。

三、定位

企业在明确即将进入的目标市场之后，接下来的任务就是要与处于相同目标市场中的企业进行竞争。“定位”是目前营销理论和实践领域中特别关键的战略概念，通过有效的定位能够帮助企业建立竞争优势，将自身的产品或服务与市场上其他竞争性同类产品或服务区别开来。下面介绍面对目标市场如何进行有效的定位。

1. 定位的内涵

随着经济的发展，目前大多数行业都处于行业内竞争性品牌供大于求的状态，定位成为企业开展市场营销中的至关重要的方面，它能够帮助企业从众多品牌中“脱颖而出”。“定位”这一概念最早由艾·里斯和杰克·特劳特在1969年6月的《工业营销》杂志发表的文章中首次提出。随后他们又撰写了题为《定位时代》的系列文章，指出：“定位并不是要对产品本身做什么事,而是对潜在顾客的心理采取行动,即把产品在潜在顾客的心中确定一个适当的位置。”他们将定位定义为一种信息沟通策略,强调不改变产品本身,改变的是名称和沟通等要素。

“定位”这一概念的提出在整个营销界产生了巨大的反响,并迅速被大家认可。世界著名营销大师菲利普·科特勒对“定位”给出了科学的解释,他认为:定位是指公司设计出自己的产品和形象,从而在目标顾客心中确定与众不同的有价值的地位。定位不是对产品本身做实质性的改变,而是强调对市场的发现。科特勒在1980年撰写的《定位》一书中,再次强调定位是存在于营销管理4P要素之前的环节,影响着所有的后续步骤,包括促销、传播和广告。

里斯和特劳特在其著作中给出了对于定位内涵的辨析:

(1) 定位并不是针对某个产品,而是针对潜在顾客的心理。也就是说,你应该将产品定位于潜在顾客的心理之上。

(2) 定位是一个组织化的系统,是为了寻找顾客心灵的一扇窗。定位是基于这样一个观念:只有在恰当的时间、在恰当的环境下才会产生心灵的交流。

(3) 广告业正步入一个“战略定位为王”的时代。在这个定位新纪元中,仅仅发明或发现某些东西还不够,甚至这并不是必要的。但是,企业必须第一个占据潜在顾客的心灵。否则,将遇到定位的难题。

(4) 如何发现潜在顾客心目中的一个公开的位置?法国人有一句营销俗语能够非常巧妙地概括定位战略的内涵:“找到这个洞。”找到这个洞,然后填满它。为了找到这个洞,必须具备逆向思维的能力,违反常理来思考问题。

2. “定位”基本理论

在日常生活中,我们经常会看到与定位相关的词汇,如“市场定位”、“产品定位”等,这些词汇之间有什么区别,与“定位”又有什么关系呢?其实,“定位”是一个多维的过程,一般而言它包括三个相互关联的步骤,即“确定产品定位、确定品牌定位、确定公司定位”,这三个步骤相互制约、相互影响、相互促进。

第一,产品定位策略。产品定位是将某个具体产品定位在消费者心中,如消费者产生类似的需求,就会联想起这种品牌的产品。产品定位是所有定位的基础,因为公司最终销售出去的是产品,消费者对公司的认可也是以产品作为媒介,没有产品在消费者头脑中的鲜明形象,就不用再谈品牌及公司在消费者头脑中的鲜明形象。

第二,品牌定位策略。企业销售出去的产品往往与其品牌紧密相连。顾客认可企业的产品,实际上是从认可产品的品牌开始的。品牌定位必须以产品定位为基础,通过产品定位来实现,但一旦品牌定位成功,品牌作为一种无形资产就会与产品脱离而单独显示其价值,品牌的价值甚至比产品本身的价值还要高得多;企业可通过强势品牌的延伸,省去大量的宣传费用。

第三,公司定位策略。公司定位处于定位的最高层,公司必须先定位他们的产品和品牌,然后才能在公众中树立公司美好的形象。作为定位的最后一步,公司定位对前两步起着强化的作用,这种公司定位是巨大的无形资产,但公司定位的内容和范围比前两者要大得多。一个良好的公司形象和较高社会地位不仅能得到消费者认可,而且还能得到与公司有关的所有人员和机构的认可，包括供应商、批发商、零售商、风险投资者、金融家、政府、新闻机构、有关专家学者等。公司活动的所有环节——生产、财务状况、促销、广告、价格、分销和公共关系等，也会对公司定位产生影响。

公司定位不但要有良好的产品定位和品牌定位，还要考虑其产品范围是否与公司定位相符。此外，公司领导人的形象对企业定位也有很大影响。

3. 有效定位的标准

前面我们梳理了"产品定位"、"品牌定位"以及"公司定位"之间的关系，但我们看到很多企业虽然开展了自我定位，却无法取得成功，这主要是由定位的无效性所造成的。"定位"针对的是潜在消费者的需求，而这往往是最难把握的，并且"定位"是一项系统的工作，并不是只有在企业开展营销、实施某项广告活动时才需要。那么如何开展有效的定位呢？下面我们介绍有效定位的标准。

1）独特性

定位的最基本原则就是必须在某些方面与竞争对手有所区别，企业必须具备自己独特的东西。当然这个独特的东西对顾客来讲应该是有价值的。如今某些产品或服务行业竞争如此激烈，广告也是铺天盖地，在这样的环境中要使自己的产品显示出某方面的独特性是非常困难的，这就要求企业能够识别出潜在的市场需求。以汽车行业为例，目前有600多个品牌可供消费者选择，可谓鱼龙混杂，但沃尔沃(Volvo)汽车公司发现，汽车的购买者当中，看重汽车安全性的消费者构成了相当规模的一个细分市场，因此安全性就是消费者潜在的需求，并且没有被很好地满足。沃尔沃在发现了这个"洞"之后，赶在其他竞争对手之前将这个洞填满，这帮助沃尔沃在竞争激烈的汽车行业站稳了脚跟。目前沃尔沃已经成为汽车安全性能的标志，消费者在购车选择过程中，当想到"安全"时，首先在脑海中浮现的品牌就是沃尔沃。诸如洗发水、杂志、化妆品以及个人电脑等行业都充斥着几十种品牌，要想在这些行业中突出重围，一定要有自己的"过人之处"。

定位理论中强调的"特殊性"告诉我们，一个企业必须在某些有意义的方面占据顾客心目中一个独立的位置。仅仅向顾客传达企业的产品或服务在某些重要特性或提供的利益胜过竞争对手是远远不够的，必须找到一个还没有被别人占领的特殊市场，尤其是如果别人已经抢先进入市场并且已经在产品的某个方面占了先机，那么企业更需要做其他的打算了。

2）必要性

我们经常可以看到某些企业虽然具有"非常独特"的定位，但却依旧失败，例如某公司推出的"果味啤酒"，其主打的广告语"我们的啤酒无酒精含量！我们的啤酒老少皆宜!"遭到了市场的冷遇。虽然此广告语独特、新颖，但对于客户并无吸引力，低度酒精创意成为滞销原因。这就是此处强调的"必要性"，定位在保证独特性的同时，独特的方面对于消费者要具有价值，能够满足消费者的相对重要方面的需求，否则很容易出现由于投资失败而使企业陷入财务危机。有着巨大成就的杜邦公司在其发展过程中同样有过定位错误的经历。1963年，杜邦公司推出了一种经多年研究而成功的能够替代天然皮革的新材料——可发姆。原本，公司决策层不仅希望它能一帆风顺地上市，而且能像公司曾经发明的尼龙一样，成为世界性的商品，引发鞋面用料的革命。但是，由于对消费者需求变化的估计不足、并且生产成本过高，虽然可发姆是定位全新的产品，但由于其无法满足消费者重要方面的需求，先天不足的可发姆不仅夭折，而且还使公司蒙受了1亿美元的巨额损失。同样的错误出现在著名的Schenley酿酒厂，它们生产了一种无色的波本威士忌，与市场上以往的威士忌都不同，然而不幸的是，无色波本威士忌很快遭遇了"滑铁卢"，最终被迫撤出商场柜台。在随后的分析中，公司的发言人坦承："我们希望推出独一无二的产品，或许我们应该更多地了解顾客想要什么，而不是过分追求如何与竞争对手有所区别。"

3) 可信度

定位的可信度对于营销是至关重要的，这与企业的信誉度息息相关。我们一起来看下面几个企业的定位：

"满足你一切需求的银行!"——某银行

"目标直指0岁肌肤。"——某国外化妆品

"吃了×××(某健康药品)，男人更健康，女人更漂亮，小孩更聪明，老人更长寿!"

……

大多数人都不会轻信类似上面的豪言壮语，这只能让消费者失去对于企业的信任，进而导致产品滞销，甚至连带整个企业包括企业管理人员的信誉度都会下降；反之，如果企业做自己所擅长的事情，表现出极高的专业性；真诚关心顾客的需求，体现出极高的可靠性；为顾客带来有趣、欢快的感觉，展现出极高的创造力，那么顾客就会成为企业的"忠实的拥护者"。就如苹果(Apple)和维珍集团(Virgin)，无论是产品、广告，乃至于公司的创办人贾伯斯和布兰森，都让消费者为之着迷。

如果企业只是在宣传自己的产品在某些具体的特性方面有突出的表现，人们可能会有所怀疑；但是如果向人们展示更可靠的证据，他们可能就会更加相信。也就是说，企业所宣传的内容越合理，支持企业的证据越客观，那么人们就越信任企业所说的话，也就会有更多的消费者选择企业的产品。因此，在发表任何定位宣言之前，企业应该思考下列问题：

(1) 是否有竞争对手已经占据了人们心目中的这个定位?

(2) 对我们的目标市场顾客来说，产品的这项特性是否确实有重要的意义?

(3) 有哪些客观性的证据来支持我们的宣传?

(4) 我们向顾客提供的产品是否会与我们的宣传相符?

(5) 我们的顾客和潜在顾客现在是否相信我们能够为他们提供与宣传一致的产品?

(6) 为了使我们的宣传更为可信，我们应该展示什么样的证据来支持它?

(7) 为了在目标市场顾客的心目中牢固锁定这个定位，我们需要在促销方面付出多少努力?

4) 定位陈述

当收集完所有相关数据时，就应该设计定位陈述(positioning claim)。这项工作通常是由富有创造力的广告从业人员来承担。定位陈述应该简短明了，可以在广告或其他形式的促销活动中不断地重复。而且定位陈述必须有针对性，能够产生一定的影响效果。虽然任何企业都可以宣布自己的定位陈述，但最有效的定位陈述应该是在简短的陈述中同时表达了独特的内涵，以及对该内涵的可靠支持。

“忙碌而不盲目，放松而不放纵。张弛有度。”这句定位陈述，再加上陈道明冷峻的演绎，不仅造就了“利郎商务男装”的品牌，也让利郎服装的定位上了一个台阶。利郎商务男装在产品定位上是面向30～45岁这样一个中产阶级群体，“张弛有度、放松而不放纵”，从使用场合来说，它恰当地传达了“利郎商务男装”的“商务也休闲”的独特内涵，加之由具有良好形象的陈道明代言，以及良好的做工工艺为定位提供了强大支持，这些因素共同促成了利郎商务男装的成功。

4. 定位策略

成功的定位，是要在分析竞争者产品在市场上所处位置的基础上，针对消费者对该产品某种特征或属性的偏好程度，进而强有力地塑造出本企业产品与众不同的、给人印象鲜明的个性或形象，并把这种形象生动地传递给消费者，从而使该产品在市场上确定适当的位置。也可以说，市场定位是塑造某种产品在市场上的位置，这种位置取决于消费者或用户怎样认识这种产品。企业在进行市场定位的时候也是在选择一种竞争策略，这种不同的市场定位也体现了一种产品或一家企业同类似的产品的竞争关系。定位策略不同，竞争态势就会出现明显的不同。

1) 避强定位

我们都知道雅典奥运会上110米栏的冠军是刘翔，但大家有谁能够清楚地说出亚军的名字吗？同样地，世界上第一高峰是珠穆朗玛峰，那第二高峰呢？在奥运会上为中国实现零的突破作出贡献的第一人是许海峰，那第二个人呢？人们很容易记住那些最先进入脑海中的东西，而把其后的东西都忽略掉了。这告诉我们，当企业进行定位的时候，在竞争对手非常强大的情况下，应选择“避开策略”，根据自身条件及相对优势，突出宣传自己与众不同的特色，满足市场上尚未被竞争对手发掘的潜在需求。

避强定位可以达到“见缝插针”、“拾遗补缺”的效果，这种定位的优点是：能够迅速地在市场上站稳脚跟，并在消费者心中尽快树立起一定的形象。同时，采取“避强定位”能够有效地降低市场风险，成功率较高，因此被很多企业采用。例如，美国的Aims牌牙膏能够在Crest(佳洁士)和Colgate(高露洁)两大品牌统霸的世界牙膏市场上攫取一杯羹，占有10%的市场份额，这要归功于Aims采取的“避强”定位策略，专门对准儿童市场这个空隙。

2) 对抗定位

这是一种以强对强的市场定位方法，即与在市场上居支配地位的竞争对手“对着干”，将本企业形象或产品形象定在与竞争者相似的位置上，与竞争者争夺同一目标市场。这其中大家耳熟能详的例子就是“百事可乐与可口可乐的世纪之战”，作为后起之秀的百事可乐，在进入市场时采用的就是“对抗定位”，与可口可乐展开面对面的较量，进而分得了可乐市场这块大蛋糕。但这里需要注意的是，并不是每个企业都会成为“百事可乐”。实行对抗定位策略对企业提出了很高的要求：

(1) 能比竞争者提供质量更好或成本更低的产品；

(2) 市场容量足够大，能够容纳两个或两个以上的竞争者产品；

(3) 比竞争者拥有更多的资源和更强的实力。

这种定位方式风险较大，但能够激励企业以较高的目标要求自己不断努力，一旦成功将会获得巨大的市场优势,且在竞争过程中往往能够产生轰动效应,可以让消费者很快了解企业及企业的产品,易于企业树立市场形象。

3) 创新定位

创新定位是指寻找新的尚未被占领但有潜在市场需求的位置,填补市场上的空缺,生产市场上没有的、具备某种特色的产品。如日本的索尼公司的索尼随身听等一批新产品正是填补了市场上迷你电子产品的空缺,并进行不断的创新,使得索尼公司即使在"二战"时期也能迅速地发展,从而一跃成为世界级的跨国公司。采用这种定位方式时,企业应明确创新定位所需的产品在技术上、经济上是否可行,有无足够的市场容量,能否为企业带来合理而持续的盈利。

4) 重新定位

当企业的产品遇到销路少、市场反映差的情况,这时候往往需要进行重新定位,也就是二次定位。企业需要进行重新定位的情况主要有三种:①初始定位不合理;②初次定位后,随着时间的推移,新的竞争者进入市场,选择与本企业相近的市场位置,致使本企业原来的市场占有率下降;③初始定位后,消费者需求偏好发生了变化,导致市场对本企业产品的需求减少。一般来讲,重新定位是企业为了摆脱经营困境,寻求重新获得竞争力和增长的手段。但是,重新定位也可以作为一种战术策略,并不一定是因为陷入了困境。当企业发现新的产品或新的机会时,可能就会进行重新定位。

"王老吉"是目前家喻户晓的品牌,但它也是在经历了初始定位模糊的阵痛期后,通过重新定位走上了成功之路。王老吉最初进入市场的时候不愿意定位在"凉茶"推广,因为担心"凉茶"定位过窄限制其销量,但作为"饮料"推广又没有找到合适的区隔。因此,在广告宣传上也不得不模棱两可。王老吉最初的一条广告是这样的:一个非常可爱的小男孩为了打开冰箱拿一罐王老吉,用屁股不断地蹭冰箱门。广告语是"健康家庭,永远相伴"。显然,这个广告并不能够体现王老吉的独特价值,而这一阶段王老吉的销售状况是非常不理想的。

2002 年年底王老吉本想借赞助奥运会为契机重新拍摄广告片,以此来增进销售量。但经过研究王老吉的销售问题不是通过简单的拍广告可以解决的——这种现象在国内企业非常典型,当销售受阻的时候,企业往往寄希望于新广告。这时候王老吉意识到,首要进行的应该是重新定位。在通过对消费者心理、消费者对于王老吉的产品认知以及王老吉和竞争对手产品的优劣势等方面的全面分析之后,王老吉确定了其新的定位:首先,明确红色王老吉是在"饮料"行业中竞争,其竞争对手是其他饮料;其次,产品定位"预防上火的饮料",其独特的价值在于——喝红色王老吉能预防上火,让消费者无后顾之忧地尽情享受生活:煎炸、香辣美食、烧烤、通宵达旦看足球……

5) 插位

插位是企业通过打破市场原有的竞争地位排序,使"后进"品牌迅速成为行业领导品牌的营销新法则。"插位"的定位方法旨在通过具有颠覆性的营销手段,打破市场上原有的竞争地位排序,突破"后进"品牌面临的困境,并迅速成为市场的领导者。一般来说,定位可以通过给消费者传达信息,让消费者了解企业的与众不同之处,并让企业在预期客户的头脑里映射独树一帜的形象。传统的定位方法只是清楚而准确地帮助企业建立形象鲜明、与众不同的品牌,但每个企业都期望着让自己的品牌成为第一品牌,每个企业都思考着如何让自己的品牌超越对手成为第一品牌,那么这时就需要"插位"定位来帮助企业解决问题。因为,插位是对定位的一种超越,插位讲究的不仅是要给自己定位,还要给竞争对手定位。定位只能让消费者知道你的位置所在,而插位不仅要让消费者知道你的品牌位置,还要让你的品牌名列前茅。下面介绍三种具体的插位类型:斜行插位、垂直插位和联合插位。

(1) 斜行插位是指通过开辟一个"新市场",进而直接成为行业领导者。这个"新市场"是自己定义的,它可以以消费者需求划分,也可以以某种概念为依据,还可以用渠道模式进行区别。开辟"新市场"的目的只有一个,就是让消费者认为你在某个领域是第一,因为只有第一才能赢得最大的市场份额。"金嗓子喉宝"是糖果还是保健品?"七喜"是可乐还是非可乐?"可采"是药品还是化妆品?"脑白金"是保健品还是礼品?以上产品都是在一个成熟的市场卖一个消费者都熟悉的产品,只不过它们在进入市场时,虚拟了一个与成熟市场相同的新市场,进而迅速成为行业的巨头。

(2) 垂直插位是指企业面临强大的竞争态势,通过对行业已有产品的再创造,进而超脱出原有的市场排序,自成一路,领导市场。产品的再创造并非一般意义上的再包装等方面的创新,而是通过添加、删减一些特殊功能或事物,改变原有产品的某些属性,使其成为一种新的事物,从而理所当然成为第一。如喜之郎"可以吸的果冻"的诞生,因开发了另一个同类品牌,使之在短时间内成为行业一线品牌。

(3) 联合插位是指通过把市场上已有的两三种事物的属性进行重组、结合,进而开发一种新的行业,形成一个新的领域。例如,商务休闲会馆的成功在于同时满足了人们休闲和会客交流的需求,网吧的诞生是集合了餐饮和上网所长,而苹果公司的 iPhone 手机的风靡是融通信、娱乐和时尚于一身……种种这些都使企业成就了一番新的事业天地。

第二节 4P 营销组合策略

一、产品与产品组合策略

1. 产品与产品生命周期

在客观地分析消费需求和选择目标市场以后,企业必须考虑生产什么样的产品以满足顾客的需要,这是企业能否真正占领目标市场的又一个重要环节。如果企业不能向目标市场提供好的产品,那么,再好的市场细分和目标市场都毫无意义。首先,我们来进一步讨论产品的概念。

1) 产品的整体概念

在普通人的意识中,产品通常是指经过生产劳动所创造出来的具有某种特定物质形态和用途的实体,如一个玻璃杯或一个空调器。这样一种认识显然不完全符合市场营销的实际,如运输、设计和咨询服务等都没有向顾客提供有形的实体,但它们又的确能满足人们的某种需求或欲望并且同样需要营销。因此,广义的产品概念既包括实体产品,又包括各种无形的服务。所以,在本书第二章第一节,我们曾把产品定义为"任何能用以满足人类某种需要和欲望的东西”。实际上，即使对生产企业来说，产品也不仅有实物用途和形式，而且还包括产品的延伸和扩增，所以，作为一个整体，产品的概念包括三层含义：即实体产品、形式产品和延伸产品，如图3-5所示。

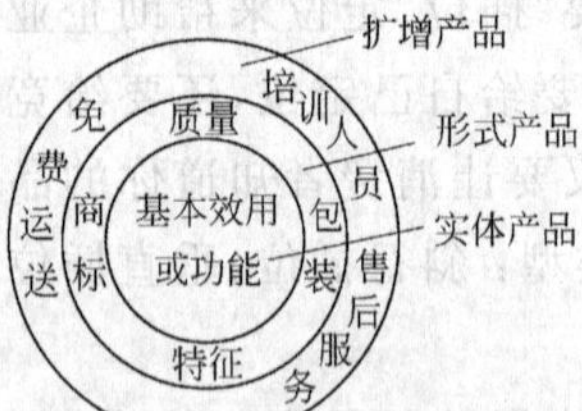

图 3-5 产品的内涵示意图

实体产品：是指产品提供给购买者的基本效用或功能，也就是通过某种使用价值满足购买者的需要。换句话说，产品实体是服务的外壳，它实际上是向人们传送服务的工具，例如，食物可以充饥，图书可以丰富人们的知识等。

形式产品：即产品不仅向购买者提供所需要的服务，而且还具有他们所喜欢的物质外形，如产品的式样、花色、规格和包装等。这种有形产品虽然并不直接向购买者提供核心功能，但却可能有一些附加作用，如保护产品、起装饰作用等，所以仍然是购买者心目中的产品印象并影响其购买行为。

延伸产品：是指产品销售过程中以及销售后的服务，如培训人员、免费运送和咨询服务等。有时延伸产品和形式产品是如此重要，以致在某些购买者心目中占据非常重要的地位，尤其在基本功能差别不大的情况下，延伸产品往往成为作出购买决策的基础；如北京人购买雪花冰箱与其说是看中它的功能，不如说是因为它易于维修和服务。

确立正确的产品概念无论对销售者还是购买者都很重要，它有助于双方加强了解和合作。企业营销管理人员应该清楚地认识到：购买者购买产品是希望获得一个满意的整体，因此，企业应通过其产品向购买者提供一种整体性的满足。

2) 产品生命周期

产品生命周期理论是营销管理学的重要组成部分之一，它对于指导企业的营销实践具有非常重要的意义，是理解很多市场营销现象的重要基础。

A. 产品市场生命期的概念

产品市场生命期是指产品从开发上市到被淘汰而基本无人购买所经过的时间历程。从某种意义上说，产品也同自然界的任何生物体一样，都有一个发生、发展和衰亡的过程，这一过程在时间上的表现就是产品的市场生命周期。

需要注意的是：第一，产品的市场生命期与它的使用生命期是两个不同的概念。产品的使用生命期是指产品的物理寿命，亦即产品从投入使用到损坏报废为止所经过的耐用时间，主要与它的物理和机械性能有关；而产品的市场生命期主要与顾客对产品的认识和需求程度有关。譬如，有些产品的使用生命期很短，但市场生命期很长，最典型的例子就是鞭炮。相反，也有些商品使用生命期很长，但市场生命期很短，如有些时装和玩具就是这样，某些引起消费流行的产品也往往如此。第二，产品市场生命期是指产品中某种品种的市场生命期，而不是指产品种类，因为我们很难预测产品种类的市场生命期，如食品、汽车、轮船等，它们很可能无限地发展下去或经历相当长的时期。我们感兴趣的是某种规格、型号和具有某种功能的产品品种在市场上能维持多长时间，它直接关系到企业的生产和经营。第三，既然是产品的市场生命期，自然不包括那些不通过市场而自己消费的产品。

一般以产品销售量和利润变化作为度量产品市场生命期的客观依据。在正常的情况下,即没有发生重大的环境变化,如战争、自然灾害或国家宏观政策急剧调整等,销售量下降以至到零,利润锐减甚至出现负值时,就意味着产品市场生命期的结束。

产品市场生命随时间呈S形曲线变化,如图 3-6 所示。由图 3-6 可以看出:一种产品从开发上市到无人购买,要经历五个阶段:投入期、成长期、成熟期、饱和期和衰退期。

需要说明的是:上面曲线所反映的是比较典型的情况,即大多数产品投入市场后所表现出的规律性。在实际情况下,有些产品的市场生命周期曲线会发生某种变异。例如,有些产品刚进入市场,就因产品造型设计有重大缺陷而夭折,如图 3-7(a)所示;有些产品可能在投入期因原材料供应紧张、无法组织批量生产而迟迟不能进入成长期,如图 3-7(b)所示;也有些产品的成熟期相对较长或企业获得了独特的资源优势,因而产品可以在某一细分市场上维持较长时期,但这种情况在自由竞争市场条件下是不多见的,如图 3-7(c)所示。

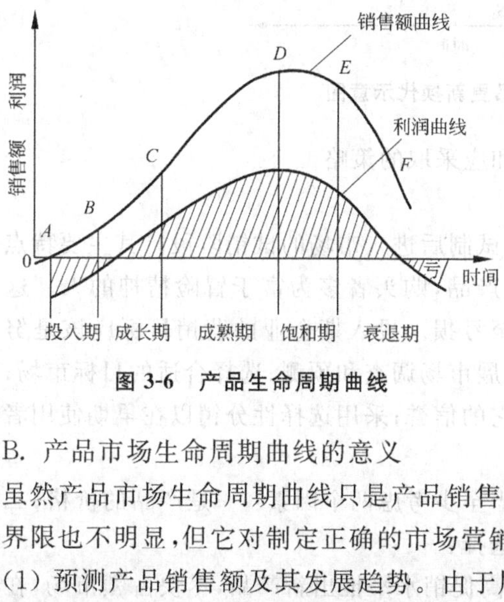

图 3-6 产品生命周期曲线

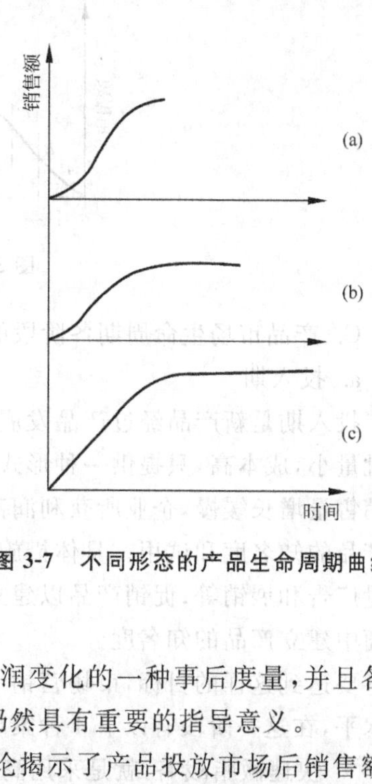

图 3-7 不同形态的产品生命周期曲线

B. 产品市场生命周期曲线的意义

虽然产品市场生命周期曲线只是产品销售额和利润变化的一种事后度量,并且各阶段的界限也不明显,但它对制定正确的市场营销策略仍然具有重要的指导意义。

(1) 预测产品销售额及其发展趋势。由于周期理论揭示了产品投放市场后销售额增减变化的一般规律,因而它可以用来推测产品未来的前途和命运。具体做法是通过类比或大量统计数据来预测未来的变化倾向。采用类比法时所选择的类比产品最好与待预测产品有很好的类似性,同时已有比较完整的统计资料。譬如,可参照黑白电视机的销售情况来判断彩色电视机在相应阶段的发展趋势。另外,生产实践已总结出可以把产品本身各年实际销售变动率作为衡量其所在市场生命周期阶段的依据。例如,如果每年销售增长率大于10%,则可认为产品处于成长期;销售增长率在0.1%～10%为成熟期和饱和期;销售增长率为零或为负值则说明产品已进入衰退期。

(2) 有利于根据产品所处的生命周期阶段采取相应的策略。例如,对处于成长期的新产品,应采取措施扩大销售量;对已进入成熟期的正常产品,应尽力维持其销售额和减缓其向衰退期的过渡,以便获得更多的利润;对处于衰退期的老产品,则应尽早减少或调整库存,以预防亏损。

(3) 通过市场生命周期曲线可以选择新产品上市的适宜机会。图 3-8 是企业产品更新换代过程的分析图解。其中 S_1、S_2 和 S_3 分别表示企业生产第一代、第二代和第三代产品的市场生命周期曲线。图中的 B'、B''是产品的换代点。之所以选择 B'和 B''大量投放新产品是基于以下原因:若在第一种产品已达市场生命周期曲线的 F 点时再大量投放二代产品,则市场已大部分被竞争对手夺走,再夺回来势必要花较高的代价;若第一代产品在 C 点和 D 点时就匆忙大量投放第二代产品,实际上是用自己的新产品加速了原有产品的衰退,造成企业生产能力的大量浪费。比较理想的情况是:当新产品进入成长期时原有产品进入衰退期,这时对企业最为经济和有利,这个适宜时机就是 E 和 E'点。

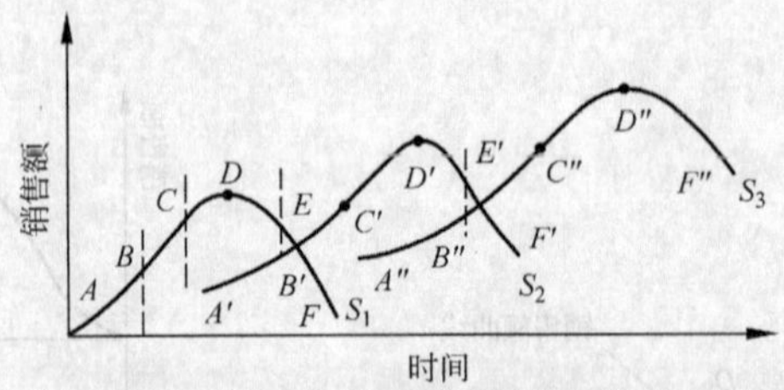

图 3-8 产品更新换代示意图

C. 产品市场生命周期各阶段的特点和应采取的策略

a. 投入期

投入期是新产品经过产品发展和样品试制后进入市场的试销阶段。其主要特点是生产批量小,成本高,只提供一种形式的基本产品,购买者多为富于冒险精神的人。这一阶段销售量增长缓慢,企业所获利润甚少甚至亏损。投入期企业的营销目标应该是努力创造产品的知名度和试用。具体措施包括开展市场调查和预测;选择合适的目标市场;采用大量广告和展销等;促销产品以建立起对它的信誉;采用选择性分销以在早期使用者和经销商中建立产品的知名度。

要达到这样的目标,市场营销人员应当至少考虑两个因素:一是产品的价格;二是促销水平,在这一阶段有以下 4 种策略可供选择:

- 快速撇脂战略,就是采用高价格和高促销水平推出新产品,尽快占领市场,在产品生命初期尽快收回开发投资,并一举取得最大利润,以后随着产品生命周期转入成熟期再逐步降低价格。采取这种办法需要具备以下条件:潜在市场上大部分人还不知道该产品;知道它的人渴望得到该产品并且有能力照价付款;同时企业面临潜在竞争者的威胁,必须及早树立品牌。
- 快速渗透战略,就是采用低价格和高促销水平的方式推出新产品。这种战略的目的就是以最快的速度占领市场,达到最大的市场占有率。采用这一战略需要有比较大的市场规模;潜在消费者对产品不了解并且对价格敏感;潜在竞争很激烈;随着生产规模的增大和制造经验的积累,单位产品的制造成本会降低。
- 缓慢撇脂战略,就是以高价格和低促销水平推出新产品。采用高价格是为了从每单位的销售中获得尽量多的毛利,低促销水平又减少成本费用,获取更多的利润。企业采取这种策略的条件是:市场规模有限;竞争威胁不大;大多数顾客已了解该产品;适当的高价能为市场所接受。

- 缓慢渗透战略,就是以低价格和低促销水平推出新产品。低价是为了促使市场迅速接受新产品,低促销是为了获取更多的利润。企业坚信该市场需求价格弹性较高,而促销弹性较小。采用这种策略的条件是:市场规模较大;潜在顾客已经了解该新产品并对价格十分敏感;存在潜在的竞争对手。

b. 成长期

成长期的特点是接受该产品的顾客增多,销售额快速上升,生产成本下降、利润上升,同时有一些竞争者开始介入。成长期企业的营销目标应该是最大限度地占有市场份额,并尽可能延长产品的成长期。为此,企业可以根据用户需求和其他市场信息努力提高产品质量、增加花色和品种;准备进入新的细分市场;开展积极的售后服务和担保等;采用渗透价格策略,以吸引更多的潜在顾客;建立密集广泛的分销,即尽力扩大销售网点以方便购买;广告的目标由介绍产品的性能转向突出宣传产品的品牌和商标;在该阶段,由于大量顾客已开始采用该产品,可适当减少促销费用。

c. 成熟期

成熟期是指产品已经普及并趋于饱和状态。在成熟期,销售额达到高峰值,产品成本低,但销售量增长变慢,企业利润最高,同时竞争更为激烈。企业在成熟期的营销目标是保持已有的市场份额以获取最大利润,并且努力延长产品的生命周期,使已处于停滞状态的销售增长率重新得到回升。具体策略包括:对产品进行适当改革,即在产品基本功能不变的条件下创造品牌和式样的多样性,保持市场上的竞争优势;加强销售工作,继续努力扩大销售网点,疏通渠道,开辟新的市场;广告要特别注意对品牌和商标的宣传,着力树立商品和企业的形象;研制二代产品,对现有的产品进行质量、特性、形态等方面的改进,为更新换代作准备。

d. 饱和期

所谓饱和期是指产品销售量趋于下降的阶段,其主要特点是在普及率提高的同时竞争加剧,市场上开始出现性能更好的新产品,利润已明显降低。企业在饱和期的经营目标应是强化促销和开拓新市场,以谋取尽可能多的利润。具体措施包括:加强不同产品形式的服务工作;控制原材料购买量;二代产品进入试销。

e. 衰退期

产品在经济上已经老化,不能适应市场的需要,销售量和企业利润都急剧降低。企业在衰退期的目标应是削减该产品品牌的支出,同时挤取利润。但在具体实施过程中,企业有很多事情要做。首先是识别疲软产品,企业应当建立识别疲软产品的制度,对不同的产品来讲,出现销售和利润的下降可能有着不同的原因,例如消费者偏好的变化,技术的进步,替代性产品的出现等。由于原因不同,销售衰退出现的方式也不同,可能是逐步的、缓慢的,也可能是迅速的、突然的。针对不同的情况,企业可以采取不同的策略。因此为了能及时发现衰退产品并作出适当的决策就需要企业具有疲软产品的识别制度。其次是对已不能为企业带来利润的衰退产品,企业要作出如何处理的决策。可采用的策略有:

(1) 立刻放弃策略,主要针对那些经过预测不能对企业再有贡献的产品,它们的继续存在可能会危害其他有发展前途的产品,因此必须立刻放弃;

(2) 逐步放弃策略,主要针对那些立刻放弃将造成更大损失的产品;

(3) 自然淘汰策略,企业不主动放弃该产品,而是让它继续留在市场上直至完全衰竭为止。

如果企业选择自然淘汰,还需要做进一步的策略抉择:

连续策略,即企业继续过去的经营策略,对原有的市场位置、流通渠道、定价、促销措施等维持不变,直到产品自然衰竭到结束市场生命。

集中策略,即把资源集中使用在最有利的细分市场、最有效的销售渠道和最易销售的品种、款式上,也就是以最有利的市场赢得尽可能多的利润。

榨取策略,企业不顾一切地降低销售费用(如广告费、促销费等),强制性地降低成本,以增加眼前利润。这种策略会加速产品的衰退,因而通常作为停产前的过渡策略。

D. 延长产品市场生命周期的途径

尽管任何产品最终都要走向衰退和退出市场,但企业营销人员的任务就在于根据产品在不同阶段的特点采取相应的策略以延缓产品的衰老,其中比较好的时机是在饱和期,具体措施有:

(1) 努力增加现有产品的用户。可以通过大量广告和其他促销手段吸引现有顾客增加购买率和使用率。

(2) 改革产品。即通过对产品的改革,增加新的功能和花色来扩大市场面,如门铃配有电子音乐,收音机带响闹功能等。

(3) 寻找新顾客。通过积极的促销使原来不用该产品的顾客转而购买该产品,如将婴儿用营养食品推向老年人市场等。通过以上各种措施,往往可以延长产品的市场寿命,如图 3-9 所示。

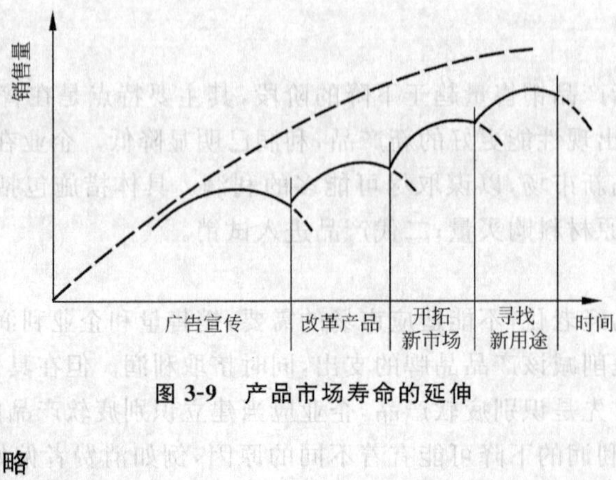

图 3-9 产品市场寿命的延伸

2. 产品组合策略

1) 产品系列与产品组合

所谓产品系列或产品线(产品类别)是指某一企业生产技术密切相关的同类产品的总和,如空调器、冰箱、冷藏箱等。一般地,每个产品系列包括若干具体规格的产品,称之为产品项目。

一个企业生产和销售的全部产品系列及产品项目构成整体就是该企业的产品组合，它反映了企业产品的组合方式。

产品组合包括三个方面，即产品组合的宽度、深度和关联性。

企业产品系列的数目称为产品组合的宽度；每个产品系列中不同规格产品项目的数目称为产品组合的深度；产品系列之间在最终用途、生产技术和销售渠道等方面的相近程度称为产品系列的关联性。上述因素可用图3-10表示。

产品线	产　品　项　目
1	1A 1B 1C 1D 1E
2	2A 2B 2C
3	3A
4	4A 4B 4C

产品项目数：12个
产品线数：4个
产品组合平均深度：$\frac{12}{4}=3$

图3-10　产品组合因素

2）产品组合策略

所谓产品组合策略就是如何根据企业的资源条件和外部市场环境合理地选择产品组合的宽度、深度和关联性。一般来说，增加产品系列和产品项目的数量，即扩大产品组合的宽度和深度，可以充分利用原材料、设备和增加产品的适应性，能更好地满足用户对产品的不同要求，因而有利于提高企业的产品市场占有率。但由于这种组合方式是多品种生产，难以实现规模经济。而加强产品系列的关联性，缩小产品组合的宽度和深度，则有助于提高生产技术和降低成本，但企业对市场变化的适应性可能较差。

在产品组合策略中可用的策略有以下几种。

A. 产品线延伸策略

每一个企业的产品都有其特定的市场定位。比如美国"林肯"汽车定位在高档市场，"葛兰达"定位在中档汽车市场，而"斑马"则定位在低档市场。产品线延伸策略是指全部或部分地改变公司原有产品的市场定位，具体做法有向上延伸、向下延伸和双向延伸三种。

a. 向上延伸

即原来定位于低档产品市场的企业，准备进入高档产品市场。企业采用这种策略可能是受到高档产品市场较高的潜在成长率和较高的利润率的吸引，也可能是企业的技术设备和营销能力已具备加入高档产品市场的条件，或是为了能有机会把自己定位成完整产品线的制造商。采用这种策略要承担一定风险，因为一方面改变产品在消费者心中的印象是很困难的；另一方面高档市场的竞争者决不会坐视不管，有可能会反过来进入低档产品市场进行反击。

b. 向下延伸

向下延伸就是把企业原来定位于高档市场的产品线向下延伸，在高档产品线中增加低档产品项目。如手表业中的西铁城，最初定位于高档市场，但后来在美国推出了艾得克牌，进入了低档市场。企业做出向下延伸生产线的决策可能是由于在高档市场受到了攻击，于是决定拓展低档市场以作为反击，也可能是企业发现高档产品市场增长缓慢，或者是企业最初进入高档产品市场是为了建立品牌，树立形象，然后再进入中、低档产品市场，还有可能是为了避免竞争对手乘虚而入，因此进入低档产品市场填补产品线的空白。向下延伸也要承担一定的风险，比如一旦进入方式不够谨慎，则很有可能影响企业原有产品的市场形象及名牌产品的市场声誉，也可能会激发竞争者将产品项目相应地转移到高档市场，这些都是营销人员应当注意的。

c. 双向延伸

指原来定位于中档产品市场的企业可能会决定同时朝上下两个方向延伸其产品线。一方面增加高档产品；另一方面增加低档产品，扩大市场阵容。比如，丰田公司在其中档产品卡罗纳的基础上，为高档市场增加了佳美牌，为低档市场增加了小明星牌。

B. 产品线填充策略

所谓产品线填充是指在原来的产品组合中添加一个或几个新的产品线，扩大经营范围，或者在原来的产品线内增加新的产品项目。如果企业预测到现有产品线的销售额和盈利率在将来可能下降时，就需要考虑在产品组合中增加新的产品线，或者加强其中有发展潜力的产品线；当企业打算增加产品特色，或者为更多的细分市场提供产品时，则可选择在原产品线内增加新的产品项目。但采用此策略时要注意，每一个产品项目都要有明显的差异，让消费者能够区分，否则可能导致新旧产品自相残杀，或者在消费者心中引起混乱。

C. 产品线削减策略

经济繁荣时，较长、较宽的产品组合会为企业带来更多的盈利机会，但是当市场不景气的时候，削减产品线能使总利润上升，这是因为剔除了产品组合中不获利或者获利很小的产品线能够使企业将资源集中在获利多的产品线和产品项目上。因此企业应当定期检查产品线和产品项目，研究削减问题。

D. 产品线更新策略

这一策略强调将现代化科学技术应用到生产过程中去，也许产品组合的宽度和长度都比较合适，但是产品线的生产形式却可能已经过时，这时就必须对产品线实施现代化改造。问题是应该逐步现代化还是快速现代化。逐步现代化可以节省资金耗费，但会被竞争者很快发觉，并有充足的时间采取措施与之抗衡，而快速现代化虽然在短期内耗费资金较多，却可以减少竞争者。

3）品牌策略

品牌是用来识别卖主产品的某一名词、术语、标记、符号或设计，或它们的组合。它用来区别一个企业的产品与其竞争对手的同类产品，以免发生混淆。它包括品牌名称、品牌标记和商标三个部分。品牌名称是指品牌中可以用语言表达的部分，例如，“海尔”、“科龙”、“春兰”等都属于品牌名称。品牌标记是指品牌中可以识别但不能用语言称呼的部分，如符号、图案或别具一格的色彩或字母，比如海尔集团以海尔兄弟作为标记，科龙集团以“Kelon”作为品牌标记。商标是一个法律术语，品牌（包括品牌名称和品牌标记）经过政府有关部门注册登记后，获得专用权，受到法律保护，就称为商标。

品牌策略首先，要回答的问题就是企业要不要为产品建立一个品牌。诚然，品牌对企业有很多好处，但建立品牌的成本和责任也不能忽视，因此并不是所有的产品都要使用品牌。比如不会因生产商不同而形成不同特色的商品，像钢材、煤炭等就没必要使用品牌。其次，如果企业决定使用品牌，还要选择是使用自己的品牌还是别人的品牌。这需要全面权衡利弊再做出决策，对于实力雄厚、生产技术和经营管理水平俱佳的企业，一般都使用自己的品牌。最后，还要考虑是使用一个品牌还是多个品牌，对于不同产品线或同一产品线下的不同产品品牌的选择，有四种策略：个别品牌策略，即企业在不同的产品线上使用不同的品牌；单一品牌策略，企业所有的产品采用同一品牌，像海尔集团的所有产品都冠以“海尔”的商标；同类统一品牌策略，即对同一产品线的产品采用同一品牌，不同的产品线品牌不同；企业名称与个别品牌并行制策略，在不同的产品上使用不同的品牌，但每一品牌之前冠以企业的名称。

4）产品包装策略

在现代市场营销中，包装已经不仅仅是保护商品的容器了，它有着识别、便利、美化、增值和促销等功能，成了产品不可分割的一部分，也成了树立企业形象，促进和扩大商品销售的重要因素之一。根据不同情况，企业通常采用以下包装策略：

同类型包装策略，即企业生产的各种产品，在包装上采用相同的图案，近似的色彩，体现共同的特色。这种策略可以降低成本，树立企业形象和提高企业声誉，但是一旦某一产品质量下降，将影响到采用同样包装的其他产品。

异类型包装策略，即企业各种产品都有自己独特的包装，在设计上采用不同的风格，不同的色调，不同的材料，这种包装策略不会因某一商品营销失败而影响其他商品的市场声誉，但相应要增加费用。

配套包装策略，将不同类型和规格但有相互联系的产品置于同一包装中。如将系列化妆品包装在一起出售，便是典型的配套包装。这种包装可以方便消费者的购买和使用，也有利于带动多种产品一起销售。

等级包装策略，指对同一商品，采用不同等级的包装，以适应不同的购买力水平，或不同顾客的购买心理。

附赠品包装策略，即在包装容器中附赠物品，以吸引消费者购买。如许多儿童食品的包装是采用此种策略。

此外还可以采用复用包装策略，不同容器包装策略，不断更新包装策略等。

5）质量策略

质量不论是对企业还是对社会都是一个敏感的问题。质量是产品进入市场的通行证，是企业的生命，没有质量，企业就不能生存和发展，因此在企业的市场营销活动中，必须要高度注意产品的质量。

产品质量是指产品能够满足使用要求所具备的特性，一般包括性能、可靠性、安全性、经济性以及外观质量等。性能是指根据产品使用目的所提出的各项功能要求，包括正常性能、特殊性能、效率等；可靠性是指产品在规定时间内和规定条件下，完成规定功能的能力；安全性是指产品在流通和使用过程中保证安全的程度；经济性指产品生命周期的总费用，包括生产成本与使用成本两个方面；外观质量泛指产品的外形、美学、造型、装潢、款式、色彩、包装等。产品的质量概念不是一成不变的，随着生产力发展水平不同和由于各种因素的制约，人们对产品质量会提出不同的要求。

根据ISO8402-1994《质量管理与质量保证术语》对质量管理的定义,质量管理是制定质量方针、目标和职责,并在质量体系中通过诸如质量策划、质量控制、质量保证和质量改进使其实施的全部管理职能的所有活动。

由此可见,质量管理的基本任务就是要制定和贯彻执行质量管理的方针和政策,保证和提高产品质量和服务质量,生产出物美价廉的产品,满足用户的需要;同时不断降低物质消耗,降低质量成本和提高经济效益等。质量管理经历了一个比较长的发展过程,其中也出现了不少质量管理的理论,如著名的"朱兰质量螺旋"、"质量环"等,对指导质量管理的实践活动都有着重要的意义。它的发展主要经历了三个阶段:第一阶段是20世纪初到40年代的质量检验阶段,企业为了保证产品质量,设立专门的质量检验部门,对产品进行检验,挑出不合格产品,这是一种事后行为;第二阶段是统计质量管理阶段,时间基本是从20世纪40年代到60年代,这个时期生产力进一步发展,大规模生产体系逐步形成,这种管理方法主要是解决大批量产品质量的控制问题,它实现了从被动的事后把关到生产过程的积极预防的转变;第三阶段是从20世纪60年代一直延续至今的全面质量管理阶段,全面质量管理是指一个组织以质量为中心,以全员参与为基础,目的在于通过让顾客满意和本组织所有成员及社会受益而达到长期成功的管理途径。它从原来的事后检验以"把关"为主,转变为以预防、改进为主,从"管结果"转变为"管因素",也就是提出影响质量的各种因素,发动各部门全员参加,运用科学的管理方法和程序,使生产经营所有活动均处于受控制状态之中;在工作中将过去的以分工为主转变为以协调为主,使企业联系成为一个紧密的有机整体。

在推行全面质量管理时,要求做到"三全一多样"。即全面的质量管理,全过程的质量管理,全员参加的质量管理,以及质量管理所采用的方法是科学的、多种多样的。全面质量管理的实行程序是一个PDCA循环,即分为计划、执行、检查、处理四个阶段。在现代企业的营销管理当中,一定要树立质量观念,以质量求生存,深入理解全面质量管理的内涵,才能在营销竞争中立于不败之地。

6) 服务策略

一项服务是一方能够向另一方提供的任何一项活动或利益,它本质上是无形的,并且不产生对任何东西的所有权问题,它的生产可能与实际产品有关,也可能无关。服务具有四个明显的特征,服务是无形的,在提供服务之前,它们看不见,尝不到,摸不着,听不见,唤不到;服务与其来源是不可分的,不管这种来源是人还是机器,这和有形产品不同,有形产品是实际存在的,不管它的来源是否显示;服务又是非常易变的,因为它们依赖于由什么人提供服务,在何时何地提供服务;服务还是不可储存的。

在企业的市场营销决策中,服务顾客是伴随主要提供物一起提供给消费者的附加利益与活动。服务顾客的目的是使消费者在购买和使用产品的过程中,获得更大的效用和满足。产品越复杂,消费者对各种附加服务依赖性越强。随着市场竞争的日趋激烈,仅凭技术因素很难创造持久的竞争优势。现今绝大多数产品的生产和制造成本不会超过最终价格的20%～30%,而周到的服务和完善的送货系统成本却占到70%～80%。可见,服务将成为企业之间竞争的主要手段。

为消费者提供的服务内容根据企业和产品特征而定。但企业总的宗旨应该是,实施顾客满意服务战略。通常包括以下内容：接待来访和访问用户；提供业务技术咨询与服务；质量保证承诺；产品安装和调试；维修和备品配件供应；信用服务；定期为用户进行产品检查、维修和保养服务；还可根据用户的特殊要求提供服务。

7）现有产品结构的调整

在企业的产品组合中，必有一些产品项目竞争能力较强而能为企业赢得较多利润，同时也难免有些产品项目不适应市场需要而趋于衰退。此时，营销管理人员必须针对市场变化采取必要的措施来进行产品结构调整，以促使那些好的产品项目得以发展，同时压缩那些不好的产品项目，只有这样，企业才能在市场竞争中占有有利地位和保持自己的竞争优势。产品调整的方法有如下几类。

A. 波士顿矩阵法（四象限评价法）

波士顿矩阵法于 1970 年由美国波士顿咨询公司（Boston Consulting Group）首创，后来在许多国家传播并得以不断发展和完善。该方法是按每种产品的销售量增长率（企业前后两年销售总量之比）和相对市场占有率（本企业产品市场占有率与该产品主要竞争对手的市场占有率之比）将企业的产品分为四种类型，根据它们在矩阵中的位置而采取相应的策略，如图 3-11 所示。

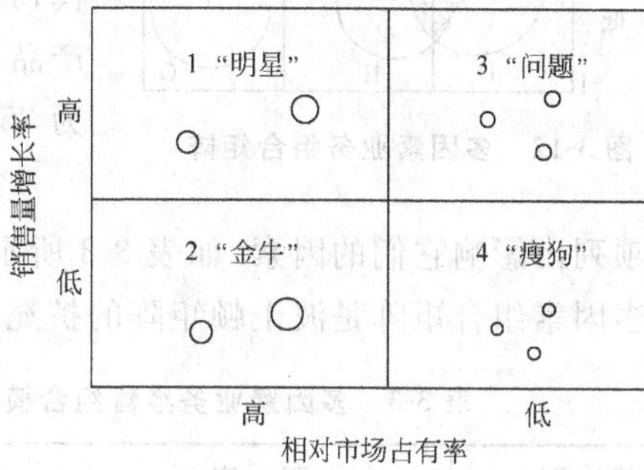

图 3-11 波士顿矩阵图

波士顿矩阵由四个象限组成（分别记为 1，2，3，4 象限），图中每一点分别对应于不同的相对市场占有率和销售量增长率。采用该矩阵分析产品组合时，首先计算企业每种产品的相对市场占有率和销售增长率；其次将产品定位在矩阵图中的相应位置，并且以大小不等的圆圈表示出每种产品当年的市场销售量，以便于对各种产品当年获利情况进行对比。矩阵图中相对市场占有率和销售量增长率的高低标准应根据不同的行业产品的特点和历史经验加以确定。如可以以销售量增长 10％作为分界线，则大于 10％的产品为高，小于 10％的产品为低。同样，可以以相对市场占有率 1.0（即本企业产品的市场占有率与主要竞争对手的市场占有率相等）作为相对市场占有率高低的分界线。

第一象限：产品相对市场占有率和销售增长率都高，被形象地称作“明星”产品。这类产品既有发展潜力，企业又有竞争能力，说明可能处于生命周期的成长期，是企业的重点品种项目，应多投资促其发展。

第二象限：处于这一象限的产品品种相对市场占有率高，但销售增长率低，被形象地称为“金牛”产品。这类产品比同类产品的竞争能力强，但整个市场的发展潜力较差，说明已进入成熟期或属于衰退行业的产品，所以，应努力“维持”其生产以便获取尽可能多的利润和支持其他需要投资的产品。

第三象限：这一象限的产品市场占有率低，而销售量增长率高，称为“问题”产品。这类产品市场前景看好，但企业缺少竞争能力，能否作大量投资值得商榷。

第四象限：产品相对市场占有率和销售增长率都低，称为“瘦狗”产品。此类产品既无市场潜力可挖，又缺少竞争力，可能是衰退期产品或因有其他问题难以进入成长期，应采取“收缩”和“淘汰”策略。

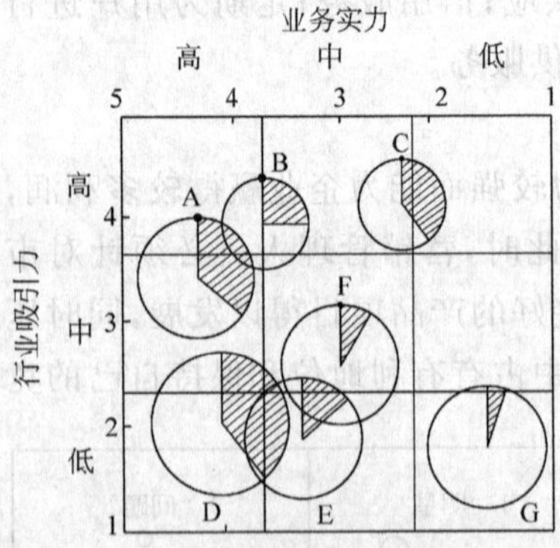

图 3-12　多因素业务组合矩阵

B. 多因素业务经营组合矩阵法

该方法是通用电气公司（GE）在波士顿矩阵法的基础上创立的，其模式如图 3-12 所示。在多因素组合矩阵中，按行业吸引力和企业业务实力大小将企业的产品分为几类。图上标出了某公司的七项产品项目，以圆圈的大小表示这些产品的整体市场规模，其中阴影部分代表公司产品的绝对市场份额，如产品项目 B 所在的市场为中等规模，其市场份额为 25%。

为了确定行业吸引力和公司业务实力的大小，可逐项列出影响它们的因素，如表 3 3 所示，其中包括有波士顿矩阵中的两个重要因素，说明多因素组合矩阵是波士顿矩阵的扩充和完善。

表 3-3　多因素业务经营组合模型：行业吸引力和业务实力所含要素

模　型	要　素	权数	定值(1～5)	值
行业吸引力	总体市场大小	0.20	4.00	0.80
	年市场成长率	0.20	5.00	1.00
	历史毛利率	0.15	4.00	0.60
	竞争密集程度	0.15	2.00	0.30
	技术要求	0.15	3.00	0.45
	通货膨胀	0.05	3.00	0.15
	能源要求	0.05	2.00	0.10
	环境影响	0.05	1.00	0.05
	社会/政治/法律	必须是可接受的		
		1.00		3.45
业务实力	市场份额	0.10	4.00	0.40
	份额成长	0.15	4.00	0.60
	产品质量	0.10	4.00	0.40
	品牌知名度	0.10	5.00	0.50
	分销网	0.05	4.00	0.20
	促销效率	0.05	5.00	0.25
	生产能力	0.05	3.00	0.15
	生产效率	0.05	2.00	0.10
	单位成本	0.15	3.00	0.45
	物资供应	0.05	5.00	0.25
	开发研究实绩	0.10	4.00	0.80
	管理人员	0.05	4.00	0.20
		1.00		4.30

为了确定某一产品项目在矩阵图中的位置，可作如下处理：首先，评价影响行业吸引力的各个因素的重要性，即对各个因素进行加权，各因素权数之和等于1；其次，确定某产品项目在每一因素中处的位置，若各因素的位置以1～5内的整数表示(5表示该因素的最高位置)，那么，A产品在总的市场规模中定值为4，显然，这种位置要根据营销管理人员的经验和历史资料来确定。最后，将各权数和各定值相乘，得到某一产品项目在某一因素下的期望值，再把各因素的期望值相加，就得到反映该产品项目的行业吸引力和业务实力大小的数值，如A产品在行业吸引力和业务实力方面得分分别为3.45分和4.3分，而它们的高值却为5。这样，就可在多因素组合矩阵图上用点表示该产品，如图中的A点。可见，产品A是相当令人满意的产品项目。

多因素组合矩阵实际上分为三个部分，左上角的三个格子表示最具发展前途的产品项目，公司应采取投资扩展策略；在左下角到右上角这条对角线上的三个格子的产品项目的总吸引力处于中等状态，公司可适当地采取盈利策略。右下角的三个格子表示产品项目的总吸引力很低，公司应采取放弃策略。例如，产品项目G就是一个在规模较大、但吸引力较小的行业中不具竞争实力的产品项目。

C. 三维图形分析法

所谓三维图形分析法也是在波士顿矩阵法的基础上发展起来的，只不过因多增加了一个变量而把产品分为8类，每一类产品在三维空间中占据一个空间区域。三个变量分别是市场占有率、销售增长率和利润率，如图3-13所示。

在一般的产品组合中，一定包括：已达到高利润率、高销售增长率和高市场占有率的主要产品，如图3-13中的1号区；目前虽为低利润率，但却是未来主产品的新产品，如图3-13中的5号区；虽有较高利润，然而销售增长率已有降低趋势的维持性产品，如图3-13中的3号区；即将被收缩和淘汰的疲软产品，如图3-13中的8号区。

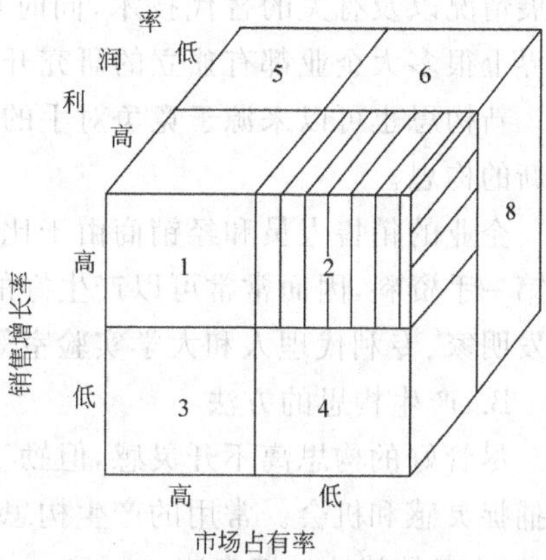

图3-13 产品调整的三维图形法

营销管理人员的任务就是综合分析企业的资源条件、技术能力和市场环境，以确定最优的生产方案，即保持最佳的产品组合，这可通过规划论和电子计算机的综合运用得以实现。限于篇幅，这里不再讨论，有兴趣的读者可参阅有关书籍。

3. 新产品开发

今天，企业营销人员面临的基本事实是：随着消费者需求和口味的不断变化、技术的日新月异和国际竞争的与日俱增，产品的生命周期日益缩短。如果企业不能适时地推出自己的新产品，那么就会在市场竞争中失败。

根据它们的生产原理和用途，新产品可大体分为三类：第一类是全新产品，它们与现有产品毫无共同之处，是新的科学技术发明在生产上的新应用；第二类是换代新产品，是在原有产品的基础上，部分地采用新技术、新材料和新工艺而制造出来的用以适合新用途的产品；第三类是改进新产品，是在对现有产品改进性能和质量的基础上生产的不同规格和花色的产品。

虽然开发新产品是企业在市场上立足的最重要手段,但它的风险也是很高的。有研究表明:新产品开发的失败率消费品约为40%,工业品为20%,服务业为18%。新产品开发之所以失败的原因固然很多,如市场环境的急剧变化、新技术的出现以及国际上发生重大政治事件等。但企业在整个开发过程中没有坚持正确的路线和采取合适的步骤显然也是非常重要的原因。譬如,企业最高决策者不顾市场的需要而强力推行他喜爱的产品构思;或者也可能产品构思是好的,但市场规模却没有预想的那么大;或者可能产品在市场上定位错误并且产品定价过高。下面我们就来讨论新产品开发过程中的有关问题。

1) 产品构思的产生

A. 新产品构思的来源

新产品构思的来源可能有很多,如顾客、科研人员、竞争者、营销管理人员以及高层决策人员等。尽管这些来源有所不同,但都可以作为开发新产品的现实基础。

大量研究表明:很多工业产品的新构思来源于顾客,通过向用户询问现有产品有哪些缺陷和问题往往可以找到最理想的产品构思,但营销管理人员最好不要奢望顾客直接提供新产品构思。

企业也可以依靠内部的科研人员获得新产品构思,因为科研人员往往熟悉新技术的进展情况以及有关的替代技术,同时也了解现有产品在哪些方面有待做进一步的改进。世界上很多大企业都有独立的研究开发部门和专门从事产品构思的"思想库"。

新构思也可以来源于竞争对手的产品。通过对竞争对手产品的仿造和改进有可能形成新的构思。

企业的销售人员和经销商由于比较了解顾客需求和掌握他们对现行产品为什么抱怨的第一手资料,因而常常可以产生好的产品构思。除以上来源外,新产品构思还可能来源于发明家、专利代理人和大学实验室等。

B. 产生构思的方法

尽管好的构思离不开灵感,但勤于思考和掌握适当的构思技巧也是必要的,它们有助于捕捉灵感和机会。常用的产生构思的方法有如下几种。

a. 产品特性一览表法

这种方法是把现有产品的主要特性列成一个表,然后对每一特性进行分析以决定可否对其加以改进。使用该方法时尤其要注意现有产品是否具有其他用途以及是否可以将某种特性扩大、缩小和重排。在分析产品特性时,可以进行多方面分析,即分析所有能够影响产品的销售状况、增加市场需求的产品特性及其附加属性,以此作为产品创新的构思来源;也可以进行功能分析,可以增减现有产品功能,或改变现有产品功能的市场定位,只要能够使一种产品具有新的功能或用途,或使一种产品功能的完好度不同(如电视机有黑白与彩色、普通与高清晰度之分)或使同一种产品用途范围的宽窄不同(如载货吨位不同的货车及载客人数不同的客车等),就意味着实现了产品创新;也可以进行功效分析,消费者或用户把被研究产品的所有功效罗列出来,希望能从中发现尚未意识到的功效和未预计的功效缺损;还可以进行差异分析,即研究各种产品的属性带给消费者的不同感受。

b. 引申关系法

这种方法是把几个不同的产品排列出来，然后考虑它们之间的相互关系，以发现是否可通过某种方式将它们组合起来。例如，将电子表、收音机、闹钟、录放机排列起来，就会产生一个带有电子计时和响闹功能的收录两用机的构思。

c. 问题分析法

这种方法主要适用于发现来源于用户的新构思，它通过询问顾客在使用某一特定产品时所遇到的问题产生新构思。如柯达公司正是因顾客"卷胶片太花时间"的抱怨而形成了自动卷片的构思。当然并不是顾客的所有问题都可引发构思，也不是所有构思都值得开发。

d. 头脑风暴法

这种方法是召集6～10个有关专家举行会议并在约一个小时的时间内就某一限定问题想象构思。由于先提出的构思对下一步构思的激发作用，这种方法往往能在短时间内形成很多构思。为了使这种方法奏效，应遵循以下原则：第一，对任何构思必须在事后才能提出批评意见；第二，与会者可以尽情地自由发挥；第三，鼓励尽可能多地联想；第四，鼓励对他人的构思进行合并或改进以产生更加新颖的构思。

2）新产品构思的筛选

如果说在构思产生阶段需要的是尽可能多的构思，那么，其后的各个阶段则应努力减少构思的数目，其中首要的步骤就是筛选。

所谓筛选就是尽可能较早地发现和放弃错误的构思。因为某些构思或者在原理上就有问题或者在当时技术水平条件下难以变为现实的产品，所以，要对构思进行筛选。在筛选阶段，既要避免误舍较好的构思，又要避免误用错误的构思。无论是"误舍"还是"误用"构思，都会使企业蒙受损失，前者使企业丢掉很好的市场机会，后者则推出顾客可能并不需要的产品。

在进行筛选时要本着以下几个原则：

可行性原则，这是新产品构思必须满足的标准，它包括技术上的可行性，经济上的可行性和政策法规上的可行性，不满足其中任何一条的构思都应该被舍弃。

效益性原则，要对新产品的市场潜力、回报周期、盈利幅度等作出判断，新产品构思的方案能被采用的根本原因就是它能使企业获得效益。

适应性原则，新产品开发工作必须与企业现有的研发力量、生产力量、销售力量以及顾客需求相适应，与企业长期目标一致，这种适应性是新产品构思能顺利实施的保障。

筛选可以分两个步骤进行：第一步是将新产品构思填入一张标准表格，其中包括产品名称、目标市场大小、竞争状况、市场规模、产品价格和利润、企业的目标和资源条件等，若构思对其中一个或多个问题的回答不能令人满意，则应及早抛弃该构思。

对经第一步筛选后剩下的构思，再用指数加权法进行第二次筛选。方法是首先列出影响产品进入市场的主要因素，并根据这些因素的相对重要性而给予一定的权数；然后对企业在这些因素上的能力进行打分，分数从0.0～1.0分；最后是将每一因素的权数和本企业的能力分数相乘并对所得值求和，得到企业把某产品推向市场的能力总评分。具体计算步骤读者可参阅本节"2."多因素组合矩阵法中有关行业吸引力和企业实力的评分办法。如果我们能适当地确定分等标准,如总得分 0.00～0.40 分为差;0.41～0.75 分为尚佳;0.76～1.00 分为佳,那么,就可以对某一具体构思进行取舍。

3）产品概念的发展和测试

完成筛选过程以后,下一步目标是将仅是可能性产品的产品构思转化为已经成型的可用消费者语言描述的产品设想,即产品概念。它应包括产品的名称、功能、特性、式样、定价和包装等。例如,一种能增加营养和口味的糊状混合型食品就是一个产品构思,它可以转化成一种或多种产品概念,如新新八宝粥:一种可口快餐食品,含有糯米、花生仁、红豆、麦片、绿豆、薏仁、花豆和砂糖,营养和口味俱佳,罐装,每罐售价 4.65 元。上述八宝粥就是用消费者语言描述的产品概念,其中关于所含成分、包装方法和价格的决策是在考虑目标市场上竞争产品的情况后作出的。得到产品概念以后,营销管理人员应和目标消费者一起来测试产品概念的可靠性,方法是要求消费者就产品概念的描述、优缺点及是否打算购买等作出回答,最后,公司根据顾客的意见作出是否将产品概念向下一步发展的决策。值得指出的是:有很多营销管理人员往往在得到产品构思以后,不把它们发展为产品概念并加以测试就试图通过以后的过程把它们推向市场,因此而招致新产品开发的失败。

4）商业分析

商业分析的主要任务是预估产品的销售量、生产成本、销售利润率和投资报酬率,从而判断它是否满足企业的目标和值得开发。它主要解决如下问题。

A. 新产品的市场机会预测

a. 新产品市场潜力预测

新产品的市场潜力是在一个既定的环境下,当行业营销努力达到无穷大时,市场需求所趋向的极限。一个产品的市场需求是在一定的地理区域和一定的时间内,一定的营销环境和一定的营销方案下,有特定的顾客群体愿意购买的总数量,它受很多因素的影响,因此不是固定不变的。市场潜力的预测一般可以采用总量估计的方法,估算公式为 $Q=nqp$,其中 Q 代表总市场潜力,n 代表在一定的假设下,特定产品的购买者数量,q 代表一个购买者的平均购买量,p 代表每一平均单位的价格。

b. 新产品市场渗透力预测

市场潜力表明了新产品存在的可能机会,当新产品上市后,市场潜力将以何种速度实现,即新产品逐渐占领市场的速度,我们称为市场渗透力。市场渗透力越大,则新产品被消费者接受的速度越快,程度越深,成功的概率越大。新产品的市场渗透力预测可采用扩散模式法。

采用该模式的前提是将新产品的潜在购买者分为创新者和模仿者。创新者是指率先购买新产品的消费者,他们的购买行为主要受新产品的宣传的影响,如广告等。模仿者指追随创新者而购买新产品的人,这类购买者主要是受市场内部人际间的影响过程所感染。如创新者的介绍、口传等。扩散模式的公式如下:

$$A_t=I(P-C_t)+I_m(C_t/P)(P-C_t)$$

式中,A_t 表示在 t 时,采用者的人数;I 表示创新的系数;I_m 表示模仿的系数;P 表示市场潜力或产品生命周期的初次购买的人数的总和;C_t 表示直到 t 时所累积的采用者人数。

借用以往的销售资料，利用多元回归分析可以得到模式中的三个参数 I、I_m、P。

B. 估计销售量

企业应估计新产品的短期和长期销售量，尤其要预测产品可能的最低销售量和最高销售量，以便了解产品投放市场后可能的收益和风险。估计销售量的方法很多，具体内容在第八章第二节中介绍。

C. 估计成本和利润

在估计销售量以后，企业营销管理人员就可进一步估计产品的预期成本和利润，有关这方面的内容将在第九、第十章中介绍。

5）新产品的研制和试销

从构思的产生、筛选到产品概念的形成并通过测试和商业分析，"产品"还只停留在图纸或原始模型阶段。产品开发的重要环节是通过研制过程将产品概念转化为在技术上和商业上可行的产品，这种实体产品应满足三个条件：第一，具备产品概念中所说明的属性和特征；第二，在正常情况下可以安全有效地执行其功能；第三，能在预算成本下生产出来并赢得利润。

需要指出的是，即使是一个经过筛选并已转化为概念的好构思，要将其开发为成功的产品也并非易事，有时要花数月甚至数年时间。产品试样研制出来以后，还必须通过一系列的功能测试和市场试销，以确保产品运行的安全、有效和受到消费者的欢迎。

所谓试销是指把已确定了品牌名称、包装和设计的新产品投入部分市场进行销售，听取顾客对产品各方面的反映和意见，以便在大批量生产以前进行改进。通过市场试销还可确定市场容量和潜力。

市场试销的方法很多，现选择几种主要方法介绍如下。

A. 销售波法

这种方法是首先向消费者免费提供产品试用；然后再以低价重复提供该产品或竞争对手的产品 3～5 次，通过统计重复选择本公司产品的消费者数量来了解顾客对产品的满意程度以及广告等对重复购买的影响，但这种方法不能了解中间商对产品的态度。

B. 模拟商店技术

这种方法是向所找到的几十名购货者播放简短的商业广告电视片，其内容是介绍一批不同的产品，有关公司新产品的广告片也混在其中，以便在不引起特别注意的情况下观察上述人员的反应。然后，分发每个人少量的钱并邀请他们到一个商店去，注意有多少人购买了该新产品及其竞争品，从而衡量该产品商业广告的有效性。最后，经过一定时间后，通过询问了解他们对产品的态度、使用情况和再购买意图。

模拟商店技术的优点在于能方便地衡量新产品的使用率、广告效果和竞争情况，并且可以预测最终的销售水平。

C. 控制试销

这种方法是由企业付给商店一定费用，然后商店在企业控制下按指定的数量、购货地点、货台位置和价格经销新产品，从而确定店内因素和广告对购买者行为的影响以及顾客对产品的印象。这种方法的优点是企业不需要动用自己的销售力量和建立分销渠道；其缺点是易于把产品暴露给竞争者。

D. 市场测试

新产品的市场测试即是一次小范围的销售,企业的市场测试计划包括以下方面：选择有代表性的市场;确定测试的期限;收集信息;对试销结果决策。市场测试的好处是显而易见的：用市场测试中得到的信息对未来的销售量预测其准确度相对要高;可测试不同的营销计划对新产品商业化的可行性;从消费者的角度感受到的新产品缺陷等。市场测试也有很多缺点：时间长、测试费用大,给竞争者可乘之机。有时富于进攻性的竞争者会采取措施扰乱测试市场,使测试结果不可靠。

应该指出,上述几种方法主要适用于消费品。工业品试销常采用另外的方法,如产品使用测试、贸易展览会和陈列室测试等。此外,并非所有新产品都要经过试销,特别是对某些价格昂贵的设备和生产资料,由于在生产前已经征求用户意见或已签订合同,就不必进行试销。

6) 商品化

新产品开发的最后环节是将经过上述一系列过程的产品正式投放市场,即商品化。首先,营销管理人员必须懂得：即使是一种相当成功的产品,但若选择的时机、地区和目标消费者不合适,同样会使企业蒙受损失,甚至前功尽弃。具体地说,对于用来取代上一代产品的新产品,其入市的合适时机是老产品存货已基本销完,但市场还没有被竞争对手占领的时候。其次,企业在选择销售地区时应充分估计该地区的市场潜量、企业信誉以及销售成本。最后,企业应该把目标对准最有希望的顾客群体,以尽快地增加市场占有率和销售额,从而吸引潜在的购买者。

二、价格与定价策略

产品价格的确定是市场营销组合的重要组成部分,也是比较复杂和不易作出正确决策的因素。产品价格除受价值规律的支配外,还受供求关系、消费心理和其他诸多因素的影响。关于价值规律的理论,属于政治经济学的内容,本节只涉及企业定价方面的一些实际问题,即主要讨论产品的微观价格问题。

1. 影响产品价格的主要因素

1) 价值与价格

价格理论认为：商品的价格是价值的货币表现。众所周知,商品价格的高低主要是由商品中包含的价值量(社会必要劳动时间)的大小决定的。当然,它也要受投入流通的货币量的多少的影响,当投入流通的货币超过商品流通需要时,货币就会贬值,价格自然上涨;反之,商品价格就要下降。此外,价格还受供求关系的影响。

2) 质量与价格的关系

质量既是企业产品在市场竞争中获胜的重要手段,同时也是确定产品价格所必须考虑的重要因素。市场竞争实际上是以商品或劳务为媒介进行的,而评价产品的优劣实际上就是估价其能否做到使用价值与交换价值的统一。或者说,在市场上具有竞争力的产品需要满足消费者两方面的要求：一是产品具有一定的使用价值,即其质量能保证实现其效用和功能;二是产品在出售时价格合理,即商品的交换价值与用户的购买水平相适应。

从数量上看，产品质量与其成本和价格存在着一定的函数关系，如图 3-14 所示，图中产品质量为自变量，成本或价格为因变量。由图可见，一方面，在一定条件下，产品成本和价格随质量的变化而变动。一般地，提高产品质量标准，相应地需要增加生产投资，从而增加成本，如图 3-14 中 A 线所示；另一方面，在一定限度内，产品价格也随之提高，但超过一定限度，消费者难以接受，因而价格便保持在一定水平上，如图 3-14 中 B 线所示，而产品成本则是随产品质量提高而无限上升的。不仅如此，在一定的技术条件下，即使成本再高，质量也只能维持在一定限度内。综上所述，产品质量，价格和成本三者之间的数量关系中存在着一个经济性界限问题，即如何根据产品的质量确定其价格。我们知道，单位产品利润等于单位售价与单位成本之差，这样，只有把质量标准定在图 3-14 中的 M 点，才能保证成本与价格的差额最大，即企业的盈利最大。可见，质量与价格有着十分密切的关系，不能离开产品质量谈价格，同时也不能离开价格谈质量。

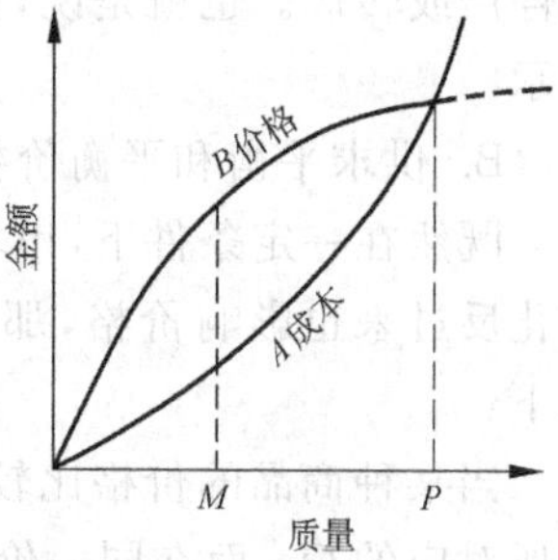

图 3-14 产品质量与成本和价格的关系

3）商品的供求和价格的关系

A. 供求和价格的关系

a. 需求函数

在市场中，某种商品的需求量 Q_1 是一系列销售因素的函数，即 $Q_1=f(p,x,y,z,w,\cdots)$。其中，p 为该种商品的价格，x 为代用品价格，y 为用户的购买力，z 为商品质量，w 为销售服务等。

在一般条件下，对需求量影响最大、最直接的是商品的价格。在一定时间内，用户对一定数量的商品所愿意付出的最高价格称作需求价格，它与该商品的稀缺程度及用户对其需求程度有关。

一般来说，价格下降会促使原有购买者和潜在购买者增加购买，因而增加销售量；反之，价格上涨，购买者将减少需求，也就是说，价格与需求量之间具有相反变化的倾向，如图 3-15 中的 D 线所示，称之为需求曲线。

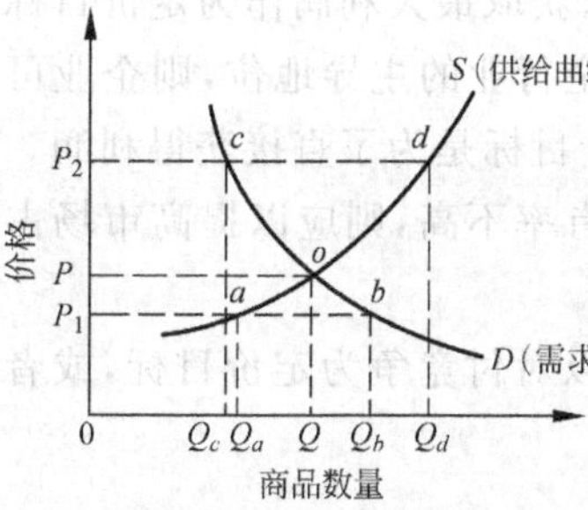

图 3-15 供求平衡与平衡价格

b. 供给函数

在市场中，某种商品的供给量 Q_2 也是一系列销售因素的函数，即 $Q_2=f(P,C,T,G\cdots)$，其中 P 为这种商品的价格，C 为生产成本，T 为技术条件，G 为后备条件。

同样，在一般情况下，对供给量影响最大、最直接的因素也是该商品的价格。因此，供给量实际上是生产者在各种可能的价格下对某种商品愿意生产并能够销售的数量。在一定时间内，生产者对一定数量的商品愿意出售的最低价格称为供给价格，它取决于一定产品的生产成本和费用。

一般地说，随着产品价格的上涨和利润的增加，原有生产者会扩大生产能力和增加供给量,同时也吸引更多的生产者生产该产品。相反,价格下降会促使生产者缩小规模、甚至停产或转产。也就是说,价格与供给量之间具有相同变化的趋势,如图 3-15 中的 S 线所示。

B. 供求平衡和平衡价格

既然在一定条件下,市场对产品的需求量和供给量都受价格的影响,而供给和需求的变化反过来也影响价格,那么,在自由竞争条件下,必然存在着一个平衡价格。现分析如下:

当某种商品的价格比较低时,如为 P_1,在市场上生产者愿意供给并生产的数量是 a 点所对应的 Q_a,而在同一价格下消费者的需要量却是 b 点所对应的 Q_b,市场上商品短缺的数量为(Q_b-Q_a)。在该条件下,由于价格低,生产者不愿多生产,而需求者总竞相购买,因而加剧了需求者之间的竞争,于是有些需求者开始加价购买并使价格上涨,这又刺激生产者增加供给,产品数量从 Q_a 向 Q_b 移动,但随着价格的上涨,消费者的需求受到抑制,需求量从 Q_b 向 Q_a 的方向移动。同理,如果该商品价格较高,如为 P_2,生产者的供给量为 Q_d,而消费者的需求量仅为 Q_c,则市场上出现了(Q_d-Q_c)数量的商品过剩。这时,生产者之间争相供给的竞争加剧并导致产品降价出售,随着价格下降,生产者缩小生产规模甚至转产,供给量从 Q_d 向 Q_c 移动,而与此同时需求量却在上升,由 Q_c 向 Q_d 方向移动。如此,经过这种价格、需求和供给之间的矛盾运动,逐渐使供给和需求趋向均衡,即供给曲线与需求曲线相交于点 O,此点称为平衡点,其所对应的商品数量 Q 就是供求平衡时的产销量,所对应的价格 P 即为供需平衡价格,也是同其价值相符合的价格。在竞争的市场条件下,通过价格的自动调节,可以使供给和需求趋向均衡,我们把这种调节功能称为"市场机制"。

2. 企业的定价目标

企业在实际定价和选择价格策略之前,需根据企业的目标和资源条件确定定价目标,以作为具体定价的依据,一般有以下几种方案可供选择:

(1) 如果企业的某一产品在市场上处于绝对有利的竞争地位,即市场上没有其他类似产品能满足顾客需要或产品质量过硬,那么,企业可以以获取最大利润作为定价目标。

(2) 企业某一产品虽然并不占有绝对优势,但仍处于全行业的主导地位,则企业可把获得长期稳定的投资报酬率作为定价目标。以上两种定价目标是为了直接获得利润。

(3) 如果企业拥有一定的资金或技术优势,但市场占有率不高,则应以提高市场占有率为定价目标,以谋求进一步发展。

(4) 当企业与竞争对手激烈争夺市场时,企业主要应以对付竞争为定价目标,或者出奇制胜,或者随行就市。

3. 商品定价的主要方法

1) 成本导向定价

成本导向定价是以产品成本作为确定价格基础的定价方法,比较常用。

A. 成本定价法

产品成本是指生产该产品时所发生的全部费用,主要由下列两部分组成:一是物化劳动的转移价值,包括原材料、燃料、动力和折旧费;二是劳动者为个人需要所创造的价值，即工资。

根据成本与产量的关系，可以将生产成本分为固定成本和变动成本。固定成本不随销售量的增减而变化，如固定资产折旧费、企业管理费和职工的基本工资等；变动成本随销售量的增减而变化，如原材料费、动力费、燃料费和销售费用等。

所谓成本定价法就是通过对成本、销售量和利润三者之间相互关系的分析，确定在某一销售量下为保证企业不亏损所需要的产品的最低价格，如图 3-16 所示。由图可见，销售收入总额线和产品总成本线相交于点 M，称为盈亏平衡点，即在 M 点所对应的销售量下，企业的销售收入等于产品总成本。以 M 点为临界点，若销售量高于 Q_M，则企业盈利，反之则亏损。

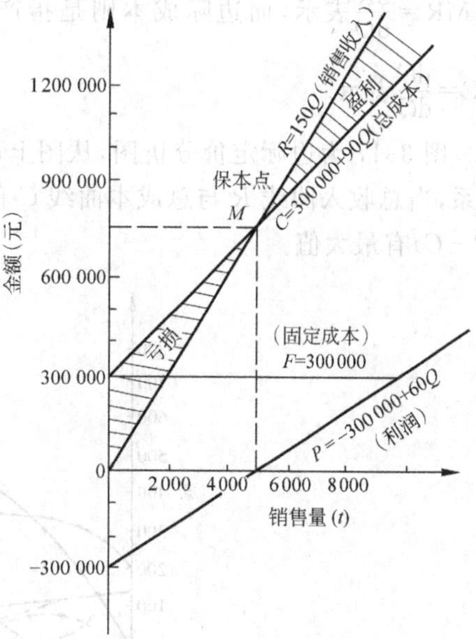

图 3-16　保本分析图

由上面的分析可知，可以通过盈亏平衡分析来确定保本时产品的最低价格。设 P 为总利润，R 为总收入，C 为总成本，S 为单位产品销售价格，Q 为销量，F 为固定成本，V 为单位产品平均变动成本，则有

$$P = R - C = SQ - (F + VQ) \tag{3-1}$$

在保本点，即总利润 $P=0$ 时，

$$S = V + \frac{F}{Q} \tag{3-2}$$

即为保本点的价格，也就是在一定销售量下，企业不致亏损所需要的最低价格。

B. 总成本加成定价法

总成本加成定价法是以生产成本为基数，再考虑适当的盈利和税收，然后将它们按总成本的一定比例加成而确定产品价格的方法。由前面的分析已知：在保本点时，$P=0$，而在总成本加成定价法中，因考虑企业要付税和有适当的盈利，所以 P 不为零，其大小与总成本有关，即有

$$(F + VQ)E\% = SQ - (F + VQ) \tag{3-3}$$

或

$$S = \frac{(F + VQ)(1 + E\%)}{Q} \tag{3-4}$$

式中，$E\%$表示加成率，同时考虑了利润和税收；其他符号的意义与公式(3-1)相同。

C. 边际定价法

按照市场价格与需求量的关系及其对利润总额的影响，进而确定商品价格以保证企业利润最大化的定价方法称为边际定价法。这种定价法的理论基础是边际效用价值论，故而得名。

由微观经济学原理已知：边际收入是指产销量的微量变化所引起的总收入的变化，

以 $\mathrm{MR}=\frac{\mathrm{d}R}{\mathrm{d}Q}$表示，而边际成本则是指产销量微量变化所引起的总成本的变化，用符号 $\mathrm{MC}=\frac{\mathrm{d}C}{\mathrm{d}Q}$表示。

图 3-17 为边际定价分析图，从图上可以看出产品的产销量、总成本与总收入之间的关系，当总收入曲线 R 与总成本曲线 C 的斜率(即边际收入与边际成本)相等时，总利润($R-C$)有最大值。

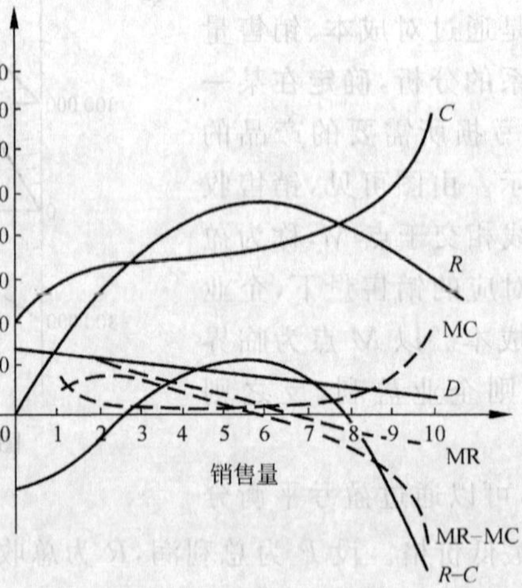

图 3-17 边际定价分析图

R——总收入；C——总成本；MR——边际收入；MC——边际成本；$R-C$——总利润；MR−MC——边际利润；D——需求曲线；max——最大值；

由于商品的市场价格受供求变动的影响，同时它又反过来影响供求关系的变化，因此，在定价时需具体地分析边际收入和边际成本以及利润总额如何变化。由图 3-17 可知：开始时，随着商品价格下降，需求量增加，尽管总的销售收入增加，但边际收入却变小，而当价格降低到一定程度时，不仅边际收入已变为负数，而且销售收入总额减少。同时，由于产销量、平均固定成本和变动成本的综合影响，企业的边际成本先是随着产销量的增加而逐渐降低，到某一临界点后又随产销量的增加而上升，反映边际收入和边际成本随产销量变化的两条曲线相交于某一点 Q。也就是说：只要产销量增加所形成的边际收入大于边际成本($\mathrm{MR}\geqslant\mathrm{MC}$)，就可以为企业增加利润(数量从 0～6 单位范围内)，而当产销量超过 6 单位以后，则边际收入小于边际成本，企业的利润总额有所降低，也就是说，利润总额随产销量的变化具有最大值，在该最大值对应的产销量下，边际收入恰好等于边际成本，该点正是企业的最优定价点，所对应的价格为最优价格。到达最优价格点后，如果企业进一步降低价格，并且产销量增加引起平均固定成本降低的数额还大于变动成本增加的损失，那么，企业尚可赚得利润，如在 3～8 产销单位范围内。这一区间，为合适的产量和相应的价格范围，在此范围内 $R>C$。综上可见，边际定价法既可以找到使企业盈利最大的最优价格，又决定了合适的定价范围，因而是一种比较科学的定价方法。

D. 售价加成定价法

售价加成定价法是以产品的最后销售价为基础，再按它的一定百分比来加成，从而确定产品售价的定价方法。即

$$S=\frac{F+VQ}{Q}+SE\% \tag{3-5}$$

则
$$S=\frac{F+VQ}{Q}/(1-E\%) \tag{3-6}$$

式中，$E\%$表示加成率，同时考虑了利润和税收；其他符号的意义如前所述。

一般来说，零售商业部门较多地采用这种定价方法。

2）市场需求导向定价

企业在定价时，不仅要考虑到产品成本，而且需要注意市场需求的强度和消费者的价值观。我们把根据市场需求强度和消费者购买心理而确定产品价格的方法称为市场需求导向定价法。这种方法又可进一步分为以下几类。

A. 理解值定价法

所谓理解值定价法是根据消费者对商品价值的理解和对价格的接受程度来确定产品的价格。采用这种方法定价时，产品的价格不以卖方的客观成本、而是以买方主观上对商品价值的认识为基础。例如，如果企业试图向目标市场推出一种新产品，那么，首先可运用各种方法影响消费者，使他们在主观上形成一种价值观念和可能的接受价格，然后再预测以这个价格出售时的市场销量并进而估算产量及投资报酬率，最后便可决定是否应组织生产和销售该产品。

理解值定价法能否取得成功关键在于能否正确估价消费者对产品价值的理解。对消费者理解的价值估计过高或过低都会影响定价的准确和可接受性，进而会影响企业实现自己的目标。

B. 区分需求定价法

区分需求定价法是指一种商品或劳务的价格差异不是来源于其边际成本的差异，而是来源于不同的细分市场的需求。这种定价方法的主要形式如下。

a. 以目标顾客为基础的区别价格

企业对同一种产品，根据顾客的需求特点和强度制定不同的价格。例如，同样的汽车轮胎，卖给汽车制造厂等大型用户时，价格应便宜一些，以刺激这些用户增加购买；而卖给个人时，价格可贵一些，因为个人对轮胎的需求弹性小。

b. 以产品改进为基础的区别价格

这种方法就是对同一种产品的不同型号定价不同，但价格上的差别并不直接反映不同型号的产品成本上的差别。

c. 以地域为基础的区别价格

由于不同地区的经济发展水平、人们的文化价值观念有所不同，所以对同一产品的需求强度往往有很大差异，因而可以制定不同的价格，并且产品价格的差别也并非直接与运费有关。例如，我国传统的手工艺品，如刺绣、陶器等在某些国家的需求量很大，所以在国际市场上的价格就可比国内市场的高一些。

d. 以时间为基础的区别定价

如果某一商品或劳务的需求强度随时间或季节的变化而变化,那么,就可把时间作为制定产品或劳务价格的依据,在不同时间给同一产品或劳务制定不同的价格。

C. 反向定价法

反向定价法是首先确定产品的零售价格,其次反向计算出批发价、调拨价和出厂价的方法。这种定价方法既考虑了消费者的购买力,同时又能满足在价格上与现有类似商品竞争的需要,从而有助于企业设计和生产出在价格上具有竞争力的商品。例如,在 20 世纪 20 年代,日本松下电器公司为开发电熨斗,作了一项调查,他们发现要使当时的人们能买得起,电熨斗的合适价格应在 2.5 美元左右。为此,他们以 2.5 美元为零售价格目标,经过反复试验和改进,终于成功地开发了电熨斗。

3) 竞争导向定价

这种方法是把竞争对手的同类商品的价格作为定价的主要依据,根据自己商品的特点选择有利于实现企业目标的价格的定价方法,具体可分为如下几类。

A. 随行就市定价法

这种方法是把全行业的平均价格作为产品的定价标准。当企业对顾客和竞争者不甚了解和难于估价他们对价格变化的反应时,适于采用该方法。其优点是不致引起竞争对手的反击和能在低风险下取得合理的收益。

B. 低于竞争对手的商品定价

即企业商品的价格低于竞争者同类商品的价格。当企业的生产成本较低时,可以采用这种方法向竞争对手已占领的市场渗透以扩大市场占有率。

C. 高于竞争对手的商品定价

当企业的产品取得明显差异化,即有功能、质量等方面的明显优势时,则可以将产品价格制定得高于竞争对手同类产品的价格。在这种情况下,高价不仅不会降低市场占有率,反而有利于保持企业的良好形象。

D. 倾销定价法

倾销定价法是在产品已完全控制国内市场的条件下,以低于国内市场、甚至低于其生产成本的价格向目标市场抛售商品。采用倾销定价的目的在于以低价打击竞争对手,在控制国外市场后再大幅度提高价格,谋取高额利润,这是一种掠夺性的定价方法。

E. 投标定价法

这种方法是在规定时间以公开拍卖的方式,由顾客投标竞争,最后以卖方认为最有利的价格成交。对于投标者来说,定价既不能低于其边际成本造成亏损,也不能过高而不能中标。

4. 商品定价的策略

前面我们讨论了商品定价的几种常用方法,实际上,有些方法本身就是一种策略,如投标定价法等。现在我们主要针对新产品、产品组合和心理因素对消费者购买行为的影响来进一步讨论定价策略问题。

1) 新产品价格策略

A. 高价策略

高价策略也称为短期价格策略,做法是给新产品以较高的价格,以便在尽可能短的时间回收投资和获取高额利润。如“塑料飞碟”和“魔方”等产品虽然成本很低，但由于满足了人们标新立异的消费心理，所以奇货可居，售价很高。国际上采用这种策略的典型例子是1854年美国雷诺公司由阿根廷引进圆珠笔。该公司看准了美国市场上无货和很多人正需圣诞节礼品的需求状态，将圆珠笔高价投放市场，当时售价达成本40倍以上，在短期内获取了暴利。

一般来说，生命周期短、需求弹性小的高档或奢侈性商品，短期内在一定范围内的紧缺商品以及独家生产的专利产品，可以考虑采用高价策略。这种策略的缺点是不能持久。

B. 低价策略

低价策略也称为渗透定价策略。采用这种策略时把产品价格定在保本点上或略高于保本点价格，通过低价扩大市场占有率和扩大销量以追求长期利润。这种策略可以有效地阻止竞争者进入市场，同时可以改善产品和企业的形象。

例如，我国某市保温瓶一厂生产的气压式保温瓶，刚投放市场时定价26.6元/只，每只盈利仅6分钱，因采用低价策略有效地抑制了竞争对手的介入，两年后产量猛增50倍，成本大幅度下降，每只盈利达4元多。

采用低价策略应具备两个前提：第一，该新产品的市场需求量很大，企业可通过扩大生产规模和薄利多销获得盈利；第二，该产品的潜在用户并不了解产品并对价格比较敏感。采用这种策略风险较大，当销售量达不到预期水平时，企业往往在短期内难以回收研制新产品所花费的投资。

C. 中价策略

中价策略也称为满意价格策略。当企业的产品在质量、差异性和成本上没有突出优势，同时也不愿承担过高经营风险时可以采用这种策略，它既考虑了扩大当前的利润，同时也可以稳定地扩大市场份额，容易达到多方面都能接受产品价格的效果。

2) 折扣价格策略

折扣价格策略是指企业为了刺激消费者增加购买而在其购买量达到某一数量时按产品原价格给予一定的折扣，通过扩大销量来弥补折扣费用和增加利润。对于进入衰退期的老产品或因某种原因不畅销的产品，可以采用这种策略尽快回收投资，以避免造成更大的损失。

按折扣方式的不同，折扣分为现金折扣，数量折扣和推广折扣。

A. 现金折扣

即企业对按规定日期或者提前以现金付款的购买者给予一定的折扣，目的是减少赊销。企业在采用现金折扣策略时，要注意制定合适的折扣率，同时规定合适的折扣时间和折扣期限。

B. 数量折扣

根据顾客的购买数量分别给予大小不同的折扣，顾客购买数量和金额越大，折扣率越高。数量折扣又可进一步分为两类。

a. 累计数量折扣

即根据一定时期内顾客所购货物的累计数量和金额的大小给予不同的折扣，采用这种折扣方式有利于吸引顾客长期购买和掌握销售的规律。对于某些易腐性商品，尤其适合于采用累计折扣策略。

b. 非累计数量折扣

即当顾客一次购买某种商品的数量超过某一限度以后,按超过数额的多少给予一定的折扣优惠。有时,也可按多种商品购买金额超过某一限额的多少来给予一定的价格优惠。

C. 推广折扣

推广折扣是指企业给予中间商的折扣优惠,以鼓励中间商积极地促销产品。

3) 心理定价策略

心理定价策略是指企业在定价时主要考虑顾客心理对购买决策的影响,从而制定有利于扩大市场占有率和盈利的策略。具体可分为四种。

A. 整数定价

整数定价法是凭借整数价格来给消费者造成高价的印象,因为消费者往往会凭借价格高低来判断产品的质量好坏。整数定价常常以偶数,特别是"0"作尾数。例如,精品店的服装可以定价为 1 000 元,而不必定为 998 元。这样定价可以满足购买者炫耀富有、显示地位、崇尚名牌、购买精品的虚荣心;也省却了找零钱的麻烦,方便企业和顾客的价格结算;同时也可以利用产品的高价效应,在消费者心目中树立高档、高价、优质的产品形象。

B. 尾数定价

尾数定价即将商品的价格保留一定的尾数,给顾客造成一种商品便宜,生产企业和商店严肃认真,价格真实的印象。如很多顾客习惯于接受尾数价格,认为零数比整数便宜,单数比双数少等。

C. 习惯价格

习惯价格是指消费者因长期购买而在心理上所承认和默许的一种价格,它的变化往往引起顾客的误解和不满。因而,只要不是通货膨胀严重或有其他特殊情况发生,最好不要背离习惯价格,包括降价,以免引起消费者的猜疑并导致销售量下降。

D. 声望价格

声望价格策略是为那些在市场上已有很好信誉和品牌形象的产品确定较高的价格,从而增加消费者心理满足的一种策略。这种策略对于那些高收入阶层以及爱慕虚荣的顾客比较适用。

4) 产品组合定价策略

产品组合定价是指在定价时不仅考虑某一产品品种的定价是否合理和赢得利润,而且综合考虑企业产品组合的状况,以有利于企业获取整体最大利益而合理确定产品组合中所有产品品种的价格。主要有以下三类产品组合定价。

A. 产品大类定价

产品大类定价即指一组相互关联的产品的定价。企业应根据产品系列中每一产品品种的不同外观或特色合理安排它们之间的价格差额。一方面它们的价格差额不能过小,以致顾客认为前后连接的产品没有区别转而去购买他们认为更先进的产品;另一方面价格差额也不能过大,以免顾客宁愿选择质量较差的产品。在确定产品大类定价时,不仅要考虑不同产品之间的成本差异,而且还要考虑顾客对产品价格变化的反应和竞争对手产品的价格。

B. 任选品定价

所谓任选品定价是指如何根据主要产品的经营特点来确定与之有一定关联的产品的价格。这里所指的关联是指某一类产品和主要产品在经营和销售上有一定的关系，如饭馆，除了提供饭菜外，还提供酒类或其他饮料，因此，企业除需给主要产品制定合适的价格外，还必须给任选品定价。这种定价策略可以比较灵活：价高可用来赚钱，价低可用来招徕顾客。

C. 连带产品定价

所谓连带产品就是必须和主要产品一同使用才能发挥其功能或效用的一类产品，典型的连带产品就是胶卷、录像带和录音带，它们必须和照相机、录像机和录音机一同使用。在市场营销活动中，有的企业往往把主要产品的价格定得稍低些，以提高市场占有率，而把连带产品的价格定得较高，靠连带产品的大量销售来盈利。例如，很多大型设备使用期限较长，价格昂贵，而与之配套使用的附属设备则反复大量采购，所以国外企业往往采用这种策略为连带产品定价。再如，柯达公司就把照相机的价格定得较低，而把胶卷的价格定得较高，靠胶卷来赚钱。

5）价格调整策略

企业在为产品制定价格以后，并不意味着就大功告成了，随着市场营销环境的变化，企业还必须对现行的产品价格进行适当调整。企业进行价格调整的原因可能来自于内部，也可能来自于外部，如果企业具有产品或成本优势，主动进行调价，把价格作为竞争武器，这称为主动调整价格；有时候调整价格是出于应付竞争的需要，这是被动地调整价格。无论怎样，价格调整有两种：削价与提价。

A. 削价策略

企业降低产品价格的原因很多，可能是为了回笼大量现金，也可能是希望通过削价开拓新的市场，或者是企业生产能力过剩，产品供过于求，但是企业又无法通过产品改进和加强促销等工作来扩大销售，所以只好削价；或者是随着科技的进步和企业经营管理水平的提高，企业的成本下降，费用减少，使产品削价成为可能；或者是由于政治、法律环境及经济形势的变化，迫使企业降价。不管怎样，产品削价都将是定价者所面临的严峻且具有持续威胁力的问题。

B. 提价策略

提价能够增加企业的利润率，但会引起竞争力下降，消费者不满和经销商的抱怨，甚至还会受到政府的干预以及同行的指责，从而对企业产生不利的影响。企业提价有许多原因，可能是为了应付产品成本增加，减少成本压力，也可能是为了适应通货膨胀，减少企业损失，或者是企业产品供不应求，为了遏制这种过度消费的趋势，不得已而提价，还可能是利用顾客心理，创造一种优质效应。在进行价格调整时，一定要把握调整的幅度，而这就需要注意消费者的反应。因为价格调整的目的就是为了增加销售，要促进消费者购买产品。如果忽视了消费者的反应，销售就会受挫，只有根据消费者的反应调价，才能收到好的效果。

三、销售渠道策略

能否选择合适的销售渠道是产品能否从生产者顺利转移到消费者手中,从而实现再生产过程的重要环节。在现代经济生活中,绝大多数产品都不是从生产者的库房直接出售给最终用户,而是要经过许多营销中介机构。所谓销售渠道是指商品转移过程中所经过的途径,或者说是把产品及其所有权从生产者转移到消费者的过程中所经过的各种市场组织机构。

1. 中间商的作用和主要形式

1)中间商的作用

所谓中间商是指处于生产者和顾客之间的所有批发商和零售商。中间商的主要作用是转售商品,转移产品所有权和把产品转移给最终用户。生产者之所以愿意通过中间商将商品转移给消费者是因为这样做能获得比直接出售更多的利润和更大的好处:第一,很多产品工厂是常年生产,但消费者则是季节性消费,通过中间商的购买和储存,可以解决生产者和消费者在时间上的矛盾;第二,生产地点的集中性和消费者的分散性使得很多企业不可能通过自己的销售网点将产品提供给用户,通过中间商可以解决生产和消费在空间上的矛盾;第三,生产者专业化生产和消费者消费多样化的矛盾使得生产企业不可能在品种花色上满足消费者的生活需要,所以需要通过中间商来调节供给和需求的矛盾。也就是说,无论什么时候,只要利用中间商更能获利,那么,生产企业就会选择中间商而不是通过自销来出售其产品。

2)中间商的主要形式

A. 批发商

批发商是在不改变商品性质和劳务内容的条件下,实现产品与劳务在空间和时间上的转移,从而达到再销售目的的中间商。

批发商的最主要功能是向生产企业购买商品,向零售商和其他生产者销售这些商品。在这一过程中,批发商起着分配和运输商品、进行资金融通的作用。

B. 零售商

零售商是直接向最终消费者出售商品或服务的中间商。零售商既可以从批发商获得商品,也可以从生产企业直接获得商品。

C. 代理商

代理商是指接受制造商委托,从事商品的销售业务,但不拥有商品所有权的中间商。根据其活动方式和特点,代理商又可进一步分为以下几类。

a. 企业代理商

企业代理商是指接受生产者委托,在一定区域内负责代销生产者制造的产品,并从销售额中获得一定比例佣金作为劳动报酬的代理商。

b. 销售代理商

销售代理商是指受生产者委托,独家负责销售其全部产品并有一定定价权的代理商。值得注意的是,采用这种代理形式时,企业不仅不能再委托其他代理商,而且本身也不能再直接从事商品销售活动。

c. 寄售商

寄售商是指受生产者委托，按合同接受生产者交付的产品，负责商品的储存和陈列，而且同消费者进行现货交易的代理商。寄售商也是从销售收入中提取一定比例的佣金作为报酬。

d. 经纪商

经纪商指既无商品所有权，又无现货，只为买卖双方提供产品，价格等有关信息，同时并不代表任何一方利益的代理商。经纪商只是在买卖双方达成交易后从交易额中提取一定佣金，但比例一般都比较低。

2. 销售渠道的基本类型

产品从生产者到消费者的转移过程一般有三种形式。

1）生产者→消费者

这种销售渠道类型称为直销型，即产品从生产企业直接转移给消费者而不经过任何中间商，如营销人员送货上门、走访用户以及邮购等。采用这种销售渠道的产品一般是价格昂贵、利润率高的特殊商品或需要销售给远距离的用户。这种销售渠道的货物转移过程如图 3-18 所示。由图可见：若有 4 个生产相同产品的企业均把产品卖给 10 个消费者，那么，一共发生 40 次交易关系，也就是说，采用直销型流通渠道时，交换次数增多。

2）生产者→零售商→消费者

这种形式的销售渠道称为零售商直销型，其特点是生产企业把产品直接卖给零售商，不经过批发商。第一种方法是生产企业把商品出售给大型百货商店。第二种方法是把商品出售给专营商店。采用前两种方法的商品一般是选购品或特殊品。第三种方法是把商品直接出售给一般商店，这时的产品一定要是市场流行和零售量很大的品种，这种销售渠道的商品转移过程如图 3-19 所示。由图可见：如果还是 4 个生产相同产品的企业均把产品卖给 10 个消费者，那么，仅需发生 14 次交易关系。也就是说，中间商的存在大大提高了销售效率。

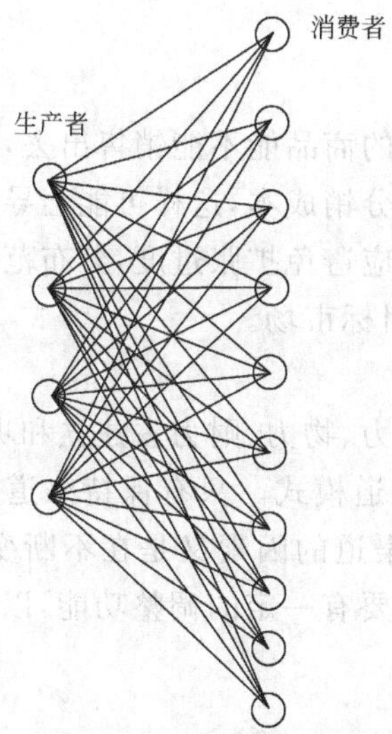

图 3-18 直销型销售渠道

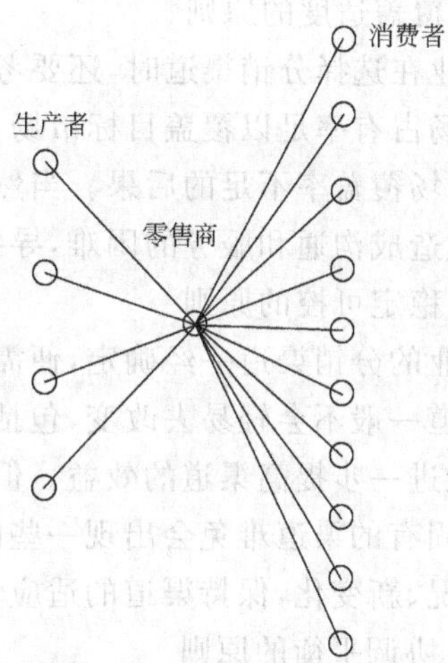

图 3-19 零售商直销型

3）生产者→批发商→零售商→消费者

这种形式是最常用的流通渠道，也是大多数消费品的流通形式。也就是生产企业先把商品出售给批发商，批发商再把商品出售给下一层的批发商或零售商，最后由零售商将产品转移给消费者，这种形式的商品转移过程如图 3-20 所示。

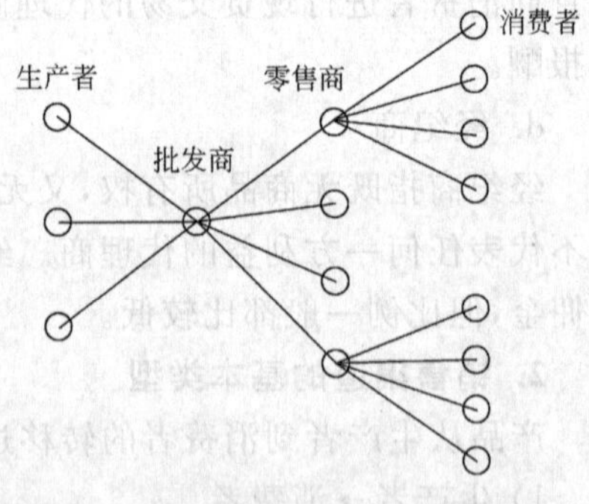

图 3-20 生产者→批发商→零售商→消费者渠道

除以上三种典型的销售渠道外，还有生产者→代理商→零售商→消费者和生产者→代理商→批发商→零售商→消费者等类型，它们实际上都是按商品流通的纵向环节的多少划分的。一般地，我们把商品流通的纵向环节的数量称为渠道长度，即纵向环节愈多，渠道愈长；反之则愈短，如直销型就是最短的销售渠道。销售渠道除长度以外，还有宽度，即经营某一产品的同一层次的中间商数目或称之为横向环节。横向环节愈多，则渠道愈宽；反之则愈窄。

3. 销售渠道的选择

所谓选择销售渠道实际上就是研究要不要使用中间商、使用多少中间商的问题，换句话说，就是如何确定渠道的长度、宽度和中间经销商以便把产品迅速、有效和低成本地转移到用户手中。

1）选择销售渠道的原则

营销人员在选择具体的分销渠道时，无论出于何种考虑，都应遵循以下原则。

A. 畅通高效的原则

这是渠道选择的首要原则，畅通的分销渠道应该将产品尽快、尽好、尽早地通过最短的路线，以尽可能优惠的价格送达消费者方便购买的地点。同时还能提高企业的分销效率，降低分销费用，以尽可能低的分销成本，获得最大的经济效益，赢得竞争的时间和价格优势。

B. 覆盖适度的原则

企业在选择分销渠道时，还要考虑及时准确地送达的商品能不能销售出去，是否有较高的市场占有率足以覆盖目标市场，不能一味强调降低分销成本，这样可能会导致销售量下降、市场覆盖率不足的后果。当然分销渠道选择时也应避免扩张过度，分布范围过宽过广，以免造成沟通和服务的困难，导致无法控制和管理目标市场。

C. 稳定可控的原则

企业的分销渠道一经确定，便需要花费相当多的人力、物力、财力去建立和巩固，所以分销渠道一般不会轻易去改变，包括其中的人员以及渠道模式。只有保持渠道的相对稳定，才能进一步提高渠道的效益。但是同时，影响销售渠道的因素又是在不断变化的，一些原来固有的渠道难免会出现一些问题，这就要求渠道要有一定的调整功能，以适应市场的新情况、新变化，保持渠道的适应性和生命力。

D. 协调平衡的原则

企业在选择、管理分销渠道时，不能只追求自身的效益最大化而忽略其他渠道成员的局部利益，应合理分配各个成员间的利益。渠道成员之间的合作、冲突、竞争的关系，要求渠道的领导者对此有一定的控制能力——统一、协调、有效地引导渠道成员充分合作，鼓励渠道成员之间有益的竞争，减少冲突发生的可能性，解决矛盾，确保总体目标的实现。

2）渠道长度

在作渠道长度决策时，一般要考虑如下因素：

第一，产品特性：一般来说，易腐商品要求较短的流通时间，应尽可能采取短渠道。另外，单价高、技术性强并需要提供维修服务的产品以及单位体积大和笨重而不利于运输的产品宜采用短渠道；而单价低、体积小的日用品则应通过批发商把产品分配到大量的销售网点中去。

第二，生产者特性：如果生产者的目标顾客集中于某一区域且很接近自己，则可以不用或少用中间商，相反则需要较长的渠道。此外，若生产企业的产品具有很好的质量和信誉，同时企业又有销售经验和能力，则可减少渠道的长度；如果企业缺乏销售经验和能力，最好通过中间商来销售产品以便获得更高的利润。

第三，市场特性：对消费者集中，购买力大和购买数量多的市场可采用较短的渠道，形式可以是商店从企业直接订货或企业设点销售，而对消费者分散且购买力低的市场，则应加长渠道，也就是利用中间商更能节省流通费用。

3）渠道宽度

作渠道宽度决策主要是确定在同一层次上需要多少中间商，它同样取决于产品特性、市场容量和目标顾客的集中程度。渠道宽度有以下三种形式。

A. 密集性分销

采用密集性分销就是尽可能加宽渠道，将产品分配到尽可能多的分销处，以便扩大销售量和扩大市场占有率。消费品中的日用品、价格低廉和差异不显著的商品以及一般的生产原料适于采用这种分销形式。

B. 独家分销

所谓独家分销是指企业选择有限的几家中间商在各自的区域内销售其产品，同时规定它们不能再经营竞争产品。独家分销是最窄的分销渠道。某些名牌和技术性强的商品可采用独家分销，其优点是有利于生产企业实现对中间商在售价、促销和供货方面的控制，同时也有利于鼓励中间商积极地销售产品。

C. 选择性分销

这是一种介于密集性分销和独家分销之间的分销形式，它所用的中间商既不是一个，也不是允许所有愿意经营企业某一产品的中间商都来介入。选择性分销一方面可以获得足够的市场覆盖面；另一方面与密集性分销相比又可实现对中间商的较大控制和降低成本。

4）销售渠道的评价

前面两部分我们介绍了销售渠道的类型及其选择，现在我们进一步来讨论根据哪些标准来评价所选择的销售渠道。一般来说，最主要的是以经济性、可控制性和适应性来评价销售渠道是否能满足企业的长期目标。

A. 经济性标准

由于每一种销售渠道将产生不同水平的销售量和成本，所以衡量渠道的经济性也就是衡量其是否以较低的成本接近了同样数量的消费者,或者在同一成本水平下接近了更多的消费者。因此,研究渠道的经济性首先要确定的是使用自己的销售队伍销售量大,还是使用中间商的销售量大?关于这个问题并没有一个一致的意见。一方面,自己的销售队伍可能在促销本企业产品方面受过较好的训练,同时一心一意促销自己的产品,因而易于扩大销量;另一方面,中间商的数量要比自销队伍的人数多并且与市场保持着广泛的联系,而且有些顾客可能更喜欢同时和代理几家厂商的中间商保持接触以选择合适的产品,因而更有益于扩大销售。

评价渠道经济性的第二步是估价每一种销售渠道在不同销售量下的成本。一般来说,如图 3-21 所示,在较低的销量水平下,利用中间商的成本较企业自销的成本低,但超过某一临界销量 Q_b 以后,利用中间商的成本则高于企业自销的成本,这是因为中间商的佣金随着销售量增加很快上升,而企业自销人员的固定工资和奖金随销售量增加得比较缓慢的缘故。因此,在较低的销售量下,利用中间商比较有利;而当销量比较高并且企业有销售能力和经验时,自销比较有利。

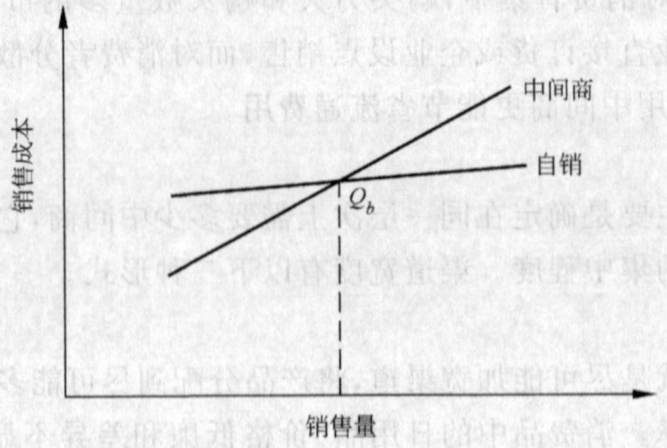

图 3-21 不同销售渠道时销售成本与销量的关系

B. 可控性标准

从可控性方面考虑,企业的销售队伍显然比中间商易于控制,因为中间商是一个独立的公司或企业,它更关心的是其本身利润的最大化而不是生产企业,因而,它往往更关注所购商品的组合而不是某一生产企业的特定产品。此外,中间商可能并不很熟悉某些产品,尤其是一些大型复杂仪器的技术细节,所以,往往不能有效地促销这些产品。

C. 适应性

所谓适应性是指销售渠道能否适应环境的变化和根据市场的需求方便地对其进行必要的调整。一般地,采用中间商的销售渠道的适应性不如企业自销,因为一般情况下制造商都和中间商签有长期合同,在合同期限内,即使生产企业发现了更好的销售方式,但由于不能自由解除与中间商的合约,因而也不能采用。

四、促销策略

现代营销不仅要求企业开发和生产出优质产品,制定合理的价格和选择适当的销售渠道,而且还要求企业开展有效的促销活动。特别是当企业的产品在质量和价格以及销售渠道方面与竞争对手差别不大时，积极的促销活动往往成为激发欲望和需求，从而扩大产品销量的关键环节。下面我们就分别来讨论促销的概念、过程和手段。

1. 促销——信息沟通的过程

所谓促销是指营销者通过各种方式将有关产品或服务的信息以合适的方式传递给消费者和用户，从而加速购买行为发生的过程。促销的实质就是营销者与购买者之间的信息沟通。

信息沟通作为一个过程其基本模式如图 3-22 所示。

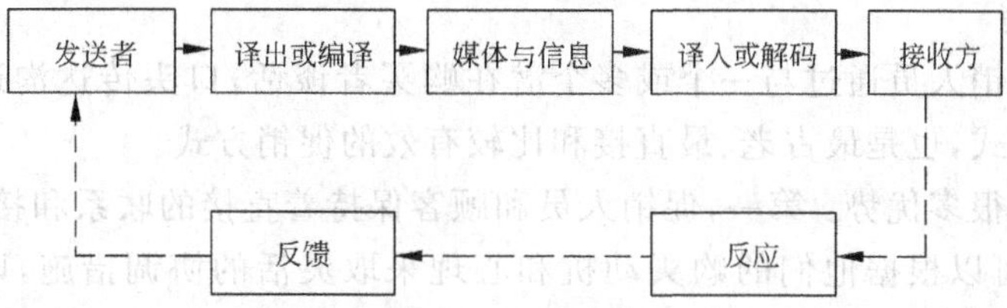

图 3-22 信息沟通的过程

从图中可以看到，营销者与购买者的信息沟通主要通过几个环节：

(1) 编码或译出。即把发送者需要沟通的内容变换成适合在传播媒体上传输的信号的过程。这些信号可以是符号、图案或标记，它们应该能正确表达传送人的观念和意念，同时易于为接受者所理解。

(2) 信息媒体是信息(即经过译出过程所形成的信号)传递的载体或媒介，它使传递的信号从上一个系统进入另一个系统。在市场营销中，可作为信息媒体的东西是很多的。

(3) 译入或编码。是指接受者辨别和确认由发送者发出并经传播媒体所传送的信号含义的过程，如果译入过程与传送者译出的内容不吻合，将导致沟通的失败。如我国以帆船命名的商标到北美市场就不受欢迎，原因就在于当把帆船译为英语时目标市场顾客误解了信号的含义，即因为“Junk”在英语中既有“帆船”之意，又有“假货”之意。

无论译出或译入过程是否吻合，也无论发送者传出的信号或沟通内容如何，接受者在获得信息后将作出一系列反应，其中接受者向发送者传送回去的那部分反应称为反馈。

应该指出：在市场营销中，信息的接受者可能是企业产品的现实顾客，也可能是潜在顾客，拟或是那些并不购买本企业产品，但却影响企业生产和销售活动的公众。因此，营销管理人员必须根据沟通对象的特点和作用选择合适的传播媒体和沟通方式。

2. 促销的两种基本策略

在具体介绍各种促销方法和促销组合之前，我们首先来考虑促销的两种基本方式，即“推”和“拉”。它们对促销组合设计影响很大，同时往往决定促销手段和沟通媒体的选择。所谓“推”的策略是指将产品沿着分销渠道垂直地向下促销，即以中间商为主要促销对象，再由中间商影响消费者而使他们购买企业的产品。相反，“拉”的策略则是通过某种促销手段先激起潜在购买者对产品的兴趣和需求，促使他们主动向中间商询问这种产品，并且督促中间商向生产企业订购产品，从而达到企业的销售目标。两种策略的促销过程如图 3-23 所示。

在促销实践中，这两种策略既可混合使用也可单独使用。一般来说，采用“推”的策略

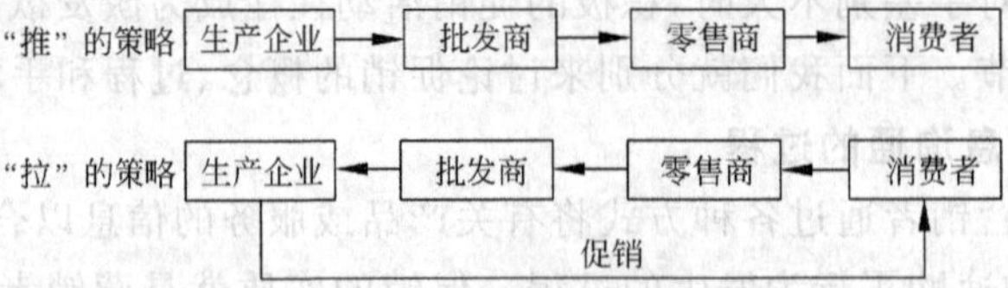

图 3-23 促销的两种基本策略

时往往靠人员促销,而"拉"的策略则常常增加使用广告和营业推广。

3. 人员促销

这是一种促销人员通过与一个或多个潜在购买者谈话,口头传达沟通信息以达到销售目的的促销方式,也是最古老、最直接和比较有效的促销方式。

人员促销有很多优势:第一,促销人员和顾客保持着直接的联系和接触,易于察觉顾客的各种反应,可以根据他们的购买动机和心理采取灵活的协调措施,以达到交易的目的。如在 1915 年巴黎国际博览会上,当中国的促销人员发现我国的茅台酒因包装不好而受到冷落时,灵活地将酒瓶摔坏,酒香四溢,使茅台酒蜚声海内外;第二,促销人员可以事先对潜在顾客的购买心理、行为习惯和购买标准进行研究,从而可以在正式促销时掌握主动、先入为主,容易获得成功,同时可以避免因对消费者不熟悉而招致时间和财力的浪费;第三,促销人员在促销产品的同时,可以以自己的良好形象赢得顾客对产品和企业的信任,从而加速购买行为的发生。此外,促销人员可以兼做市场信息收集工作,为开发新产品提供构思;第四,促销人员和顾客很可能通过交易活动建立起深厚的个人友谊,从而有利于发展良好的公共关系和与顾客保持长期稳定的合作。

人员促销的最大弱点是开支较大和接触的顾客有限,因此限制了信息的传播范围。对于广泛而分散的市场,人员促销往往难以奏效或导致成本过高。

1) 人员促销的原则

既然人员促销是一种面对面的促销过程,显然,促销人员的素质如何以及是否具有人际交往的艺术对于能否成功地从事促销非常重要。因此,成功的促销人员一方面要有一定的天分;另一方面应当受过与顾客如何交往和如何分析顾客需求的训练。今天,销售已成为一种职业,它需要掌握并运用一整套原理和方法。下面我们就来讨论其中比较重要的问题:促销前的准备,如何制定销售会晤计划和 AIDA 促销法。

A. 促销前的准备

a. 熟悉和了解自己的产品

在促销实践中,常常会遇到这样一种情况,即:尽管促销人员态度热情、能言善辩,善于揣摩对方的心理,但促销结果仍不能令人满意,产生这种现象的主要原因在于促销员不了解企业生产的产品,不能就产品的特性、性能、工艺和使用方法以及安装、维修等方面有针对地回答顾客最关心的问题。因此,促销产品首先就要了解产品。

b. 了解顾客的需要和习惯

尽管在细分市场阶段,促销人员已对目标顾客的需要有了一定的了解,但在具体促销前,促销人员还必须进一步了解个别顾客的需要和习惯,因为即使对同一产品,不同顾客需要它们的动机可能完全不同,如在大城市有人买挂钟是为了计时,而另外一些人则是为了装潢，因此，促销人员必须有针对性地设计自己的促销方案。具体地说，促销人员应搜集和了解有关顾客的下列资料：

顾客的职业、年龄、收入和家庭情况以及它们对购买行为的影响；

顾客的个人偏好、社交活动的特点、生活习惯以及有否宗教信仰；

所促销的商品能为顾客解决哪些问题？他们最喜欢产品的哪种功能和特点；

何时何地是拜访顾客的理想时间和场所。

B. 制订销售会晤计划

经过一定的准备并确定了具体的促销对象以后，促销人员不要马上与顾客接触，而是应该制订一份周密的业务洽谈计划，对洽谈如何开始，怎样处理会晤过程中可能出现的棘手问题等作出计划。

为了增加计划的有效性，促销人员不妨将自己置于顾客的位置上，或者说考虑一下自己购买其他物品时最关心什么？在销售会晤计划中，应着重考虑如何解决下列问题：

(1) 怎样通过与顾客的谈话发现他们的要求和欲望？

(2) 用怎样的方法最能有效说明产品能满足顾客的需要？

(3) 如何使对方的疑问、抱怨或反对变成购买的理由！

(4) 以怎样的方式结束会谈并达成协议。

总之，在制订销售会晤计划时，促销人员要尽可能地多考虑一些因素和偶发事件对会谈结果的影响，同时应多准备几种方案，以便在正式促销时灵活地加以选择。

C. AIDA 促销法

顾客购买商品从表面上看仅仅是一个以货币兑换商品的简单行动，但实际上它是一个比较复杂的心理过程。在这一过程中，消费者的心理活动要经历下列几个阶段：

在知晓阶段，顾客开始注意到某种商品，但还谈不上有何态度；当顾客意识到这种商品会帮助他们解决某个问题或满足某种需要时，就会产生兴趣；这时他们会更多地搜集一些有关该商品的信息并与类似产品进行比较，一旦认为该产品能较好地满足他们的需要时，就会产生得到该产品的欲望；此时，如果顾客有能力将欲望变为现实，购买行为就会随之发生；一般来说，顾客采取购买行动以后和在以后的使用过程中，还会仔细评价该商品的性能、特点并与相关产品作全面比较，其感受如何会影响下次的购买态度。

通过以上对顾客购买产品时心理变化过程的分析，我们自然会想到，促销人员能否有效地进行促销关键在于能否适时恰当地引导顾客注意企业的产品，并经由感兴趣和形成欲望阶段而作出购买决定。或者说，促销人员应采取办法使顾客注意产品、产生兴趣和欲望并采取购买行动。根据这四个概念的英文字头将它们记为 AIDA(attention，interest，desire，action)，AIDA 促销法向促销人员提供了如何循序渐进以取得促销成功的行为准则。

a. 引起注意

引起顾客的注意并产生良好反应是后续促销活动得以展开的前提，在这一过程中，促销人员不仅要使顾客了解促销员及所促销产品的存在，同时还要让顾客留下一个好的第一印象，从而获得顾客的信任和好感。为此，促销员要解决好如下几个问题：

怎样才能自然地接近顾客？

怎样用尽可能简单的语言就将产品的突出特性和价值告知对方?

怎样提问能诱导顾客陈述要求并巧妙地使他们确信自己的产品能满足其需要?

怎样开始谈话可使顾客产生持续下去的愿望?

b. 产生兴趣

促销人员已经引起顾客对其本身和产品的注意以后,要进一步使顾客对产品产生浓厚的兴趣,愿意多了解产品的功能和特性。具体方法既可以是简明扼要的解释,也可以运用示范表演和其他辅助手段。

c. 激发欲望

顾客对产品的兴趣并不能直接诱发购买行动,促销人员只有激发起他们的购买欲望和对商品产生迫切的需求,购买行为才能最后发生。换句话说,兴趣只是顾客心理上一种积极的指向,而购买欲望则是一种占有的冲动,它源于人们的动机和需要。一旦顾客具有了实现其欲望的能力,购买行为就产生了。

d. 促成购买

激发起顾客的购买欲望以后,促销人员要不失时机地促成购买。一般来说,顾客对产品的功能、外形和价格基本满意以后,往往还对其质量、维修方便性等持有某些顾虑,因此,促销人员要根据顾客的具体情况,通过进一步的解释和说明打消顾客的顾虑,如提供一些购买上的便利和优惠,满足顾客某些特殊的要求(如改换包装,缩短交货期,采用顾客提出的结算方式等)以促成交易。

以上概述了 AIDA 促销法的基本内容,它向促销人员提供了一套根据顾客购买心理活动过程而采取的促销策略。有效地利用这一策略对促销的成功是十分有益的。应该说明的是:由于我国刚刚开始建立市场经济体制,因此这方面的研究还很不充分,企业中的促销人员还有相当一部分并不了解 AIDA 工作法,因而促销工作中往往产生很多失误。

2)促销人员的组织与管理

A. 促销人员规模的确定

研究表明:在多数情况下,尤其是对于那些采用人员促销作为主要促销手段的产品,销售额与促销人员数量之间存在着一定的关系,即开始时销售额随着促销人员数量的增加以较快的速度增加,其后则增加得比较缓慢,如图 3-24 所示。显然,在同一地区,由于目标市场的顾客是有限的,所以到达一定数量后,促销人员所能接触的顾客不可能再增加。

企业可以采用如下两种方法确定人员数量:

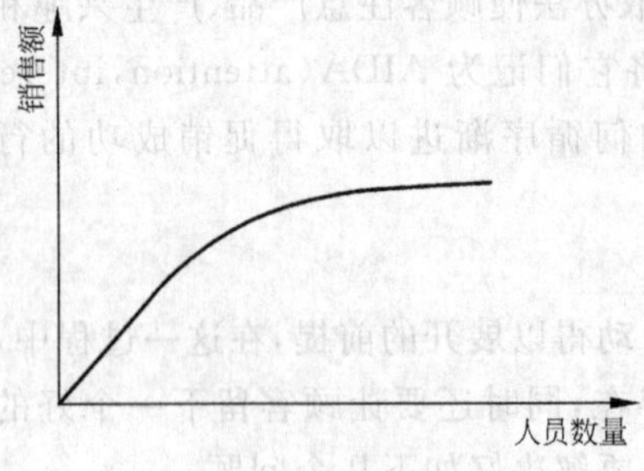

图 3-24 销售额与促销人员数量间的关系

第一,工作量法:即根据销售工作量来确定人员的多少,其计算公式为:

$$S = \frac{L \times V \times (C_1 + C_2)}{T} \tag{3-7}$$

式中,S 表示促销人员的数量;C_1 表示现有顾客的数量;C_2 表示需要访问的潜在顾客的数量;L 表示每一次访问的平均时间;V 表示每一促销员每年访问顾客的次数;T 表示每个促销员每年用于促销活动的有效时间。

应该指出：尽管上述公式在应用上有一定困难，如对不同产品有效促销所要求的时间不同，同时不同顾客在同样的会谈时间内可能达到状态也不一致等，但这个公式毕竟可用来初步估算销售人员的规模，比盲目确定人员数量要好得多。

第二，增量法：这种方法是指在现有销售量的基础上，根据企业的经营状况和市场预测结果逐步增加促销人员的数量，以免销售成本增长过快和招聘不到合适的促销人员。

B. 促销人员的劳动组织形式

促销人员的数量虽然是影响销售额和促销成败的一个重要因素，但他们的作用能否发挥和工作效率高低还与其劳动组织形式有密切的关系。促销人员的劳动组织形式主要有以下几种。

a. 按区域进行组织

即每一个或一组促销员负责一个区域内各种商品的促销工作，这一区域的销售负责人向企业的销售负责人汇报业务情况并接受其领导。对于一些销售队伍规模较大的企业或公司，除设区域销售经理外，还可再设一级大区销售经理，并同时加设若干职能部门，如计划业务部、人员培训部和市场调研部等。

b. 按产品进行组织

即一个促销人员负责一种或几种产品的各区域的促销工作，其优点是可以使促销工作专门化，便于促销人员熟练掌握各种商品的生产技术、特点及其与竞争产品的差别，从而有助于企业个别产品的销售，但这种方式不适合同一顾客需要多种商品的情况。

c. 按顾客的构成进行组织

即按不同顾客所属的行业类别、需求程度和用量大小进行组织。以行业类别，如冶金、食品等；以需求程度，如一般顾客和重要顾客等。

C. 促销人员的工作评价与报酬

a. 促销人员的工作评价

对促销人员的工作评价可从三个方面进行：第一是评价其对未来活动的计划是否包括合理的促销措施、时间分配和促销策略以实现促销目标。这种活动计划能反映促销人员的基本素质和能力；第二是评价其工作总结是否真实反映了促销进度、费用和顾客方面的情况；第三是评价其业绩，包括所完成的销售额和促销质量，如是否在扩大销售额的同时树立了良好的形象并有助于和顾客建立长期稳定的关系，是否对企业的产品、顾客的需求以及竞争对手的产品有全面的认识等。

b. 促销人员的报酬

选定足够数量的促销人员并建立起合适的劳动组织形式以后，剩下的问题是通过怎样的激励制度，尤其是劳动报酬调动促销人员的积极性。一般来说，促销人员的报酬可分为如下几种类型：

(1) 薪金制。即企业定期向促销人员支付工资，工资数额与促销额无关。其优点是能保证促销人员有稳定的收入和安全感，因而比较认真地接受上级交付的任务。这种方式比较适合于正在受训的促销人员，或者那些销路不好，促销人员不愿接受的产品。它的缺点是不能刺激促销人员积极地开拓新市场和扩大销售额。

(2) 佣金制。即销售人员按完成的销售额领取一定比例的佣金。这种制度的最大优点是刺激销售人员尽力扩大销售,其缺点是销售人员可能产生急功近利情绪,不愿接受销售部门负责人的指挥,同时不愿积极地促销那些不太畅销的产品。另外,这种报酬制度也会让一些促销人员感到收入没保障,风险比较大,因而不适于那些风险意识差和喜欢生活平稳的促销人员。

(3) 薪金加奖励制。即在支付促销人员固定工资的同时,根据其工作业绩颁发奖金以刺激他们努力扩大销售。这种制度最典型的形式是薪金加佣金,薪金的比例为30%~90%。

以上介绍了三种形式的报酬制度,它们各有自己的优点和缺点,究竟选择哪种制度比较合适需要根据具体情况酌情决定。

4. 广告

广告是企业同目标顾客和公众沟通的四种主要工具之一。它是在对广告主收费的基础上,通过各种媒介对商品或服务所进行的信息传播活动,旨在影响顾客的态度和需要,从而实现扩大销售的目标。

在西方,广告预算已成为企业和其他非盈利组织的一项重要支出。据估计,目前在美国一年的广告费用可达上千亿美元,很多企业的广告支出在销售额中占有相当比例,其中个别公司的广告费用有时竟达年销售额的50%以上。我国目前每年的广告费用虽没有完全的统计,但其数额近几年也一直在增加,广告已进入各种传播媒体和场合。

1) 广告的作用

第一,作为信息传播的重要方式,广告具有高度的公开性和强烈的渗透性,因而可以迅速地将有关产品或服务的信息传播给广泛的顾客,从而有助于人们了解产品和扩大销售。无数事例说明:企业如果要扩大市场份额,不仅需要有高质量的产品、合理的价格和销售渠道,而且需要有效的促销,其中首要的就是要让顾客知道本企业的产品。例如,北京三元天然矿泉饮料厂生产的"可赛"矿泉水,水质好,营养丰富,含有多种人体所需元素,但却因企业从未做过广告,消费者不了解,所以连北京市场都被"珠江水"、"嘉陵江水"和"湘江水"等外来户占领。再如,北京的"洁字"牌新一代妇女卫生用品也是因缺少广告宣传而被竞争对手夺走了很大的市场份额。随着世界范围内贸易往来的增多和人们需求的多样化,广告的作用愈来愈明显,那种认为好产品无须做广告的观念是十分有害的。美国可口可乐公司自1886年5月1日在亚特兰大市的报纸首次登广告至今,已有100多年,其间从未间断过,支付的广告费数以亿计。

第二,广告是打开市场和开展有效竞争的重要工具。广告除将有关产品或劳务的信息传递给消费者以外,还可通过优秀的设计创造新的欲望和需求,尤其是当企业向目标市场推出新产品时,要靠优美的广告形式和富于感染力的宣传动摇现有产品,特别是某些传统名牌产品在消费者心目中的地位,使他们对过去一直信赖并使用的产品产生更换的欲望。

第三,广告具有指导消费的作用。现代广告已不仅仅局限于传播信息和介绍产品,还具有启迪思想,指导人们选择更富时代特色的消费模式的作用,如方便食品、营养食品和软饮料等在世界市场上之所以被广泛接受,很大程度上是由于广告有效地宣传了现代医学、营养学和美学方面的知识,因而引起人们强烈关注的缘故。其他诸如电子游戏机等的畅销同样是由于广告等影响了人们的闲暇模式。

2）广告决策的内容

广告能否收到预期效果取决于广告决策是否正确，即所运用的方法和媒体是否合适、广告预算是否合理等。一般来说，营销管理人员在制定广告规划时要进行下列几个方面的决策。

A. 确定广告目标

为了使广告准确集中地将最重要的信息传播给目标顾客并符合企业整体营销组合的要求，作广告决策时首先要确定广告目标，即对某组特定的目标顾客，广告应突出传播哪些信息。

按广告对顾客的影响程度，广告目标可分为通知、说服或提醒。通知性广告主要向顾客告知有关新产品的情况或某一改进产品的若干新用途以及产品价格的变化，它主要用于产品的开拓阶段，以便发动初级需求；说服性广告或者旨在使顾客建立起企业产品的偏好和作出购买决定，或者鼓励顾客由其他品牌转向本企业的产品并改变他们对产品属性的知觉。这种广告主要适用于与其他产品竞争的产品，最好在成长期和成熟期使用，以便造成顾客对本企业产品的选择性需求；提醒性广告提醒消费者可能在最近的将来或者当某种特定情况发生时需要这个产品，在销售淡季重新唤起顾客的注意以及提醒他们在何处可以购买这个产品。这种广告在产品的成熟期尤为重要。

B. 确定广告预算

最常用的广告预算方法有四种，它们同样适用于总的促销预算和其他促销预算。

a. 量入为出法

所谓量入为出是指根据企业所能提供的促销资金来安排促销预算。这种方法虽考虑了企业内部的资源条件，但它忽略了促销对销售量的影响和潜在市场需求对促销预算的要求，因而一方面导致年度促销预算的不确定性；另一方面可能导致市场潜量大时的促销不足或市场已经饱和时促销金额的浪费。

b. 销售百分比法

该方法是按现行或预测的销售额的某一百分数来安排促销费用。这种方法的优点首先是广告费用随企业财务状况的变化而变化，便于财务部门根据企业总体营销活动的状况来安排广告预算；其次是这种方法促使高层管理人员考虑促销成本对销售价格和单位利润的影响。这种方法的缺点是像量入为出法一样，即根据可用的资金而不是根据市场机会来安排拨款。尤其是在产品结构或市场条件发生较大变化的条件下，其局限性更为明显。

c. 竞争对等法

即按竞争对手的广告支出来决定自己企业的促销预算。使用这种方法是基于两点假设：第一，竞争对手的广告费用一定程度上说明了该行业的普遍状况；第二，维持大体相同的广告费用有助于阻止促销战和整个行业效益水平的下降。实际上，采用这种方法有一定的困难，因为很难确切知道竞争对手在资源和机会方面与本企业的差异，尤其是当本企业与竞争对手的财力相差很大的情况下，使用这种方法往往是不现实的。

d. 目标任务法

所谓目标任务法是指根据企业在某一时期内特定的目标和任务，并适当考虑资金之来源来决定促销预算。这种方法可以比较好地利用市场机会和减少资金浪费,同时也有助于营销管理人员在广告费用支付前对广告设计、媒体选择等作周密的考虑。

C. 广告的设计

广告设计的任务在于采取合适的表达形式将有关信息传播给目标顾客。可以想见,对于任何产品,哪怕是相当简单的产品,都有许多话可说,但广告的内容显然不能过多,因此,必须抓住产品或服务的最主要特征或顾客的心理进行宣传。为此,首先要确定广告信息的内容:一种方法是根据顾客、促销人员、市场专家和社会公众对产品的评价和批评来确定广告信息的内容;另一种产生广告信息的方法是演绎构思。

有了合适的广告信息以后,就要选择富于感染力和形象生动的表达形式将其传播给消费者。广告形式大概可分为如下几类。

a. 生活片断

摄取人们日常生活中的一个片断,艺术地再现和夸大消费者乐于使用广告中的商品。

b. 生活方式

显示产品如何适应人们的生活方式。

c. 幻想

针对产品及其用途,利用各种创造性构思造成一种奇特的意境,吸引顾客。

d. 气氛或印象

借助产品唤起人们喜欢某种气氛或印象。

e. 音乐

即通过音乐这种特殊的艺术形式来宣传产品,从而唤起人们将美好事物与产品特征相联系。

f. 人格化

通过文字和图像把产品人格化,使人热爱。

g. 科学性

表示这一品牌的产品比其他产品更具有科学性。

h. 证明

显示某些艺术家、权威人士或机构认可该产品。

D. 广告媒体的选择

广告媒体泛指可作为广告信息载体的一切东西,如报纸、杂志、电台、电视台、建筑物等。下面做一简单介绍。

a. 印刷品广告

印刷品广告主要包括报纸广告、杂志广告、电话簿广告、画册广告、火车时刻表广告等。

报纸广告的优势是:覆盖面宽,读者稳定,传递灵活迅速,新闻性、可读性、知识性、指导性和记录性“五性”显著,白纸黑字便于保存,可以多次传播信息,制作成本低廉等。报纸广告的局限是它以新闻为主,广告版面不可能居突出地位,广告有效时间短,日报只有一天甚至只半天的生命力,多半过期作废。广告的设计、制作较为简单粗糙,广告照片,图画运用极少等。

杂志广告的优势是阅读有效时间长、便于长期保存、内容专业性较强、有独特的、固定的读者群，如妇女杂志、体育杂志、电子杂志、汽车摩托车杂志、家用电器杂志等，有利于有的放矢地刊登相对应的商品广告。同时杂志广告也有其局限性：周期较长，不利于快速传播，由于截稿日期比报纸早，杂志广告的时间性、季节性不够鲜明。

b. 电子媒体广告

电子媒体广告主要包括电视广告、电影广告、电台广播广告、电子显示大屏幕广告、网络广告以及幻灯机广告、扩音机广告等。

电视广告的优势很明显。它收视率高，插于精彩节目的中间，观众为了收看电视节目愿意接受广告，虽然带有强制性，但观众一般可以接受。电视广告形声兼备，视觉刺激强，给人强烈的感官刺激。而且看电视是我国家庭夜生活的一项主要内容，寓教于乐，寓广告于娱乐，收视效果佳，其广告效果是其他广告媒体无法相比的。但它的局限性也很明显，主要是电视广告制作成本高，电视播放收费高，而且瞬间消失，使企业通过电视作广告的费用很高，小型企业无力问津。

广播广告是指利用无线电或有线广播为媒体播送传导的广告。由于广播广告传收同步，听众容易收听到最快最新的商品信息，而且它每天重播频率高，收播对象层次广泛，速度快，空间大，广告制作费也低。广播广告的局限性是只有信息的听觉刺激，而没有视觉刺激，妨碍了商品信息的传播。

网络广告是随着互联网的发展越来越多地走进人们的生活的。它有着电视和广播两者共同的优点，既可以形声兼备，视觉刺激性强，也可以及时传送最新信息，而且覆盖面比两者都要广，不仅可以面对国内用户，还可以面向国际市场，更能面对各个层次的用户。随着无线电话上网技术日渐成熟、宽频上网的人数增加及网民年龄层拓宽，预计网上广告的发展空间将逐步扩大，而网络广告的市场潜力是无法估量的。但在我国，由于网络经济刚刚起步，网络广告还存在着许多不成熟的地方，若要成为普及的广告媒介，尚需一段调整期，而且网络广告的效果到目前为止还没有得到证实，企业的营销人员在选择广告媒体时应当考虑到这一点。

c. 户外广告

户外广告主要包括路牌广告（或称广告牌）、霓虹灯广告和灯箱广告、交通车厢广告、招贴广告（或称海报）、旗帜广告、气球广告等。

d. 邮寄广告

邮寄广告是广告主要采用邮寄售货的方式，供应给消费者或用户广告中所促销的商品。它包括商品目录，商品说明书，宣传小册子，明信片，挂历广告，以及样本，通知函，征订单，订货卡，定期或不定期的业务通信等。邮寄广告是广告媒体中最灵活的一种，也是最不稳定的一种。

e. POP 广告

POP 是英文 Point of Purchasing Advertising 的大写字母缩写，译为售点广告，即售货点和购物场所的广告。世界各国广告业都把 POP 视为一切购物场所（商场、百货公司、超级市场、零售店、专卖店、专业商店等）场内场外所做广告的总和。

f. 其他广告

其他广告指除以上五种广告以外的媒体广告，如馈赠广告、赞助广告、体育广告，以及包装纸广告、购物袋广告、火柴盒广告、手提包广告等等。

下面我们来讨论决定媒体效率的因素和如何选择广告媒体。

一般认为,影响广告媒体效果的因素主要有三个:触及面、接触频率和影响程度。

所谓触及面是指在一定时期内,某一特定媒体一次最少能触及的不同的人或家庭数目。在其他条件不变的情况下,触及面愈大,广告的效果也就愈明显,如在中央电视台黄金时间播出的广告就比在地方台播出的效果好。

频率是指在一定时期内,平均每人或每个家庭见到广告信息的次数。一般来说,频率越高,给人的影响就愈大,如娃哈哈儿童口服营养液就是靠反复多次地在电视台上播放来吸引儿童及其家长。

影响程度是指某一特定媒体传播广告信息的质量,如有关维修设备的广告登在"机械设备"杂志上的影响就比登在"妇女问题研究"杂志上来得大。

明确上述三个因素各自对媒体效果的影响是必要的,但要作出好的媒体决策更重要的是确定在一定预算水平下,触及面、次数和影响程度怎样组合才能达到效益最佳。因为我们知道,触及面大的媒体往往费用较高;同时,广告播放的次数多,一般费用也要增加;另外,随着频率的增加,它的作用将逐步减少,有时甚至令人感到厌烦。所以,三者之间要有一个最佳的配合。

在明确影响媒体效益的主要因素以后,就要进一步考虑如何选择具体的媒体工具。选择时主要考虑以下因素:

(1) 目标顾客接受媒体的习惯。有些消费者特别喜欢某些媒体形式,而对其他媒体则很少注意。例如,对青少年,电视可能是最有效的广告媒体。

(2) 产品特性。产品特性对广告媒体的选择往往有直接的影响。例如,需要展示功能、颜色和华丽的产品,最好选择电视或彩色印刷品作为媒介。

(3) 媒体信息。媒体信息的内容和时限等都在一定程度上影响所选择的媒体类型。一条含有复杂技术的广告信息应选用有关专业杂志作广告媒体,而时间紧迫和强调传递速度的广告信息则应选择电台或报纸作媒介。

(4) 广告成本。电视和电台的费用比较大,而在报纸和一些公共场所张贴广告则比较便宜。当然,前已述及,在考虑广告成本时应同时考虑触及面、次数等其他因素。

E. 评价广告效果

广告决策的最后一个问题是对广告效果进行客观的评价,尽管这是一项非常重要的工作,但它却常常被人们所忽略。在我国的很多企业,这种现象尤其明显,以致在花了大量广告费用以后却从未注意到所做广告是否真正促进了销售及其程度。

广告效果的评价主要从两个方面进行:一个是在广告正式播出或刊出之前衡量其能否有效地进行沟通,具体方法包括直接评价、组合测试、实验室测试、回忆测试和识别测试等;另一个是在广告正式播放或刊出一定时期以后衡量其对销售量的直接影响,具体办法主要有两种:第一种是历史分析法,即运用先进的统计技术测量广告采用前后的销售量并据此分析广告的效果;第二种是实验设计法,即将企业的销售区按不同的市场进行划分,然后在这些区域以不同的广告预算做广告,最后测量单位广告支出所创造的销售额。一般来说,随着广告支出的增加,销售额以递减的速度增加;产品在某一区域的市场份额愈大，增加广告支出的促销作用愈不明显。

3）广告策略

每个企业无论大小，都有各自的特点。有的企业可能历史悠久；有的企业可能产品精良；另外一些企业则可能服务周到。因此，营销管理人员必须根据自己企业的特色制定合适的广告策略。

A. 以消费者为重点进行宣传

严格说来，任何广告和其他促销手段都是以消费者为中心作宣传，但这里主要是指根据心理标准对消费者细分后，针对其心理特征进行广告宣传，从而激发他们的购买欲望和促成购买。例如，对于把安全作为第一需要的顾客，广告宣传就要强调产品的可靠性和安全性；对于那些注重外表和形状的顾客，就要在广告宣传中强调产品的色泽、外形和尺寸；对于那些追求地位和虚荣的顾客，则可以采用请名人等方式作广告宣传。

B. 以产品为重点进行宣传

这种广告策略是把重点放在介绍产品的性能、功用、厂牌和商标等方面，力图通过对产品所具有的优势的渲染来打动消费者，从而树立企业和产品的形象。如日本富士彩卷冲印机的广告突出宣传其冲印速度为全世界第一；日本精工牌手表则突出宣传其产品具有 27 种功能，能满足消费者更多的需求；我国的 505 神功元气带广告则着力强调它的奇特疗效。

C. 以企业为重点进行宣传

与前两种广告策略相比，这是一种比较迂回的方式，旨在通过对企业地位、贡献和声望的宣传来间接地影响消费者，从而引导顾客将企业的良好形象与企业的产品相联系，产生"好企业必出好产品"的联想。这种策略对于那些不太熟悉产品本身的顾客尤其适用。

5. 公共关系

在第二章第二节里，我们曾谈到：一个企业不仅有竞争对手与之争夺目标市场，而且其业务活动还要受各类公众的监督和影响。一些公众所采取的欢迎或者抵制态度甚至操纵着企业的命运。因此，企业应该采取具体措施并通过努力去处理与主要公众的关系。所谓公共关系实际上是指一定的社会组织机构为保持和发展与社会公众之间的良好关系而进行的沟通活动，其基本目标是在公众中树立良好的形象，谋求公众（包括本企业职工）对企业的理解、信任、好感和合作并获得共同利益。

公共关系的对象很广，包括消费者、新闻媒体、政府、业务伙伴等，它的功用、职能主要表现在信息收集、咨询建议、信息沟通、社会交往、培训、平衡六个方面。在利用公共关系方面，要注意以诚取信的原则，企业要在公众心目中树立良好的形象，关键在于诚实，只有诚实才能获得公众信任的回报。如果企业以欺骗的方法，吹嘘自己，必然失去公众的信任。还要注意公众利益与企业利益相协调的原则，因为企业的生存发展不能离开社会的支持，诸如劳动力、资金、生产资料的提供及政府的宏观调控。因此，企业应为社会公众提供优质产品，进行公关活动时必须将公众利益与企业利益结合起来。

公共关系虽然是一种重要的促销手段，但与其他促销方式相比，又有其显著的特点：即其促销不是直接针对现实顾客和潜在顾客，其重要手段之一是通过公共宣传来吸引公众的注意力，去除企业在公众头脑中已有的坏印象和建立良好的信誉。具体地说，可以用以下几种方法来建立良好的公共关系：

第一，努力处理好与新闻界的关系。可以通过新闻媒体将信息传播给社会公众，从而引起人们对某一产品或者某项服务的极大关注。一般来说，由于新闻具有普遍的感染力和真实性，所以通过新闻来加强人们对企业及产品的认识常常能收到很好的效果。

第二，做好企业的信息沟通。应虚心听取和搜集各类公众及有关民间团体对本企业及产品的反映，向他们以及内部职工提供企业的情况，经常沟通信息。

第三，游说。即与立法者和政府官员打交道，以便他们通过有利于本企业的立法和规定，或者改变和删除有碍于企业生存和发展的立法和规定。

第四，咨询与处理公众意见。所谓咨询是指企业高层管理人员应就公共关系问题征询公共关系部门的意见或建议，以便采取合适的公关措施；而迅速处理公众意见则有助于消除导致公众抱怨的原因，从而建立起企业的良好信誉。

开展公共关系是营销活动中必不可少的重要环节。实际上，公共关系和市场营销在21世纪初是作为新兴职业同时发展起来的，到目前其活动内容已相当广泛，但须强调说明的是：建立良好的公共关系并不等同于目前在社会生活中普遍存在的"拉关系，走后门"和"贪污受贿"、"请客送礼"。前者是在法律、规定和公众道德允许的范围内通过公共宣传来影响社会公众的态度和需要，从而实现企业、顾客和社会公众利益的一致满足；而后者则是采取有悖于法律和公众道德的不正当手段和通过拉拢腐蚀个别人去欺骗顾客和公众。要建立市场经济的良好秩序，首先就要划清两者的界限，至少要划清两者在法律上的界限。

6. 企业形象设计

企业形象设计CIS或CI是corporation identification system的英文缩写，原意是企业识别系统，意为一个企业或公司用以区别于其竞争对手甚至其他企业、团体、机关的各种形象、文字、风格等的综合体，其目的是展露产品特色，突出企业风格、宣传企业文化。它不仅仅是短期的促销工具，而且是企业营销发展战略的长远工具。

CIS具体内容包括三个方面，或者更确切地说，是由低向高三个层次的综合。

第一是视觉识别(简称VI)，其目的在于从视觉上使本企业的产品、服务、形象区别于其他竞争者。其方法包括设计独特的产品商标、颜色、款式、包装、企业的厂牌、厂名、员工的着装及佩戴的厂徽等。例如，讲到柯达胶卷，就联想到明艳的金黄颜色；由可口可乐联想到活力奔放的大红色；娃哈哈的品牌标志是一个又像小孩又像老头的吉祥物；等等。

第二是行为识别(简称BI)，其目的在于从行为举止、行为方式上使本企业员工、服务方式区别于其他竞争者。其方式如饮食业从点菜到上菜时间的规定，迎宾员鞠躬度数的规定等。海尔集团规定：凡购海尔空调者，购后24小时内由公司派员上门安装，安装1个月内电话查询使用情况，这种独特的时间规定就是海尔BI设计的一部分。

第三是理念识别(简称MI)，目的在于从理想信念、企业文化、价值观念等思想上，精神上使本企业区别于其他竞争者。相对而言，视觉识别设计轻而易举，行为识别设计也可以模仿，理念识别设计最为困难，它包括建立独特企业文化、企业价值观、企业信仰理想等，其外在表现形式可以包括广告词：如四川长虹"以产业报国，民族昌盛为己任"就反映了民族产业的企业文化；广东健力宝的"运动饮料健力宝"就反映了体育产品的企业文化。

还可以包括企业的厂训，厂歌，特定仪式，如旭日升集团的升旗仪式等。

7. 营业推广

营业推广是鼓励消费者增加购买和提高中间商交易效益的又一种促进销售策略，它包括诸如赠送样品、折价赠券、购货折扣等多种形式。

营业推广的主要特点在于它是一种非经常性和无规则的促销活动，能有效地刺激早期需求，短期效果比较明显。当然，营业推广在向消费者提供特殊购买机会的同时，也往往容易引起他们对产品和价格的猜疑，从而难以收到良好的促销效果。

营业推广有两种主要类型：第一类是针对消费者的营业推广，为制造商和中间商所采用；第二类是针对中间商的营业推广，为制造商所采用，下面我们就分别来讨论这两类营业推广。

1）消费者营业推广

A. 鼓励顾客购买新产品

为了鼓励顾客购买新产品，制造商或中间商常常让消费者试用新产品，尽管这样做要承担一部分试用品的损失，但却可以令顾客信服从而购买新产品。另外，采用抽奖和赠品的方式也有同样的作用。

B. 对付竞争和扩大销售

可以采取减价赠券或减价包装的方法吸引顾客长期购买本企业的产品。所谓减价赠券是通过邮寄、插入广告印刷品中等方式将赠券送给消费者，这些赠券可作为享受价格优惠的购货券；而减价包装是指某类特殊包装并在其上注明此类商品比通常包装减价的数额，在短期内它对于刺激顾客增加购买非常有效。扩大销售的另一种方法是在顾客购买某一商品时赠送交易印花，且当印花达到一定数目时允许顾客领取一些现金或兑换某些商品。企业还可通过举办或参加各种形式的展览会向顾客介绍并推荐自己的产品。

2）交易推广

交易推广主要是制造商针对中间商采用的促销策略。具体办法包括：免费向首次或大额购买的零售商、批发商提供一定数量的产品；组织销售竞赛并奖励购货领先的中间商；向零售商馈赠一部分陈列品以及派人帮助中间商进行咨询等。

8. 促销组合

在本节前几部分，我们逐一介绍了几种常用促销手段的特点，它们各有长处和短处，在实际的促销活动中，这些手段是综合运用的。在决定促销组合方案时一般要考虑以下几个因素。

1）产品性质

一般来说，消费品，尤其是价格低廉的日用品，使用者人数多，分布区域广，宜采用广告促销；而生产资料，尤其是一些技术性强的大型复杂设备，用户少，并且需要作些解释和示范，应以人员促销为主。

2）产品生命周期

即使对同一产品，在产品生命周期的不同阶段，也应采取不同的促销组合策略。

在投入期，应多采用通知性广告促销，以便引起人们对产品的注意和增进对产品的了解。

在成长期，由于销售额和利润的增长伴随着竞争的加剧，所以应采用说服性广告促销，促成顾客对企业产品的偏好和选择性需求。

在成熟期和饱和期，由于销售量和利润都达到高峰，竞争更为激烈，所以应加大广告量并辅以其他促销手段。

在衰退期，随着销售量和利润的降低，很多竞争者开始退出市场，这时应以营业推广为主要促销手段，同时辅之以提醒性广告。

3）市场范围和特点

在一般情况下，当市场范围比较集中，并且距企业比较近时可以采用人员促销方式；而对比较分散的市场，应多以广告促销。

本章复习题

1. 企业开展市场营销的过程和步骤有哪些？

2. 简述什么是 STP 营销战略？

3. 请举例说明都有哪些市场类型，以及各市场类型的主要特点是什么？

4. 市场细分化的方法和标准有哪些？

5. 企业应如何辨认有吸引力的细分市场，以及如何选择目标市场？

6. 企业应如何在市场上进行定位，来获得最大的竞争优势？请举例说明对企业定位策略的理解。

7. 什么是 4P 营销组合策略？

8. 什么是产品生命周期理论？举例说明它对企业市场营销有哪些重要的启示。

9. 什么是产品组合策略？简述企业如何通过调整和优化现有产品结构来赢得竞争优势。

10. 影响产品价格变动的主要原因有哪些？企业应如何选取定价目标？

11. 企业销售渠道的基本类型有哪些？企业应如何选择合适的销售渠道？

12. 什么是促销？企业促销策略有哪些？请举例说明。

第四章

最新营销理论的发展

自现代营销学形成以来，随着世界经济的发展和科技水平的提高，企业的营销环境也在不断发生变化，这种变化促使现代营销学不断发展，于是开始产生许多新的营销理论。这里介绍几种新型的营销学理论。

第一节　绿色营销

绿色营销也叫环保营销，形成于 20 世纪 90 年代，它是在绿色消费的驱动下产生的。从 20 世纪 70 年代起，以保护环境、保护地球为宗旨的环境保护运动在全球蓬勃兴起，于是，一种旨在改善生活质量的消费观念——“绿色消费”应运而生。所谓绿色消费，是指消费者意识到环境恶化已经影响其生活质量及生活方式，要求企业生产、销售对环境影响最小的绿色产品，以减少危害环境的消费。而在绿色消费基础上产生的绿色营销，是指企业以环境保护观念作为其经营哲学思想，以绿色文化为其价值观念，以消费者的绿色消费为中心和出发点，以促进可持续发展为其最终目标，力求满足消费者绿色消费需求的营销策略。

一、绿色营销的特点

与传统的营销方式相比较，绿色营销有以下明显的特征。

1. 研究重点不同

传统营销重点研究的是如何通过协调企业、顾客与竞争者的关系来获得利润，而作为自然环境，只有当它影响到这个三角关系，从而影响到企业利润的时候，才会被重视。而绿色营销就是要研究自然环境同企业营销活动的关系，研究自然环境如何影响企业的营销活动，以及营销活动又如何对自然环境发生反作用。

2. 产品上的差异

所谓绿色产品是指对社会或环境的改善有所贡献的产品，或者是较少损害社会和环境的产品，或者是对社会生活品质和环境的改善优于传统产品的产品。与传统的或竞争的产品相比，绿色产品更符合保护人类生态环境和社会环境的要求。一般来说，绿色产品可以分为两大类：一类是“绝对绿色产品”，指具有改进人类环境条件的产品，例如用于清除污染的设备和净水以及保健服务等；另一类称为“相对绿色产品”，指那些可以减少对于人类社会和环境的实际或潜在损害的产品，如可降解塑料制品、再生纸等。

绿色产品在三个方面与传统产品有相同的特征：第一，核心产品符合消费者的主要需求;第二,产品符合各种技术标准;第三,产品在市场上具有竞争力并且能实现企业的盈利目标。但绿色产品还有它独特的绿色表现,即企业在决定生产什么产品和使用什么技术时,要考虑尽量减少对环境的不利影响;要考虑产品生产的安全性,又要考虑降低产品消费对环境产生的负面影响;重视降低原材料的消耗,并减少包装对环境的不利影响;产品及其形体的设计与售后服务都要注重节约及保护环境。

3. 分销方面的差异

尽管绿色分销目前还不是企业绿色营销的重点,但已经日益引起企业的关注,如使用绿色通道,采用无铅燃料,使用装有控制污染装置的交通工具和节省燃料的交通工具;降低分销过程中的浪费,即对产品处理及储存方面的技术进行革新;在分销环节上,简化供应环节,以节省资源消耗等。

4. 促销方式上的差异

绿色促销是通过绿色媒体,传递绿色产品及绿色企业的信息,从而引起消费者对绿色产品的需求及购买行为。绿色广告和绿色公关是在绿色促销中起重要作用的因素,它们与传统的广告、公关等有着不同的特点。绿色广告是通过确定绿色广告活动的任务、经费、传递绿色信息、选择绿色媒体和进行广告后的衡量五个活动步骤来体现其绿色特点的。而绿色公关是树立企业及产品绿色形象的重要传播途径,绿色公关的主要对象是客户、环保压力集团成员、法律团体、一般性团体以及企业内部人员,可以通过大众媒体以及绿色赞助活动等方式来进行。

5. 价格上的差异

绿色价格的主要特征是反映环境成本,即绿色产品通常包括与保护环境及改善环境有关的成本支出。因此,一个企业及产品的绿化程度将影响其成本构成。有许多原因可以引起绿色价格上升,如由于引入有利环境保护的原料而增加了成本;为符合新的绿色立法而产生的成本;与改变企业管理和营销有关的绿色管理费用,等等。也有很多原因可以降低绿色价格,如由于生产中投入的原料和能源的节约而减少了成本;由于减少了产品不必要的包装而节省了费用,等等。但从长远来看,企业的绿色价格是趋于下降的。

二、影响绿色营销的因素

影响绿色营销的因素主要分内部因素和外部因素两种,也称作内部绿色变量和外部环境因素。

1. 内部绿色变量

内部绿色变量除了包括传统营销中的4Ps营销因素组合外,还有其他四个变量,因此也称为影响绿色营销的内部8Ps因素,它们分别是:

(1) 产品(product)。包括产品在生产、使用和用后处理时的安全性,以及原材料、包装要有利于环境保护等。

(2) 价格(price)。价格要反映产品的绿色成本,以及顾客对价格的敏感性和价格的可接受性。

(3) 促销(promotion)。包括采用绿色媒体宣传绿色信息,对绿色信息进行传播,对绿色诉求的准确度进行监控等。

（4）分销（place）。使用绿色分销渠道来销售产品。

（5）提供信息（providing information）。通过对与环境业绩有关的内部外部问题进行监控，提供同环保有关、并能激发市场营销者重视可持续发展的全新观念的国内外绿色信息。

（6）过程（processes）。控制企业在生产过程中能源的消耗以及废弃物对环境的影响。

（7）政策（policies）。指企业制定和实施有利于保护环境的政策。

（8）人（people）。即企业营销人员对环境问题有比较深的了解，对企业在环保问题中的表现及作用问题有比较深的认识。

2. 外部环境因素

影响绿色营销的外部因素也称为6Ps因素，它们是：

（1）付费顾客（paying customers）。企业要了解顾客对环境问题的关心程度，对绿色产品的需求强度和需求种类。

（2）供应商（providers）。指向企业提供原材料、能源和服务的企业对绿色主张的关心程度。

（3）政府官员（politicians）。政府官员可以通过行政方式对企业施加压力，影响企业的绿色营销，比如进行绿色立法和制定绿色政策。

（4）问题（problems）。企业绿色营销中存在的问题，比如判断企业或者竞争对手的营销活动是否同环境及社会问题有关系。

（5）预测（prediction）。企业预测未来环保的发展趋势和对绿色营销的影响，以便在竞争中领先做出反应。

（6）合作伙伴（partners）。指企业与其他对环境有重大影响的组织的关系，加强与它们的联系，改善同它们的关系。

三、绿色营销的内容

1. 搜集绿色营销信息

营销信息的搜集是企业营销决策的基础，是监控企业营销活动的依据。除了要搜集一般营销要求搜集的信息之外，还要搜集绿色信息，如绿色消费信息、绿色科技信息、绿色资源和产品开发信息、绿色法规信息、绿色组织信息、绿色竞争信息、绿色市场规模信息等。在此基础上，分析绿色消费需求及其需求量的大小，为绿色营销战略的制定提供依据。

2. 制订和实施绿色营销战略计划

企业要适应全球可持续发展的战略要求，实现绿色营销的战略目标，同时保持自身的可持续发展，就要有相应的绿色战略计划，这包括绿色营销战略计划和绿色企业形象塑造战略两个方面。绿色营销战略计划包括清洁生产计划、绿色产品开发计划、环保投资计划、绿色教育计划、绿色营销计划等。而导入企业形象识别系统CIS，制定企业绿色形象战略对于统一绿色产品标志形象识别，加强绿色产品标志管理，提高经营绿色产品企业自身保护能力，增强企业竞争意识，拓展市场，促进销售等均十分重要。

3. 开发绿色资源和绿色产品

企业在进行营销时,应注意利用新科技,开发新能源,比如可以开发无公害型的风能、水能、太阳能等新能源;开发节能新工艺;提高能源和资源的利用率等。而开发绿色产品就要从设计开始,包括材料的选择,产品结构、功能、制造过程的确定,包装与运输方式,产品的使用至产品废弃物的处理等都要考虑对生态环境的影响。

4. 制定绿色价格

制定绿色价格时,首先要把环境成本计算在产品成本之内,即把企业在环保方面的支出计入成本,作为价格构成的一部分。其次要注意绿色产品在人们心目中的形象,可以根据消费者崇尚自然的特征,适当定高价,提高效益。

5. 选择绿色渠道

选择恰当的绿色销售渠道是拓展销售市场,提高绿色产品市场占有率,扩大绿色产品销售量,成功实施绿色营销的关键,企业可以通过创建绿色产品销售中心,建立绿色产品连锁商店,设立一批绿色产品专柜、专营店或直销。

6. 开展绿色促销活动

利用绿色广告,宣传绿色消费,刺激人们对有利于个人健康和人类生态平衡的绿色产品的需求,迎合现代消费者的绿色消费心理,达到促销的目的。另外也可以利用专业人员进行绿色产品的促销和销售推广。

应该看到,随着传统经济为现代经济所取代,企业开展绿色营销便正式成为一种必然的选择。毫无疑问,社会的可持续发展正在越来越强烈地呼唤着绿色营销,而且21世纪的消费者趋向于绿色消费。实际上,开展绿色营销既是外部环境变化对企业的客观要求,同时也是企业在顺应历史环境下发展和壮大的内在需要。

第二节 网络营销

网络营销是随着信息技术的发展而产生和发展的。它是以互联网为传播手段,通过对市场的循环营销传播,达到满足消费者需求和商家诉求的过程。网络营销借助联机网络、计算机通信和数字交互式媒体来实现营销目的。

一、网络营销的特点

(1) 跨时空。企业能有更多时间和更大的空间进行营销,可每周7天,每天24小时随时随地地提供全球性营销服务。

(2)多媒体。互联网可以传输多种媒体信息,可以充分发挥营销人员的创造性和能动性。

(3) 交互式。互联网可以展示商品、提供有关商品信息、和顾客做互动双向沟通、收集市场情报、进行产品测试与消费者满意调查等,是产品设计、商品信息提供以及服务的最佳工具。

(4) 拟人化。互联网可以实现一对一的、理性的、消费者主导的、循序渐进式的促销,而且它是一种低成本与人性化的促销,通过这种营销方式,企业可以与消费者建立长期良好的关系。

(5) 成长性强。互联网使用者数量快速成长并遍及全球,由于这部分群体购买力强而且具有很强市场影响力,因此是一个极具开发潜力的市场。

(6) 整合性。互联网营销是一种全程的营销渠道。企业可以借助互联网络将不同的传播营销活动进行统一设计规划和协调实施,以统一的传播向消费者传达信息,避免不同传播中不一致性产生的消极影响。

(7) 超前性。互联网是一种功能强大的营销工具,它同时兼具渠道、促销、电子交易、互动顾客服务以及市场信息分析与提供的多种功能。它所具备的一对一营销能力,尤其符合定制营销与直复营销的未来趋势。

(8) 高效性。由于计算机可储存大量的信息,可传送的信息数量与精确度远超过其他媒体,因此,网络营销能帮助企业及时有效了解并满足顾客的需求。

(9) 经济性。通过互联网络进行信息交换,一方面可以减少印刷与邮递成本,可以无店面销售,免交租金,节约水电与人工成本;另一方面可以减少由于迂回多次交换带来的损耗。

(10) 技术性强。网络营销是建立在高技术作为支撑的互联网络的基础上的,企业实施网络营销必须有一定的技术投入和技术支持。

二、网络营销的内容

1. 网上市场调查

由于互联网是一种交互式的沟通渠道,因此可以利用它进行市场调查。网上市场调查包括直接在网上进行问卷调查和收集所需要的二手资料等。网上调查可以提高调查效率和调查效果。

2. 网上消费者行为分析

互联网的用户是一个特殊群体,它与传统市场的群体有着不同的特点,因此要想进行有效的网络营销,就必须要了解这些用户的需求特点、购买动机和购买行为模式。

3. 制定网络营销策略

不同的企业规模不同,在市场中所处的地位也不同,因此进行网络营销时企业必须采用适合自己的营销策略,因为网络营销需要企业有大量投入并且要承担一定的风险。

4. 确定网上产品和服务策略

网络可以成为一些无形产品如软件和远程服务的载体,它改变了传统产品的销售渠道。但是,并不是所有的产品都适合在网上营销,因此对于网上产品和服务营销,必须结合网络特点重新考虑产品的设计、包装和品牌等,因为传统的优势品牌在进行网络营销时并不一定具有优势。

5. 网上营销的价格策略

作为信息传播和交流的工具,很长一段时间以来,网上所载有的信息都是低价或者免费的,因此制定网上营销价格策略时要考虑互联网对企业定价的影响和互联网本身的价格。另外,由于互联网的公开性,如果某种产品价格标准不统一或经常改变,顾客会很快认识到这种价格差异,因此可能会产生不满。所以,互联网将会导致国际间价格水平标准化或至少缩小地区或国家间的价格差别。

6. 网上渠道选择与直销

互联网实际上对企业营销最直接的影响就是营销渠道的选择。通过互联网,生产商可以直接与最终用户联系,而不必再通过中间商,因此中间商的重要性将有所降低。但是企业建设自己的网上直销渠道需要一定投入,同时还要改变传统的管理模式,而这是有一定风险的,需要仔细考虑和慎重选择。

7. 网上促销与网络广告

网上促销是一种有效的沟通渠道,但开展网上促销活动必须遵循网上信息交流与沟通的规则,而且要遵守虚拟社区的礼仪。网络广告作为最重要的促销工具,具有传统的报纸杂志、无线广播和电视等传统媒体发布广告无法比拟的优势,即网络广告具有交互性和直接性,而且广告效率非常高。

8. 网络营销管理与控制

网络营销是一种新生事物,它将面临许多新问题,如网络产品质量保证、消费者隐私保护以及信息安全与保护问题等。这些问题都是网络营销所必须重视和有效控制的,否则进行网络营销会适得其反,甚至会产生很大的负面效应。

三、网络营销与电子商务

网络营销是互联网最早最成功的商业应用,但是随着网络营销的深入发展,它已不仅仅是营销部门市场经营活动方面的业务,它还需要其他相关业务部门如采购部门、生产部门、财务部门、人力资源部门、质量监督管理部门和产品开发与设计部门等的配合,于是电子商务便应运而生了。根据经济与合作发展组织 OECD 给出的比较权威的定义,电子商务是利用电子化手段所从事的商业活动,除了要遵循 TCP/IP 协议和通信传输标准外,还要遵循 WEB 信息交换标准和提供安全保密技术。简单地说,电子商务就是系统地利用电子工具,低成本、高效率地从事以商品交换为中心的各种活动的全过程。图 4-1 是电子商务覆盖的业务类型。

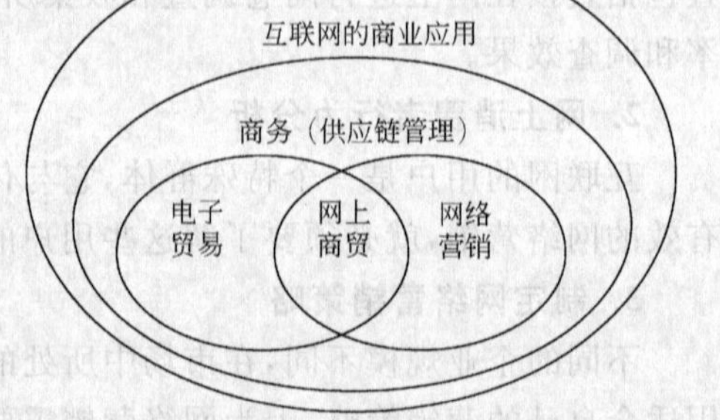

图 4-1 电子商务的业务类型

电子商务的应用可以分为这样几个层次和类型:第一个层次是面向市场的以市场交易为中心的活动,它包括促成交易实现的各种商务活动,如网上展示、网上公关、网上洽谈等,网络营销是其中最重要的网上商务活动;同时还包括实现交易的电子贸易活动(主要包括利用 EDI、Internet 实现交易前的信息沟通、交易中的网上支付和交易后的售后服务),两者的交融部分就是网上商贸,它将网上商务活动和电子商贸活动融在一起,因此有时将网上商务活动和电子贸易统称为电子商贸活动。电子商务的第二个层次是指如何利用互联网来重组企业内部的经营管理活动,以便与企业开展的电子商贸活动保持协调一致。最典型的是供应链管理,它从市场需求出发利用网络将企业的产、供、销、研等活动串在一起，实现企业网络化和数字化管理，最大限度适应网络时代市场需求的变化。

第三节 关系营销

一、关系营销产生的基础

关系营销是从“大市场营销”观念衍生发展而来的。科特勒在1984年提出了“大市场营销”概念，其目的是解决国际市场的进入壁垒问题。在贸易保护主义盛行的情况下，传统的4Ps营销组合已经不能打开封闭市场，而要打开封闭市场，企业除了运用传统的四大营销策略外，还必须有效运用政治权力和公共关系这两种营销工具，这种策略思想称为大市场营销。

传统营销理念认为企业营销是一个利用内部可控因素影响外部环境的过程，但实践证明传统的营销理念越来越难以直接有效地帮助企业获得经营优势，这是因为任何一个企业都不可能独立地提供营运过程中所有必要的资源，而必须通过银行获得资金、从社会招聘人员、与科研机构进行交易或合作、通过经销商分销产品、与广告公司联合进行促销和媒体沟通等；不仅如此，企业还必须被更广义的相关成员所接受，包括同行企业、社区公众、媒体、政府、消费者组织、环境保护团体等，在多数情况下，企业无法以自己的力量应付所有的环境压力。因此，企业与外部环境因素息息相关，相关成员和团体构成了保障企业生存与发展的事业共同体，形成了一张巨型的网络。多数成功的企业正是充分利用这种网络资源的结果。这样，对企业资源的认识，就从企业“边界”以内，扩展到了企业边界以外，即包括所有与企业生存和发展相关联的组织、群体和个人，以及由这些“节点”及其相互间的互动关系所构成的整个网络。而这些关系是否稳定并能否给对网络的成员带来利益的增长，即达到“多赢”的结果，则依赖于有效的关系管理，包括利益的共享、通过“感情投资”在伙伴间建立亲密的关系等。

二、关系营销的概念和特征

在以上基础上所发展起来的关系营销是把营销活动看成一个企业与消费者、供应商、分销商、竞争者、政府机构及其他公众发生互动作用的过程，其核心是建立和发展与这些公众的良好关系。与传统的营销相比，关系营销更关注如何保持顾客，更重视顾客服务，并借此提高顾客满意度，培育顾客忠诚；而且比传统营销有更多的顾客承诺，更关心质量问题，更注重发展与顾客的长期、稳定关系。不仅如此，关系营销还扩大了营销视野，它涉及的关系包含了企业与其所有利益相关者间所发生的所有关系。

关系营销具有如下几个方面的特征。

1. 双向沟通

在关系营销中，沟通是双向而非单向的。只有广泛的信息交流和信息共享，才可能使企业赢得各个利益相关者的支持与合作。

2. 合作

一般而言，关系有两种基本状态，即对立和合作。实际上，只有通过合作才能实现协同,因此合作是"双赢"的基础。

3. 双赢

即关系营销旨在通过合作增加有关各方的利益,而不是通过损害其中一方或多方的利益来增加其他各方的利益。

4. 关系密切

关系能否得到稳定和发展,情感因素也起着重要作用。因此关系营销不只是要实现物质利益的互惠,还必须让参与各方能从关系中获得情感的需求满足。

5. 动态控制

关系营销要求建立专门的部门,用以跟踪顾客、分销商、供应商及营销系统中其他参与者的态度,由此了解关系的动态变化,及时采取措施消除关系中的不稳定因素和不利于关系各方利益共同增长的因素。此外,通过有效的信息反馈,也有利于企业及时改进产品和服务,更好地满足市场的需求。

三、关系营销的市场模型

关系营销的市场模型概括了关系营销的市场活动范围,强调在关系营销当中企业应当处理好与以下六个子市场的关系。

1. 供应商市场

与供应商的关系决定了企业所能获得的资源数量、质量及获得的速度。任何一个企业不可能独自解决自己生产所需要的全部资源,比如生产一辆汽车大约需要 8 000～10 000 个零配件,任何一个企业都不可能单独生产全部零部件,必须通过其他供应商进行专业分工和协作生产;麦道飞机公司 1993 年生产的 100 座喷气式客机,有 18 种重要的零部件是由供应商负责设计的,公司因此而节约了 2 亿美元的生产成本。由此可以看出,企业与供应商必须结成紧密的合作网络,进行必要的资源交换。另外,公司在市场上的声誉也是部分地来自与供应商所形成的关系。例如,当 IBM 决定在其个人计算机上使用微软公司的操作系统时,微软公司在软件行业的声誉便急速上升。

2. 内部市场

任何一家企业,要想让外部顾客满意,它首先得让内部员工满意。只有满意的员工,才可能以更高的效率和效益为外部顾客提供更加优质的服务,并最终让外部顾客感到满意。内部市场不只是企业营销部门的营销人员和直接为外部顾客提供服务的其他服务人员,它包括所有的企业员工。因为在为顾客创造价值的生产过程中,任何一个环节的低效率或低质量都会影响最终的顾客价值。

3. 竞争者市场

在竞争者市场上,企业营销活动的主要目的是争取与那些拥有与自己具有互补性资源竞争者的协作,实现知识的转移、资源的共享和更有效的利用。例如,在一些技术密集型行业,越来越多的企业与其竞争者进行了研究与开发的合作,这种方式的战略联盟可以分担巨额的产品开发费用和风险。

4. 分销商市场

在分销商市场上,零售商和批发商的支持对于产品的成功至关重要。在这方面,IBM

曾经有过惨痛的教训，IBM 曾花巨资为它的新产品做广告，但结果是失败的，原因是作为第三方的供应商和零售商反对该产品。IBM 公司投入了大量的资源去争取顾客，但由于忽略了与零售商、经销商等对产品的销售起关键作用的个人或组织建立积极的关系，从而导致了产品营销活动的失败，这种教训应当引起营销人员的注意。

5. 顾客市场

顾客是企业存在和发展的基础，市场竞争的实质是对顾客的争夺。企业在争取新顾客的同时，还必须重视留住顾客，培育和发展顾客忠诚。例如，争取一位新顾客所需花的费用往往是留住一位老顾客所花费用的 6 倍。企业可以通过数据库营销、发展会员关系等多种形式，更好地满足顾客需求，增加顾客信任，密切双方关系，以此留住更多的顾客。

6. 其他市场

金融机构、新闻媒体、政府、社区，以及诸如消费者权益保护组织、环保组织等各种各样的社会压力团体，对于企业的生存和发展都会产生重要的影响。因此，企业有必要把它们作为一个市场来对待，并制定以公共关系为主要手段的营销策略。

四、关系营销的三个层次

关系营销的中心任务是创造顾客忠诚，而顾客忠诚的前提是顾客满意，而顾客满意的关键条件是企业对顾客需求的满足，并且为顾客创造价值。贝瑞和帕拉苏拉曼归纳了三种创造顾客价值的关系营销层次，即一级关系营销、二级关系营销和三级关系营销。

1. 一级关系营销

这是最低层次的关系营销，它维持顾客关系的主要手段是利用价格刺激增加目标市场顾客的财务利益，例如，对那些频繁购买以及按稳定数量进行购买的顾客给予财务奖励；另一种常用形式是对不满意的顾客承诺给予合理的财务补偿，如对顾客承诺购买产品半年后不满意可以原价退款。

2. 二级关系营销

这种方法既增加目标顾客的财务利益，同时也增加他们的社会利益。这种方法在建立关系方面优于价格刺激，公司人员可以通过了解单个顾客的需要和愿望，并使服务个性化和人格化，来增加公司与顾客的社会联系。因而，二级关系营销实际上是把人与人之间的营销和企业与人之间的营销结合起来。它的主要表现形式是建立顾客组织，以某种方式将顾客纳入到企业的特定组织中，使企业与顾客保持更为紧密的联系，实现对顾客的有效控制。

3. 三级关系营销

这种方法是增加企业与客户之间的结构纽带，与此同时附加财务利益和社会利益。结构性联系要求提供这样的服务：它对关系客户有价值，但不能通过其他来源得到。这些服务通常以技术为基础，并被设计成一个传送系统，而不是仅仅依靠个人建立关系的行为，从而为客户提高效率和产出。良好的结构性关系将提高客户转向竞争者的机会成本，同时也将增加客户脱离竞争者而转向本企业的利益。

第四节 服务营销

一、服务营销学的产生与发展

服务营销学于20世纪60年代兴起于西方。1966年,美国拉斯摩(John Rathmall)教授首次对无形服务同有形实体产品进行区分,提出要以非传统的方法研究服务的市场营销问题。1974年由拉斯摩所著的第一本论述服务市场营销的专著面世,标志着服务市场营销学的产生。

服务营销学产生于市场营销学,它从产生至今大致经历了三个阶段:

(1) 第一个阶段(60—70年代):服务营销学的脱胎阶段。这一阶段是服务营销学刚从市场营销学中脱胎而出的时期。这一阶段主要研究的问题有服务与有形实物产品的异同、服务的特征以及服务营销学与市场营销学研究角度的差异等。

(2) 第二阶段(80年代初—中期):服务营销的理论探索阶段。这一阶段主要探讨服务的特征如何影响消费者购买行为,尤其集中于消费者对服务的特质、优缺点及潜在的购买风险的评估。

(3) 第三阶段(80年代后期以后):理论突破及实践阶段。这一阶段,在前一阶段取得对服务的基本特征的共识的基础上,集中研究了在传统的4P组织不够用来推广服务的情况下,究竟要增加哪些新的组合变量的问题。

二、服务营销的内容与特征

现实经济生活中的服务可以区分为两大类:一类是服务产品,产品为顾客创造和提供的核心利益主要来自无形的服务;另一类是功能服务,产品的核心利益主要来自形成有形产品的成分,无形的服务只是满足顾客的非主要需求。与此相一致,服务营销的研究形成了两大领域,即服务产品的营销和顾客服务营销。服务产品营销的本质是研究如何促进作为产品的服务的交换;顾客服务营销的本质则是研究如何利用服务作为一种营销工具促进有形产品的交换。但是,无论是服务产品营销,还是顾客服务营销,服务营销的核心理念都是顾客满意和顾客忠诚,通过取得顾客的满意和忠诚来促进相互有利的交换,最终实现营销绩效的改进和企业的长期成长。

服务营销具有一系列产品营销所不具有的特征:

(1) 由于服务是无形的,顾客很难感知和判断其质量和效果,他们将更多地根据服务设施和环境等有形线索来进行判断。因此,有形展示成了服务营销的一个重要工具。

(2) 与传统的产品生产过程相比较,服务的生产过程是有顾客全程直接参与的。这就使得服务企业的管理人员必须考虑怎样引导顾客正确扮演他们的角色,怎样激励和支持他们参与服务生产的过程,以及怎样保证他们获得足够的服务知识以达到生产和消费过程的和谐并行。如果管理人员忽略这些问题,可能会导致顾客的不满而使企业失去顾客。

(3) 与有形产品相比,服务是无形且不可储存的,这就产生了对服务的供求进行准确平衡的需要。供给与需求间的“同步营销”对确保服务企业经济地使用其生产能力是相当重要的。

(4) 差异性易使顾客对企业及其提供的服务产生“形象混淆”。例如，对于同一个企业，如果有两家不同的分支机构，可能出现一个分支机构的服务水平明显优于另一个的情形。前者的顾客确实会认为该企业的服务质量很好，而另一分支机构的顾客则可能认为整个企业的服务质量都很差。这种“企业形象”和“服务产品形象”的混淆将对服务产品的推广产生严重的负面影响。

(5) 由于服务是无形的，没有有形载体，因此服务不能运输。对这些服务来说，要么顾客必须到生产设施所在地；要么生产设施必须运到顾客所在地。同时，这种特点也给服务的大规模生产和销售带来了限制，所以服务企业要获得规模经济效益就必须比制造企业付出更多的努力。

三、服务营销战略

1. 顾客满意战略

顾客满意战略认为，企业的整个经营活动要以顾客满意为中心，站在顾客的立场上，按顾客的观点来考虑和分析顾客的需求。它的主要内容有：站在顾客的立场上去考虑产品设计(包括有形产品和无形服务)；不断完善服务生产与提供系统，最大限度地使顾客感到安全、舒适和便利；重视顾客意见、顾客参与和顾客管理；千方百计留住顾客，并实现相关销售和推荐销售；创造企业与顾客彼此友好和忠诚的氛围，使服务手段和过程处处体现真诚和温暖；按照以顾客为中心的原则，建立富有活力的企业组织等。

2. 服务营销组合战略

传统地营销组合理论是 4Ps，而服务营销则是在 4Ps 的基础上增加了人员(people)、有形展示(physical evidence)和过程(process)从而构成了服务营销的 7Ps 组合。

1) 服务产品策略

尽管有不少人认为标准化的服务产品策略更容易成功，但到目前为止，最成功的仍然是那些根据其目标市场的需求调整其供给品的服务企业。

2) 分销与促销策略

针对目标市场对服务的特殊需求和偏好，服务企业往往需要采用不同的分销与促销策略。比如德国人与日本人在对航空公司服务的评价上存在很大的差异。德国乘客对飞机能否准时到达预定地点最感兴趣；而日本乘客认为飞行中的舒适与否最重要。因此航空公司的服务和广告需要反映这种差异。

3) 沟通策略

服务的无形性也给沟通带来了较大困难。沟通中存在着四个层次的潜在难题，即语言、非语言行为、价值观和思维过程的差异。在这四种差异中，因语言的差异产生的难题最显而易见因而也最容易克服。如果零售店的店员只说汉语，而顾客却说英语，那么语言就是明显的难题。然而，如果两个人在“时间观”上存在差异，那么当一方迟到时另一方在心理上产生的反应将不会明显地表露出来。因此，对顾客非语言行为的理解就变得尤为重要。对服务人员理解顾客非语言行为的能力的训练是保证服务效率和顾客满意的一个关键,这种训练的关键是识别出那些重复发生的问题并制定出适当的管理战略和训练方案。

4）价格策略

与有形产品相比,服务特征对于服务定价可能有更重要的影响。边际定价策略之所以在服务企业中得到了普遍应用,就是因为服务的不可储存性,使得需求对服务产品价格的影响加大的缘故。当然从基本的策略来说,服务产品也可以采用需求导向定价、竞争导向定价和成本导向定价。另外,服务企业除了可以根据需求确定不同定价外,也可以考虑在不同的地理细分市场使用不同的定价策略。

5）人员管理策略

服务企业的人员管理是服务营销的一个基本内容。服务企业人员管理的关键是不断改善内部服务,提高企业的内部服务质量。企业内部服务即公司对内部员工的服务,它的服务质量包括两大方面：一是外在服务质量,即有形的服务质量,如财务收入；二是内在服务质量,即无形的服务质量。但员工对企业的满意度主要还是来自于员工对企业内在服务质量的满意度,它不仅包括员工对工作本身的态度,还包括他们对同事关系的感受。

6）有形展示策略

由于服务是不可感知的,不能进行自我展示,所以必须借助一系列的有形证据才能向顾客传递相关信息,顾客才能据此对服务的效用和质量做出评价和判断。比如,服务企业可利用环境、设计和社交三个要素进行有形展示,其中环境要素包括空气质量、噪声、气氛、整洁度等,这些因素不会引起顾客立刻注意,但是如果不重视这些因素,则可能引起顾客的失望,降低顾客对服务质量的感知和评价。设计要素是顾客最容易察觉的刺激因素,它包括美学因素(建筑物风格、色彩等)和功能因素(陈设、舒适、标识等)两个方面,一般被用来改善服务产品的包装,使服务的功能和效用更为明显和突出,以建立有形的赏心悦目的服务产品形象。社交要素是指参与服务过程的所有人员,包括服务人员和顾客,他们的态度和行为都会影响顾客对服务质量的期望和评价。

第五节　数据库营销

一、数据库营销的含义和特征

数据库营销起源于直复营销,它是直复营销方式中最新的一种。数据库营销是企业通过搜集和积累消费者的大量信息,经过处理后预测消费者有多大可能性去购买某种产品,以及利用这些信息给产品以精确定位,有针对性地制作营销信息,以达到说服消费者去购买产品的目的。

数据库营销可以帮助企业准确找到目标消费者群；可以降低营销成本,提高营销效率；可以使消费者成为企业长期、忠实和稳定的顾客群；可以为营销和新产品开发提供准确的信息；可以运用数据库与消费者建立紧密关系,可使消费者不再转向其他竞争者,同时使企业间竞争更加隐蔽,避免公开、自然化的对抗。

数据库营销的主要特征是：信息的有效应用；它能够实现成本最小化,效果最大化；

它具有“消费者群”观念,即一个特定的消费者群对同一品牌或同一公司产品具有相同兴趣;它具有双向个性化交流的特点,买卖双方实现各自利益,任何顾客的投诉或满意度通过这种双向信息交流进入企业顾客数据库,企业根据信息反馈改进产品或继续发扬优势,实现最优化。

二、数据库营销的基础和运作程序

数据库是数据库营销的基础,这里的数据库是指营销数据库,它最初的含义是为实施直复营销而收集的顾客和潜在顾客的姓名和地址;后来发展成为市场研究的工具,如收集市场资料、人口统计资料、销售趋势资料以及竞争资料等。它可以收集和管理大量的信息以便给营销人员呈现出顾客的“基本状态”,从而可以帮助营销人员进行消费者分析,确定目标市场,跟踪市场领导者以及进行销售管理等,它是协助规划整体营销计划和控制与衡量传播活动的有力工具。

数据库是一个关于市场状况的综合数据源,并不是一个单纯的顾客名单。企业不同,数据库的构成也不同。例如,有些小企业,营销数据库可能就是一些顾客名单,而一些大公司,数据库中的资料可能包括一些基本的人口资料、竞争资料等。数据库应有足够的灵活性以适应营销者的需要,如补充新的信息,以及调整整个数据库的结构。保持数据库有效的关键是对数据的及时校对和修改,清除不良数据或无效数据对数据库的影响。另外,数据库的价值高低,完全取决于建立数据库的目的以及其内容的好坏及功能的高低。

数据库营销包括六个基本过程,即数据收集、数据存储、数据处理、寻找目标顾客、数据使用、数据改善。数据收集可以通过市场调查,也可以利用公共记录,如人口统计、患者病历记录、信用卡记录等;数据存储是指将数据输入计算机,建立起消费者数据库;数据处理指运用统计技术、计算机及相应软件,产生产品开发部门、营销部门等所需要的详细数据;寻找目标顾客指用计算机设计出某产品的消费者特性,以此查找目标顾客,作为营销工作的目标;数据使用是指数据库中的数据可以应用于多个方面,如特殊身材的消费者数据库不仅对服装厂有用,而且对于减肥药生产厂、医院、食品厂、家具厂也都很有用;数据改善指不断增加各类信息,信息可以从以产品为中心的消费者俱乐部、优惠券反馈、抽奖销售活动登记及其他促销活动中得到。

三、数据库营销的竞争优势

企业实施数据库营销,可以从以下几个方面获得较大的竞争优势:

(1) 可以帮助企业准确找到目标消费者群。

(2) 数据库营销帮助企业判定消费者和目标消费者的消费标准并准确定位。

(3) 帮助企业在最合适的时机以最合适的产品满足顾客需求,同时可以降低成本,提高效率。

(4) 帮助营销者结合最新信息和结果制定出新策略,使消费者成为本企业产品长期忠实用户。

(5) 数据库营销可以为开发营销新项目并增加收益提供信息。

(6) 发展新的服务项目并促成购买过程简便化,带来重复购买的可能。

(7) 帮助企业选择合适的营销媒体。

(8) 运用数据库与消费者建立紧密关系,企业可使消费者不再转向其竞争者,同时使企业间竞争更加隐蔽,避免公开对抗。

第六节　其他营销理论

除了以上介绍的几种营销理论外,还有一些不太成熟或者刚刚兴起的营销理论,我们只介绍该理论最基本的情况,有兴趣的读者可以参考一些专门书籍。

一、整合营销

整合营销是一种通过对各种营销工具和手段的系统化结合,根据环境进行即时性动态修正,以使交换双方在交互作用中实现价值增值的营销理论与营销方法。整合营销以市场为调节方式,以价值为联系方式,以互动为行为方式,是现代企业面对动态复杂环境的有效选择。

整合营销的核心是促进交换双方的价值增值。比如在产品价值阶段谁能造出汽车、可口可乐、汉堡包,谁就能赢得顾客。在竞争价值阶段,只有造出又快又舒适又省油的汽车、减肥可口可乐、低脂肪汉堡包才能赢得顾客。在综合价值阶段,使顾客高度满意的企业才能生存发展,而顾客满意绝对不是可以分散成一个个孤立要素的组装件,它是浑然一体的有机体。出售法拉利跑车的企业可能仅仅因为展厅里的灯光布置不佳而使顾客将拿出的支票又缩回去。综合价值阶段要求有崭新的思维模式。而整合营销的价值分析强调价值的交织性、相对性和价值的动态转换,这实际上突破了西方固有的线性思维模式的束缚,运用了全新的指导思想,产生了崭新的思维模式。

整合营销是一种系统化的营销方法,具有自身的指导理念、分析方法、思维模式和运作方式,是对抽象的、共性的营销的具体化、个性化,是挑战营销环境的工具,因此整合营销是对营销整合的升华和理性化,是一个相对独立的理论体系。

二、合作营销

合作营销是指两个或两个以上的企业为达到资源的优势互补、增强市场开拓、渗透与竞争能力联合起来共同开发和利用市场机会的行为。它的核心是建设性的伙伴关系,在合作过程中,合作双方保持各自实体上的独立性,而且一个企业可以根据实际的需要同产业链甚至产业链以外的多家企业建立合作营销关系,以涉及不同的行业和地域,范围相当广泛。

在实践当中,合作营销可以选择品牌策略,包括品牌共享,品牌纵联和品牌联盟,也可以选择特许经营、共享设施、共同销售、合作开创新企业等策略。也可以通过会员制、销售代理制和联营公司等形式实现合作营销。

三、营销预警管理

营销预警管理是以企业营销风险为对象,对营销风险进行监测、识别、评价、预警和预控，其基本出发点是企业营销活动面临的现实困境问题，重点是过去不为人们所重视的营销行为失误和营销活动波动现象。而企业营销活动风险可以分为内因型风险和外因型风险，它们又细分为营销组织结构风险、营销组织运行状态风险、营销组织行为人风险、竞争状态风险、供应风险、顾客风险和其他第三方风险。

企业的营销预警管理要从企业营销管理工作的内部组织行为管理和外部环境入手，对营销风险进行预警和规范化管理，从而预防由于管理问题出现的营销失常。按照预警管理系统的要求，企业营销工作的预警管理系统分为两大部分：预警分析与预控对策。预警分析是对企业营销工作的行为失误、管理波动的状态进行识别、分析与评价，并由此做出警示的结果，对企业营销活动中的重大失误与波动现象的早期征兆进行即时矫正与控制的管理活动。预控对策是指实现对各种劣性状态的早期预防与控制，并能在严重的劣性形势下，实施特殊的危机管理方式，它包括组织准备、日常监控、危机管理三项内容。

以上只是对目前最为流行的几种营销理论的一个简单介绍，感兴趣的读者可以参考相关的书目。

本章复习题

1. 什么是绿色营销？绿色营销的具体内容有哪些？请举例说明。
2. 什么是网络营销？企业如何实施网络营销？
3. 简述关系营销的概念和特征。举例说明关系营销是如何创造顾客价值的。
4. 什么是服务营销？与产品营销相比，服务营销具有哪些特征？
5. 顾客满意战略的内容有哪些？服务营销组合战略有哪些？

第二部分

企业生产运作管理

"我们时代最重大的错误之一是相信'生产问题'已经解决",尤其是进入信息时代,人们眼中只有信息、资本、人才等这些词汇,似乎有了这些就会成就一夜暴富的神话。相比之下,工业化、制造业、生产运作系统等这些与生产运作相关的词汇几乎成为了落后、缺乏朝气与情感的代名词,以至于都在怀疑生产劳动还是不是创造社会财富的唯一途径、制造业还是不是社会财富增长的主要产业。在工商企业管理界,高层决策者们的兴趣已更多地偏重于资金的投向、市场的变化,而对产品的生产却只当是效率、方法和操作问题,不属于经营决策的范畴。其结果是,集中了企业绝大部分财力、设备、甚至人力资源的生产运作系统,只不过是生产技术人员、工程师们应用新技术、新方法、谋求高效率的试验机,整个生产运作与企业的战略发展、市场竞争的要求相距越来越远。目前,无论是国外还是国内,无论是学术界还是实业界,都已先后察觉到这一问题的严重性,开始重新审视企业内部的生产运作系统及其管理理论,探讨其内在结构是否能适应外部环境的各种要求,或如何设计其结构以主动驾驭环境的变化。

在传统管理学中,曾经把这门学科叫做"生产运作管理",只关注制造业企业产品生产过程的管理,但随着经济体中第三产业所占比重的快速增加,随着金融、保险、贸易、房地产、交通运输以及教育娱乐等生产服务业在整个第三产业中所占的比重越来越大,生产运作管理学的关注点开始从仅关注传统制造业企业的生产过程管理,扩大到包括各种非制造业的服务过程和服务提供系统的设计中去,这也构成了现在的"生产运作管理"学科。

如第一章所阐述的,生产运作管理是企业管理的基本职能之一,因此生产与运作管理开展的好坏对于企业发展具有非常大的影响。目前生产运作管理研究的主要内容就是生产运作系统的设计和生产运作的运行以及控制调整,其中"运作"主要就是针对服务的"生产"过程。根据上述生产运作管理研究的主要内容,本部分共分为三章来展开讨论。首先进行生产运作的概述,深入了解生产运作系统及其内在规律(第五章);其次,在了解规律的基础上,我们将阐述如何设计和构造好一个生产运作系统(第六章);再次,在有效设计生产运作系统之后,企业需要关注的就是如何高效率地运行好这个生产运作系统以及生产出具有市场竞争力的产品,这也是管理者应该掌握关注的。当然,要记住没有永远的常胜将军,所以要实时关注生产运作系统,并保持对生产运作系统的维护与改进,这对于企业保持竞争优势甚至扩大竞争优势也是非常重要的,因此在第七章我们将围绕企业如何开展生产运作系统的运行与维护进行阐述。

第五章

企业生产运作管理概述

人类最早的管理活动就是对生产活动的管理，20世纪初的科学管理运动也开始于生产运作管理，可见生产运作管理对于管理学发展的重要性。本章首先介绍阐述生产运作及生产运作管理的基本概念；然后讨论生产运作的分类、不同生产运作类型及其特征；最后总结目前企业生产运作管理的发展趋势以及面临的主要任务与挑战。

第一节　企业生产运作管理基本概念及内涵

一、生产运作在经济活动中的作用与地位

"要想生活好，必须生产好"。人类社会的发展、文明的进步是由人类劳动创造的，亦即生产所造就的，只不过在初始阶段人们是为自己或家庭而生产，后来则既为自己也为社会，即为了交换而生产；现在是为着生活的温饱而生产，将来则要为现在以为的"奢侈"而生产。由于人类的欲望是无限的，而且其中绝大部分并不是以精神、而是以物质为基础的，在现实世界并没有提供这些能够直接满足我们欲望的物质的基础条件下，我们只能通过生产的方式来解决这些矛盾。什么时候人类社会生产停止了，供给我们消费、引导我们快乐的物质基础便开始瓦解。所以，生产是社会财富的源泉，小到个人、家庭，大到国家、民族，都需依靠它才能得以生存和发展。

生产的本质在于它能够有效地增加社会财富。生产的一般含义是指将一系列的输入按照特定的要求转化为某种输出的过程。在企业生产过程中，生产包含着三个层次的转化，首先是对被转化物形态方面的转化；其次是其功效的转化；最后是对其价值的转化。如果企业的生产没有实现其输出物的价值，尽管转化也造就了新的使用功能（或具有了价值），但因为其使用价值不能发挥其作用而只能被视为是对社会资源的占用，所以这样的"生产"至少是不完整的，甚至是浪费和破坏性的。要实现真正意义上的生产，关键是要强调生产过程的有效性——企业的产品能够满足市场的要求，具有竞争的实力、能够实现其商品价值。因此，生产的经济性首先表现为生产产品的有效性；其次才是生产转化过程的效率程度。

广义的生产也可以被理解为一切人类有意识的创造性活动，所以"生产"也是社会生活中最为普遍的活动。除了农业、矿产采掘、制造业的生产被无疑地称之为生产之外，第三产业所提供的各种服务本质上也都是"生产"出来的，如电信、交通、教育、咨询、零售、传播、旅游等，只不过人们更习惯将服务这种生产过程称为服务系统的"运作"或"运营"过程

而已，而目前大家更普遍地将广义的“生产运作管理”具体称之为“生产运作管理”。

在目前众多的学科体系中，除了纯知识性的科学学科外，技术性、工程性以及技能性的职业教育都是在对“生产运作”过程进行探讨，而在这些学科之中，生产运作管理可谓是最系统最全面的了，因此学习生产运作管理不仅会对职业管理有帮助，而且个人生活也会有所收益。

二、生产运作概念

生产与运作活动是一个“投入—变换—产出”的过程，即投入一定的资源，经过一系列或多种形式的变换，使其增值，最后以某种形式的产出提供给社会的全过程。也可以说，是一个社会组织通过获取和利用各种资源向社会提供有用产品的过程。

生产运作活动的具体过程可以用图 5-1 来分解。其中的投入包括人力、物料、设备、信息、技术、能源、土地等多种资源要素。产出包括两大类：即有形产品和无形产品。有形产品是指汽车、家电、机床、食品等各种物质产品；无形产品是指某种形态的服务，典型的例子有银行提供的金融服务、邮局提供的邮递服务、咨询公司提供的设计方案等。联结投入和产出的是中间的变换过程，也就是通过劳动来进行价值增值的过程。中间变换的过程既包括使投入的各种物资资源进行转变的物质转化过程，也包括通过计划、组织、实施、控制等一系列活动保证上述物质转化过程得以实现的管理过程。并且中间交换过程实现的形式是多种多样的，有在机械工厂的物理变换，也有在石油精炼厂的化学变换；有在航空公司的位置变换，更有在投资银行实现的资本变换。

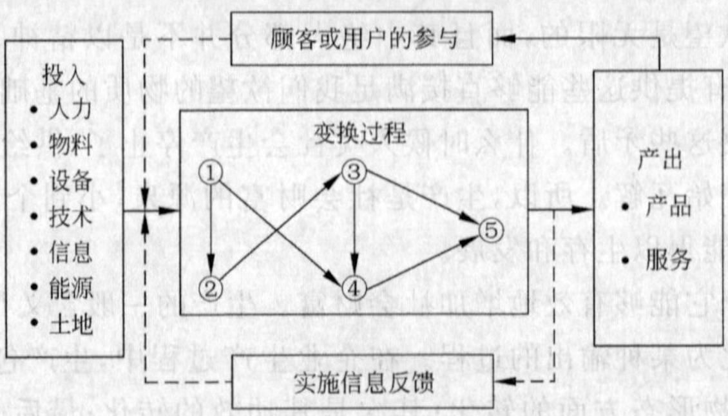

图 5-1 生产与运作活动过程

图 5-1 中的虚线表示两种特殊的投入：一是顾客或用户的参与；二是有关生产与运作活动实施信息的反馈。顾客或用户的参与，是指他们不只接受变换过程的产出结果，在变换过程中，他们也是参与活动的一部分。例如，在教室中学生的参与，在医院病人的参与等。“实施信息反馈”与“投入”框图中已有的“信息”投入的区别在于，后者是指生产运作系统外部的信息，例如，市场变化信息、新技术发展信息、政府部门关于经济趋势的分析报告等；而前者是指来自生产运作系统内部，即变换过程中所获得的信息，例如，生产进度报告、质量检验报告、库存情况报告等。图 5-1 中间的圆圈表示变换过程中产品、服务或参与的顾客需要经过的多个环节。表 5-1 列举了部分产业、部门的生产运作活动的具体构成情况。

表 5-1　部分行业、企业生产运作活动内部构成情况

产业	投　入	变换过程的构成	产　出
农业	土地、劳动力、种子、资金、工具、农业设施、信息、时间	耕作技术：设备、工具、农业及水利设施、节气规律要求、种子、作物、果实状态控制、植保体系、田间作业技能	农产品、优良品种、耕作技术、农业设施
制造业	土地、设备、劳动力、原辅材料、能源、动力、时间、信息	制造技术：设备、工具、工装、工艺；制造设施：厂房、布置、运输、服务；制造规模：能力安排、加工深度、任务安排、协调、物资、物流控制、质量检验保证、人员作业规定、激励、工资、奖金	产品及售后服务、技术创新（工艺）、工厂改善、就业机会、公司福利
零售业	土地、房屋、劳动力、货物、能源、动力、时间、信息	商业技术：货架布置、营销及作业规范；设施：运输、仓储、商品规模、服务深度、工作时间安排、货物与服务质量控制、员工素质培养、激励、选点与布局策略	商品与服务；使用指导宣传；微笑服务；咨询、导购；商业服务设施及内容改善；就业机会
交通运输业	土地、设施、设备、资金、劳动力、能源、动力、时间、信息	运输技术：工具运行作业规范；交通设施：道路、场地、管制系统、布局、规模、服务内容与集成度、时间安排、服务过程控制、安全、准时、迅速程度、员工培养、激励	运输服务、运输系统改善、技术方法创新、就业机会、福利
教育	人员、资金、时间、土地、设施、能源、信息	教育技术：科学理论，教育思想与方法；教学设施：设备、布置、招生规模、课程设置、培养过程设计、技能水平设计、进度安排、考试制度、教工培养、激励	人才、科研成果、教学成果、社会文明、教养、觉悟水平的提高
咨询	人员、时间、资金、信息、能源	咨询技术：理论、方法、技巧；服务内容：规模、进度、效果控制、咨询人员培训、激励	咨询意见、方案、战略、改进措施、咨询人员自身能力提高改进

进行生产与运作活动的主体是各种社会组织，社会组织是具有特定目标和功能的、社会化的生产要素的集合体。其中包括各行各业的企业组织，也包括非营利性的社会团体和政府部门。具体包括有公司、学校、商店、医院、车站、宾馆、餐馆、银行、消防队等，这些都属于社会组织的范畴。这些组织虽然形式、性质不同，但其有共同的特点：可以提供任何一个个人都力所不能及的产品或服务。任何一个组织都在以某种形式从事着某种生产运作活动，因此，任何一个组织都具有生产运作功能（本章以企业组织为中心展开讨论）。

三、生产运作管理的概念

生产运作管理是对生产运作系统的设计、运行与维护过程的管理，它包括对生产运作活动进行计划、组织与控制。生产运作管理的两大对象分别为：生产运作过程和生产运作系统。下面我们分别对"生产运作过程"和"生产运作系统"进行介绍。

如图 5-1 所示，生产运作过程是一个投入—变换—产出的过程，是一个劳动过程或价值增值的过程，其作为生产运作管理的第一大对象，是考虑如何对这样的生产运作活动进行规划、组织与控制的过程。

而生产运作系统,是指使图 5-1 中的变换过程得以实现的手段。它的构成与变换过程中的物质转化过程和管理过程相对应,也包括一个物质系统和一个管理系统。物质系统是一个实体系统,主要由各种设施、机械、运输工具、仓库、信息传递媒介等组成。以机械工厂为例,其实体系统包括一个个车间,车间内有各种机床、天车等设备,车间与车间之间有在制品仓库,等等。管理系统主要是指生产运作系统的计划和控制系统,以及物质系统的设计、配置等问题。其中的主要内容是信息的收集、传递、控制和反馈。生产运作系统作为生产运作管理的第二大对象,主要考虑的是如何对生产运作系统进行设计、改造与升级。

第二节　企业生产运作分类及内容分析

上一节,我们了解了生产运作、生产运作管理的确切含义,明确了生产运作管理的对象以及生产运作管理的目标。接下来我们从不同角度对生产运作进行分类,进一步了解生产运作管理的内容。从管理的角度可以将生产运作分成两大类:制造性生产和服务性运作。本节将从这两个方面进行深入分析讨论。

一、制造性生产结构类型分析

制造性生产是通过物理和(或)化学作用将有形输入转化为有形输出的过程。例如,通过锯、切削加工、装配、焊接、弯曲、裂解、合成等物理或化学过程,将有形原材料转化为有形产品的过程就属于制造性生产。

1. 按生产过程的物流连续程度分类

根据加工对象在生产过程中运动的连续程度,生产过程可被分解为连续性生产、离散性生产和凝固性生产,其特定含义与特点见表 5-2。之所以要用生产过程的连续程度来区分生产运作系统,主要是因为物流的连续特性是由生产运作系统内部的结构特点所决定的,而且它还极有代表性地反映了结构与功能之间的对应关系。物流的连续性直接反映了生产效率的高低,而效率、成本这些外在绩效又主要是由系统的内部结构方式导致的。如连续性系统,由于生产对象稳定而导致工艺稳定以及使用的设备稳定,在布置上便可采用生产线、流水线的方式,加上各设备可以充分专业化,导致加工与运输高效率,中间停顿与等待时间很短。因此系统效率很高、生产成本很低、品质的稳定性较易控制;相反,离散性系统由于对象经常变化、工艺不确定、设备只能使用通用设备,加工路线的不稳定导致无法按生产线布置。工序间运输多、等待时间长的现象便急剧增多了,从而导致效率极低。1976 年有人曾统计了在美国制造业中产品流经这两类生产运作系统时的"通过效率"(TE),即加工定额时间比总作业时间,指出连续性系统的 TE 为 90%～100%,而离散性系统却只有 10%～20%,极少超过 40%。但是,尽管间断、离散的物流效率很差,可是结构因素导致其对各种加工对象的应变能力很强,这是高效率的连续系统所难以比拟的,而这正是现代市场对生产运作系统的基本要求。

表 5-2　按生产过程中物流连续程度分类

项目	连　续　性	离　散　性	凝　固　性
定义	生产是以不间断、顺序的方式通过所有的加工工序（工作中心）	生产以各自的工艺路线通过工作中心，其间会有等待、停顿、延误	生产围绕着一个规模巨大、一次性工程的工作展开，对象不再移动
模型	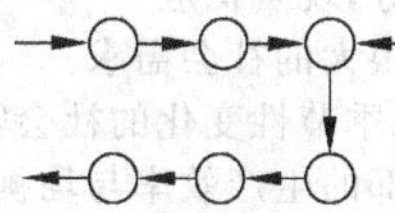 ○表示工序或工作中心 →表示加工对象或物流	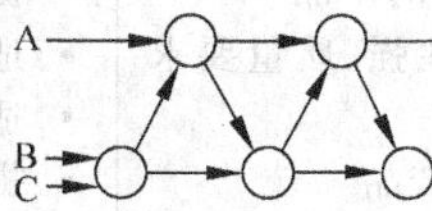 ○表示工序或工作中心 →表示加工对象或物流	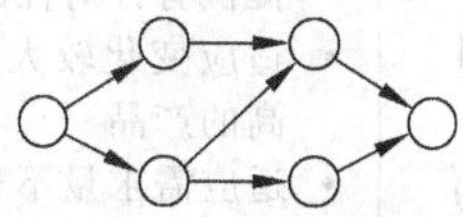 ○表示任务或生产对象 →表示任务或工作间的联系
特点	• 产品顺序经过工作地，物流移动规范 • 相邻工序紧凑、能力平衡、节奏性好 • 产品标准化程度高、批量大、品种有限	• 每个工作地（中心）完成工艺相同的任务 • 对象的工艺不固定、不规范（由于品种多） • 工序间联系很少，随机，能力制约少	• 对项目而言，“没有”物流，“只有”活动联系 • 属一次性工程，规模巨大、创造性强 • 一定时间内只有有限的工作内容
功能优势	• 生产效率高、成本低、价格竞争优势大 • 质量容易控制而且较稳定，不受人为因素的影响，更多取决于设备 C_p • 日常管理工作规范、难度相对小	• 生产的对外应变能力很强，系统创新能力较好 • 对工作、工人的技能要求高，不单调 • 系统的投资风险不太大，投入量也不大	• 项目组织的综合性实力较强各专业部门的业务能力较高 • 组织的通用性、应变性以及可移动性都很强
功能劣势	• 生产运作系统的应变能力很差，创新能力较弱 • 生产线上工人劳动单调，被异化感强 • 投资决策的风险性高、一次性投入大	• 生产效率很低，成本较高价格竞争优势不大 • 质量的稳定性多取决于生产人员的技能、情绪 • 日常的管理工作复杂、繁重	• 工程投标及准备工作任务量大 • 工程开展过程中管理工作复杂性与任务量十分繁杂 • 成本、质量、交货方面的控制较难，多数要进行权衡、取舍

2. 按用户对产品的需求特性分类

根据用户对产品的需求特性，可把生产运作系统分为备货性生产和订货性生产两类，前者主要是为了满足市场整体（而不是单个用户）对产品的基本功能或共性的要求，而后者则主要是为了满足单个用户（而非市场整体）对产品特殊功能或特异性的要求，它们的特点比较见表 5-3。

值得注意的是，表 5-3 所列举的只是两种极端情景，在两个极端之间还有很多的过渡形态。就订货性生产而言，就可以按照“订货深度”进行更细致地分析，一些产品的订货仅仅考虑产量，这种订货与备货性生产没有本质的区别；而另一些则分别可能对产品的装配、制造加工、乃至设计开发进行订货，如图 5-2 所示，图中越靠近右下角生产计划的推动力越强，而趋向左上角时，特殊需求订单的拉动性越强，沃特曼（Wortmann，1992）称这为

表 5-3　按用户对产品的需求特性分类

项目	订货性(make-to-order)	备货性(make-to-stock)
定义	根据用户提出的具体订货要求,分别在设计、制造、装配、服务等层次组织生产,以满足用户需求的特异性	在市场需求调查、市场需求量预测的基础上,有计划地进行生产,以满足市场需求的共同性
目的	• 提供有针对性的服务、合适的产品 • 适应变化较大,需求差异性强、质量要求高的产品 • 适应需求量不很大的客户产品 • 提供高附加值产品	• 提供快速服务,现货供应 • 适应需求量很大的社会需求 • 适应周期性、季节性变化的社会需求 • 提高企业内部的生产效率与均衡性
产品特点	• 用户进行产品的功能、质量、价格、交货方面的设计 • 品种变化较大,订货量较少、质量要求高 • 附加值一般很高,价格高、利润厚	• 生产者进行产品的功能开发与设计 • 生产量由企业进行预测,品种有限 • 附加值一般较低,价格低、利润薄
生产条件	• 产品品种在很大范围之内变化,需求多种多样 • 产量较小、甚至单件,订货时间随机性大 • 生产偏向于间断性、凝固性生产方式	• 标准化产品、产品品种变化有限 • 大批量产品或周期性变化的需求 • 生产偏向于连续性生产方式
管理任务	• 处理好交货与生产能力之间的关系 • 系统需要较强的应变能力 • 计划、产品开发、生产的柔性是关键	• 平衡好预测、能力、库存之间的关系 • 控制好成本、质量、库存 • 预测、能力平衡、人员激励是关键

OKP(one-kind of production)"异类生产法"。由此可知:要提高生产运作系统对市场需求的响应速度,就应该尽可能地将生产往右下端引导。右下端产品的可选择性可能不及左上端产品那样能充分满足用户的某一种特异性要求,但也不像我们原来想象的那样只是一种备货性产品,它同样可以满足某种订货的需求。比如,通过模块化部件的选择性或系列化选择配件,实现装配层次上的按订单要求生产,这对于提高效率并兼得应变能力有很大益处。

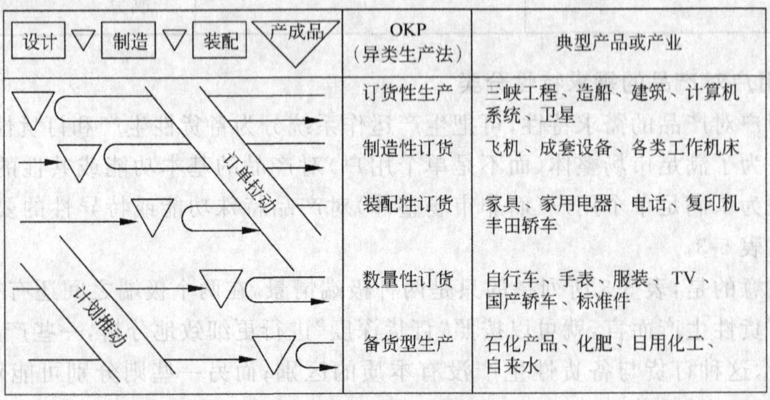

图 5-2　OKP-异类生产法对订货深度的分类

3. **产品-工艺矩阵：经典生产结构类型的划分**

根据上述的两种系统分类方式，可以综合出图 5-3 的"产品-工艺矩阵"(product-process matrix，PPM)，其横坐标表示产品的需求特性(或订货深度、产品品种与批量的组合特性)，纵坐标表示生产运作系统的物流连续特性(或生产效率)。在这两维坐标系中可沿矩阵对角线得到六种经典的生产类型，依次为：项目型生产、单件小批生产、成批轮番生产、自由节拍生产线、强制节拍流水线和流程型连续生产。这些生产类型沿对角线排列显现以下特点：由左上角向右下角进行系统变化时，生产运作系统的生产效率逐步提高，但应变能力却逐步下降，反之则应变能力增强、生产效率下降，这便揭示了生产运作系统的一个重要特性：不同的生产运作系统由于其内部结构相异，导致了其外在功能表现的差异；之所以要进行有效地生产运作系统设计决策，原因就在于产品对它有确定的竞争优势要求，而生产运作系统结构又决定了只有某一类生产运作系统结构能够提供相应的潜在能力。由此可见 PPM 为生产运作管理者进行生产决策提供了一个直观、简明、有效的分析工具，见图 5-3。

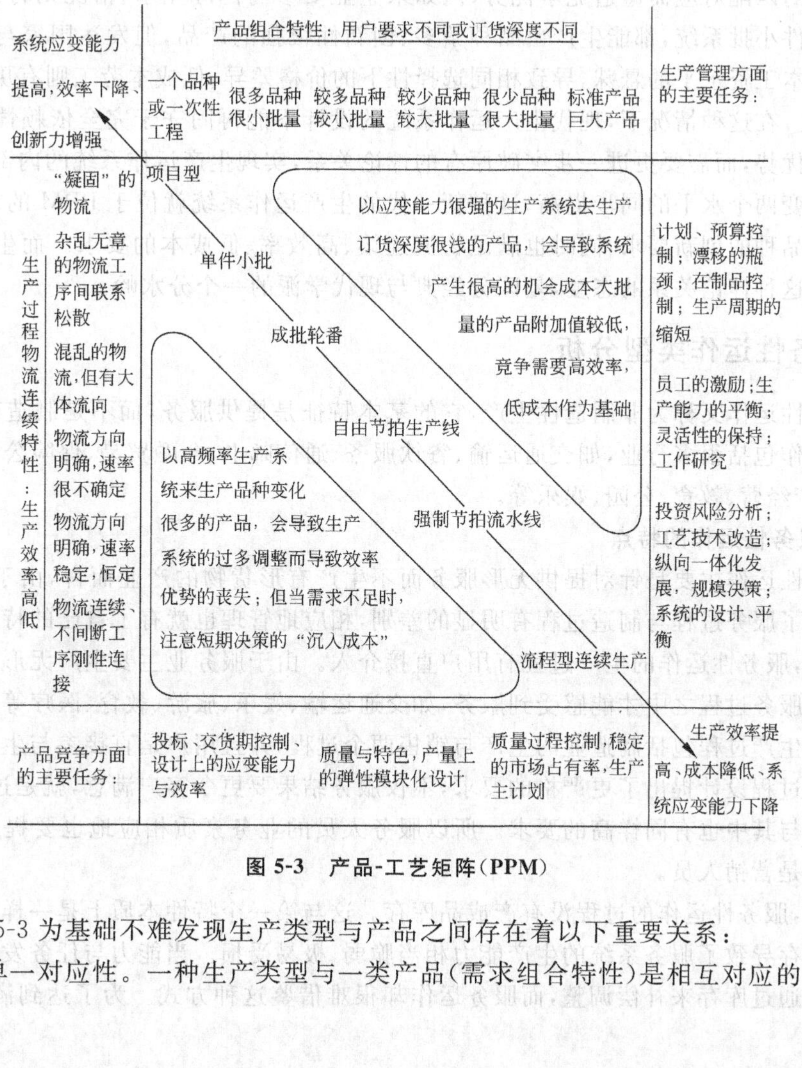

图 5-3　产品-工艺矩阵(PPM)

以图 5-3 为基础不难发现生产类型与产品之间存在着以下重要关系：

(1) 单一对应性。一种生产类型与一类产品(需求组合特性)是相互对应的。六种经典的生产类型都具有各自的特点而不可相互替代,每一种典型结构都具有其典型的功能特点与竞争优势;反之,要获得某种竞争优势或保证某种产品的特性也是非那种对应的生产运作系统结构所莫属。

(2) 功能相悖性。沿对角线的迁移变化规律揭示:生产运作系统的高效率与强应变两类特性,在这六种经典的生产类型中很难同时兼得,实际上是呈一种悖论的关系,即只能通过权衡取舍的方式来决定。这一特点更强化了竞争优势的观念,要想实现生产运作系统的某种功能目标或产品特性,必须以具有相应功能特长的系统与之"匹配"。

(3) 极端优势性。由于存在着系统结构所导致的功能悖论关系,在PPM对角线两端的系统表现出了更强的功能相悖特性,因此也具备了更鲜明的竞争优势特点,而处于PPM中部的系统由于其功能的中庸特点使其竞争优势受到了很大限制。这一特点暗示:在经典的生产类型中与其走"中庸之道",不如以增强系统对目标市场的针对性来获得优势,这在现代竞争的市场条件下可能是至关重要的。

值得注意的是,在相同或相似条件下,利用PPM所揭示的规律可以实现产品特性与系统类型的匹配对应而塑造竞争优势;但如果企业要参与国际竞争,情况则将大不相同,同样的单件小批系统,都能生产出品种繁多、创新性很强的产品,但发达国家与发展中国家由于基本工资水平的悬殊,导致相同选择性下的价格差异,低成本劳工则有更大的价格竞争优势。在这种情况下,现代生产运作系统的设计不能再固守于完全依赖悖论关系来构造竞争优势,而需要更进一步突破原有的悖论关系,实现生产运作系统的内部高效率与外部强应变两个水平的同步提高,这种新一代的生产运作系统就位于PPM的左下端,能够适应多品种的创新要求,同时也满足物流连续、高效率、低成本的要求。而生产运作管理中对待这种悖论关系的态度,是区分经典与现代学派的一个分水岭。

二、服务性运作类型分析

服务性运作又称为非制造性生产,它的基本特征是提供服务,而不是制造有形产品。服务性运作包括很多行业,如交通运输、餐饮服务、通信邮电、金融贸易、保险公证、旅游饮食、房地产经营、教育、公园、娱乐等。

1. 服务性运作的特点

服务性运作主要是针对提供无形服务而不生产有形货物的产业而言,由于这种产出特性导致了服务过程与制造过程有明显的差别,相应地管理也就有了自己的特点。

首先,服务性运作的生产过程有用户直接介入。由于服务业主要生产无形的服务,顾客需要在服务过程之中才能感受到服务,如交通运输、娱乐、旅游、教育、医疗等,因此服务性运作的生产过程包括制造业的生产与销售两个过程,并且用户是直接参与生产的,这就对服务的过程设计提出了更严格的要求,不仅服务结果要更令客户满意,就是过程本身由于客户参与其中也有同样高的要求。所以服务人员的业务素质相应地也要提高,无论是生产者还是营销人员。

其次,服务性运作的过程没有产成品库存。这与第一个特性本质上是一样的,由于服务没有库存导致了服务系统的生产能力相当脆弱、极易受损。当能力与任务发生矛盾时,制造业可通过库存来补偿调整,而服务运作却很难借鉴这种方式。为了达到满意的服务水平，其人员、设施以及各种物质性准备都要在需求达到之前完成，而当实际的需求高于这种能力储备时，服务质量立刻下降(如排队等待时间过长、拥挤、甚至取消服务等)，而当情况相反时则又造成服务能力的大量闲置与浪费。因此，服务运作过程的生产能力管理比制造性生产更为困难。

再次，服务性运作没有可集中性。服务的生产与销售由于是用户直接参与的，因此不像制造业那样可实现生产的大规模与集中性。相反，服务质量的提高有赖于对最终市场的接近与分散程度，这导致了服务运作在选点、布局等方面的更高要求，其评价原则也更多地是考虑外部营销功能而非内部的运营效率或经济性。

最后，服务性运作大多属于劳动密集型。这导致了服务性企业抵御竞争、防止模仿的能力较弱；但从另一个方面看，进入或退出某一服务性行业也比较容易，并不需要太多的投资和冒巨大的风险。在这种情况下，关键是要在经营战略层次进行正确决策，从战略指导思想上便开始构造自己的服务特色与竞争优势，如麦当劳、迪斯尼、新加坡航空公司等均通过在战略指导思想上构建了自己的服务特色与竞争优势。

2. 服务性运作类型的划分

服务运作系统原则上也可以通过外部的绩效表现与内部的运营效率两方面来分析其特点，与制造性生产不同的只是在于：服务性运作的外部绩效可以通过用户介入服务过程的深度来衡量，而内部的效率则可通过系统用工的密度程度来衡量。

1) 按客户参与服务过程的程度分类

从某种意义上说，客户介入服务过程的深度意味着服务的档次高低和质量优劣。服务的特点是它的非物质享受性，而这种精神的享受是靠信息、沟通、交流、环境感染、服务过程本身的内容以及时间的准确性、可靠性等因素来加以体现的。如果同样都是航班误点或延迟起飞，经常沟通与毫不通知所产生的服务效果就截然不同；教学中的单向灌输与讨论交流所导致的质量也不相同；购物中有人员的引导、咨询、哪怕一丝微笑可能也会使“上帝”“受宠若惊”，更不用说在咨询行业用户介入的重要性了。由此反过来也可见有意识地引导用户加入服务过程就意味着新的服务水准与档次，而这并不需要什么硬件、财务投资，只需服务人员的一种热忱。

2) 按生产人员投入的密集程度分类

生产人员的密集程度反映了服务系统的内部结构与运营特点。员工投入多的系统技术装备程度较低，生产运作系统的运营效率与作业的规范性较差，作为服务业的服务特点较为明显，生产能力的构成主要取决于人员及其主观能动性；相反，员工投入少的系统技术装备程度较高，设备制约着生产能力，资金投入较多，服务质量在很大程度上也取决于硬技术、设备的先进性，由于生产过程的技术含量较高，系统特点更接近制造业的一些规律。

3) 服务业的产品——工艺矩阵(PPM)：对服务运营系统的分类

图 5-4 以上述两项指标为尺度对服务业的生产类型进行了划分，分为：工厂型服务、作坊型服务、大量型服务和专职型服务。工厂型服务与作坊型服务以及大量型服务与专业型服务的差异在于用户参与的程度不同，前者由于用户介入少，服务过程较规范，服务系统也有较明确的前后台。前台与用户直接打交道，后台则与用户没直接联系而与制造

系统相近似;后者则是用户紧密介入的,前后台很难区分,真正的服务性更鲜明。而工厂型服务与大量型服务、作坊型服务与专职型服务的区别则在于人员与设施装备的比例关系,前者技术装备可能起着更大的作用,而后者人员素质作用更大。在此分类框架下,管理的任务特点也相应明确了。

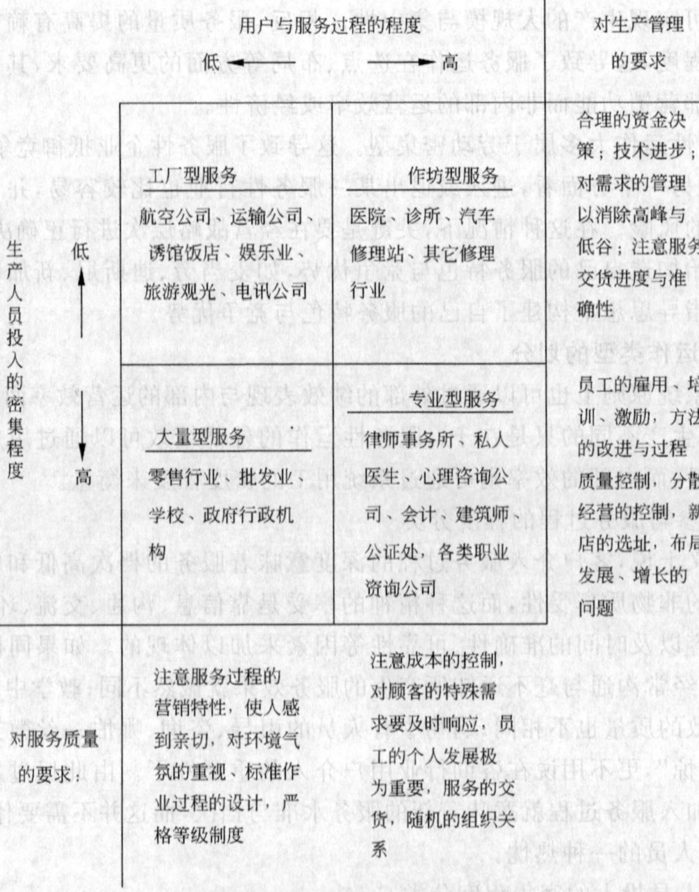

图 5-4 服务业生产类型的划分

三、制造性生产和服务性运作的比较

如前所述,制造性生产与服务性运作最大的区别就在于它们输出成果的形式。制造业以提供制造产品为特征,汽车、家电、衣物都是看得见、摸得着的实物;服务业则以提供服务为特征,例如,医院医生为病人诊断、教授讲课、汽车修理等,都只是某种行动,并不需要提供有形物品。当然,服务业也从事一些制造性生产,只不过制造性生产处于从属地位,如饭店,它也需要制作各种菜肴。

随着服务业的不断发展,提高服务运作的效率日益引起人们的重视。然而,由于制造是产品导向,服务是行动导向,服务性运作的管理与制造性生产的管理有很大的不同,与制造性生产相比,服务性运作有如下特点:

(1) 服务性运作的生产率难以测定。我们可以通过一个企业生产产品的数量来计算其生产率,但对于律师、教授以及医生等职业难以计算生产率。

(2) 服务性运作的质量标准难以建立。对于汽车、家电等产品,行业内都会有具体的指标来评判产品的质量。但对于教师、医生这样的服务性行业,虽然可以主观给出评价,但评价的标准难以统一。

(3) 制造业可以将生产和消费分离,生产车间可以不与顾客接触;服务行业则往往以运作和消费相结合为特征,与顾客接触是服务性运作的一个重要内容,但这种接触往往导致效率降低。

(4) 纯服务性运作不能通过库存来调节。生产型企业可以通过产品库存来应对市场的变化,但服务性行业却做不到这一点。理发师不能在顾客多的时候,把排队的顾客转移到空闲的时候,当然更不能在顾客少的时候,替"潜在排队"的顾客理发,以便顾客多时能够提供极快的服务。

当然除了上面提及的制造性生产和服务性运作的区别之外,两者之间在具体的管理过程中还是具有相似之处的。如都要选择工厂厂址和服务设施的位置,确定工厂的生产能力和服务设施的容量,对稀缺资源进行配置,对生产服务活动进行计划与控制等。

第三节　企业生产运作管理的主要任务及发展趋势

前面两节我们对生产运作管理的相关概念及基本内涵进行了介绍与分析,这是开展具体生产运作管理的重要前提。然而生产运作管理者的主要任务是什么?我们可以按照任务开展的先后顺序来总结:首先是建立好一个生产运作系统,这是较为长远的决策行为;其次是运行好这个生产运作系统,这是日常工作的主要内容;最后则是对生产运作系统的维护与改进,生产运作系统只有通过正确的维护和不断改进,才能不断适应市场的变化,持续地为用户提供合格的产品和满意的服务,保持竞争优势。

企业进行生产运作管理的目的也是要满足消费者的需求,价格、质量、品种、时间、信誉和环保是影响顾客对产品和服务需求的六大因素。这六大影响因素是企业间竞争的主要领域,不同的竞争因素也是驱动企业生产方式变革的主要原因,目前已经形成了与这六大因素对应的六种生产方式,如图 5-5 所示。

不同因素的竞争对生产运作管理有直接的影响,由于篇幅有限,下面我们对基于不同竞争因素下的生产运作管理进行简要的阐述。

1. 基于成本竞争的生产运作管理

如图 5-5 所示,当价格成为主要竞争因素时,就出现了基于成本的竞争。价格之所以成为主要竞争因素,是消费水平低造成的,消费水平又取决于社会财富的积累程度。在工业初期,人类制造的产品少,属于供不应求的卖方市场。基于成本的竞争,就是要使产品的成本尽可能降低。降低成本提高利润一直是企业生产运作管理追求的目标,最初的降低成本是从劳动分工开始的,最显著的例子是福特的流水线大量生产,它将产品的成本大幅度降低。库存管理是成本控制的关键因素,始终是基于成本竞争的生产方式的研究重点。

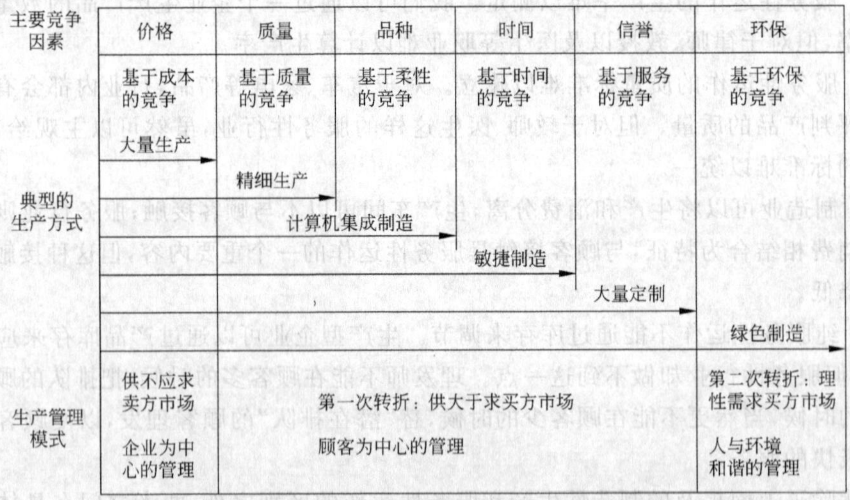

图 5-5 生产方式管理模式变革和主要竞争因素的关系

2. 基于质量竞争的生产运作管理

当市场发生转变,由供不应求转变为供大于求的时候,这时候需要企业以顾客为中心进行管理。企业的产品能不能卖出去,即企业生产运作的输出能不能被顾客接受,首先取决于其质量,因此质量是企业参与市场竞争并赢得顾客的必要条件。当以质量为主要竞争要素时,企业中便出现了精细生产方式。精细生产是质量竞争和时间竞争的产物,它比大量生产效率更高、成本更低、质量更有保证,并综合了手工生产方式和大量生产方式的优点,克服了两者的缺点。准时生产(JIT)、全面质量管理(TQC)也都是基于质量竞争的生产方式。

3. 基于柔性竞争的生产运作管理

当品种成为主要竞争因素时,就出现了基于柔性的竞争。随着经济的发展、社会的进步,消费者对于产品的要求越来越高,传统的制造技术已不能满足消费者对于多品种、更具特色、符合顾客个人要求样式和功能的需求,便开始要求生产运作系统具有柔性。

柔性是企业适应外界变化和处理不确定性的能力。在具体实践柔性的过程中,物料需求计划(MRP)、制造资源计划(MRPⅡ)以及企业资源计划(ERP)是广受企业欢迎的方法,它们能够帮助企业实现增加生产品种、降低生产成本并能够将企业各个部分有机地结合在一起,形成具有柔性的统一体。

4. 基于时间竞争的生产运作管理

如何缩短时间以尽快响应顾客的需求是企业生产运作管理的重点。随着科技的不断发展、企业间竞争不断加剧,基于时间的竞争愈加凸显。其实,基于时间的竞争贯穿于整个生产运作的发展过程,早在 1881 年,泰罗就开始进行工时标准研究,即对一项工作应该用的时间进行精心的研究。

现代基于时间竞争的研究是一种压缩产品计划、开发、制造、营销和运输时间的竞争战略,根据产品的价值运动过程,可分为基于时间创新、基于时间制造、基于时间销售、基于时间服务四部分。在这样的驱动下,企业间必须结合起来满足顾客的需求,这就形成了生产运作管理中重要的议题——供应链管理，并且涌现出虚拟企业、敏捷供应链、并行工程等系统方法。

5. 基于服务竞争的生产运作管理

在买方市场条件下，消费者面对的选择更多。为了更好地满足顾客的需求，企业往往需要采取多样化策略，即生产多品种、多型号规格、多花色的产品来满足不同顾客的需求。但由于多样化会使企业成本迅速上升，包括库存成本，产品设计、工艺变化的成本，外购原材料等的成本都会上升。为了解决多样化与成本上升的矛盾，企业探索出了大量定制生产的生产运作模式。大量定制就是用大量生产的成本来提供顾客个性化的产品和服务，其中的关键是实现变定制化的产品和服务为标准化的模板。但大量定制的实现对企业的技术提出了更高的要求，企业要在客户关系管理、电子商务等环节进行投入。

6. 基于环保竞争的生产运作管理

伴随着全球经济的全速发展，世界范围内的环境危机也随之爆发。针对全球变暖现象而提出的各种政策也影响着企业的发展，因此企业要有针对性地应对低碳经济的到来。基于环保的竞争是生产方式的第二次转折，其所倡导的人与环境的和谐管理也是企业发展的一次新的飞跃。

绿色制造是基于环保竞争的生产运作模式，是一个综合考虑环境影响和资源消耗的现代制造模式。它不仅仅考虑最终产品，还要考虑整个产品的生命周期对环境的负面影响。

本章复习题

1. 为什么说“生产与运作活动是一个‘投入—变换—产出’的过程”？请通过具体的行业例子来说明“投入—变换—产出”这一过程。

2. 什么是生产运作管理？

3. 什么是制造性生产？举例说明制造性生产结构类型有哪些？

4. 什么是服务性运作？举例说明服务性运作的特点和类型，并辨析制造性生产与服务性运作的不同？

5. 简述生产运作管理的主要内容。

第六章

企业生产运作系统的有效性设计

第一节　生产战略

一、生产战略的概念与作用

生产战略是企业根据所选定的目标市场和产品特点来构造其生产运作系统时所遵循的指导思想,以及在这种指导思想下的一系列决策规划、内容和程序。作为一系列决策的结果,生产战略是关于生产运作系统如何成为企业立足于市场并获得竞争优势的战略性计划;作为这一系列决策的过程,生产战略为实现生产运作系统在企业中的有效性规定了明确的决策内容、程序、原则和模式。因此,生产战略具有三个特点:第一,贡献性。它强调对企业竞争优势的贡献,通过对产品目标的明细化使生产运作系统功能具有优先级而保证竞争优势的突出,为企业竞争提供了坚实的产品和后援保障;第二,一致性。它强调生产运作系统与企业要求的一致性,同时也强调生产运作系统内部结构与非结构要素的一致、协调关系,以此来保证整个生产运作系统的目标及其优先级;第三,操作性。它强调战略既是一种计划思想,更是一种决策实施的执行,因此它注重各个决策之间的明确目标分解、传递和转化过程以形成各级人员的共识和参与,同时注重各项决策的内涵及其相互一致性以保证决策的实施明确、可行。

生产战略对于保证生产运作系统的有效性无疑是至关重要的,但它毕竟不是整个企业的战略;它能够对公司的某种产品提供市场竞争优势的保障,但由于目标市场的差异这种战略一般并不适用于公司内的其他产品。根据决策内容的特点,一般企业的战略都可被分为三个层次:公司级战略、部门级战略和职能级战略。生产战略属于职能级战略,担负着支持部门(或产品)战略的义务,它们之间的关系如图 6-1 所示。在企业战略的最高层是有关整个公司经营内容、从事何种专业、具有什么使命、如何调配资源的总体经营战略;中间层是各个不同产品事业部的竞争战略,它要对部门的经营内容及其在市场上竞争

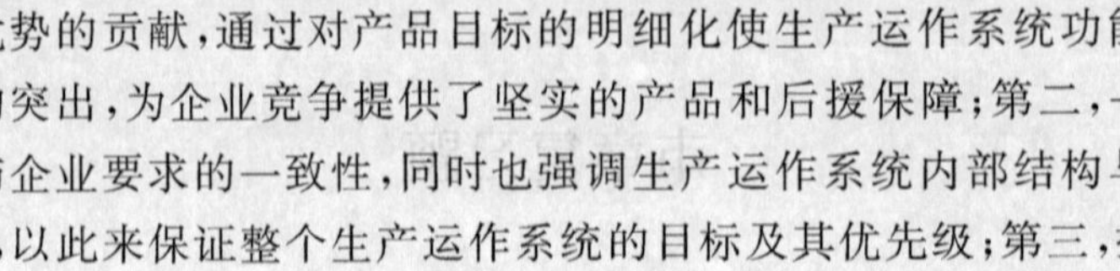

图 6-1　公司经营战略与生产战略的关系

优势的取得进行战略分析与规划，如果某一企业只是单一产品经营，没有事业部划分，公司战略与部门战略则是同一种战略，内容可合二为一；第三层是部门内的职能战略，其内容除了对各自职能、使命的定义外，更重要的是明确部门对各职能规定的目标，以及实现这些目标的战略措施。

由此可见，生产战略是直接为产品的市场竞争服务的。产品事业部的战略规定了产品的目标市场以及竞争策略，或成本领先，或别具一格，或集中一点，生产战略就是要力争使生产运作系统及其输出的产品能符合目标市场的基本要求并能满足竞争战略的优势需要，以实现立足于市场基础上的制胜、发展的目标。同时，在生产战略指导下构造的生产运作系统由于具备了自己特有的竞争优势，因此生产战略也会逆向作用于部门战略，使部门进行目标市场选择和竞争战略决策时能够充分考虑到生产运作系统业已形成的结构——功能优势特点，充分发挥生产运作系统作为竞争资源的特性。

按照生产战略具有构造有效的生产运作系统这一基本特性，生产战略的核心决策过程可用图 6-2 来表示，它是由两个主要部分组成的。第一，生产运作系统功能目标决策，包括根据用户的需求特性和企业的竞争战略来定义产品的功能，再由产品将这些功能转换为对生产运作系统的功能目标；第二，生产运作系统结构的决策，它是根据既定的系统功能目标和生产运作系统固有的结构——功能特性，进行生产类型的“匹配”，这种匹配过程是通过调整系统结构与非结构化要素实现的。通过以上两个关键步骤便可实现生产运作系统对其产品市场竞争优势的保证。

生产战略对生产运作系统的设计过程与传统的设计过程有两个明显的差异：第一，生产战略强调了对产品竞争实力的保障，通过目标优先级的决策实现了产品竞争优势，而传统方法一般仅以成本和效率为中心，强调系统的高产出与规模经济；第二，生产战略强调了系统各要素间在生产类型结构框架下的协调性，而传统方法由于过于强调高效率与最现代化技术的应用，往往使系统内部的要素组合失调，不能最佳地发挥出那种结构的潜力。总之，生产战略认为生产运作系统是企业的竞争之本，只有保证了生产运作系统本身的竞争优势才能赢得产品在市场上的竞争优势，也才会有整个企业的成功，因此整个生产战略理论是以竞争及其优势的获取作为基础的，图 6-2 也可以被称为以竞争理论为基础的生产战略决策过程。

除了对产品竞争优势的保证功能外，生产战略理论还在进一步发展。人们在探讨生产运作系统实现了有效性之后生产战略如何帮助系统在运行过程中不断改善效率，这便是图 6-2 的虚线模块部分，它被称为生产战略的发展理论。实际上，这部分理论已不再是单纯地解决效率问题，由于它是在确保了系统有效性的前提下对运行效率的改善，已在很大程度上消除了生产运作系统的功能悖论约束，致使系统可以在一个更新、更高的层次上展开竞争，因此生产战略的系统发展理论也被上升到与系统竞争理论相平行的重要地位，两者共同构成了现代生产运作管理中的战略理论体系。

二、生产战略的竞争优势理论

生产战略的决策过程之一就是通过产品的竞争优势决策然后来定义生产运作系统的功能目标，然后据此来选择相应的系统结构以从静态结构方面实现产品竞争优势的要求，这便是生产战略竞争优势理论的核心。

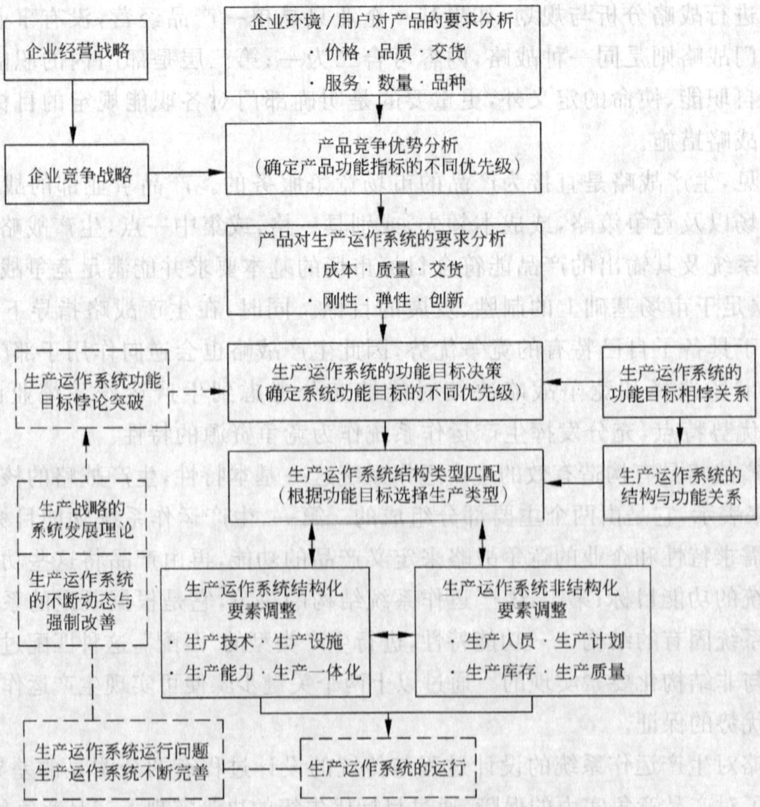

图 6-2 生产战略的决策过程(竞争与发展理论)

1. 生产运作系统功能目标与结构类型的匹配

图 6-3 显示的是生产类型与功能潜力的对应关系,这种关系的表示比 PPM 本身更能反映一种结构与一种功能的对应性,也能更好地为管理者决策提供直接工具。当生产运作系统明确了图 6-3 右端的功能目标(或要求后),生产类型的决策问题实际上就是在图的左端寻找对应的结构类型;反过来当已知现有系统的结构特点,对应的功能特性也可据此一目了然,能够帮助管理者明确自己系统的优势与短处。由于系统内在结构与其功能

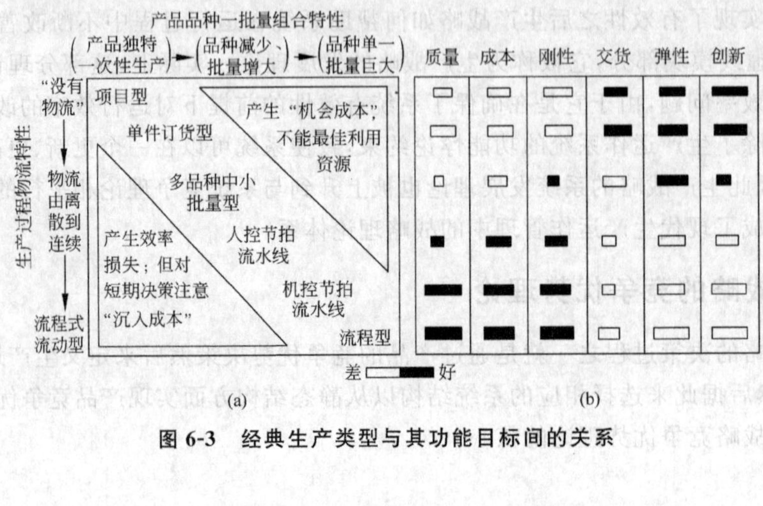

图 6-3 经典生产类型与其功能目标间的关系

之间的规律性，人们可以进行分析、选择的余地并不大，这使得整个决策过程十分明确。

然而，上述类型与目标匹配的明确对应性也是有前提的。当企业环境通过产品要求生产运作系统在相悖不和的两类功能指标上都需达到高水平时，这种匹配关系就很难维系了。而这种相悖的功能要求，在目前日益加剧的国际竞争中，表现得越来越频繁和越来越高涨。

对于这种相悖功能目标要求同步提高的情况，过去实际上也曾遇到过。多品种中小批量这种经典的生产类型便可以认为是调和效率与应变能力这对相悖功能要求的"妥协"产物。虽然这种生产类型已有数十年的历史，而且在现实中仍有不可替代的生命力，然而近来的研究资料表明：这种调和中庸性生产类型由于缺乏优势特色而在当今激烈竞争的环境中颇显被动。北美一些管理学者甚至把20世纪80年代美国制造业因竞争不力而衰退的原因也归结于此，提出自第二次世界大战以来，美国公司经理层实际上已放弃了他们应对制造系统所承担的管理责任，致使生产运作系统的结构与功能不能反映企业竞争的要求。当20世纪70年代末80年代初受到以单件订货型为主的西德产品和以大量流程型产品为主的日本产品的两路夹击时，以多品种中小批量为依托的美国生产运作系统及其产品显示不出必要的实力而屡屡战败，继而导致了整个国家制造业的衰落。由此可见，试图利用调和系统来兼顾相悖功能要求的策略在市场竞争强度很高的环境下是很难奏效的。

针对相悖功能要求的同步提高，人们也正在积极探索新的对策。其中，以北美工商管理学院为主体的一个学派试图通过"制造集中化"(focused manufacturing)来解决这一问题。他们认为：一种产品之所以会出现相悖功能要求同步增高的现象，是因为这种产品的市场覆盖面过宽，缺乏有效的集中，换言之，是生产运作系统所担负产品系列(可以是潜在的系列)过宽，因此要求通过生产的集中化来实现产品的集中，最后使目标市场集中，从而实现有效竞争。而另一代表学派则认为相悖功能要求的同步提高是制造业在未来面临的真正挑战，利用经典的生产运作系统已不能保证企业的竞争优势，因此提出要通过"世界级制造系统"(world class manufacturing)在新的竞争水平上展开角逐的理论。在这一理论中，以美国工业工程和技术界为主体的WCM学派提出要以FMS和CIMS来重新振兴美国的制造业；而以日本企业界和学术界为主体的WCM学派则提出要通过JIT实现新层次上的竞争优势。各种学派的理论探讨使20世纪80年代中后期的生产运作管理领域在沉寂了数十年后又呈现出兴旺的复苏景象。

总之，生产运作系统的竞争优势理论基本上还是默认生产运作系统的功能悖论关系的，并试图以此来铸造一种鲜明的系统个性以实现产品的竞争特色，因此其系统分析决策也主要以类型与目标匹配的方式为主。但由于现实竞争环境的复杂与恶劣，致使生产结构的确定也趋于多样化，单纯匹配关系的比重呈减少趋势，而分析、决策的重要性在逐渐增高。

2. 生产类型决策指导下的系统设计

生产类型是一个结构特性的概念，当它被确定之后，生产运作系统的四种结构化要素即被确定，而且在这种特殊的结构中系统的另四种非结构化要素也会相应被明确要求。因此，生产运作系统的设计关键在于生产类型的明确决策，此后的具体细节设计在很大程度上是有章可循的。这主要是因为，生产运作系统虽很复杂，决策与调整的要素很多，但作为一个系统它内部必须是协调的，相互关联的，只要能抓住系统内部的关键要素，其他要素的要求与特性均能随之确定，而生产类型这一概念之所以重要主要就是因为它极具代表性。

表6-1便是在六种经典生产类型框架下，针对生产运作系统的八项构成要素所提出

表 6-1 生产运作系统经典类型与八

生产运作系统的构成要素	项目型生产运作系统	单件小批生产运作系统	成批轮番生产运作系统
1. 生产技术			
(1) 生产工艺特点	• 加工路线变化极大,无物流方向 • 工序之间无物流联系	• 加工路线很不确定,无定向物流 • 工序间物流联系很弱	• 并非全部产品都经过相同工序 • 物流有大致流向,工序间联系弱
(2) 生产设备特点	• 工艺通用性设备,应变能力强 • 自动化程度与生产效率很低	• 工艺通用性设备,应变能力强 • 自动化程度与效率低	• 多数为工艺通用性设备,应变性较好 • 多数设备自动化程度低
(3) 技术变化特点	• 产品工艺变化对生产运作系统的影响有时很大,有时很小 • 局部工艺改变对系统影响不大	• 产品工艺变化对生产运作系统的影响不大(系统有应变能力) • 局部工艺改变对系统影响不大	• 产品工艺变化对生产运作系统会产生一定影响(如物流方向的改变) • 局部工艺改变对系统有时影响很大
2. 生产设施			
(1) 设施规模	• 一般较小,无规模经济特性	• 多数较小,无规模经济特性	• 中等,很小的规模经济特性
(2) 设施布局	• 接近市场和消费、使用地	• 一般靠近市场、消费地	• 可能靠近消费地或原料地
(3) 设施布置	• 项目或定位布置	• 工艺专业化机群式布置	• 工艺专业化或单元布置
3. 生产能力			
(1) 生产能力的定义	• 十分模糊,很难评定	• 较模糊,可用货币量衡量	• 不明确,有时可用实物量衡量
(2) 生产能力的大小	• 影响因素复杂,很难平衡	• 影响因素多,不平衡,瓶颈漂移	• 能力可变动,有时不平衡
(3) 生产能力的增长	• 逐渐增长或部分环节增长	• 逐渐或部分增长,多取决于人	• 可较大、局部增长,依赖技术、人员
4. 生产一体化			
(1) 一体化方向	• 可纵向向前,可水平拓展	• 可水平拓展或纵向向前	• 有时向前,有时向后
(2) 一体化程度	• 视企业规模	• 一般很小	• 较小
(3) 一体化平衡性	• 以外购为主	• 未知,或外购为主	• 外购与自制平衡
5. 生产计划与控制			
(1) 决策规划	• 订货、投标拉动型	• 订货、议项拉动型	• 混合型:订货拉动型、计划推动型
(2) 计划系统核心	• 网络计划技术	• MRPⅡ,OPT,西马克	• MRP,MRPⅡ,EPQ,JIT
6. 生产库存			
(1) 库存控制类型	• 相关需求控制	• 相关需求控制	• 相关与独立需求控制并存
(2) 库存量	• 原料、在制品较多,产成品极少	• 原料、在制品多,产成品较少	• 原料多,在制品很多,产成品不少
(3) 库存控制方式	• MRP	• MRP	• MRP,EOQ

项构成要素之间的关系

自由节拍生产运作系统	强制节拍生产运作系统	流程型生产运作系统
• 加工路线稳定、明确，工序间联系强 • 物流有确定方向，但速率不稳定 • 部分通用与专用设备构成对象化系统 • 自动化水平提高，生产效率提高 • 产品工艺变化对生产运作系统会产生很大的影响，涉及物流路线、工艺设备 • 局部工艺改变对系统影响重大	• 加工路线明确，工序间联系很强 • 物流有明确方向，且速率稳定 • 主要由专用设备组成对象化系统 • 自动化及效率高，应变能力降低 • 产品工艺变化对生产运作系统会产生重大的影响，涉及工艺设备以及整个系统 • 局部工艺改变对系统影响重大、深远	• 生产工艺过程各环节刚性连接 • 加工对象本身具有连续流动性 • 完全专用性设备构成的专用性系统 • 自动化及效率很高，应变能力很弱 • 产品工艺变化对生产运作系统的影响巨大，甚至是毁灭性的 • 局部工艺改变对系统影响很大且深远
• 一般较大，较强的规模经济特性	• 较大，很强的规模经济特性	• 较大，很强的规模经济特性
• 可能靠近消费地或原料地	• 可能靠近消费地或原料地	• 可能靠近消费地或原料地
• 对象专业化产品（生产线）布置	• 对象专业化产品（流水线）布置	• 对象专业化的产品流程式布置
• 能力较确定，用实物量衡量	• 能力确定，用实物量衡量	• 能力确定，用实物量衡量
• 能力取决于人员效率，较易平衡	• 能力取决于设施，瓶颈易发现	• 能力取决于设施，能力基本平衡
• 必须整体增长，多需依靠人员	• 必须整体增长，多需依靠设施	• 必须整体增长，取决于投资
• 可向前、向后，多以向前为主	• 可向前、向后，多以向后为主	• 可向前、向后，以向后发展为主
• 可大可小，视规模而定 • 以自制为主	• 可以很大 • 以自制为主	• 一般很大 • 以自制为主
• 备用型：多为计划推动 • 标准作业计划、JIT	• 备货型：计划推动、订货层次浅 • 标准作业计划、JIT	• 备货型：计划、现有库存推动 • 管控一体化技术，标准计划
• 并存，以独立需求控制方式为主	• 独立需求库存控制为主	• 独立需求库存控制
• 原料较多，在制品较少，产成品可能多	• 原料较少，在制品少，产成品可能很多	• 原料较多或少，在制品很少，产成品较多
• 与供货商联系密切，JIT	• 与供货商联系密切，JIT	• EOQ 系统

生产运作系统的构成要素	项目型生产运作系统	单件小批生产运作系统	成批轮番生产运作系统
7. 生产质量			
(1) 质量保证体系	• 依赖工人的技能、责任心	• 依赖工人的技能、责任心	• 操作规程、工作标准
(2) 质量控制	• 不规范,由工人自己掌握	• 不规范,C_p 可确定,多取决于人	• 较规范,C_p 影响大
(3) 质量检验	• 阶段性检验为主	• 关键工序检验,自己控制为主	• 自控与管控结合,抽样检验
8. 生产人员			
(1) 人员素质特点	• 高业务技能要求,适应力强	• 高业务技能要求,适应力强	• 较高业务技能要求
(2) 人员管理政策	• 高报酬、工作丰富化激励	• 高报酬、工作丰富化激励	• 中等报酬,工作扩大化激励
(3) 组织机构特点	• 分权,中层管理人员多,成本中心	• 同左,可形成利润控制中心	• 中层协调人员多,利润或成本中心

注：MRP(materials requirement planning)——材料需求计划；MRPⅡ(manufacture resources planning)——制

的要求。该表一方面反映了生产运作系统八项要素间的内在联系特点,它们在特定的生产类型中保持着特定的协调一致性;另一方面也可以认为生产运作系统的这八项构成要素是改变、调整、完善生产运作系统结构类型与运行机制的有效杠杆,要进行生产类型的变换,要通过设计使系统具有新功能,要使系统各要素更加协调,就可以按照表 6-1 中阐明的联系、要求加以调整,所谓生产运作系统设计,也就是要使新的生产运作系统达到该表所提出或总结的要求。

三、生产战略的系统发展理论

1. 生产运作系统功能水平的划分

根据生产运作系统对企业竞争能力的贡献程度,生产运作系统的功能水平可分为四个层次,它们是:

(1) 缺乏竞争力。管理者将注意力更多地集中在生产以外的竞争手段方面,在生产运作系统内更多地是在应付各种突发性事件或问题,意识上只是想消除生产环节中的矛盾,而不寄希望于通过生产运作系统为竞争创造有利条件。这种生产运作系统的典型表现是:①生产运作系统经常出现问题,管理层如同消防队,总试图通过严格监控来防止破坏因素的产生;②当需要进行生产运作系统及其战略研究时,企业需依赖外界力量而对自己的管理者缺乏信任;③生产决策处于被动地位,因此要求生产运作系统具备超常的"应变能力"以至于影响了系统的稳定性;④产品在六项功能指标上不能完全达到用户的满意水平,产品生产处于仅能保证工艺要求的水平。

(2) 形成竞争对峙。尽管管理者仍未将生产运作系统视为企业竞争的重要资源,但为了消除系统中的矛盾和隐患,管理者希望系统能够达到本行业的平均水平。这时生产

续表

自由节拍生产运作系统	强制节拍生产运作系统	流程型生产运作系统
• 工艺、工作标准	• 设备精度与工作标准	• 设备精度与管、控标准
• 规范性，C_p 影响大	• 标准化、C_p 起决定性作用	• 标准化、C_p 与动态监控
• 抽样检验	• 定期抽样检验	• 定期抽样检验
• 一般熟练技能要求	• 一般熟练技能要求	• 专门化的熟练技能要求
• 低报酬，小组激励，工作研究	• 低报酬，工作研究，小组激励	• 低报酬、安全、效果为主的集体激励
• 成本控制中心，集权型，中层人员少	• 集权型，中层人员少，成本中心	• 集权或模拟分权，成本中心

造资源计划；EOQ——最优化生产技术

运作系统的典型表现是：①紧跟行业变化，在技术、设备、人员、能力、管理等方面争取保持在行业的平均水平；②资产的更新，尤其是现代技术被视为取得竞争优势的关键，尽管生产决策主要由生产运作管理者自行做出，但技术装备的来源却仍依赖于外界供给；③生产运作系统的计划已被纳入整体的经营计划之中，系统投资考虑到了产业的生命周期特性；④产品达到了行业平均水平，基本能够达到用户要求，系统能在保证工艺水平基础上实现产品的基准功能(达到六项指标的满意水平)。

(3) 赢得竞争优势。管理者对生产运作系统的认识有了巨大转变，认为它能够对竞争优势的形式提供巨大的支持和保证。这时生产运作系统的构造已纳入生产战略的指导之下，其结构和运行机制都被产品的竞争战略所驱动，典型表现为：①系统的设计、构造符合部门战略的要求，生产战略与其他职能战略间保持良好的协调性；②部门战略的目标被分解落实到生产运作系统之中变为可操作的行动，系统开始有目的地大量应用各种AMT，较之第二层次的单纯追逐要有效得多；③管理层开始寻求生产运作系统的长远发展影响因素，意识到生产战略的价值及其对竞争优势的结构保障能力；④产品具有竞争优势，实现了对用户满意的突破进而使他们能感到快慰。

(4) 世界级制造系统。在赢得并保持了竞争优势的基础上，企业部门竞争战略的制定在很大程度上要依赖于生产运作系统，生产运作系统的优异性能使其成为企业产品竞争的关键资源，在部门发展中起着巨大的作用。这时生产运作系统的典型表现包括：①具有生产与管理技术的创新能力，能在保证系统效力的基础上使效率提高，继而消除了功能悖论的制约；②系统所具有的影响力和可信度部门的决策都以此捕捉发展的机会，在此基础上保持竞争优势；③生产战略不再是被部门战略单向驱动，而是与部门战略交互作用，协同制定以生产优势为基础的部门长远发展战略；④生产运作系统的产品在世界范围内具有很强的竞争力，深受用户信赖与推崇，系统不仅能够生产日趋完美的产品，而且还能使本身在运行过程中得到动态的改善,不断保持系统效力与效率的协调和促进。

2. 生产战略的系统发展理论

生产运作系统功能水平的提高如果从系统发展的角度来看便可以将它表示为图 6-4 的过程。显然,系统功能水平的提高主要是由企业间的市场竞争驱动的,但还应注意到:各阶段的转变如果没有理论的引导也是难以实现的。如果企业由第Ⅱ阶段转变到第Ⅲ阶段,赢得竞争优势,主要取决于生产战略竞争理论的支持,那么由第Ⅲ阶段向第Ⅳ阶段的过渡则离不开生产战略系统发展理论的指导。

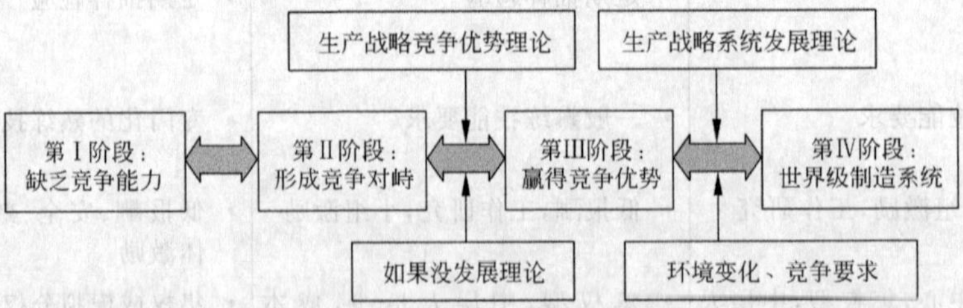

图 6-4 生产战略理论指导下的生产运作系统发展、演进过程

在整个发展进程中,第Ⅲ阶段是一个不稳定状态,原因是这种依照悖论特性建立的优势较容易被竞争对手所“拷贝”,而且优势易陷入静态而难以再发展,随着外界竞争的不断加剧、升级,第Ⅲ阶段的生产运作系统极易倒退到第Ⅱ阶段。要阻止这种情况发生就必须使第Ⅲ阶段能够向更高的功能层次转变,即在获得了悖论优势特性之后,要在新的水平上克服功能悖论关系,争取在六项功能指标上都达到高水平。要实现这一目标就必须使生产运作系统具备自我学习、动态完善的机制,即在系统运行过程中,系统不但能输出产品,而且还能不断暴露其自身问题,由自身不断加以克服,使系统在不断改善自身的过程中趋于完美。显然,生产战略的竞争理论是不具备这一功能的,必须要有发展理论的支持。

由图 6-4 的演进过程还可以发现,在第Ⅲ、Ⅳ阶段之间存在着一个动态循环的机制,进入了第Ⅳ阶段的系统由于新的竞争会在新的层次上展开,效率的改善引发全面功能的优化,这又会导致新一轮、更高水平的悖论机制与竞争优势的需求,致使第Ⅳ阶段系统又复归至第Ⅲ阶段。然而,也正是由有这种竞争驱动的往复式“循环”才锤炼了生产运作系统这一企业重要资源,使生存者能够历经考验最后成为产品竞争的基石和企业制胜的强有力武器。而在这一动态循环过程中,生产战略的系统发展理论因此也不可能是一个静态理论或最优方法,它更多的是一种思想或过程模式,应用时需要按照当时竞争发展的要求由企业具体构造其内容,形成其具体方法、措施。

由此可见,生产战略的系统发展理论较其竞争理论要更“虚”,但企业决不应因此而忽视了它的高层指导意义,因为它不仅包括、利用了现行的各种方法、技术、管理思想,而且它还能从新的角度创造性地提出一些全新的观念,并由此构造出整套的理论体系与生产运作系统,日本的准时生产制(JIT)便是如此。因此,了解发展理论的以下五大特点对于管理者是具有重要指导意义的:

第一,发展理论是以提高生产运作系统的运行效率为目标的。发展理论赋予了“效率”新的含义,它除了传统上生产率的概念外,更强调了以时间为基础的竞争和广义的效率——使事情办好(do things right),前者涉及产品开发、生产交货、资金周转、对市场反应、对新技术应用、驾驭等方面的高效率;后者更多涉及意识形态,要求系统各级生产员不断追求系统的尽善尽美,树立永不满足、持之以恒的思变观念。

第二,发展理论是以运行过程中的自我学习和动态改善为主要机制的。竞争理论无疑对生产运作系统的功能有重大改善,但它是通过生产运作系统的功能悖论特性进行权衡取舍、实现系统结构的调整,因此它在很大程度上承认或容忍了许多系统的问题和缺陷。而发展理论认为:生产运作系统是企业竞争的重要资源,企业欲长远赢得优势、保持生存,除了在结构方面需保持有效之外,运行方面的效率也不容忽视。凡是容忍、默认系统缺陷存在就是对系统长远利益的损害。正确的做法不仅不应掩盖、容忍缺陷,反而应当在系统运行过程中有意或强制揭露缺陷,并积极解决问题,使系统得到动态改进。因此,学习、改善的机制是发展理论能够突破悖论关系的关键所在,也是发展理论的精髓。

第三,发展理论是以非结构化要素为主要研究对象的,理论本身与文化特点密切相关。由于研究对象以系统的运行问题为主,系统运行方式所带有的民族性、社会性和传统文化特性也强烈地作用在发展理论之上,使其带有比其他生产理论更强的文化色彩;发展理论的产物——世界级制造系统也与各国当地的习俗、行为、价值观念有着密切关系。目前,建立一种大一统的发展理论似嫌为时过早,采用拿来主义的方式实现世界级制造系统更是天真幼稚。

第四,发展理论是以系统的微调与渐变为主要行为方式的。由于发展理论是解决效率层次的问题,因此不可能像竞争理论那样对结构进行大刀阔斧的调整、改造;同时,基层效率的提高有赖于一线生产人员对高层战略、目标的理解与认同。任何大幅度的突变都可能导致人员接受上的问题从而使改变无法深入。所以在有了明确目标之后,争取系统的渐变是发展理论得以实施的关键,JIT 在丰田公司实践了近 30 年,CIMS 从 1974 年提出概念至今仍在尝试,这些都是例证。

第五,发展理论是以方法、技术、管理和思想的集成为理论体系重点的。就生产战略的发展理论本身可能并没有太多全新的内容,很多方法、技术、甚至管理思想都可散见于各种方法技术和管理学派之中,但发展理论强调的是综合利用它们并把它们纳入一个新的目标——创立世界级的制造系统和一个新的概念——实现系统的动态自我改善之下。因此这种集成或综合又是具有新的内涵、意义和价值的。

尽管生产战略的发展理论体系仍需继续深入探讨和总结,但其产物——第一代世界级制造系统却已孕育出来了。人们预测在 21 世纪中,企业间的竞争又将重新以生产为焦点,而且竞争的实力不再单纯依赖于意识、观念和战略,而是要转向更为深层的素质与技能之上。此时,只有世界级制造系统能够使企业在世界范围内赢得这场竞争,并在今后立于不败之地。

3. 世界级制造系统的特征

世界级制造系统(world class manufacturing WCM)显然也是个相对的概念,不同的经济、技术发展时代将赋予它不同的含义。因此判断 WCM 本身似乎并没有太重大的意义,关键是如何构造、实现它。图 6-5 给出了 WCM 的框架,从中可以看出它的运行机制和表现形式,这对于理解 WCM,尤其是如何实现它具有指导意义。

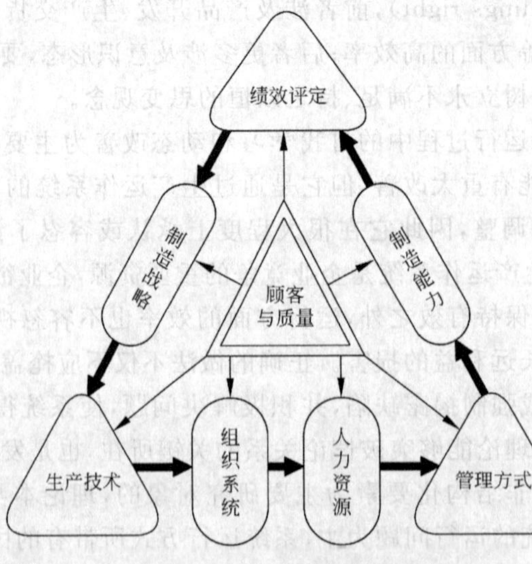

图 6-5 世界级制造系统框架

1) WCM 的绩效表现

WCM 框架的核心是顾客和质量,反映出 WCM 所追求的目的。其中 WCM 把质量定义为是使顾客满意、快乐、依赖的产品,并且使它能够融入 WCM 的各项要素之中,成为协调各项要素与全部活动的中心。因此,WCM 在世界市场上具有下列特点:①是本行业中,至少在某一方面,属于最强有力的竞争者,能比其他对手具有更迅速的增长和更丰厚的利润;②其产品无论在性能、功能或竞争优势、受信赖程度等方面都具有一流水平,并能够对市场的条件变化做出最灵敏、有效的反应;③能够吸引、保持并造就本行业中最杰出的人员,因此能够吸收、应用、并创造新的生产与管理技术乃至观念、思想。

2) WCM 的运行机制

WCM 的构造框架由七个要素组成,如图 6-5 所示。这七大要素首先是对顾客需求和质量目标的保证与支持,从而在系统的有效性上形成整体协调的一致性;其次这七大要素内部又有其动态的运行规则,保证着 WCM 的自我学习和动态改善的特性。①绩效评定包括对系统效力和效率两方面的评价,而且不仅包括对 WCM 的产品,还包括对生产产品的过程以及构成生产过程的各项要素的评价。经过评定可以得出 WCM 决策和运行两个层次中的各种问题;②制造战略根据各类系统问题进行分析,结合系统要求进行目标、策略和计划决策;③根据战略决策的要求,在 WCM 的非结构化要素范畴内安排好制造技术、组织系统、人力资源和管理方式四个方面的工作,使之成为生产战略充分一致的制造运行系统,形成制造能力。此时的制造能力不仅是产出数量上的保证、有效性上的保证,同时还具有动态应变特征和自我完善特征,既能对外界环境产生反应,又能从内部的运转效率方面不断提高能力。

由此可见,在 WCM 框架中保持七大要素间的动态运转,继而实现系统的自我完善,是 WCM 能够保持其世界水平的关键,而如何具体启动和保持这种系统的动态运转改进,仍是目前各界所极为关注的,操作方法上似因带有较多的文化特色而使这一问题变得有些神秘和难以把握。

3）WCM 的现实选择

JIT 和 CIMS 准时生产制(JIT)和计算机集成制造系统(CIMS)被公认是当代最理想和最有前途的生产运作系统。从图 6-6 的生产运作系统结构类型与功能特性关系中可以得知，JIT 和 CIMS 由于所具有的优异外部功能表现和特殊的内部运行机制，已被作为两种典型的现代生产类型与四种经典的生产类型形成了区别，同时也由于二者都在其功能方面突破了原有系统功能悖论关系的约束，在六项指标上均表现出优异的支持特性，而被称为第一的 WCM。

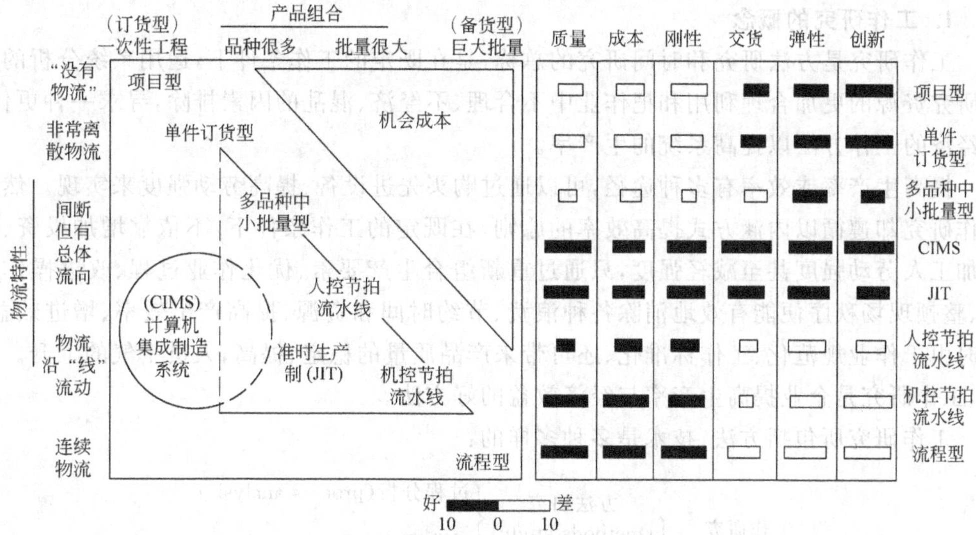

图 6-6 生产运作系统的结构类型与功能特性之间的关系

但值得注意的是 JIT 和 CIMS 毕竟是两类生产运作系统，尽管六项指标上的表现相似，但其应用范围和内部运行机制以及由此引起的管理方式仍有很大区别。而且即使是在六项功能指标方面也存在着程度上的差异和机理上的不同，其中尤以成本指标与创新指标上的区别最为显著。在成本方面，由于 CIMS 是以计算机和高度自动化技术为基础的，因此固定资产投资强度巨大，导致产品所要分摊的固定成本增高；而 JIT 系统并不一定需要 AMT 的支持，因此固定成本很低，但由于其自动化水平偏低，可能会使人工变动成本相对增高，但总体而言，JIT 较 CIMS 具有更强的成本竞争优势和更小的投资风险。在系统的创新方面，应该说 CIMS 的产品创新能力更强，因为无论从 CIMS 所覆盖的产品组特性上看还是从 CAD 至 CAM 集成导致的新产品开发能力增强的素质上看，CIMS 对于订货型生产的应变与创新能力都要优于 JIT，但对此需作两方面的解释：其一是 JIT 所针对产品基本仍属批量型的备货类范畴，它所实现的成品可按订单交货实际是通过零件的模块化技术完成的，因此在制造环节以及更上层的设计、开发环节都还是具有成批生产的类型特色，故 JIT 对深度订货的产品是缺乏创新能力的；其二是 JIT 的创新机制与 CIMS 有所不同，JIT 在系统自身的动态改善方面的创新能力要比 CIMS 优越，在这一领域它已经通过对在制品库存的强制控制与压缩，形成了一整套自我强制完善的运行机制，而CIMS迄今仍主要是通过其结构上的特性保证功能,如何通过系统运行过程中的自我动态改善来进一步增进效率仍是在探讨的一个问题。

因此,在构造WCM的现实选择中,两类系统的特性仍应注意。关于JIT的具体构成与机制将在有关章节内进一步讨论。

第二节 工作研究

一、工作研究概述

1. 工作研究的概念

工作研究是方法研究和时间研究的总称,是在既定的工作条件下,运用系统分析的方法研究资源的更加合理利用和把作业中不合理、不经济、混乱的因素排除,寻求一种更佳、更经济的工作方法以提高系统的生产率。

提高生产率或效率有多种途径,可以通过购买先进设备、提高劳动强度来实现。然而工作研究却遵循以内涵方式提高效率的原则,在既定的工作条件下,不依靠增加投资、不增加工人劳动强度甚至减轻强度,只通过重新组合生产要素、优化作业过程、改进操作方法、整顿现场秩序便能有效地消除各种浪费、节约时间和资源、提高产出效率、增进效益,同时由于作业规范化、工作标准化、还可带来产品质量的稳定、提高,人员士气的上升。因此,工作研究是企业提高生产率与经济效益的好方法。

工作研究所包括方法、技术是多种多样的:

- 工作研究(作业研究)(work study)
  - 方法研究(methods study)
    - 过程分析(process analysis)
    - 动作研究(motion study)
  - 时间研究(time study)
    - 定额制定(set time standard)
    - 工作抽样(work sampling)

而且各种分析方法、研究技术之间还存在着紧密的联系,方法研究是时间研究的前提,而且其中的作业过程分析又是每个作业动作研究的前提,保证着高层首先有效,然后才是下层的高效率;同时,时间研究又为方法研究提供基础,如工作测量技术可以反映系统效率的薄弱环节,为寻找研究的突破口创造了条件。

2. 方法研究的程序

方法研究的开展程序可以分为:项目选择、目标确定、具体作业选择、记录描述作业、分析记录事实、开发改进方案、实施新的作业、重复检查八个步骤,其具体内容如下。

1) 选择研究项目

管理者,尤其是生产运作管理者,每天遇到的问题可能是应接不暇的;同时工作研究的范围也是极为广泛的,这就有一个如何选择合适的工作研究项目的问题。一般来说工作研究的研究项目主要集中于系统的关键环节、薄弱环节或带有普遍性的问题方面,或从实施角度容易开展、见效的方面。在具体选择项目时可以从以下三个方面进行考虑:①经济因素,即研究经济价值较高的工作,如利润率高的产品项目、生产的瓶颈环节、质量低或不稳定等方面；②技术因素，即进行研究时所应准备的各种知识、方法、技术，它直接影响到研究的可行性；③人的因素，应选择能够合作的工作单位，取得成功后易于总结经验并获得推广。

2）确定研究目标

尽管工作研究的目标是提高劳动生产率或效率，但确定了研究项目之后还需规定具体的研究目标，这些目标包括：①减少作业所需的时间；②节约生产中的物料消耗，降低成本；③提高产品质量的稳定性；④增强员工的工作安全性，改善工作环境与条件；⑤改善员工的操作，减少劳动疲劳；⑥提高员工对工作的兴趣，促使劳动积极性的增长。

3）选择具体作业过程

具体作业过程的确定可以是研究项目的全部，但更多的却是某一局部，如生产线中的某一工序、某个生产单位的某些岗位，甚至某些操作者的具体动作、时间标准等等。确定具体作业过程的原则更需强调这一作业的重要性和研究该作业的可行性，在实际实施过程中重要性与可行性都应充分考虑。

4）记录现行方法

将现在采用的操作方法或工作步骤如实、详细地记录下来。过程分析可借助于各类专用表格技术来记录，动作与时间研究还可借助于录像带或电影胶片来记录。尽管方法有异但都是进行工作研究的基础，而且记录的详尽、正确程度直接影响着下一步对原始记录资料所做分析的效果。工业工程之所以能够进行有效的研究分析工作并得以广泛应用，其中一个很重要的原因就是它建立了一套规范性很强的专用图表工具，它们能够帮助工业工程师准确、迅速、方便地记录要研究的事实，为分析这些事实提供标准的表达形式和语言基础。

5）分析记录事实

根据记录的工序或操作进行分析是制定改进方案的基础。分析记录事实的一个前提是要敢于怀疑、批判现行的方法，因为工业工程并不承认有“最佳”方案而只承认永远都存在“更佳”方案。工作研究一般规定在分析考查每一工序时应从六个方面不断提出问题，这便是“5W1H”或称“六何”分析法，其中 why(为什么)或何故是最为重要的，一般还认为要解决某个问题，必须至少连续问五个“为什么”(why)方能由现象触及本质。何故的问题会自然触及到其他“五何”问题，它们的顺序一般是：what——何物；how——何为；who——何人；where——何处；when——何时，它们之间的关系与典型问题可见于表 6-2。

表 6-2　5W1H(六何)分析法内容及典型提问方式

典型提问	何故	五何	典型提问
• 为什么这项工作是必不可少的？ • 为什么这项工作要以这种方式进行？ • 为什么为这项工作制定这些标准？ • 为什么完成这项工作需要这些投入？ • 为什么这项工作需要这种人员素质？	why (何故)	—what	这项工作的目的何在？
		—how	这项工作如何能更好地完成？
		—who	何人为这项工作的恰当人选？
		—where	何处开展这项工作更为恰当？
		—when	何时开展这项工作更为恰当？

6）制定改进方案

这是工作研究的核心部分，包括建立新方法和评价新方法两项主要任务。建立新的改进方法可以在现有的工作方法基础上，通过“取消—合并—重排—简化”四项技术形成对现有方法的改进，这四项技术俗称工作研究的 ECRS（或四巧）技术，其具体内容见表 6-3。经过 ECRS 处理后的工作方法可能会有很多，于是就有从中选择更佳方案的任务。评价新方法的优劣主要需要从经济价值、安全程度和管理方便程度几方面来考虑。

7）新方案的实施

工作研究的成果实施可能比对工作的研究本身要难得多，尤其是这种变化在一开始还不被人了解，而且改变了人们多年的老习惯时，工作研究新方案的推广会更加困难。所以实施过程要认真做好宣传、试点工作，做好各类人员的培训工作，切勿急于求成。

8）重复检查

新方案在实施一段时间后，还应该检查实施成果，并向实地操作人员进行咨询，以确保改进的方法可以有效地发挥作用。

二、过程分析

过程分析的方法若用于制造业企业称为生产过程分析，用于服务业企业可称为作业过程分析，而用于对信息处理业务的分析则可称为信息处理过程分析或数据流程分析。总之，过程分析是对于现行作业方法予以有系统的记录，这种记录采用的是一种以简明符号为基础所绘制的程序图，根据程序图对现实客观、准确的描述，可以利用工作研究的分析方法，改善现行作业过程中不经济、低效率的步骤、设置、操作、动作等，使生产作业过程更合理、经济。所以过程分析首先是一种专门的表格描述技术，而对表格所描述事实的分析、处理则完全与工作研究的思路方法一致，因此在此仅以生产的物流过程为例介绍几种经典的过程分析图表（表 6-3）。

表 6-3 ECRS（四巧）技术的内容

1. 取消（elimination）对任何工作首先要问为什么要干它？能否不干？包括：
   - 取消所有可能的工作、步骤或动作（其中包括身体、四肢、手和眼的动作）
   - 减小工作中的不规则性，比如确定工件、工具的固定存放地，形成习惯性机械动作
   - 尽量取消、减少手的使用，如抓握、搬运装置
   - 取消笨拙或不自然、不流畅的动作
   - 尽量减少使用肌肉力量来将某一物件固定在某处，并减少一切肌肉力量的使用
   - 减少对惯性、动量的克服，杜绝一切危险动作与隐患
   - 除需要的休息外，工作中取消一切怠工和闲置时间
2. 结合（combination），如果工作不能取消，则考虑是否应与其他工作合并：
   - 对于多个方向突变的动作并进合并，形成一个方向的连续动作
   - 固定机器运行周期，并使工作能在这一周期内得以完成
   - 实现工具的合并、控制的合并、动作的合并
3. 重排（rearrangement），对工作的顺序进行重新排列：
   - 使两只手的工作负荷均衡，而且同时进行、相互对称的动作形式最为有效
   - 使工作由手向眼转移

续表

4. 简化(simplification),指工作内容、步骤方面的简化,亦指动作方面的简化、能量的节省: • 在能够完成工作的基础上使用最小的肌肉群,且注意有间歇有节奏地使用 • 减少目光搜索范围与变焦次数 • 使工作能在正常区域内完成而不必移动身体 • 使动作变小 • 使手柄、杠杆、踏板、按钮等控制器适合于人的尺寸与肌体性能 • 在需要高强度肌肉力量处,借助惯性来获得能量帮助 • 使用尽可能简单的动作结合(合并) • 减少每一个动作的复杂程度,尤其是在一个位置上的多个动作

1. 过程分析图表的要素符号

过程分析方法中所用的符号,传统上它们只有五种,即:操作(或加工)——○,运输——⇨,储存——▽,延误——D,检验——□。但随着管理对控制的日益重视,信息处理过程的描述越来越重要,因此又多加了两个为处理信息特设的符号:◎——表示生成一个记录或文件、报告;●——表示往一个记录、文件、报告上增加信息。此外,对信息处理的描述有时并不从主体处理的角度去描述而只从客体的逻辑关系上去描述,后者所用的"符号"更具有过程特点,并更能反映管理中重视的决策、控制功效,如图 6-7。

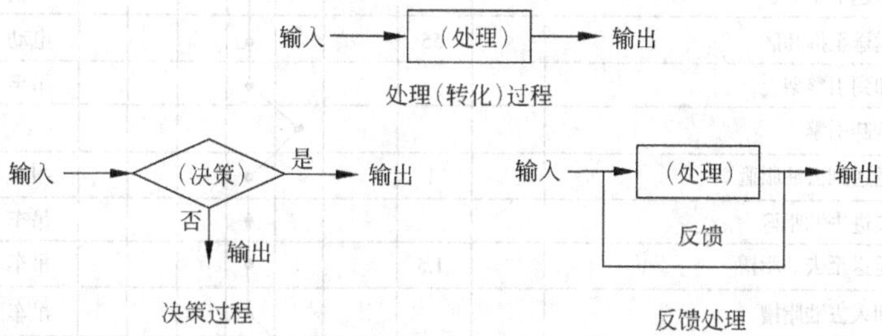

图　6-7

它们均是某种过程的模型,由于这些是基本过程并且模型比较经典,因此也把它们称为信息过程的描述模块,由它们可以组成反映信息或决策过程的核心部分。

2. 过程分析图表技术概述

(1) 产品工序分析。它是对产品的装配过程进行工序作业描述、分析。绘制图表时只用"加工"和"检验"两种符号,用垂直线表示生产的进程,用水平线表示零件加入装配的阶段(工序)。

(2) 零件加工分析。它是对某个零件的加工过程进行描述、分析。它以描述零件加工的物流为主,记录原材料的运输距离与加工等待时间。

(3) 作业过程分析。与零件加工分析相似,也是对零件的加工过程进行描述、分析,但使用的是专用表格,如表 6-4 所示。

(4) 人-机联合分析。它是对操作者与机器交互作用的描述,可把机器工作周期与人工作周期在时间上的配合关系描述在图表上,通过工业工程师的 ECRS 处理,使无效时间得以减少,提高稀缺资源的利用率。这项分析对解决多机看管问题十分有效,如表 6-5 所示。

表 6-4 引擎拆卸、清洗、去油作业的过程分析

流程图		物料类型			
图表号：2 第1张 共1张		摘要			
主题名称：旧公共汽车引擎		活动内容	现行	建议	节约
活动：检查前的拆卸、去油脂和清洗		操作 ○	4	3	1
方法：建议		运送 ⇨	21	15	6
		延迟 D	3	2	1
		检查 □	1	—	1
		储存 ▽	1	1	1
地点：去油脂车间		距离(米)	237.5	150.5	87.5
操作人：	工号：1234 571	时间(人—分)	—	—	—
		成本 人工 材料			
制图：					
批准：	日期：	总计	—	—	—

说明	数量	距离(米)	时间(分)	○	⇨	D	□	▽	备注
存放在旧引擎储藏室内		—	—					●	
吊起引擎					●				单轨
运送至拆卸区		55			●				电动
卸到引擎架上					●				吊车
拆卸引擎				●					
运送到去油脂篮		1			●				用手
放进去油脂篮					●				吊车
运送至去油脂槽		1.5			●				吊车
卸入去油脂槽					●				吊车
去油脂				●					
从去油脂槽中吊出					●				吊车
运离去油脂槽		4.5			●				吊车
卸到地上					●				
冷却						●			
运送到清洗工作台		6			●				吊车
清洗所有零件				●					
将所有零件放在特殊盘内		6			●				
等待运送						●			
将托盘和引擎体装上运送车					●				
运送到引擎检查组		76			●				运送车
托盘滑送到检查台引擎体至平台					●				

表 6-5　一人三机的人-机联合分析表

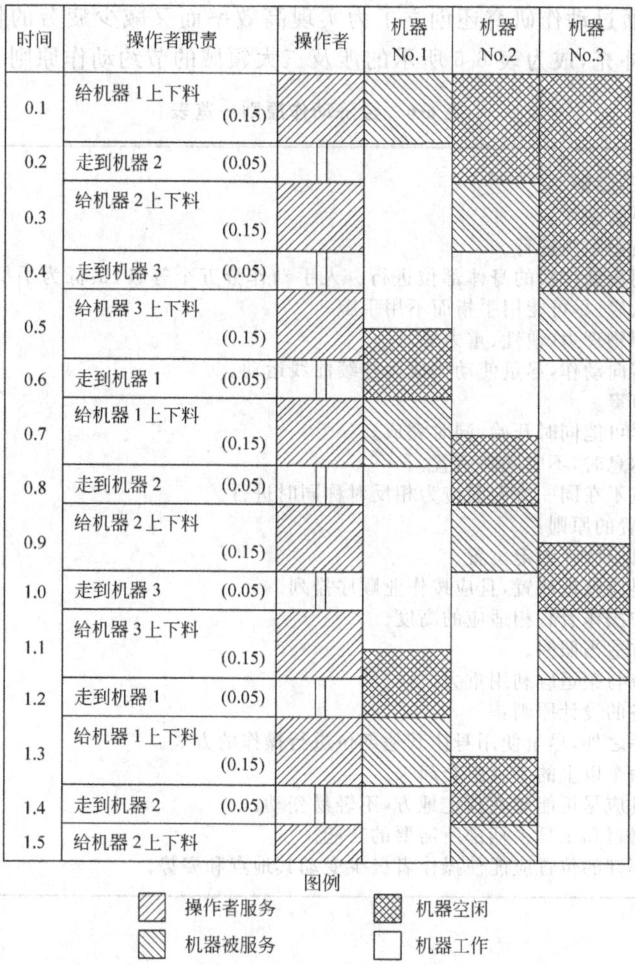

三、动作研究

动作研究是过程分析的进一步深入，是研究人体劳动中动作的方法，它通过研究动作的反复效能、作业姿势、工作地布置和工具摆放等，寻求操作的高效率与省力化。“一些无效的小动作值得研究吗？”人们常常会忽视这些貌似微小的无效动作，然而在大规模生产的条件下，一个错误的动作不但会由于其反复、经常出现而影响生产效率，而且还会伴随在这个工人的整个工作之中，使其这部分劳动徒劳无功，从这个意义上讲，进行动作研究也是延长人类自己创造财富的生命时间。

1. 动素的划分

动作研究一般集中在劳动时微细动作的记录、描述、分析与改进方面。它是由美国工业工程的开拓者吉尔布雷斯(Gilbreth)夫妇发明的，他们发现任何一个操作都是由 17 种动素(therbligs)所组成。后经美国机械工程师学会总结，将人体动作划分成为 18 个动素，并用专门的象形符号表示。

2. 经济动作原则

吉尔布雷斯通过动作研究还创立了为实现高效率而又减少疲劳的作业动作原则，后经不断实践修正补充，成为表6-6所示的涉及三大领域的节约动作原则。

表6-6 经济动作原则一览表

1. 关于身体使用的原则：
(1) 排除不必要的动作。
(2) 动作应以最短距离进行。
(3) 动作应使用最低位次的身体部位进行。人手动作分五个等级，最低为手指，依次上升是手腕、前臂、后臂、肩，尽可能用手指而不用手腕。
(4) 尽可能利用物理力(惯性、重力等)。
(5) 取消急剧转向动作，尽量使动作成为连续曲线运动。
(6) 建立作业节奏。
(7) 双手动作尽可能同时开始，同时完成。
(8) 双手除在休息时，不应同时闲置。
(9) 两腕运动应不在同一方向而应为相反对称同时进行。
2. 关于作业区布置的原则：
(1) 工具和材料应放在固定位置。
(2) 工具和材料应就近放置，且应按作业顺序排列。
(3) 使作业面与操作者有相适应的高度。
(4) 作业面要有适当照明。
(5) 材料的供应与搬运应利用重力。
3. 关于工具、设备的设计原则：
(1) 采取除了手之外，尽量使用身体其他部位进行操作的方式。
(2) 尽可能把两个以上的工具组合起来。
(3) 材料和工具应尽可能放在预定地方，不轻易变动。
(4) 充分设计器材和工具手柄部所需要的功能。
(5) 机器操作部件的位置应能使操作者极少变动其地点和姿势。

四、时间研究

时间研究是各种时间测定技术的总称，用以制定各项工作或作业的标准时间、确定劳动定额、并通过某种研究方法(如工作抽样)评价现实的工作时间利用情况以及人员工作效率。时间研究因此也被称为工作测定(work measurement)，是企业科学管理和完善企业管理基础工作的重要管理方法，它还可以用于劳动力需求的计划制订、生产能力需求确定、产品成本预测、生产计划的编制、劳动工资及奖金、激励等项工作的准确进行。

1. 工时消耗分类

生产过程中工人进行作业所消耗的一切时间都是由定额时间与非定额时间两部分所构成的，如表6-7所示。很显然，为了提高生产率必须减少工时消耗，其中非定额时间是应当尽量减少或杜绝的；而定额时间部分，除了由工艺决定的作业时间(其中主要是机动时间)应保持之外，其他的时间消耗都应通过工作研究和管理改善以及学习曲线效应加以减小。

2. 劳动定额的时间构成

工时消耗分类是从操作者的角度研究其工作时间是如何被消耗的；而劳动定额的时

表 6-7　工时消耗分类表

<table>
<tr><td rowspan="10">工人在八小时内的全部时间消耗</td><td rowspan="7">定额时间（为完成某项工作所必要消耗的时间）</td><td rowspan="4">作业时间</td><td rowspan="2">基本时间</td><td>机动时间</td></tr>
<tr><td rowspan="2">机手并动时间</td></tr>
<tr><td rowspan="2">辅助时间</td></tr>
<tr><td>手动时间</td></tr>
<tr><td colspan="3">照管工作地时间：布置工作地、调整设备、交接班工作</td></tr>
<tr><td colspan="3">休息和生理需要时间：消除疲劳所需要的时间</td></tr>
<tr><td colspan="3">准备和结束时间：完成一批工件或一项工作所耗的准备时间</td></tr>
<tr><td rowspan="3">非定额时间（完成某项工作时不是必需的时间消耗）</td><td colspan="3">非生产工作时间：工人做了本身任务以外的工作耗时</td></tr>
<tr><td colspan="3">非工人造成的损失时间：停工待料、停电等无法生产</td></tr>
<tr><td colspan="3">工人造成的损失时间：迟到早退、废品损失、有意怠工</td></tr>
</table>

间构成则是从工作任务的角度研究定额时间是由哪些部分组成。所谓"劳动定额"是指：在一定的生产技术条件下和充分利用设备、工具、技术、经验和合理组织劳动的基础上，具有平均技能的工人以正常速度为完成一定产品（或工作）所规定的必要时间消耗。由此可见，定额既与工人的素质平均水平有关，也和企业所用技术、设备和管理经验有联系，所以它既有科学的特点，也有反映现实相对水平要求的特性。

从工时消耗分类规律中可知：$T=T_{准}+T_{作}+T_{布}+T_{休}$，但对于单件所需的劳动定额却与生产类型有着密切关系：

(1) 大量/大批流水生产类型　由于工作地高度专业化，准备与结束时间分摊到每件产品上甚少，因此，

$$T=T_{单件工时}=T_{作}+T_{布}+T_{休}$$

(2) 多品种、中小批量生产类型　由于每批产品的生产都要消耗 $T_{准}$，但在每批的每件中只需均摊 $T_{准}$ 即可，因此，

$$T=T_{单件工时}+T_{准/批量}=(T_{作}+T_{布}+T_{休})+T_{准/批量}$$

或

$$T'=T_{批量工时}=(T_{作}+T_{布}+T_{休})\times 批量+T_{准}$$

(3) 单件订货生产类型

$$T=T_{准}+T_{作}+T_{布}+T_{休}$$

此外，劳动定额既可用时间也可用产量表示，两者互为倒数关系；时间定额的降低率与产量定额的增长率之间经济含义一致，但数值关系不同：

$$时间定额的降低(压缩率)=\frac{产量定额增长率}{1+产量定额增长率}\times 100\%$$

$$产量定额的增长率=\frac{时间定额降低率}{1-时间定额降低率}\times 100\%$$

3. 劳动定额的制定方法简介

随着科学技术的进步和生产的发展，制定劳动定额的方法也在不断创新，表 6-8 分为三类列举了劳动定额或标准作业时间的分析制定方法，企业可根据自身的生产特点和现有的技术、管理水平选择使用。

表 6-8 时间研究中劳动定额制定方法一览表

<table>
<tr><th>类型</th><th>体系、方法、内容说明</th></tr>
<tr><td>经验分析</td><td>• 经验估工法：依据零件图纸、工艺规程和实物，考虑到所使用的设备、工装、原材料及技术条件，根据制定者的经验估算出工时定额
• 类推比较法：以同类产品或同类工序的定额作依据，进行比较分析，选择一定的系数进行修正，推算出工时定额</td></tr>
<tr><td>统计分析</td><td>• 统计分析法：根据过去同类型产品的实际工时消耗记录及定额完成情况的统计资料，经过分析、整理并结合现实和今后的生产、技术条件变化来制定工时定额
• 概率估计法：进行调查，估计出工序的先进、保守、有把握三类工时，可得平均数 $M=(a+4c+b)/6$，标准差 $\sigma=(b-a)/6$，定额时间为：$T=M+\lambda\sigma$，λ 可由管理者控制掌握</td></tr>
<tr><td rowspan="2">技术测定</td><td>• 秒表法：用秒表或录像直接对作业及其工时进行观测分析，根据结果确定定额，亦称测时</td></tr>
<tr><td>• 预定时间标准法：PTS 法(Predetermined Time Standard)：把构成人们作业的动作分成动素，求出各种动素的标准时间，然后只要根据动作将这些时间值组合，便得到确定的劳动定额
Ⅰ. MTM 体系：思路是：记录作业动作；分解为基本动作；测定动作距离；查标准时间表；确定定额
Ⅱ. WF 体系：思路是：认为对动作时间有影响的因素有四：使用的身体部位；移动的距离；操作的重量或阻力；人的干预。通过这四个变量的组合查得困难系数，确定劳动定额
它们所有的具体方法包括：
<table>
<tr><th></th><th>第一代 PTS</th><th>第二代 PTS_2</th><th>第三代 PTS_3</th></tr>
<tr><td>MTM 体系</td><td>• PTS－1
• PTM</td><td>• PTM－2
• MSD</td><td>• MODAPTS
• MOST</td></tr>
<tr><td>WF 体系</td><td>• DWF</td><td>• AWF
• SWF</td><td>• RWF</td></tr>
</table>
</td></tr>
</table>

在定额的技术测定方法中，MTM 体系第三代 PTS_3 方法：MODAPTS 方法在我国应用较广。从原理上讲，该方法是定义手指移动 2.5 厘米的距离所需要的时间为 1 个单位时间，称为 1MOD，一秒钟为 7.8MOD 或 1MOD＝0.129 秒。然后将身体各部位的动作都用与之相应的时间消耗值(MOD 数)来表示，如手的动作为 2MOD，上臂动作为 4MOD，眼的视觉移动需 2MOD 等。根据对作业动作的记录、分解，便可由 MODAPTS 数表中查出组合动作的时间，继而可以确定定额。该方法由于其简单易行而得到广泛好评。

4. 工作抽样与工作日写实

工作抽样与工作日写实是时间研究的一部分，但并不是主要用以制定劳动定额或标准时间的，一般使用它们的目的是为了调查和发现工时利用中的问题和各类负荷分布情况等。

1) 工作抽样

工作抽样又称为瞬间观测法，其基本思想是通过随机地观测工人在瞬间时刻的状态，据此确定该工人的工时利用等方面的情况。根据数理统计理论，从大量事件中随机抽取样品，当样品足够多时，样品可以反映母体的特性。但随着观测次数的增多，所需观测的时间与费用也逐渐增高，这就要求在观测前应对观测精度有一个要求，然后根据概率公式得到相应的观测次数：

$$N=\frac{4(1-P)}{S^2P}$$

式中，N 表示观测次数；S 表示观测所要求的准确度(相对误差)；P 表示调查对象出现的概率。

公式中，P 实际上是要真正调查的对象，但在瞬间观测方案设计过程中要假设其已知或通过预观测得到一大致准确的概率数。有时为了简化计算，亦可按表 6-9 的概略标准来确定观测次数。

表 6-9　工作抽样观测次数的参考标准

瞬　间　观　测　的　目　的	观测次数
1. 一般目的：调查和发现工时利用中的问题	100
2. 特定管理目的：如分析怠工原因	600
3. 特定的活动分析：确定准点或延误时间的比率	2 000
4. 调查人或机械的开动率	4 000
5. 在精确度较高的情况下确定标准时间	10 000 以上

2）工作日写实

它是由专职写实人员利用秒表或其他时间记录器对工人整个工作日的时间利用情况，按其时间消耗的顺序，实地观察记录和分析的一种方法。这种方法要求专职写实人员在作业现场进行长时间的连续观察。它的作用是：可以全面调查整个工作日工时利用情况；通过对先进工人的写实，可以总结和推广先进工人的操作方法和生产经验；提供制定劳动定额应确定的 $T_{布}$、$T_{准}$ 和 $T_{休}$ 的时间；通过写实调查设备和工人的负荷情况。

五、工作条件研究

工作条件研究也是工作研究的重要组成部分，工作环境中的温度、湿度、通风、照明和噪声等因素都能对工人在生产过程中的效率、工作质量和事故发生率产生很大的影响。温度过高时会引起瞌睡和疲劳，降低生产能力，容易犯错误；温度过低的时候则会分散工人的注意力。一般来说，室内温度控制在 12～20℃比较适宜。工作环境中的通风状况同样也会影响劳动效率，保持工作环境的空气清新远比空气停滞的环境效率要高。在考虑照明问题的时候，一方面要选择合适的亮度、照明方式和照明设备；另一方面又要防止照明上的浪费。噪声对工人效率和健康的影响尤为严重，因此需要有效地控制噪声源和限制噪声的传播。

第三节 工厂设计、选址、布置与规模决策

一、厂址选择

制造业的厂址和服务业的店址选择同属一类问题,都是要进行生产运作系统的区域位置决策。这一问题不仅影响投资大小、见效快慢,以及生产运作系统的日常运行绩效,而且在很大程度上影响着整个企业的战略布局与目标的实现可能性,如表 6-10 所示。"厂址"选择的目的不仅是为了生产运作系统的总成本达到最小,而且还要使其能够为用户提供最佳的服务。

表 6-10 不同生产运作系统的"选址"问题

1. 单一资源的选址:(多重评价准则) ①单个工厂或仓库的选址;②政府行政机构的选址;③医院的选址;④发电厂的选址;⑤机场的选址;⑥水利设施的选址
2. 多个资源的选址:(生产与运输分配的成本最小化准则) ①公司多工厂的选址、布局;②多仓库的选址、布局;③多工厂与仓库的选址、联系布局
3. 竞争性零售商业系统的选址:(总收入最大准则) ①银行的布局;②百货商店、超级市场、连锁店的布局;③饭店、旅馆的布局
4. 紧急服务性机构的选址:(最短反应时间准则) ①急救中心的选址、布局;②消防队的选址、布局;③警察局的选址、布局

1. 影响厂址选择的因素分析

影响厂址选择的因素有很多,它们主要是:

(1) 环境方面因素:主要包括地理条件,涉及面积大小、外形适合性、地势平坦度、地质构造特点;气候条件,涉及温度、湿度、气压、风向、烟尘;环境保护要求以及三废处理的难易程度。

(2) 资源方面因素:如原材料产地的接近程度、保障程度;能源、动力、水资源的供给条件;资源税的征收状况。

(3) 运输条件因素:如对铁路、河流、机场、公路等的接近程度,料场的位置与面积、所需使用的运输设施种类及其相应费用。

(4) 销售条件因素:对市场、客户的接近程度。

(5) 劳动力的可获得性:包括当地的平均工资水平、社会福利待遇水平、住房条件、劳工培养的费用、平均素质、业务水平等。

(6) 社区社会风尚:劳动者对待工作的态度,进取精神、价值观、需求特点、娱乐休闲方面的要求、人际关系及社团组织特点。

(7) 政府与企业的关系:政府对经济的支持程度、政策导向、税收制度、优惠倾斜政策、务实精神、办事效率、服务水平。

显然,对于不同的企业,以上这些因素的作用强度是不一样的,需要根据具体企业所面临的最关键问题来具体分析。对于一般靠近消费市场的下游产业,其工厂多靠近销售地,这样能够实现信息传递快、运输费用低;而对于资源密集的产业则近原料产地或市场,

如造纸生产按“失重原则”应将工厂建在森林附近以降低运输成本，而对钢铁生产则由于可按“运输重量平衡原则”而将工厂建在城市附近，否则返回的车皮将是空载的，炼铝厂则因其耗电量巨大而选择在电力较充裕的地区。

2. 厂址选择的决策过程

厂址选择总体分析是要进行三个层次的决策，首先要进行区域选择，即在省际甚至在洲际范围内考虑厂址问题；其次要进行社区选择，决定在哪个城市或乡镇；最后进行地址选择，落实到具体的厂址、面积等方面。具体的厂址选择决策应该包括下面七个步骤：

(1) 确定选址的目标。选择厂址或店址虽然都是为了寻找一个更好的经营地点，但在具体的目标方面仍有差异，有的是为了扩大生产能力，有的是为了接近客户、占领市场，有的是为了寻求成本的降低，有的“迁都”选址是为了开发疆土、实现区域间的经济平衡，因此明确选址的深层次目标对于决策来说是至关重要的。

(2) 确定建厂的最佳区域。在明确选址目标的前提下进行厂址的区域选择，如果是为了开发市场、接近客户，区域选择很明确；如果是为了寻找低廉的劳动力来降低生产成本，可选的区域就要相对多一些；而如果是为了扩大生产能力、实现多角化经营等，那时可选的区域可能还会增多。进行区域选择时主要要考虑企业经济活动的需求，可借助盈亏平衡分析来预测不同区域的建厂获利潜力。

(3) 确定建厂选点的决策要素及其评价标准，主要从产品、营销、技术、设施、交通、人员等方面考虑：哪些对实现目标影响最大或作用最显著，然后分析、确定各项要素的实际要求水平，如客户要求必须在72小时之内交货等，就是一项具体的决策厂址的评价标准。

(4) 对区域中的社区按以上标准进行筛选，可采用定性打分的判别方法，将各社区的达标满意水平反映出来，进行对比分析、评价。

(5) 对定性筛选后的重点社区进行定量分析，可利用运筹学中的运输问题模型进行求解，比较出最优的社区。

(6) 在社区内对最佳地点进行决策，也可采用运输模型求解。

(7) 确定建厂的实施方案与工作计划，包括进行基础设施设计、资金预算计划、各项工作的总体计划安排等。

总之，进行厂址选择是一个企业的重大长远决策，要进行充分的可行性研究。目前很多地方进行了开发区的规划，这对厂址选点有所帮助，但对制造业工厂的区域决策、服务业的选点决策来说仍应进行慎重仔细的分析、决策。

二、生产设施布置

当完成了厂址或店址的决策之后便需进行生产设施的平面布置工作，这种设施的布置由于决定了今后生产运作系统的物流方向与速率，从而从结构上限定着系统的功能潜力，因此生产设施的布置是构造一个有效生产运作系统最为关键的环节，相同厂址、相同的人员、相同的设备与技术，仅仅由于放置的方式不一样，生产运作系统的功能可以有天壤之别。

生产设施布置包括工厂总体平面布置、车间布置、办公室布置，它是在从原材料的接收开始到产成品的制成、发运为止的全过程中，将人员、设施和物料所需的空间做出最适当的分配和最有效的组合，以获得最大的经济与社会效益。由于设施布置直接影响着生产运作系统的功能特性,随着当前产品生命周期的不断缩短,工厂生产的产品始终处于动态的转换过程之中,生产设施的布置再也不是一劳永逸的了,它需要根据主导产品对它的要求进行调整,以确保生产运作系统结构对其功能的保障能力。因此生产设施布置的变化在当今也越来越频繁了。在实业界一般认为:涉及 1/3 或以上的主要生产设施需要变化位置时便构成了一个生产单位的重新布置问题。欧洲国家的统计显示,在 20 世纪 60 年代制造业工厂重新布置的频率为 5 年一次,到 70 年代为 3 年一次,80 年代为 2 年一次,即使是所有行业的平均水平在 80 年代初也 4 年就需进行一次大的调整。

1. 生产设施布置的目标分析

生产设施的布置对于不同的行业、不同的厂家、不同需求层次的生产者来说都不尽相同。同是制造业不同的生产类型,其布置差别甚远,而行业之间的差别可能更大:制造性工厂强调整齐、简洁、避免迂回、往返;但公园的布置却强调“曲径通幽”。因此,生产设施布置中并不存在一种统一的目标或标准。一般生产设施布置的目标可分为两大类,一类是工作与效率导向的;另一类则是生活与士气导向的,两者看起来是很矛盾,但随着劳动者需求层次的不断提高,日益追求所谓工作中的生活质量,当无法满足这种愿望时,高效率的布置也只能流于一种静态的结构空壳,人们不会在工作中倾注热情与勤奋。

(1) 工作/效率导向的目标。该目标主要是为了高效率地完成生产任务,它包括:①使物料的运输成本最小,它要求运输路线尽可能短、尽量增大生产的连续性,减少装卸,防止物料被堵塞、延误;②使各种资源的利用率提高:空间、设备、人员、资金、时间等利用率提高意味着劳动生产率的提高,有助于降低成本、提高利润;③使系统具有尽可能大的应变能力,表现在扩展的余地、接受新品种的适应性、灵活的组织适应性与计划执行性方面。

(2) 生活/士气导向的目标。该目标主要是要通过生产人员士气的激发来实现组织的目标,同时也能使生产者在工作中有更加良好的心理感受,它包括:①增强生产安全性:包括采取各种安全措施,防火、防潮、防止工伤事故,也包括增进职工职业健康的各类措施,防噪声、震动、有害气体及污染等;②提高工作本身的生活质量,减少工作的单调感,赋予工人更多、更广泛的任务与自主性,加深工作中独特性、责任性的心理体验;③通过推进交流、合作来提高工作者的士气与集体精神,如小组奖励制、自主性工作组的建立、QC 小组活动等。

2. 生产单位的专业化原则

为了更好地完成总体生产任务,生产运作管理者可将整个生产过程分解为若干个功能子系统,按照这些功能子系统的构成来组织生产单位、安排生产任务,这便形成了生产单位的专业化。所以,生产单位的专业化就是对企业的生产运作系统按照某种原则进行分工、协作,并予以组织制度的保证。显然生产单位的专业化原则与组织形式对生产的分工、协作、物流形式以及生产设施布置、人员组织都会产生很大的影响。

生产单位专业化原则主要有工艺专业化组织原则、对象专业化组织原则和混合组织原则三种,与此对应的有:工艺专业化生产单位(工厂、分厂、车间、工段、班组)、对象专业化生产单位和混合组织性生产单位。

(1) 工艺专业化组织原则。亦称工艺原则,是按照生产过程的各个工艺阶段的工艺特征来组织生产单位的一种方法和形式。按照这种原则组织起来的生产单位具有工艺特点相同、设备相近、工种与工人技能相似的特性。由于专业化程度的差异，其具体形式分为：①为完成一个工艺阶段的全部工种作业的工艺专业化生产单位，如铸造车间、锻工工段、热处理班组等；②为完成一个工艺阶段的部分工种作业或某一工种作业的工艺专业化生产单位，如车工工段、铣工班组等。显然，工艺专业化组织往往形成间断型的生产运作系统，能适应很多品种的变化，但效率难以提高。

（2）对象专业化组织原则。亦称对象原则，是把加工对象的全部或大部分工艺过程集中在一个生产单位之中来组织生产的一种方法和形式，在这种生产单位中集中了为制造某种产品所需要的各种类型的机器设备以及相应工种的工人，对相同对象进行不同工艺阶段的加工，能独立完成一种或少数同类产品的全部或大部分工艺过程，因此也称为封闭式或半封闭式生产单位。按该原则组织的生产单位分为：①以产品或部件为对象建立的生产单位，即全封闭生产单位，如汽车厂中的水箱分厂、发动机分厂等；②以同类零件为对象建立的生产单位，如齿轮车间、轴承工段、标准件班组等。它们将结构相似、加工工艺相近的同类零件集中在一起进行生产。衡量对象专业化程度的指标包括：①车间内生产的对象品种数量，品种数量越少，专业化程度越高；②工艺封闭程度，车间完成工艺占对象加工工艺的比例越高，即封闭性越高，专业化程度也越高。显然，对象专业化的生产单位属连续型生产运作系统，具有高效率的特点，但随着封闭性、高效率的提高，系统应变能力下降严重。

（3）混合组织原则。综合运用工艺专业化和对象专业化组织原则来建立生产单位的一种方法和形式。由于工艺专业化与对象专业化原则所形成的生产单位都极具个性，优势很鲜明、劣势也很突出，人们就在探索一种综合性的组织方式能在某种程度上兼容上述两种专业化生产单位的优点，于是便产生了混合组织原则。在这一组织原则中最具特点的应属利用成组技术概念而形成的一种生产单元组织形式。所谓成组技术（group technology，简称 GT）是将企业生产的所有零件，按其形状、尺寸、毛坯种类等要素的相似性进行零件分类，然后根据相似零件所形成的零件族，把它们所要用到的加工工艺手段（设备、工人、工装、工具等）进行归并，形成成组（GT）生产单元来组织同类相似件的生产，很显然，在这种组织之中，由于零件形状导致的工艺相似性可以产生成组单元中的工艺封闭性，同时该单元又具有对这一类零件（如轴、套类回转体或箱体类零件）的广泛适应性，因此在很大程度上综合了工艺原则与对象原则的优点，既有很大的应变能力又有相当高的效率，所以 GT 单元组织形式是非常好的生产布置与组织形式，甚至 CIMS 这类高级制造系统的杰出表现都是基于它的布置与组织原理，而 GT 单元的投资费用仅仅是把现有设备的空间位置进行适当改变而已。混合组织原则的另两种形式包括在对象专业化基础上形成的工艺专业化生产单位，以及在工艺专业化基础上形成的对象专业化生产单位，它们本质上仍是一种专业化组织，只是从不同角度观察而形成的区别而已。

3. 典型的生产设施布置类型

生产专业化的组织原则不仅导致了一种生产组织的制度，从生产运作系统硬件结构的角度它也提出了对设备以及设备与设备之间的联系，即布置形式的具体要求。因此在三种专业化原则的指导下，生产设施的布置相应地也出现了工艺布置、对象（产品）布置和单元布置三种形式，除此之外，对于另外的生产类型以及特殊的产品还有定位布置和项目布置两种形式，它们具体的含义、管理特点如表 6-11 所示。

表 6-11 典型的生产设施布置类型

项 目	产品布置	工艺布置	单元布置	定位布置	项目布置
1. 产品特点	• 标准化产品 • 互换性很强 • 大批量、稳定需求	• 多样化、缺乏标准 • 订货型、批量少 • 产品复杂性高	• 批量较少、品种较多 • 对象之间有相似性 • 产品按相似性分组	• 批量很少 • 产品规格较大 • 特殊性很大	• 生产具有一次性 • 对象独特性很强 • 大型或巨型
2. 产品的工艺流程	• 产品具有相同的加工工艺顺序	• 产品的工艺各不相同,各项订货产品差异很大	• 产品形状相似导致工艺相近、物流方向一致	• 很小的产品物流存在,所有资源都施加于产品	• 没有物流,所有资源都施加于产品
3. 工作内容与技能	• 专业化分工明确 • 低技能工人 • 规范性操作内容	• 多样化的工作内容 • 技能要求高 • 规范任务减少	• 较明确的工作内容 • 技能要求较高 • 较规范的任务要求	• 加工位置稳定工作内容复杂且变化大 • 技能要求高	• 位置变动大工作内容复杂,变化大 • 技能要求高
4. 人员激励方式	• 生产线小组、团体激励	• 个人激励 • 以质量、数量为基础	• 以小组激励为主	• 小组激励为主	• 按工序步骤、阶段进行小组激励
5. 物料的控制	可预先知道物料流向,准备运输工具、定位装置及设备	• 不可知的物流方向,根据订货不同有不同的物料管理方法	• 有较明确的物料流向,但缺乏速率参数,可提前准备运输工具	• 很低流量的物料运动,通用化的运输工具	• 极低的物料运输量,大型、通用化、易拆迁搬动的运输工具
6. 库存与物料供应要求	• 对原材料的稳定需求,供货关系要稳 • 在制品有很高的周转率	• 原材料需求不确定,随机、被动性供货 • 在制品周转率低	• 原材料需求不确定,但有一定的稳定性 • 在制品周转率不高	• 在制品周转率较低 • 间断的原材料与在制品供应	• 在制品周转率很低 • 间断的原材料、半成品供应
7. 资金需求	• 高资金需求与风险投资(用于专用性设备、工装等)	• 相对较低的固定资产投资,但流动资金占用较多	• 较低的固定资产投资与风险,较低的流动资金占用	• 视规模而定,有时需要较高资金投入,用于固定性生产装置建设	• 一般不需要很大的固定资产投资,但流动资金占用很多
8. 生产成本	• 高固定成本 • 低变动成本	• 低固定成本 • 高变动成本	• 较低固定成本 • 较高变动成本	• 较高固定成本 • 较高变动成本	• 较低固定成本 • 高变动成本
9. 系统的应变能力	• 很低的应变能力(对品种、能力、批量而言)	• 很高的应变能力(对品种、能力、批量而言)	• 较好的应变能力(对相似性同族零件而言)	• 较好的应变能力(对同类型的产品而言)	• 很高的应变能力(对品种、能力、规模而言)
10. 设施布置工作难度	• 较容易 • 关键解决能力平衡	• 较困难 • 关键是总体经济性	• 较困难 • 关键是典型工艺归类	• 相对容易 • 关键是工艺顺序问题	• 相对困难 • 综合性、工作方便程度

三、生产运作系统的规模决策

工厂的设计除了选择地点和进行平面布置之外，还要确定生产运作系统的生产能力。生产能力的管理本应在能力要素管理中讨论而不应在过程要素中涉及，但从生产运作系统的设计角度分析，生产规模的决策属工厂设计范畴，与选址、布置等任务一样都是在生产开工之前应该决策、确定好的。

1. 生产能力的概念

生产能力是对生产运作系统的最大产出率的描述，是指在一定时期内(一般指一个经营年度)，在一定技术、组织条件下，经过综合协调、平衡后，所能够生产一定种类、质量的产品的最大数量。生产能力本身是一个动态概念，随着技术的进步、组织的完善、尤其是管理的加强，会朝着不断提高的方向发展。

生产能力一般分为三种：

(1) 设计能力。亦即生产运作系统规模，是工厂设计任务书和技术设计文件中所规定的生产能力，它是按照工厂设计中规定的产品方案和各种设计数据来确定的，是生产性固定资产在最充分利用工作时间和在最完善的组织、技术条件下应该达到的最大生产能力。通常企业需要在投产一段时间之后，通过熟悉运行操作、掌握生产规律之后，才能逐步达到。

(2) 查定能力。指老企业在没有设计能力时，或企业由于产品、技术、组织变化，原设计能力已不能反映实际能力水平时，企业重新调查核定的生产能力，它能够反映工厂在现有技术、组织条件下的能力大小。设计与查定能力都是在进行企业长远战略决策时所考虑的参数。

(3) 计划能力。亦称现有能力，是指企业在当前计划年度内所具有的生产能力，是根据现有的生产技术条件，并考虑到计划期内所能实现的各项技术组织措施效果，按照计划期内的产品方案计算确定的，它是编制年度生产计划的基础。

2. 生产规模的决策程序

生产规模决策是生产运作系统的能力长远决策，它需要考虑市场容量、企业的战略以及企业可调动的资源状况等多种因素，一般需要进行以下程序的分析、决策。

(1) 确定生产能力的量度单位。生产能力是需要准确定量决策的，所以需要注意选择最有代表意义的量纲作为量度单位，在单一产品生产中该问题不难处理，以其计量单位(如吨、件、米、人·次、吨·公里、千瓦·小时等)便可，但对于许多品种产品时，除去可以按照标准产品、代表产品和假定产品来计算或通过比例系数法折算之外，当业务量实在太复杂以至于用一、两种实物量难以计量时，还可以使用“￥”、“$”、“£”等货币单位来描述生产能力。

(2) 预测未来的市场需求量。这是生产能力发展的基础。除了应对市场的长远发展进行定量预测之外，还应从定性角度分析未来各阶段中导致市场需求量变化的各项主要因素。有人曾指出定量预测、趋势外推的本质是一种只看后视镜开车的行为，但也应注意到预测如同天气预报是一个不断学习的过程，开始是会有些误差，但不预测就意味着你永远不会预测，而从现在开始学习预测，尽管现在不准，将来总会更加准确的。

(3) 确定生产能力的需求量。市场需求量与能力需求量之间类似于市场份额那样存在着某一比例量。之所以不能够用市场需求量作为能力需求量，主要是因为没有哪一个企业在今天能够完全垄断市场，一般行业中达到市场份额的 20%就算是了不起的成就了。因此，确定生产能力的需求量的本质是在了解了市场需求量的基础上，按照企业经营战略的规定、尤其是市场份额指标的规定，进行生产能力目标的决策。

(4) 制定实现生产能力的备选方案。市场需求量的发展可能属于一种连续渐进的变化模式，而能力的配置则很难按照这种连续渐进的方式变化，往往具有一种阶跃式增长的特点，如图 6-8 所示。管理者可分别采取不同的能力发展策略。

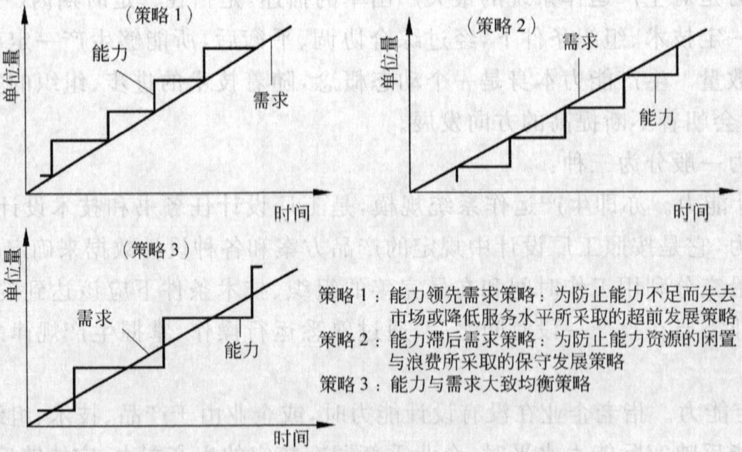

图 6-8 生产能力发展的不同策略

(5) 对不同的能力发展方案进行比较。不同策略下的方案比较、评价是规模决策的关键环节。方案的比较可以利用净现值(NPV)或内部收益(IRR)等方法进行经济效果评价，在能达到基本目标的前提下力争投入尽可能小、收益尽可能大。

(6) 对生产规模进行决策。决策包括对满意方案的确定以及决策的实施执行。从逻辑上分析，只有当生产能力决策制定之后，才能考虑何时进行生产能力配置和在哪里进行配置(选址)的决策。

总而言之，生产过程的管理主要要进行生产运作系统构造方面的决策，它解决的是系统静态的结构及其规模问题，尽管是静态的决策，但这种结构提供将会限制生产运作系统的动态效果或功能水平。以往认为生产运作管理者更多地只要从动态环节运行好系统就可以了，但现在更强调要首先保证生产运作系统结构的有效性，没有这种结构-功能方面的潜力保障，系统的高效率运行是很难实现的。

本章复习题

1. 企业生产战略包含哪些内容？简述企业经营战略与企业生产战略的关系。
2. 企业如何通过生产战略获取竞争优势？
3. 什么是工作研究？举例说明工作研究包含的内容。
4. 企业如何开展方法研究？

5. 举例分析某家企业的过程分析方法，并运用程序图描绘出来。

6. 辨析工时消耗和劳动定额的主要不同之处，并简要阐述如何制定劳动定额。

7. 简述影响厂址选择的主要因素，并对“不同生产运作系统选址所看重的因素不同”这一理论进行举例说明。

8. 企业如何进行厂址选择?

9. 简述生产设施布置有哪些类型。

10. 什么是企业生产规模决策? 简述企业生产规模的决策过程。

第七章 企业生产运作系统的运行与维护

只有当有效设计的生产运作系统运行起来，而且是在高效率或经济性的状态下运行时，生产运作系统才可能进行有效产出，获得经济效益。而要使一个生产运作系统处于高效率的运行状态，关键是要进行系统动态的控制：包括事先的目标、计划确定和过程中的监控、调整以及事后的评价、改善等。生产运作系统的动态控制主要是通过信息、物流、质量、工作内容这四个方面来实现的。因此，相应的管理工作就是要抓好计划、库存、质量和人员四个系统的动态要素，以实现高效率的运作目标。

第一节 生产能力的计划与控制

一、企业生产计划体系

企业的生产计划是企业日常生产运作管理的首要职能，它是从系统运行的信息控制方面来规定企业在计划期内产品生产的品种、数量、质量与进度等指标，并为实现这些指标进行能力、资源方面的协调、平衡。企业的生产计划是根据企业年度内的经营方针，在营销计划的指导下制订的，同时它又是编制企业其他内部运行计划的基础。

1. 企业生产计划体系概述

制订生产计划的基本目的在于：明确生产任务，即通过把生产对象按其结构与工艺特点进行分解以落实到基本生产单位；安排生产进度，即为保证交货期或产出期要求而进行各工艺阶段的时间安排与控制；平衡生产能力，即在任务与时间分配的基础上合理配置资源、能力，以确保生产任务保质保量按期完成。因此，生产计划体系的总体框架便可用图 7-1 所示的三维坐标来描述，它包括对生产任务的逐步分解细化，由产品到零部件再到具体工艺、操作；也包括将任务按生产单位逐步分解落实，由厂级到车间工段再分派到小组与工人；还包括将生产任务按时间进行分解落实，由年度到季、月、旬再到每天甚至每小时、每分钟的工作内容。在这三维系统中最核心的思想是：生产任务的分解和任务在生产单位能力方面以及时间方面的平衡。当然，并非三维空间中全部都是有意义的，从递阶控制的角度分析，厂级一般控制产品、关键零部件级以及年、季度的生产任务，而车间、班组主要只对零件级或工序级在月、旬、周、日时段上的任务进行安排与控制。

生产计划的三维结构体系只是从计划本身的内容方面描述了企业生产计划包括的要素及其关系；而生产计划在系统运行过程中实际上是起着动态控制作用的，生产运作系统何时启动、停止要按照生产计划的规定行事。作为生产运作系统触发器的生产计划本身

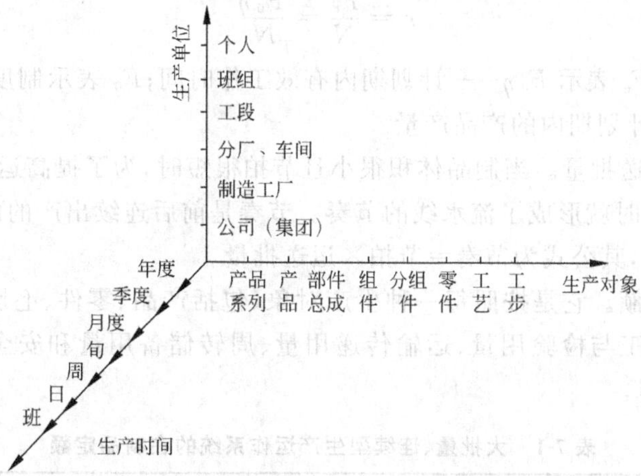

图 7-1　企业生产计划体系框架

何时被触发、启动，这要视具体的生产类型而定，对于完全订货型生产运作系统，用户的订货合同是唯一启动生产计划和生产运作系统的开关；对于备货型生产而言，产成品的库存量和市场预测、厂家订货都可能触发生产计划。也就是说，不同类型的生产运作系统编制生产计划的方法、计划运行机制是不一样的，尽管生产计划本身都必须分解、平衡，但计划环境不同导致计划内容、技术、机理也不同。然而，限于篇幅本书仅就最普遍使用的“制造资源计划”（MRPⅡ）进行讨论，其思想与机理是可以普遍推广的，只不过在订货型企业中MRPⅡ系统需按订单触发，而备货型企业、尤其是大批量生产的企业只用在系统设计时运行一次即可，常年单一品种、规范性任务主要靠生产线的装置与节拍、节奏保证而无须大量的计划协调。

2. 生产计划的基础工作：期量标准

期量标准的“期”是日期、时间的概念，“量”是数量、批量的概念，期量标准是指对生产对象在生产过程中的转化、移动所规定的生产期限和数量标准。它是经过科学分析、计算或者调查、统计而得到的一套标准数据，反映了生产运作系统在当前生产技术与管理水平下生产对象（包括产品、零部件、工序等）在生产中一定批量与生产时间之间的内在对应关系，是期与量的规律性总结。合理的期量标准是科学制订生产计划的唯一标准，同时它对于建立正常的生产秩序、组织均衡生产、利用生产能力、缩短生产周期、加速流动资金周转，改善生产质量，提高系统经济效益都起着很重要的基础性作用。

由于期量标准是反映生产对象在生产过程中的运动规律，显然不同类型的生产过程、生产的期量标准也很不相同。一般来说，大批量、连续性生产运作系统的期量标准有节拍、节奏、运送批量、在制品定额、流水线标准工作指示图表等；成批轮番生产运作系统有批量、生产间隔期、生产周期、生产提前期、在制品定额和标准计划等；而单件小批生产运作系统有生产周期、生产提前期、保险期、生产周期图表等。

1）大批量、连续性生产运作系统的主要期量标准

（1）节拍。流水线上连续出产前、后两件制品的时间间隔，它是由计划期内的有效工作时间与计划期内的产品产量所决定的，其公式为

$$r=\frac{F_e}{N}=\frac{F_0\eta}{N}$$

式中,r 表示节拍;F_e 表示 $F_0\eta$——计划期内有效工作时间;F_0 表示制度工作时间;η 表示有效系数;N 表示计划期内的产品产量。

(2) 节奏与运送批量。当制品体积很小且节拍很短时,为了提高运输的经济性,需要合批运输、转移,这时就形成了流水线的节奏。节奏是前后连续出产的两组(运送批量)同种制品的时间间隔,其公式为节奏=节拍×运送批量。

(3) 在制品定额。它是按照每一种生产对象(包括产品、零件、毛坯)分别制定的,其构成包括:工艺加工与检验用量、运输传递用量、周转储备用量和安全保险用量四个部分,具体参见表 7-1。

表 7-1 大批量、连续型生产运作系统的在制品定额

构成要素	工艺占用量(Z_1)	运输占用量(Z_2)	周转储备量(Z_3)	保险储备量(Z_4)
用途解释	直接在工作地处于加工状态或检验工序上的在制品占用数量	在各道工序之间正在运送过程中的在制品占用数量	在相邻工序之间由于生产效率不平衡而形成的在制品占用数量	为预防发生意外、使生产能正常进行而设置的在制品数量
计算公式	$Z_1=\sum_{i=1}^{m}S_iG_i+G_k$	$Z_2=\begin{cases}(m-1)n & \text{(流水生产线)}\\ \sum_{i=1}^{m}S_iY_i & \text{(非流水生产线)}\end{cases}$	$Z_3=\frac{T_nS_1}{t_1}-\frac{T_nS_2}{t_2}$	$Z_4=\sum_{i=1}^{m}\frac{T_c}{t_i}$
符号说明	m=工艺过程的工序数目 S_i=每道工序的工作地数目($i=1,2,\cdots,j$) G_i=一个工作地同时加工的制品数量 G_k=在检验中的制品数量 n=运输批量 Y_i=一个工作地一次运送的制品数量		T_n=相邻两工序的同时工作时间 S_1=上道工序的工作地数 S_2=下道工序的工作地数 t_1=上道工序的时间定额 t_2=下道工序的时间定额 T_c=消除工序故障所需时间 t_i=每道工序的时间定额	

2) 成批轮番生产运作系统的主要期量标准

(1) 批量。指花费一次"准备结束时间"所生产的同种产品(或零件、毛坯)的数量。成批轮番生产运作系统中的批量决策是一个不太容易解决的问题,缺乏评价的标准或实用的准则,而批量大小一般又对经济效果和服务水平影响很大。一般确定批量的方法有三种:以期定量法,即根据已定的标准生产间隔期来计算批量,批量=生产间隔期×计划期平均日产量;最小批量法,主要以保证设备的合理利用为目标,设定设备调整允许损失系数 K,批量 Q 的临界值为:$Q_{\min}=\frac{t}{K_{t_0}}$,其中 t 为设备调整时间,t_0 为单件工艺工序时间,K 一般取值在 0.02 到 0.12 之间;经济批量法,寻求总费用最低时的经济生产批量,如图 7-2 所示。

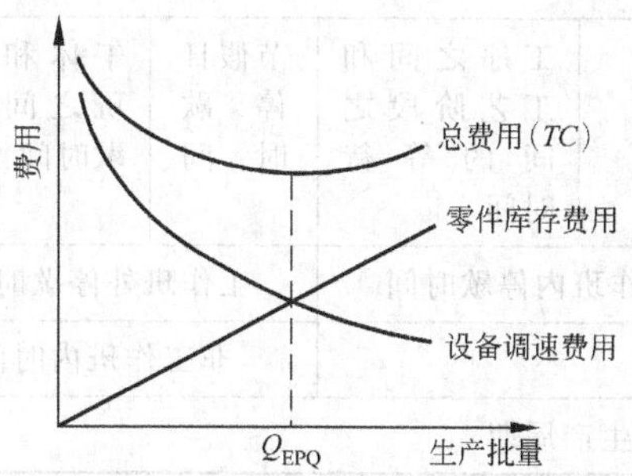

总费用：TC＝零件库存费用＋设备调整费用

$$=\frac{Q}{2}\cdot C+\frac{R}{Q}\cdot A$$

其中：Q＝批量

$Q/2$＝平均库存量(均匀消耗)

C＝单位库存费用

R＝年需求量

A＝单位设备调整费用

R/Q＝生产批次或设备调整次数

求 TC 极小值：$dTC/dQ=0$

$$\frac{C}{2}-\frac{RA}{Q^2}=0$$

经济生产批量：$Q^*_{EPQ}=\sqrt{\frac{2RA}{C}}$

图 7-2 经济生产批量

(2) 生产间隔期。指相邻两批同种产品投入生产(或出产)的时间间隔。如图 7-2 所示，生产间隔期与批量有密切关系，生产间隔期＝生产批量/计划期平均日产量。据此可以确定生产间隔期，此法为以量定期。显然，生产间隔期的确定对均衡生产影响巨大。

(3) 在制品定额。它可以通过批量、生产间隔期、生产周期来计算：

$$\text{在制品定额}=\frac{\text{生产周期}}{\text{生产间隔期}}\times\text{批量}$$

$$=\text{生产周期}\times\text{计划期平均日产量}$$

其他如生产周期等期量标准与单件小批类型中的含义相同而不在此赘述。

3) 单件小批生产运作系统的主要期量标准

(1) 生产周期。指生产对象从原料投入生产开始到生产完成为止的全部日历时间。生产周期的长短反映着企业的技术与管理水平，缩短生产周期是当前提高企业竞争力的最有效环节。生产周期可以针对不同的生产对象，也可以针对不同的工艺工序，如产品生产周期、产品装配生产周期、A 部件机械加工生产周期等。生产周期是现实技术与管理水平的体现，一般不易通过公式直接计算得到。其时间的构成如表 7-2 所示，其中等待时间、准备结束时间与工件移动方式有关，与生产类型也很有关系。在单件小批生产中，生产周期往往大于有效时间，更大于工艺工序时间，主要原因就在于停歇延误、设备调整等辅助时间过长。因此从管理上进行改善，制订更好的计划对生产周期本身也会有所改善。

(2) 生产提前期。指生产对象(产品，零、部件)在生产过程的工艺阶段投入或出产的日期较最后交货期所提前的一段时间。它是以产品最后完工日期为起点，根据工艺阶段的生产周期、保险期等，按工艺阶段的逆顺序进行计算的，它一般以日历天数表示。

(3) 保险期。指工艺阶段之间用于缓冲、防备拖期、缺件等意外的一段时间。

生产周期、生产提前期和保险期之间的关系如图 7-3 所示，从它也可以发现所谓的生产计划，尤其是进度计划，实际上已在求提前期的逆推过程中排定了。由此可见期量标准对于生产计划有多么重要。

表 7-2 生产周期的各类时间构成表

<table>
<tr><th colspan="5">有效时间</th><th colspan="4">停歇时间</th></tr>
<tr><td rowspan="3">自然过程时间</td><td rowspan="2">工艺工序时间</td><td>准备结束时间</td><td>运输时间</td><td>检验时间</td><td>成批等待时间</td><td>工序之间和工艺阶段之间的等待时间</td><td>节假日停歇时间</td><td>午休和工作班之间的停歇时间</td></tr>
<tr><td colspan="3">辅助时间</td><td colspan="2">工作班内停歇时间</td><td colspan="2">工作班外停歇时间</td></tr>
<tr><td colspan="6">工作班内时间</td><td colspan="2">非工作班内时间</td></tr>
<tr><td colspan="9">以日历日数表示的生产周期</td></tr>
</table>

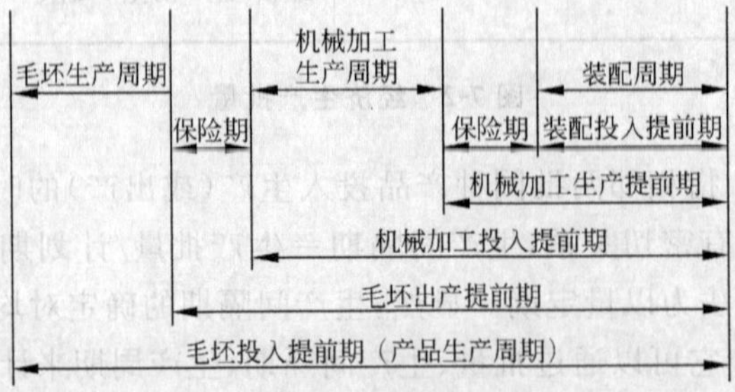

图 7-3 生产周期、提前期、保险期的关系

二、制造资源计划

制造资源计划(manufacturing resources planning,MRPⅡ)中的制造资源既包括生产运作系统的内部资源要素,如构成生产能力的设备、人员、动力、能源等,以及生产运作系统的非结构化要素与相应管理体制;同时还包括与生产运作系统发生关系的周边系统资源,如市场资源:产品销售市场与供应配套市场;财政资源:资金来源与税收政策;技术资源:产品开发、工艺能力等。MRPⅡ系统的目的就是对生产运作系统及其经营活动建立一种模型,并通过运行这一模型把企业的制造资源与经营任务需求进行平衡,保证任务的完成。MRPⅡ一般都是由计算机支持的计划系统,但值得注意的是:MRPⅡ更是一种管理思想与决策逻辑,同时也不仅只是一个计划模型,更是一个动态的信息系统,可以伴随着生产运作系统的运行实时地反映系统运行状态,辅助管理者进行决策、指挥、控制。

1. MRPⅡ的系统构成框架

MRPⅡ是从 MRP(material requirement planning 物料需求计划)发展过来的,因此在它的功能模块中包含着 MRP 的处理模块,主要解决产品生产中的零部件及物料需求量问题。而之所以 MRPⅡ成为制造资源范畴的管理系统,是它在 MRP 的基础上,纵向包容了经营计划、营销(销售)计划;向后连接了生产进度计划、能力需求计划、现场实施反馈信息处理、成本核算与控制,以及支持性的流动资金计划等。经典的 MRPⅡ是由 IBM 公司开发的 COPICS 系统,它包括 12 个功能子系统,形成了从市场营销、技术开发到生产与库存管理、财务成本管理一整套企业管理信息系统。这一系统在一个中央数据库支持下，具有很强的仿真功能，能针对不同的决策方针拟定出各种不同的具体生产方案，并预测、仿真出各方案的结果，成为高层决策的支持工具。图 7-4 是 COPICS 系统中 12 个功能子系统的联系图。

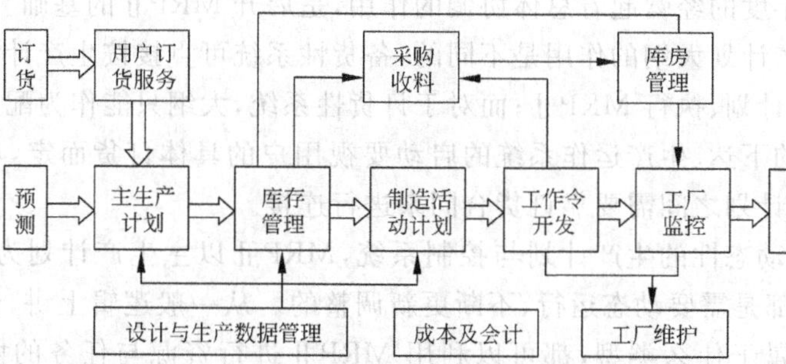

图 7-4　COPICS 功能子系统联系图

从 MRP Ⅱ最基本的生产计划决策功能分析，其决策逻辑可以表示为图 7-5 的形式，完成这一决策过程主要由四个关键环节所构成：① 主生产计划(MPS)；② 物料需求计划(MRP)；③ 生产进度计划(OS)；④ 能力需求计划(CRP)，它们构成一个决策的反馈回路，一般称之为闭环的 MRP Ⅱ。

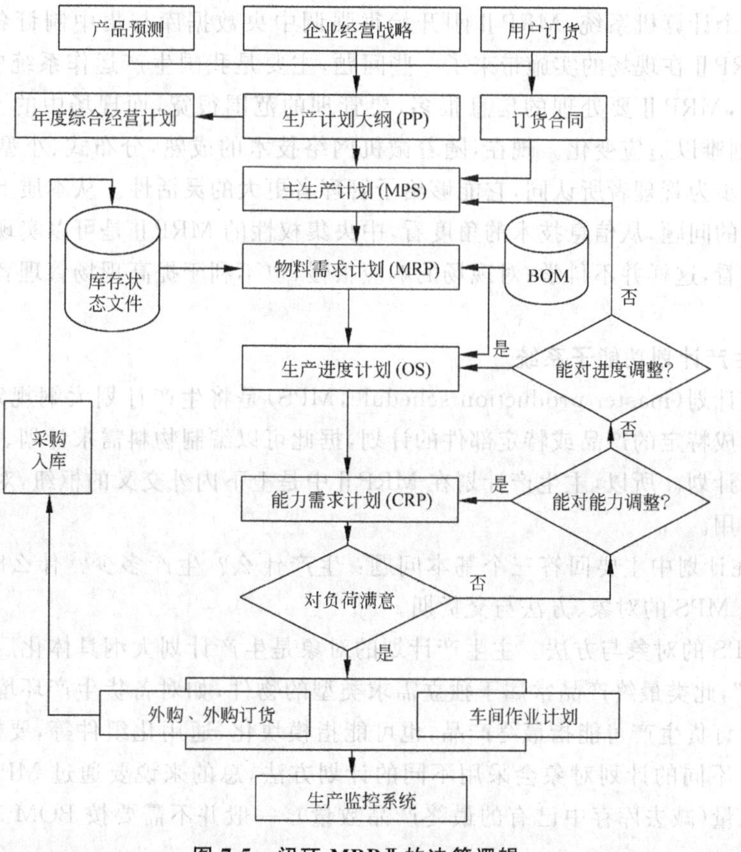

图 7-5　闭环 MRP Ⅱ的决策逻辑

在 MRPⅡ的整个系统中，一般都要包括“生产计划大纲”(production planning 或 aggregated production planning)，它是对年度范畴内要生产的产品品种及其数量进行结构性决策，平衡总体的生产能力、资金需求、营销任务、生产技术准备、总体物资、配套供应等工作，它对于全年度的经营起着总体协调的作用，是展开 MRPⅡ的基础。当然，在不同的生产类型中，生产计划大纲的作用是不同的，备货性系统可直接按生产计划大纲的要求进一步制订主生产计划、执行 MRPⅡ；而对于订货性系统，大纲只能作为配置年度资源的参考，真正工作令的下达、生产运作系统的启动要视用户的具体订货而定，也就是说生产计划大纲与主生产计划之间需要靠订货合同来进行连接。

作为一个适时动态性的生产计划与控制系统，MRPⅡ以主生产计划为界，它以下的 MRP、OS、CRP 等都是需要动态运行、不断更新调整的。从一般逻辑上讲，任何一种生产运作系统，无论其属于什么类型，都可以利用 MRPⅡ进行资源与任务的协调、管理，但 MRPⅡ对多品种小批量、订货性的生产运作系统更为有价值。因为大量流水、甚至很规范的轮番生产性系统，都可以不借助于信息而通过生产线的节拍、标准的间隔期与生产周期标准来进行控制，只有品种很多、纯订货类型的生产，为了控制最终的交货必须制订详细的进度计划以协调涉及广泛的各类生产性资源。因此，有一个订货就会产生一个 MRPⅡ的运行需求；同时由于控制的需要，现实的数据要不断输入 MRPⅡ系统，修改近期的计划或下达新的调度指令等。实际上，MRPⅡ就是一个计算机支持下的生产运行管理系统。

作为一个计算机系统，MRPⅡ刚开始很强调中央数据库与集中制订各级计划的原则，这给 MRPⅡ在现场的实施带来了一些问题，主要是我国生产运作系统中自制件工作量一般较大，MRPⅡ要处理的信息很多，要管理的范围很宽，而现场中的变化因素也很多，导致计划难以适应变化。现在，随着微机网络技术的成熟，分布式、小型化的 MRPⅡ系统正在逐步为管理者所认同，它能够给予管理者更大的灵活性。从本质上来说，这是一个控制幅度的问题，从信息技术的角度看，中央集权性的 MRPⅡ是可以实现的，但从管理实际的角度看，这样并不科学：对现场的响应很慢，也不利于提高现场管理者的主动性、自主性。

2. 主生产计划功能子系统

主生产计划(master production schedule，MPS)是将生产计划大纲规定的产品系列或大类转换成特定的产品或特定部件的计划，据此可以编制物料需求计划、生产进度计划与能力需求计划。所以，主生产计划在 MRPⅡ中是上下内外交叉的枢纽，对 MRPⅡ起着主导控制作用。

MPS 在计划中主要回答三个基本问题：生产什么？生产多少？什么时候产出？这些问题涉及 MPS 的对象、方法与交货期。

(1) MPS 的对象与方法。主生产计划的对象是生产计划大纲具体化后的“最终产品(end item)”，此类最终产品常属于独立需求类型的物件，如对备货生产环境是指产品、备品、配件；对订货生产可能指最终产品，也可能指模块化、通用化组件等，要视订货性质与深度而定。不同的计划对象会采用不同的计划方法，总的来说要通过 MPS 确定最终产品的净需求量(减去库存中已有的最终产品数量)，一般并不需要按 BOM 表将最终产品分解。

(2) MPS 的交货期或产出期。对于订货生产的交货期很容易确定,一般由用户给定;对于大批、大量生产,考虑到生产的均衡性要求,产出期也比较容易确定;而对于成批、轮番性生产的企业,生产按备货方式进行,其产出期较难把握,一般按照以量定期方式,或较精确的市场预测,或大小搭配、充分利用生产能力的原则来安排。

3. 物料需求计划功能子系统

物料需求计划(MRP)是 MRPⅡ 的微观核心部分,它将 MPS 产品级的计划按照 BOM 表分解成为零件级的计划,直接指挥着自制件的生产数量与进度,以及外购件的数量与配套日期。MRP 的主要处理模块及其逻辑关系如图 7-6 所示。

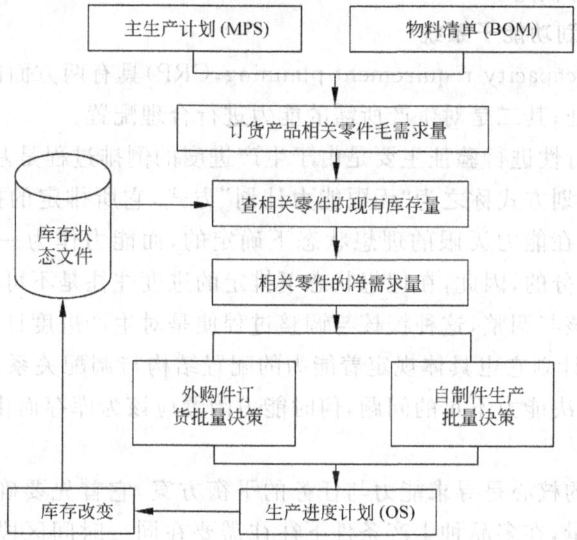

图 7-6　MRP 的功能模块与逻辑联系

MRP 的对象是相关需求类型的物件,一个复杂的机械产品可能由上万个与产成品成相关需求关系的零件所构成,每个零件又有各自的加工工艺与周期,每道工艺又要占用相应的加工资源,要按交货期完成生产任务,就必须明确该产品的相关零件各需多少,每个零件的投入、出产日期是什么,以及资源需求能否保证等。所以,MRP 是 MRPⅡ 微观(零件)计划的开始。

物料清单(bill of materials,BOM)是产品零件结构的表示,体现一个企业所生产的产品与要有效控制的最基本的零件或组成部分(总成、部件、组件等)的关系。BOM 表除了能从物质组成方面反映物料的需求状况外,还能够从工艺角度反映每个零件的工艺路线甚至生产周期。

MRP 计划中之所以总存在着按净需求量进行生产还总有零件库存的问题,主要是因为在实际运行 MRP 时,并不只按净需求下达工作令、进行投料,考虑到生产过程中的废品率问题,考虑到某些零件的经济生产批量问题等,一般又要多投一些,这便构成了由毛需求向净需求的转变,以及净需求向库存部分供货的现象。

4. 生产进度计划功能子系统

生产进度计划(operation schedual)是零件或部件一级的作业进度计划。当有了主生产计划规定的产出期(或交货期),有了 MRP 规定的相关零、部件及其工艺路线和生产周期后,生产进度计划的编定实际上相当简单,就是按照交货期的规定,根据期量标准数据,以倒排顺序的方式为每个零部件制定出投入期、出产期。

由于自制件的数量一般较多,进度计划很难针对每个产品零件来定其投入、出产期,所以经常针对主关键件来确定进度,而对一般件仅做最后配套出产的要求。而这种处理方式本身是对 MRPⅡ的运行控制问题,是集中控制,还是分权、递阶控制?这要视具体企业情况与管理者偏好而定。

5. 能力需求计划功能子系统

能力需求计划(capacity requirement planning,CRP)具有两方面的功能,其一是对计划的可行性进行验证;其二是对生产所需的能力进行合理配置。

对进度计划可行性进行验证主要是由于生产进度的倒排过程是基于能力无穷大的假设,这种生产进度计划方式称之为“无限能力计划”方式,它所排定的投入、产出期进度完全是根据交货需要,在能力无限的理想状态下确定的,而能力作为一种资源永远是有限的,而且往往是不充分的,因此,在理想状态下排定的进度往往是不可能执行的,必须经过能力需求方面的校核与调整,这种校核与调整过程便是对生产进度计划可行性的验证。

CRP 作为一个计划它也具体规定着能力的配置结构与调配关系,比如何时应采取外协、加班的方式来解决能力不足的问题,何时能力闲置应该为库存而生产以弥补即将到来的任务高峰等。

能力需求计划的核心是寻求能力与任务的平衡方案,它首先要确定在进度计划基础上的任务能力需要量,在多品种生产条件下往往需要在同一时间区段上进行这种需要量的叠加处理,因为该区段上不可能只完成这一个订货。然后,将生产运作系统所能够提供的生产能力核算出来,加以比较,能力大于需求意味着资源闲置,相反则说明无法正常交货。因此,能力调整的工作量会相当大,这也就是为什么 MRPⅡ一般都是由计算机支持、手工很难胜任的主要原因。

经过 CRP 的平衡、调整,生产进度计划被优化了,或至少可行了,MRPⅡ据此将直接指挥每天的工作,即根据各级生产作业计划、生产排序和工作令下达来启动生产,并在生产过程中反映过程信息、支持生产控制,并从财务、成本角度汇总信息,完成相应的报表、台账。

6. 实际生产计划信息系统简介

1) POPIS

POPIS(parts-oriented production information system,零件导向的生产信息系统)是由日本的生产运作管理学者人见胜人和栗山仙之助等人为多品种成批生产型企业开发的面向零、部件生产的管理信息系统,其特点是根据市场预测信息(第一次信息)来启动生产运作系统中的产品零、部件制造环节;根据用户的订货信息(第二次信息)来启动产品的装配,这样就能保证及时、迅速地交货,同时内部的生产也较容易均衡。据系统的用户反映:生产周期明显缩短,资源利用率提高,库存量也能够减少。图 7-7 是 POPIS 的决策过程示意图。

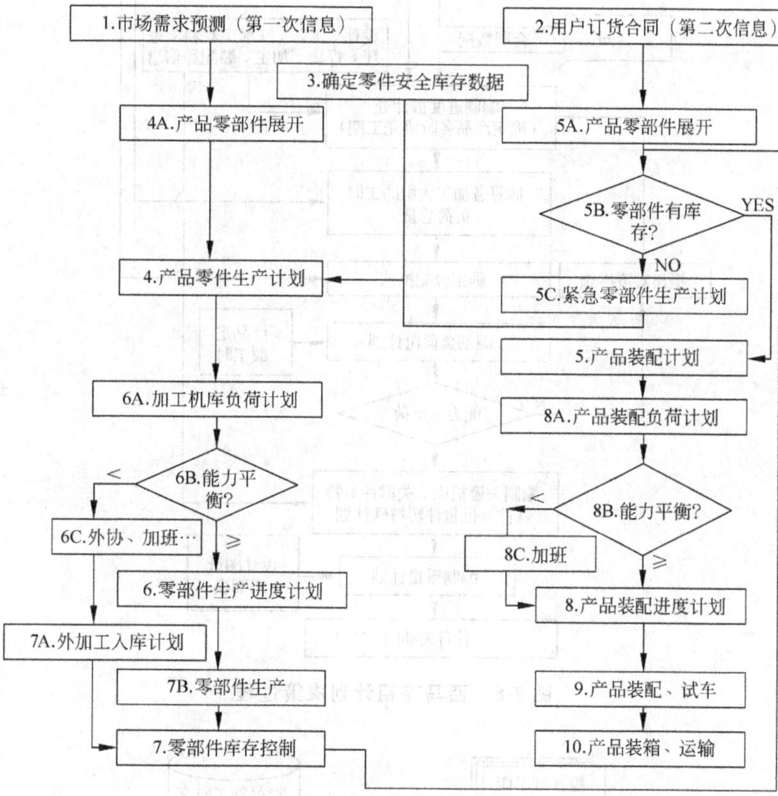

图 7-7　POPIS 系统的计划决策过程

2）西马克粗计划系统

德国的西马克(Schloeman-Siemag)公司是一个以生产矿山机械与重型成套设备的公司，是典型的用户订货型单件生产的企业，它经过了很长时间的数据积累与计划实践，总结出了一套对于重型成套设备生产行之有效的计划方式，其中最具特色的是其粗计划系统，如图 7-8 所示。在整个粗计划制订过程中，进度粗计划与负荷粗计划是核心。在合同确认之后，交货期虽然确定了，但由于是完全订货生产，不仅期量标准，而且产品设计尚未完成，而这时就必须预估总体进度以协调各部门工作、缩短产品生产周期、控制预算，为此西马克采用了“吨·工时卡片”换算制，通过历史数据的总结积累起了产品/部件吨位与加工工时之间的关系，据此可查出生产周期、提前期方面的信息。

在西马克粗计划中，负荷粗计划也是具有特色的，为了准确地预估生产资源需求情况，“吨·工时”信息还提供了以工种或加工大组为基础的各产品或部件的工时分配模式，即在整个产品生产周期内，各工种的加工工时的分布规律，这对于分析能力需求计划、探讨进度计划的可行性有极为重要的作用，图 7-9 是西马克负荷粗计划的决策过程图。

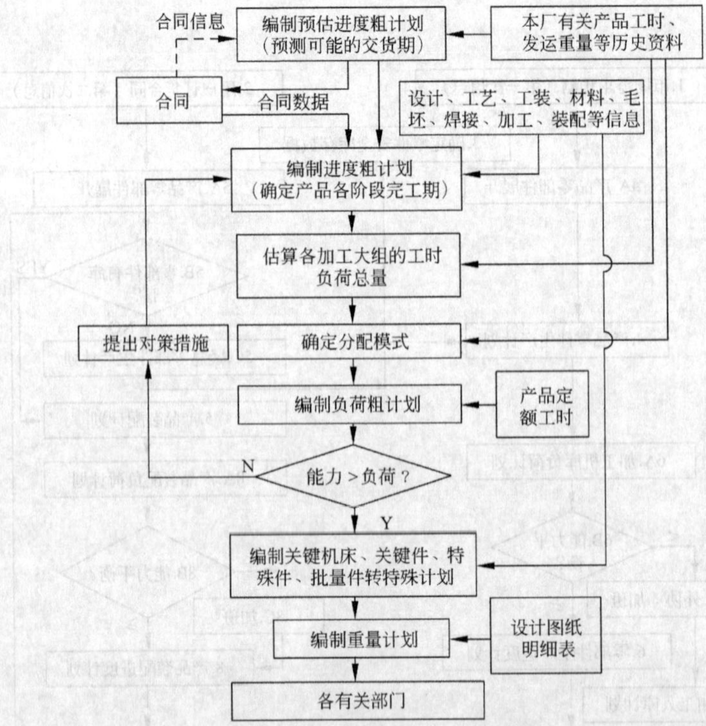

图 7-8　西马克粗计划决策过程

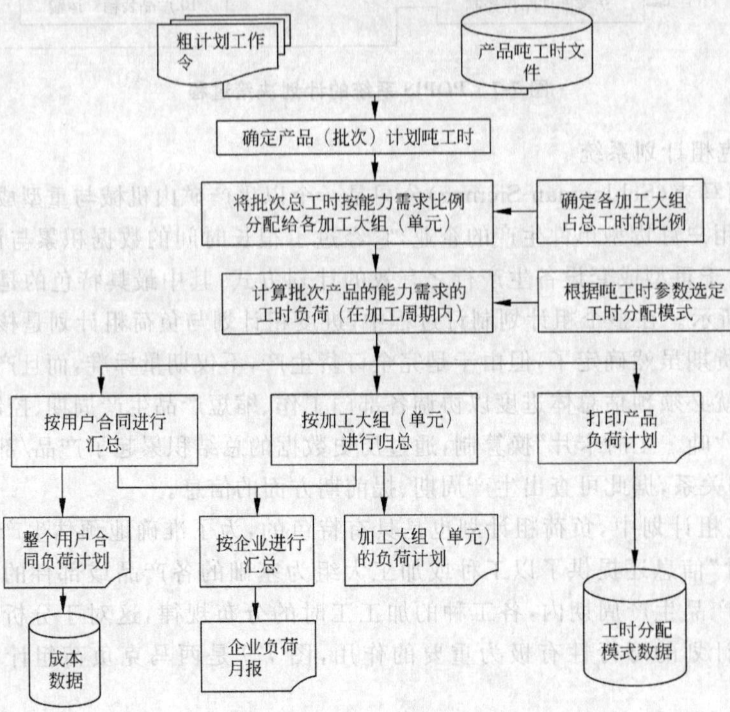

图 7-9　西马克负荷粗计划的决策过程

三、计算机集成制造系统

1973 年美国约瑟夫·哈林顿博士(Joseph Harrington)在《Computer Integrated Manufacturing》一书中首次提出了计算机集成制造的概念,当时他提出了两个基本观点:① 企业生产的各个环节,包括市场分析、产品设计、加工制造、经营管理及售后服务的全部经营活动,是一个不可分割的整体,要紧密连接,不能单独考虑。②整个经营过程实质是一个数据的采集、传递和加工处理过程,其最终形成的产品可以看做是数据的物质表现。因此可以用计算机把企业生产各个阶段的活动和部门集成起来,形成一个统一的整体。国际标准化组织给出的计算机集成制造系统(computer integrated manufacturing system,CIMS)的定义(ISO/TC184/SC5/WGI)是:“CIMS 是把人、经营知识及能力与信息技术、制造技术综合应用,以提高制造企业的生产率和灵活性,从而把企业所有人员、功能、信息和组织诸方面集成为一个整体。”

CIMS 是通过计算机硬件和软件,综合运用现代管理技术、制造技术、信息技术、自动化技术、系统工程技术,将企业生产全部过程中有关的人、技术、管理三要素及其信息流与物流有机集成并优化运行的复杂大系统。需要注意的是 CIMS 并不是简单的工厂自动化和技术的互联,而是人、技术和经营管理三方面的集成。CIMS 的初期发展阶段,曾提出了技术为中心的途径(technology approach),希望建立完全自动化的无人工厂,结果导致了失败。实践证明,在生产经营中片面强调技术的因素而忽视人和管理的作用是完全行不通的。

1. CIMS 的组成

CIMS 通常由四个应用分系统和两个支撑分系统组成,如图 7-10 所示。这六大分系统各自有其特有的结构、功能和目标。

1) 管理信息系统(MIS)

管理信息系统是 CIMS 的神经中枢,负责将物料管理、生产运作管理、人力资源管理、财务管理等各个分系统有机结合起来,通过对各种信息的收集、传递、加工、查询等集成活动,进行日常事务管理和提供辅助决策,从而达到缩短产品周期、降低流动资金占用、提高企业应变能力的目的。整个管理结构以制造资源计划 MRPⅡ为核心,包括预测、经营决策、各级生产计划等,形成多目标综合平衡、管理层横向协调两种功能,并且与 CIMS 的其他分系统之间进行着密切的信息联系,具有开放性的特点。

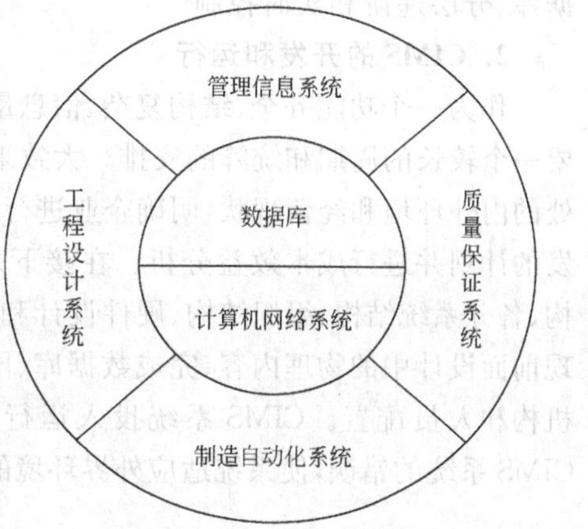

图 7-10 CIMS 的组成

2) 工程设计系统(CAD/ CAPP/ CAM)

工程设计系统是在产品开发过程中引入计算机技术来辅助产品设计、制造准备及产品性能测试等阶段的工作,即在接到管理信息系统下达的产品设计指令后,进行产品设计、工艺过程设计和产品数控加工编程,并将结果反馈给管理信息系统,使产品开发活动更有效、更优质、更自动地进行。

3）制造自动化系统(MAS)

制造自动化系统是CIMS中信息流和物料流的结合点以及最终产生经济效益的聚集地,是在计算机控制和调动下,按照计算机辅助设计/工艺/制造子系统下达的命令,将毛坯加工成合格的零件并装配成部件或产品。制造自动化的目标是:实现多品种、中小批量产品制造的柔性自动化;实现优质、低耗、短周期、高效率生产;提高企业竞争能力,并为工作人员提供舒适、安全的工作环境。

4）质量保证系统(QAS)

质量保证系统是由质量计划、质量检测、质量评价、质量信息综合管理与反馈控制等功能体系构成的。它们之间相互协调,覆盖产品生命周期的各个阶段,通过采集、存储、评价与处理存在于设计、制造过程中与质量有关的大量数据,以提高产品质量,实现用户在实际生产和各个环节的要求。

5）数据库系统

数据库系统支持CIMS各分系统,覆盖了企业的全部信息,集中了数量庞大、形式各异的数据。CIMS数据库系统通常采用集中与分布相结合的形式,通过数据管理系统、分布数据管理系统、数据控制系统的三层递阶控制体系结构,保证数据的安全性、一致性、易维护性,实现企业数据的共享和信息的集成。

6）计算机网络系统

计算机网络系统是支持CIMS各分系统的开放型网络通信系统。采用国际标准和工业标准规定的网络协议,可以实现异种机互联、异构局部网络及多种网络的互联,以分布为手段满足各应用分系统对网络支持服务的不同需求,支持资源共享、分布处理、分布数据库、分层递阶和实时控制。

2. CIMS的开发和运行

作为一个功能齐全、结构复杂、信息量大、投资巨大的复杂系统,CIMS的开发和运行需要一个较长的周期和统筹的安排。大致来讲,首先要进行可行性论证,通过调查分析企业所处的内外环境和经营现状,明确企业进行CIMS开发的目标和功能,制订企业CIMS系统开发的计划并进行成本效益分析。在接下来的设计过程中,根据系统需求,设计系统总体结构、各分系统结构、组织结构、硬件设计和安装、人员配置和培训等。在工程实施阶段,要实现前面设计中的物理内容,完成数据库、网络、生产设备、应用软件的安装和调试,落实组织机构和人员配置。CIMS系统投入运行后,要对系统进行运行与维护,及时调整和修改CIMS系统的错误,使系统适应外界环境的变化,并实现功能的扩充和性能的改善。

四、生产调度与控制

生产调度是对生产运作系统日常的运行工作进行控制和调节。再周密、科学的计划在实际运行过程中都会出现一些偏差与问题。生产调度的任务就是要在计划执行的过程中对出现或可能出现的种种问题进行了解、分析、处理和预防,以保证整个生产活动协调地进行。

1. 生产调度的主要工作内容、原则

生产调度的工作内容包括：①按照生产计划的要求控制好生产进度。现代工业生产的环节多、协作关系复杂，某一局部问题往往导致整个系统受影响、无法按期保质交货，因此协调好各有关部门的工作，保证计划的顺利执行是生产调度工作的核心；②督促有关部门做好生产准备和生产服务，如技术图纸、工装刀具、能源动力保障等都是正常生产的前提；③检查生产过程中的物资供应、配套情况；④监督设备的运转；⑤合理配置劳动力；⑥协调厂内运输；⑦控制好在制品、半成品库存；⑧建立生产运作系统有效的调度制度，如调度会议、信息统计工作等。

在保证全面、均衡地完成生产作业计划的前提下，生产调度应遵循以下原则：

(1) 以计划为基础。调度工作的本质是一个控制过程，而控制的标准应以生产作业计划为基础，总目标是为了保证生产的进度、质量的合格，最终按期交货，对实际与计划的偏差，可采取措施予以补救、克服，必要时才可对计划进行补充、调整；

(2) 统一指挥。生产调度是在现场进行指挥，必须强调高效率和权威性，发布调度令后，下级生产单位和同级职能部门应坚决执行；

(3) 抓住关键环节。生产现场的矛盾往往很多、突如其来，对待各种问题不应就事论事，而应通过表面现象探求问题成因，抓住主要问题及其原因来对症下药；

(4) 要有预见能力。对生产作业计划执行过程中可能发生的偏差和障碍，应积极采取措施加以防止或消除，抓计划、保投入，抓投入、保产出，抓产出、保计划，这是调度工作的基本循环；

(5) 果断、及时处理。生产调度对问题的处理要迅速，并督促有关部门也迅速执行。

2. 生产运作系统的运行控制

生产调度工作主要是从执行、操作角度反映生产运作系统日常运行性管理工作，可以把它理解为对计划或控制的具体实施。从生产控制的职能角度看，控制本身是一个过程，包括建立各种标准、对照标准衡量和评价实际工作绩效、调整各种出乎预料的偏差。因此，生产控制是一个反馈过程，其一般原理为例外控制原则，即控制的监督系统只有识别到与计划不一致的生产结果时才有报警，采取各种措施来纠偏；当生产运作系统与计划一致时，控制系统的反馈调整部分并不动作。

由于生产控制的目标是为了在生产运作系统的运行过程中实现生产计划要求乃至生产运作系统的功能目标，因此生产控制的对象是相当复杂的，它应包括：生产的进度及交货期、生产成本与资金、生产的库存、生产的质量、生产的品种与数量等等，其中生产进度的控制是与计划直接相关的，其他的控制问题分别在其他章节中讨论。

生产进度控制是对原材料投入生产到产成品入库为止的全生产过程进行控制，控制的对象主要包括时间进度和有效数量两方面，具体的主要任务内容是投入进度、出产进度和工序进度。

(1) 生产投入进度的控制。控制产品的投入日期、数量、品种是否符合计划要求，包括各生产环节、各种原料、毛坯、零部件是否按提前期标准进行了投入；设备、人力、技术措施项目是否按计划规定到位等。保投入是执行计划、保均衡、成套的关键环节，是后续控制的基础。一般对于大批量生产运作系统，可根据投产指令、投料单、投料进度表、投产日报等进行控制,或用投入产出日历进度表中的计划投入量与实际投入量进行比较控制,由于生产的对象单纯、稳定,投产的规律性较强,控制的难度不大;而对于成批、小批量生产运作系统来说,一方面要控制品种、数量与成套;另一方面又要控制各种提前期,难度很大,控制的方法也不很规范,主要是根据生产计划制订或分解出投产计划、配套计划、加工路线单、工作令等来启动和控制投产进度。

(2) 生产出产进度的控制。是对产成品的出产日期、出产提前期、产出量、出产均衡率与成套性进行控制,是保交货、保计划、保均衡、保质量的关键。对于大量、大批生产运作系统,由于有节拍、日均衡率等的系统控制技术,一般控制住了投入便能较好地控制产出,任务较简单;对于成批、单件的系统主要还是要根据产品、主关键件或零件的进度计划来控制、查合格品数量、入库成套率、缺件情况等,严格的控制来源于科学、详细的生产进度与作业计划。

(3) 生产工序进度的控制。对产品(零、部件)在生产过程中经过的每道加工工序的进度进行控制,它主要用于单件和成批生产条件下,对那些加工周期长、工序多的产品,为了保证它们不拖期,除控制投入与出产进度外,过程中的工艺进度也要控制。控制的主要方法有:①按工票、台账进行控制;②按加工路线单进行控制;③按“协作任务单”对跨车间、分厂的零、部件进行进度控制。

生产运作系统运行的有效控制取决于生产信息系统对实际生产状态的反应速度与真实度,如果信息获取得很迟或水分很多、不准确,生产控制将是盲目的、滞后的、无效的。因此,它要求建立一套科学、严密的生产信息系统,倒不在于一定需要计算机支持,但系统的设计一定要切实能为生产控制服务,满足准确、高效率、和简明性的要求。

3. 生产运作系统现场管理:生产控制的新前沿

“现场”就是生产运作系统的作业场所,其管理是以作业场所为管理范围的所有管理工作的总称,其目的并不在于生产活动本身,而在于对生产运作系统进行持续化的改善(continuous improvement)。目前有人已把“现场”与“市场”并列起来,认为管理者的核心任务就是要对外抓住市场、对内管好现场,其中的道理可能很简单:市场决定着需求、现场决定着能力,只有两者“匹配”了,企业方能生存、发展。

现场管理与生产控制有着极密切的联系,甚至可以说现场管理、持续改善、生产运作系统的自学习等是生产控制的新内容、生产控制人员的新使命。首先,现场管理与生产控制的目的是一致的。生产控制的核心是对生产过程(或系统)的调整、改善,以期获得更有效的产出,而现场管理的目的也是对生产运作系统进行改善,以期获得更优异的生产运作系统,这也就是说生产控制在目标体系上再增加一些内容,实际上就是生产现场管理的目的。这些目标主要是:零库存、零调整、零缺陷、零浪费、零混乱、零掩饰、零周期等,这些极限性的目标是启动现场管理、持续改善的开关。其次,现场管理与生产控制的对象是一致的,都是生产一线性的作业现场,要实现持续完善必须从现场的问题着手,而生产控制人员对此最有权威与义务。最后,现场管理与生产控制的机制是相同的,都是对一种差异进行调整,只不过当前的控制目标要短期化一些,而现场管理的目标侧重于未来、长远。总之,现场管理也是一种控制行为,与其让它单独完成,不如让它变为现在生产控制的一个组成部分,融入整个生产运作管理者与作业者的日常工作之中。

日本与“四小龙”等的工厂中开展的现场管理，技术上主要是围绕着5S活动来进行。5S活动的目的与含义见表7-3，它试图通过整理现场、实现良好的目视管理，最后达到生产运作系统难以掩盖的各种矛盾与问题，从而使之能够不断改善、主动适应外界经营环境的变化、锻炼自身素质。

表7-3　5S活动的目的与特点

5S		效果举例	目　的
含义	定义		
整理	区分要与不要的东西，坚决扔掉不要的东西	① 减少库存量，现场无杂物 ② 场地变大，行动方便 ③ 消除混乱安放，避免差错 ④ 无徒劳的寻找时间 ⑤ 现场整齐，一目了然 ⑥ 无不安全状态 ⑦ 无跑、冒、滴、漏	降低成本＝①＋③＋④＋⑦ 提高效率＝②＋③＋④＋⑤＋⑧＋⑨ 提高质量＝①＋③＋⑧＋⑪＋⑬＋⑭ 减少故障＝⑦＋⑧＋⑨＋⑪＋⑬＋⑭ 安全保证＝②＋⑤＋⑥＋⑩＋⑪＋⑫＋⑬＋⑭
整顿	必要的东西定位放置，使用时随时就能拿到手		
清扫	将灰尘、油污、垃圾清除干净	⑧ 提高设备清洁度，良好润滑 ⑨ 在清扫设备时进行检查	
清洁	前三项的坚持与深入，保持清洁	⑩ 切屑不落地，地面清洁 ⑪ 车间环境能使人愉快地工作 ⑫ 消除发生灾害的根源	
素质	遵守规章制度、道德、品质、修养	⑬ 执行标准，减少疏忽 ⑭ 自觉严格地遵守规章制度 ⑮ 改善人际关系，增强集体意识	提高工作热情＝⑤＋⑩＋⑪＋⑬＋⑭＋⑮

五、项目管理与网络计划技术

项目一般是指那些要在一定的时间内、在一定的预算规定范围里、在一定的预定质量水平上所完成的一次性任务。这种一次性的任务特点便与重复性、可借鉴性和可积累、继承性的一般生产形成了鲜明的区别，再加上常识中认为的项目还有规模巨大、投资费用高、所需协调的业务内容多、建设周期长等方面的其他特点，因此，对于这类项目的管理也有特殊的内容和方法。

1. 项目管理

由于项目本身有四个“一”的特点，即一次性任务使工作的创新性或创造性很强；一定的时间期限导致交货期控制很严；一定的预算范围实际上早在项目投标、招标过程中便框死了的；一定的质量水平则由于甲、乙双方利益不同需频繁沟通、不断在过程中反馈才能达成共识，从而导致了项目管理的目标主要集中在成本、时间和质量三个指标上并在管理过程中对它们进行权衡。项目管理的主要任务关键是要把各项活动协调配合起来，因为项目调集了四面八方的大量资源，如何安排、协调好这些资源便是完成好任务、达到要求的关键。

项目管理的过程如图7-11所示，可以分为三个阶段：项目规划组织阶段、项目计划制订阶段和项目实施控制阶段。每个阶段中都有很多具体的步骤。采用网络计划技术进行项目计划的编制,尽管这是很重要的工作内容,也是十分有效的一种管理技术,还应认识到它在整个项目管理中的地位,以及它对于一个项目管理者能力、素质构成所起的支持作用。

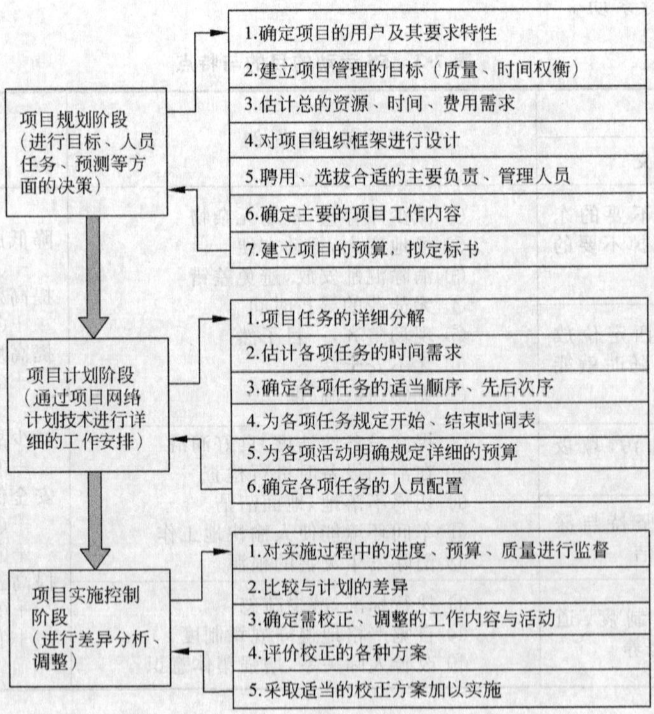

图 7-11 项目管理的过程

2. 网络计划技术

网络计划技术是将许多相互联系、相互制约的活动,按其活动顺序与时间耗费进行网状计划安排的一种方法,目的是优化资源、时间和最终项目质量。早期的项目网络计划技术产生于美国,1957 年美国杜邦公司开发出了关键线路法(critical path method,CPM),用于当时 1 000 万美元投资的化工成套设备的安装项目之中,取得了较好的效果;1958 年美海军又开发出了计划评审技术(program evaluation and review technique,PERT),用于北极星导弹的开发,使项目提前了两年完成并节省了大量资金。CPM 与 PERT 所使用的概念与工具基本相同,主要区别仅在网络图表示与时间估计方法上有异。

(1) 网络图。又称箭头图或统筹图,它是活动及其关系的综合反映,是网络计划技术的基础。网络图分两种类型,一类为箭线式,以箭头表示活动,箭尾表示活动的始点,箭头表示活动的终点,各活动之间的关系用节点圆圈表示,称为事件或事项;另一类为结点式,以结点圆圈表示活动,箭头表示活动之间的关系,如图 7-12 所示。

(2) 时间计算。当用网络图描述整个项目的活动及其关系之后,就是要确定:

- 活动时间,即每个作业活动的占用时间,一般采用三点时间进行估计,即活动时间 T_e 为

箭线式网络图的表示方法	结点式网络图的表示方法
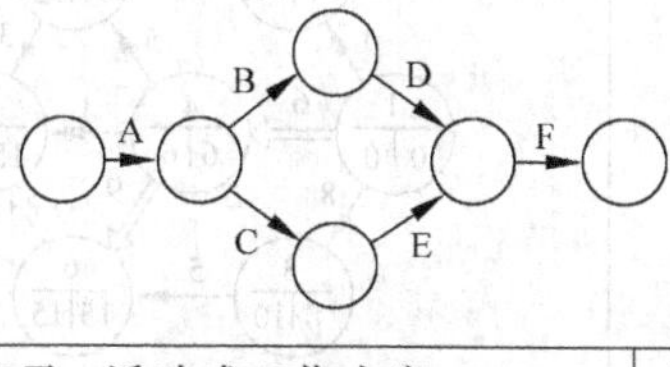	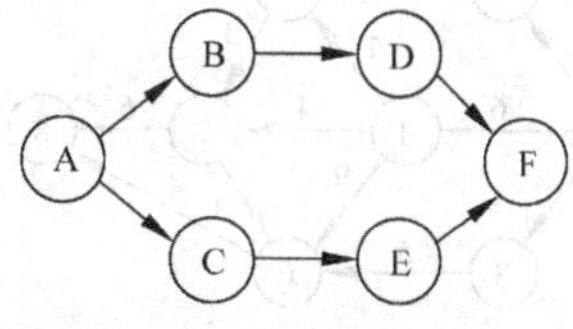
箭头(→)表示：活动或工作内容 结点(○)表示：事件、事项(时间点、联系)	箭头(→)表示：活动之间的联系 结点(○)表示：活动、工作内容
在箭线式网络图中，结点(事件)不占用时间，但表示一个时间点和活动的连接点；箭头(活动)是需要花费时间；虚箭头表示一种虚活动：指时间为零的活动，它起一种活动与活动的约束作用，但不消耗任何资源。	在结点式网络图中，结点占用时间与资源；而箭头仅表示活动之间的联系，不占用时间与资源。结点(活动)有两重时间含义：活动的开始时间点、活动的结束时间点，以及时间的长度概念。但箭头两端的时间点是一致的。

图 7-12　网络图的两种表示方法

$$T_e=\frac{a+4m+b}{6}$$

式中，a 表示最乐观估计时间；m 表示最可能时间；b 表示最悲观估计时间。

- 结点时间，即根据已知的活动时间 t_{ij}，依次计算出各个事件(结点)的最早开始时间与最迟结束时间，其中，事件的最早开始时间 T^E 是按网络顺向计算的，事件的最迟结束时间 T^L 是从终点事件开始按网络逆向计算的。若事件结束的活动有两个以上时，事件的最早开始时间 T^E 应按其中时间最大的活动计算；相反，事件开始的活动有两个以上时，事件的最迟结束时间 T^L 应按其中时间最小的活动计算。时间计算的实例如图 7-13 所示。

(3) 关键路线。如图 7-13 所示得到各结点的最早开始与最迟结束时间后，就可以定出关键路线，即当一个事件(结点)的最早开始时间与最迟结束时间相等时，该事件就是关键事件，因为它没有前后可调节、缓冲的时间，顺向无法再提前，逆向不能再推迟。而由关键事件联结的各个活动所组成的路线，即为关键路线，由图 7-13 可知，其关键路线为 1-4-6-7-8。显然，推迟关键路线上的活动时间会导致整个计划的延期，缩短关键路线上的活动时间会导致生产周期的降低。与关键路线相比，其他路线为非关键路线，非关键路线上的结点时间与关键事件(结点)时间之差为时差，是余裕时间，它对调整资源负荷与改善计划起着重要作用。

(4) 网络计划的优化。是利用时差不断改善网络计划的最初方案，在满足既定条件的基础上，按某些指标来寻求优化方案，具体来说是：①在人力、材料、设备和资金等资源有限的条件下，寻求工期最短，即改变关键路线，使工期缩短；②在工期(关键路线)不变的条件下，寻求资源投入量最省的方案，防止资源闲置等；③在最短期限完工的情况下，寻求成本最低的方案。

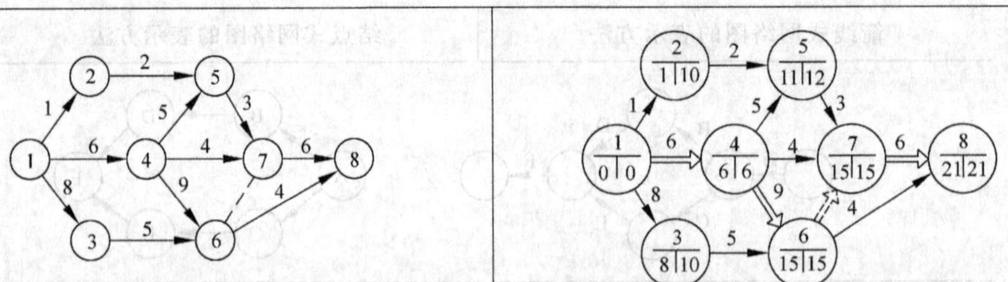

从事件 1 开始，($T_1^E=0$)各节点最早开始时间：

$T_2^E=T_1^E+t_{1,2}=0+1=1$

$T_3^E=T_1^E+t_{1,3}=0+8=8$

$T_4^E=T_1^E+t_{1,4}=0+6=6$

$T_5^E=\max[(T_4^E+t_{4,5}),(T_2^E+t_{2,5})]$

$\quad=\max(6+5,1+2)=11$

$T_6^E=15,\quad T_7^E=15,\quad T_8^E=21$

从事件 8 逆向开始，各结点最迟结束时间：

$T_7^L=T_8^L-t_{7,8}=21-6=15$

$T_6^L=\min[(T_8^L-t_{6,8}),(T_7^L-t_{6,7})]$

$\quad=\min(21-4,15-0)=15$

$T_5^L=12,\quad T_4^L=6,\quad T_3^L=10,$

$T_2^L=10$

关键线路：1—4—6—7—8

图 7-13　网络图的时间计算

第二节　生产库存管理的蓄水池与零库存

如果说生产计划是从信息流的角度指挥、控制生产运作系统的运行，生产库存的管理则是从物质流的角度来指挥与控制，由于库存的物质属性，因此对生产运作系统的日常运行具有更直接的作用，库存为零即意味着生产的停顿，而库存的存在又意味着占用资金、面积、资源，这种矛盾的处境导致了库存管理的必要性与难度。

一、生产库存及其分类管理

现代物资管理不仅仅是对企业生产活动中的物资供应、保管及使用进行管理，而是要将企业总的物流系统作为对象，对由顾客订货要求开始至原料供货厂商、生产单位、分销网点直至达到用户的全过程进行有效的计划、组织、监督、协调与控制，这一过程及其管理决策内容如图 7-14 所示。由此可见，现代物资管理已超出了单纯对物资的管理，其工作也不再仅取决于企业的物资部门，它需要整个企业的协调运行，要求在适当的时间、地点，以最低的成本和满意的服务水平向客户提供合适的产品与服务，这样才能在整体物流系统中保证各环节的衔接、流畅，最终实现企业的方针目标。

库存是指企业用于今后销售或(和)使用的储备物资。在整个企业的经营过程中，虽然库存的形态只是原材料、在制品、产成品以及一般消耗品四大类，但“库存”对于管理者来说含义却是复杂与广泛的。库存在财务报表中表现为给定时间内企业所掌管的有形资产，表示它是属于企业拥有并可转移价值的资产项目，另外它在生产运作管理中表现为可查储备物资明细表，是保证将来或应急之用的备用物资。就物资管理而言，库存主要是指企业的生产物资，它占据了企业物资的绝大部分。同时由于库存形态的划分与其带有的生产过程(阶段)信息要素，使它成为生产运作管理的一个重要组成部分。因此，现代物资

阶段	A	B	C	D	E	F	G	H	I	J
重点问题	如何控制供货厂商的表现?	如何保持精确的原材料库存记录?	如何计划零部件生产?	如何决定零部件需求量?	如何控制最终产品装配?	如何估计最终产品的需要量?	如何将产品运送至分销商处?	如何估计订货量与订货时间?	如何选择货物运输方式?	如何满足用户的需求?
库存技术系统	供货厂商计划	周期性盘点技术	车间层控制	物料需求计划(MRP)系统	主生产计划系统	各种预测技术	运输负荷计划	独立需求库存控制模型	库存与运输权衡技术	分配需求计划(DRP)系统
数据要素	购买订货	库存记录	零部件加工工艺顺序	材料表(BOM)	客户订货的落实、启动	销售历史记录	发运成本	计划中的发运	运输成本	用户订货的类型、模式

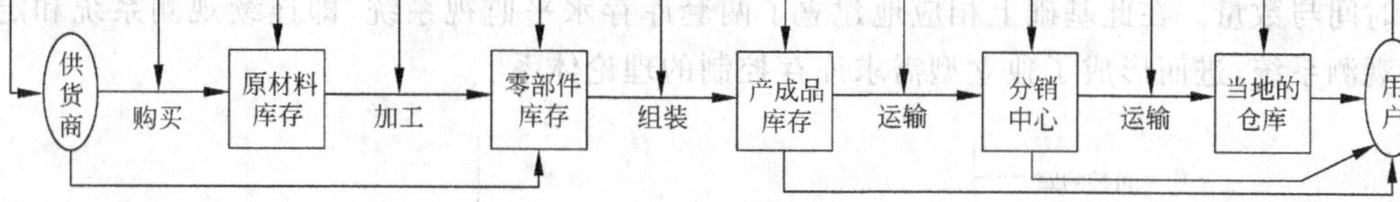

图 7-14　物资管理全过程决策内容

管理的核心内容也就是对生产库存进行有效的控制。

然而，对库存的控制实际上是在一种十分矛盾的情况下进行决策。一方面库存的存在有其必然性或目的性：①库存可以应付各种有规律或偶然性的变化，起应急、备用的作用；②库存能够使制造与购买更加经济，节省开支；③库存还为生产过程提供周转储备，起缓冲器的作用；④库存水平在销售过程中也意味着服务水平，通过缩短客户订货周期可提高服务质量。然而在获得这一切好处的同时并不是没有代价的。任何一种库存的经济代价都会包括：①库存物资的采购费用；②库存系统的运行费用；③订货费用或生产调整费用；④缺货损失与库存损耗。这种矛盾的特性导致了库存控制决策的必要性和艰巨性。

库存有多种分类方式。为了有效地对库存进行控制，可按图 7-15 所示对企业的库存管理问题进行多层次细分。在对库存的各种分类当中，将库存按照用户对其需求的特点，

图 7-15　企业库存管理问题的细分

划分为独立型需求库存与相关型需求库存是最为关键的分类,它反映了人们对库存本质的认识。在此基础上进而对应地建立起了有效的库存控制系统。

所谓“独立型需求库存”从表面意义上是指用户对某种库存的需求与其他种类的库存无关,表现出对这种库存需求的独立性,但从其本质的含义上理解,独立型需求是指那些不确定、随机产生的或企业自身不能控制的需求。如市场对企业产成品、产品零配件、维修备件的需求。它们无论在数量上还是在时间上都有很大的不确定性。针对独立型需求库存,由于不可能直接控制需求本身,因此一般都采用“补充库存”的控制模式,将问题转化为对内部库存水平的动态控制问题,通过适当的库存水平来保证外界的随机需求。这种补充库存的模型可形象地用图 7-16 来描述,即事先安排好一定量的库存储备物资以应付变化着的需求。日常的管理工作即是要对库存水平进行监视并根据需求特性安排补充的时间与数量。在此基础上相应地建立了两套库存水平监视系统,即连续观测系统和定时观测系统,进而形成了独立型需求库存控制的理论体系。

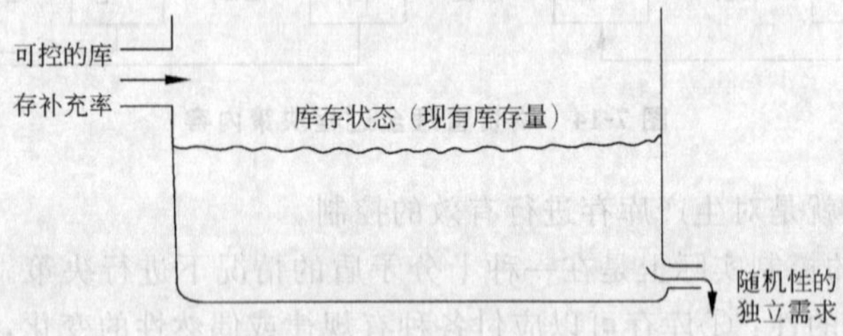

图 7-16 独立型需求库存的控制模型

所谓“相关型需求库存”是指这种需求与其他的需求有内在的相关性,根据这种相关特性企业便可对某些库存进行确定性的控制。如当企业随机地得到用户的订货后,这项订货所要求零部件生产便成为确定性的需求,零部件在数量上严格遵守产品的零件、材料表(BOM)所表现出的相关特性,同时在需求时间上也遵守产品加工工艺过程,其期量标准也表现出相关特性。利用这种相关性,企业便可在数量上与时间上对库存进行有效控制,MRP/MRPⅡ和 JIT 都是利用这种相关性构造出生产与库存控制系统。

二、独立需求库存的管理

根据对独立型需求库存控制的原则,可以将外部的一种随机需求的无法控制的问题,转变成对内部库存的监控问题。这时只要解决好三个参量即可,它们分别是:订货点——何时需要再订货;订货量——每次订货的数量;备运时间(订货提前期)——订货到进货的时间间隔。根据这一思路,独立需求库存控制系统派生出了经典的两大分支,其中之一是以库存的余量为基础。一旦库存余量降到设定的重新订货点,控制系统便开始订货。因此也称这种方法为订货点法或定量控制法。这种监控库存余量的系统也被称为连续观测系统;另外一大分支是以时间为基础来定期监控,所以也称订货间隔期法,或定期控制法,或定期观测系统。

尽管解决独立型需求库存问题所要确定的参量只有三个,但这些参量之间存在着密切关系,而且如果需求完全是随机发生的,定量处理就会变得很复杂,模型建立将过于困难。在这种情况下，为了使模型简化，一般均假设外部对库存的需求率 R 是确定的，备运时间 L 也是确定的，故称为“确定型需求”，可视它为对随机问题的理想化假设，也可视它为对随机统计规律的简化处理。

1. 确定型需求库存定量控制法(订货点法)

定量控制法的图解模型如图 7-17 所示，其中 B 点为库存补充的重新订货点；每次的订货量为 Q；库存周期中的平均储备量(平均库存量)为 $Q/2$；库存订货间隔期为：$ac=ce=eg$；备运时间(订货提前期)为 $ab=cd=ef$。显然该模型是高度理想化的产物，但它给出了订货点法的控制原则。这一模型的控制过程是：连续不断地监视库存余量的变化，当库存余量下降到重新订货点 B 时，就要向供货厂商提出订货，经过一段备运时间，新近订货到达，补充库存。为了实现这种补充过程，需要为系统事先确定两个参量：①重新订货点 B：它需考虑备运时间中的库存消耗量，即 $B=ab$ 期间的库存消耗量；②订货量 Q，它可以根据经济订货批量(EOQ)模型进行计算。

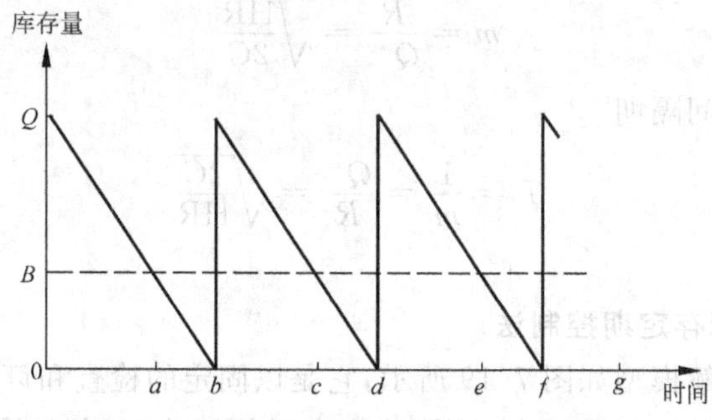

图 7-17 确定型需求定量控制法模型

(假设需求率、备运时间确定，瞬间补充库存)

按照库存总费用最小的原则来确定订货批量的方法称为经济订货批量法(EOQ)。以此方法得到的订货批量是库存总费用最节省的经济订货批量。EOQ 在企业中有较广泛的应用，除了可用于独立需求库存的定量控制法之外，修改部分假设与参数还可用于相关需求的零部件生产以降低总的制造成本(此法称为 EPQ 经济制造批量)。

EOQ 模型如图 7-18 所示，它是通过使得某项库存的年费用达到最小来确定相应的

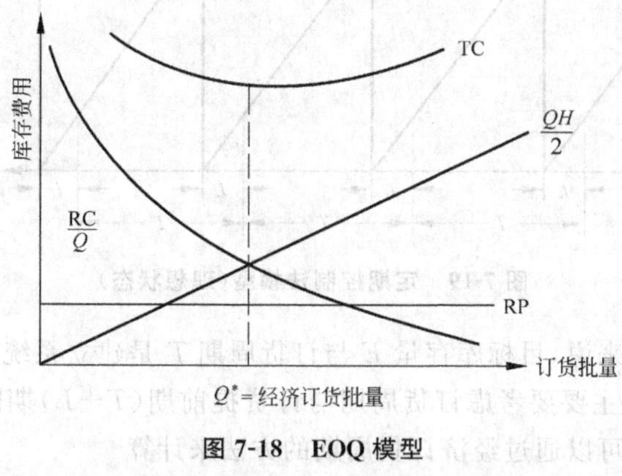

图 7-18 EOQ 模型

订货批量,算式如下:

$$\text{库存项目年总费用} = \text{购买费用} + \text{订货费用} + \text{库存保管费用}$$

$$\mathrm{TC} = \mathrm{RP} + \mathrm{RC}/Q + QH/2$$

式中,R 表示某库存项目的年需求量(件/年);P 表示某库存项目单件购买费用(元);C 表示某库存项目单位订货费用(元/次);Q 表示对某库存项目的每次订货批量(件);H 表示 PF——单件库存平均年库存保管费用(元/件·年);F 表示单件库存保管费与单件库存购买费用之比。

然后求极小值;令 $\mathrm{d}TC/\mathrm{d}Q=0$ 即可得经济订货批量:

$$Q^* = \sqrt{\frac{2\mathrm{CR}}{H}} = \sqrt{\frac{2\mathrm{CR}}{\mathrm{PF}}}$$

当得到 Q^* 后,每年的订货次数(m)与订货间隔期亦可确定:

每年的订货次数

$$m = \frac{R}{Q^*} = \sqrt{\frac{\mathrm{HR}}{2C}}$$

每年的平均订货间隔期

$$T = \frac{1}{m} = \frac{Q^*}{R} = \sqrt{\frac{2C}{\mathrm{HR}}}$$

2. 确定型需求库存定期控制法

定期控制法的图解模型如图 7-19 所示,它是以固定的检查和订货周期为基础的一种库存量控制法。在这种控制模型中,系统按规定时间 T 检查库存量并随即提出订货,将库存补充至目标库存量 E。所以定期控制法的特点是:它不存在固定的订货点,但有固定的订货周期 T;每次订货的数量都是要使库存量达到设定的目标库存量 E,因此每次订货的数量都要根据现实库存余量与目标库存量的差值来定。

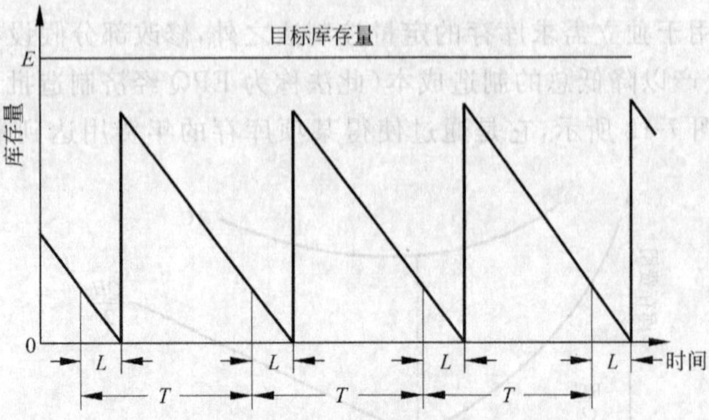

图 7-19　定期控制法模型(理想状态)

对于定期控制法来说,目标库存量 E 与订货周期 T 是建立系统之前必须确定的主要参量。其中 E 的确定主要要考虑订货周期与订货提前期($T+L$)期间库存的消耗量。而订货周期自身的确定可以通过经济订货周期的方法来计算。

按照库存总费用最小的方法来确定订货间隔期称为经济订货期(EOI)方法，这种方法与通过EOQ来最后确定每年平均订货间隔期的方法有所差异，这种方法用于独立需求库存的定期库存法中。EOI的计算公式如下：

总费用为

$$\mathrm{TC}=\mathrm{RP}+mC+\frac{\mathrm{RFP}}{2m}=\mathrm{RP}+\frac{C}{T}+\frac{\mathrm{RFPT}}{2}$$

式中，$m=\frac{1}{T}$表示每年订货次数或每年观测次数(次)；$T=\frac{1}{m}$表示每年中的订货间隔期(天)；$\frac{R}{2m}=\frac{RT}{2}$表示平均库存量(件)；其他符号含义与EOQ模型符号相同。

同理，经求导数，令 $\mathrm{d}TC/\mathrm{d}T=0$，即可得

$$T^{*}=\sqrt{\frac{2C}{\mathrm{RFP}}}$$

$$m^{*}=\frac{1}{T^{*}}=\sqrt{\frac{\mathrm{RFP}}{2C}}$$

根据以上公式确定的天数在实际操作中一般都被转化为周、旬、月、季等易于管理的整数期。在确定型需求的情况下，定期控制法的订货量也是均衡的，为

$$Q^{*}=\mathrm{RT}^{*}=\sqrt{\frac{2\mathrm{RC}}{\mathrm{FP}}}=\sqrt{\frac{2\mathrm{RC}}{F}}$$

同时，定期控制法中的最大(目标)库存量 E，由于要考虑到能够满足订货间隔期 T 和订货提前期 L 期间内的库存需求，因此需达到

$$E=\mathrm{RT}+\mathrm{RL}=R(T+L)$$

定期库存控制法的最小库存费用为

$$\mathrm{TC}^{*}=\mathrm{RP}+\mathrm{RHT}^{*}$$

3. ABC分类控制法

企业物资的品种少则成百上千，多的需以百万计，要对这么庞杂的系统进行控制，如果没有轻重主次之分，很难做到有效管理。此外，独立需求的库存控制方法也很多，每种方法适用于什么类型的物资，这都有赖于对库存物资的分类。所以，库存控制中的一项十分基础的工作就是要把那些需要精心管理和一般对待的物资识别、区分出来，按照需要分别管理好。

一般情况下，企业库存物资存在着这种规律：少数的库存物资占用着大部分的库存价值，相反大多数的库存物资仅占全部库存价值的极小部分。利用这种规律，便可根据库存占用金额的大小进行分类与控制。这种根据库存价值进行分类的方法即为“ABC分类管理法”，其中A类物资往往占有库存价值的75%～80%，而其品种数却仅占总数的10%～20%；B类物资占库存价值的10%～15%，品种占20%～25%；C类物资仅占库存价值的5%～10%，品种数却占60%～65%，图7-20便是这种ABC分类关系的图解形式，其中库存价值一般是以某库存品种的年需求总金额来表示的，这样能够消除其中的季节性差异。

ABC的分类意味着对A类库存需要实行重点管理，比如：对A类库存的控制可实行

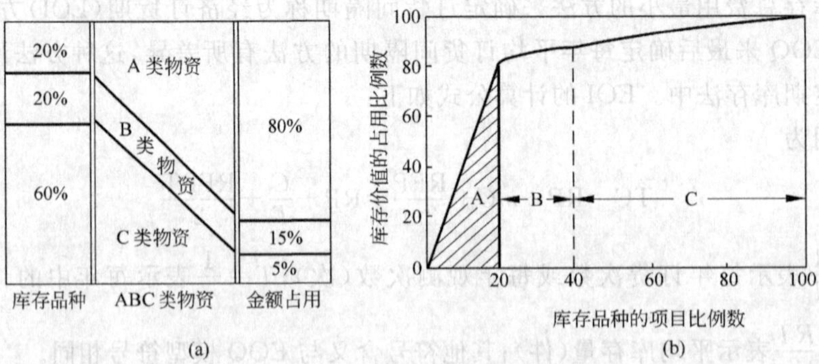

图 7-20 ABC 分类示意图

定量库存控制法,进行连续的系统监控,计算 A 类物资的经济订货或制造批量;对于 C 类库存则无须进行精确控制,相应可以采用定期库存控制法,扩大订购与储备量;而对于处在两者之间的 B 类库存则可视企业的实际情况而定,采用定期或定量的方法。

ABC 分类管理法可用于所有类型与形态的库存,而且它对于一般的社会问题都有普遍意义,对大量聚合体的分类研究有共同的指导作用。因此,该方法已成为一种重要的管理手段。然而值得注意的是,ABC 分类法一般是以库存资金价值为基础进行分类的,这种分类可能并不能反映库存品种的关键程度或利润率指标,因此在某些情况下 C 类库存所造成的缺件、缺货损失可能也会十分严重。对此,管理者应在实际运用 ABC 分类法过程中予以充分注意,对经典模型适当加以修正。

ABC 分类的操作方法十分简单易行,只需掌握全部库存的品种编码(标识)、年平均用量、单位成本,再经过算术运算即可完成。表 7-4、表 7-5、表 7-6 便是某小企业进行 ABC 分类的实际运算表,它可以作为一般的 ABC 分类模式加以参照。当然,实际企业的库存品种一般都要大大超过这一特例,因此借助于电子计算机进行统计、计算、归类将是更为有效的手段。

表 7-4 某小企业库存项目与价值统计表

项目	平均年用量(件)	单位成本(元)	平均年库存价值(元)(单位成本×年用量)	排序
G-1	40 000	0.07	2 800	5
G-2	195 000	0.11	21 450	1
G-3	4 000	0.10	400	9
M-1	100 000	0.05	5 000	3
M-2	2 000	0.14	280	10
M-3	240 000	0.07	16 800	2
M-4	16 000	0.08	1 200	6
P-1	80 000	0.06	4 800	4
P-2	10 000	0.07	700	7
P-3	5 000	0.09	450	8
			53 880	

表 7-5　某小企业库存控制 ABC 分类表

项目	平均年库存价值（元）	企业库存累计价值（元）	价值累计比例（%）	分类
G-2	21 450	21 450	39.8	A
M-3	16 800	38 250	70.9	A
M-1	5 000	43 250	80.2	B
P-1	4 800	48 050	89.0	B
G-1	2 800	50 850	94.2	B
M-4	1 280	52 130	96.6	C
P-2	700	52 830	97.9	C
P-3	450	53 280	98.7	C
G-3	400	53 680	99.5	C
M-2	280	53 960	100.0	C

表 7-6　某小企业库存控制 ABC 分类总结表

分类	零件号	分类库存价值额（元）	库存项目比例数（%）	库存价值比例数（%）
A	G-2；M-3	38 250	20	70.9
B	M-1；P-1；G-1	12 600	30	23.4
C	其他所有零件	3 100	50	5.7

三、零库存管理的准时生产制

准时生产制（just-in-time，JIT）被世界公认为创造日本奇迹的秘密武器，它能够按照用户的订货要求以必要的原料、在必要的时间和地点生产出必要的产品，既减少了制造过程中的种种浪费，提高了效率，同时又使系统增强了对客户订货的应变能力，因此被视为当今制造业中最理想且最有生命力的新型生产运作系统之一。由于 JIT 思想是由当年丰田汽车公司副总裁大野耐一首先创立并在该公司大力推行的，故 JIT 也被称为"丰田生产方式"。自 20 世纪 80 年代初我国企业开始借鉴这种方式以来，根据其状态、手段和运行的特点，一系列新概念、新名词也应运而生，诸如"零库存管理法"、"看板管理"、"同步化节拍生产"、"一个流生产方式"等。

1. JIT 的指导思想：新的效率观念

JIT 思想的产生与日本特有的生存环境密切相关，高密度的人口、稀缺的国土空间、匮乏的自然资源，这迫使日本在各个方面必须节约。JIT 的指导思想就是要千方百计地通过提高效率来减少生产过程中的一切浪费，降低消耗，节约资源。值得注意的是，JIT 赋予了"效率"新的内涵，JIT 系统与当年福特的 T-型轿车流水线有着本质区别。JIT 方法也是对科学管理原理和经典工业工程的拓展，而 JIT 指导思想则至少在四个方面对传统的生产运作管理理论具有革命性的突破。

（1）库存是万恶之源。JIT 将浪费定义为不直接对增加产品价值有贡献的东西，而且认为最大、最危险的浪费是生产库存，它既占用资金、空间和时间，又形成重复搬运而浪费现有人力物力并增加磕碰机会而损害质量；更严重的是库存掩盖了生产过程中的矛盾，造成均衡假象,错过了企业进一步发展的机会,妨碍潜在竞争能力的提高。这种对库存的理解是与常规概念截然不同的,因此JIT在指导思想上是以压缩库存为先导来杜绝一切表面的、隐藏的和潜在的浪费。

(2) 人力资源的深度开发。最大的浪费是库存,最大的资源是生产线上的工人。在JIT系统中,工人被赋予了更多的责任与权力。每道工序上的工人有责任按质、保量、准时地为下道工序(用户)服务,当不能完成这一责任时有权停止生产寻求帮助、解决问题、改善现有过程。在这种新的责—权条件下,对工人的技能和素质相应地也有了新的要求,一人多岗、一岗多职、多机看管、技术革新、质量保证、提高效率等方面的能力成为一线工人必备的基本技能。因此JIT在指导思想上是以组织的运行过程和人员的应变能力为基础来实现系统整体所需要的柔性。

(3) 由规模经济到范畴经济。工业化时期流水线的一个突出问题就是随着效率的提高而应变能力下降,这一矛盾曾经导致了1927年福特T-型轿车的效率奇迹和紧接而来的全面停产、系统瓦解。JIT能以流水线的方式接受订单,组织小批乃至单件产品生产,这不能不说明它是一种奇迹。产生这种奇迹的原因,在指导思想方面是由于把单纯的规模经济(economy of scale)思想转变成为范畴经济(economy of scope)思想,即设法从扩大产品品种方面寻求经济性;而在实现方法方面则是借助于超级市场的供货模式,通过产品的模块化设计构造,实现大批量的制造加工和按订单单件组装交货的巧妙结合。因此JIT在指导思想上是以新的市场需求特点为基础来构造能够适应个性化消费倾向的高效率系统。

(4) 生产运作系统自发的行为。企业生产运作系统是干什么的?无疑是为企业/市场提供产品的,但在竞争的环境下它更是为企业提供优势的:因为企业的成功最终完全依赖于其产品的成功,而产品的成功又的的确确需要生产运作系统来加以保证。因此,生产运作系统的运行需要不断产生出符合企业竞争要求的产品,更重要的是其运行还需要造就其自身,使其进一步在保证产品竞争优势的素质方面得以完善,这样的系统能随着产品的产出不断地暴露自身的问题与隐患并及时地予以克服和纠正。因此系统的竞争机能将会变得更强,产品的竞争优势将会得到更有效的保障。所以JIT在指导思想上是要求生产运作系统形成一种自发的节约机制,在系统输出产品的同时也能使自身得到动态的完善。

2. JIT的运行机制:思想的实现

JIT的别名之多是因为它的确包含着那些内容,而从JIT指导思想所要达到的目的上看,它有这么多的内容也就不足为奇了。对于JIT的理解可以分为四个层次,第一是其指导思想的观念/哲学层次;第二是构成要素的结构层次;第三是运行过程的机制层次;第四是实际运行的操作层次。其中JIT的要素起着极为重要的作用,它从结构方面保证JIT系统对其指导思想的实现,并从机制方面控制着整个系统的运行、协调、功能发挥乃至最终效果。因此了解JIT的构成要素(或称方法、技术)不仅对其结构与机制的了解至关重要,而且对于操作运行和系统开发实施也是不可缺少的环节。

(1) JIT系统结构:目标-要素关系。JIT作为新一代的理想生产运作系统,其结构功能特性是十分完善的。这首先表现在JIT的目标与企业目标充分一致,JIT的目标体系作为支持企业目标的手段，直接为提高企业的投资回收率、增加资本价值服务；其次还表现在 JIT 为实现最高层的目标形成了一个全面的功能保证系统，其结构特点如图 7-21 所示。在这个新的生产运作系统中，它之所以能够达到准时生产，主要是在结构上得益于三个子系统的支持，其中供货厂商保证子系统确保了原材料、协调配套件的按质、保量、准时、直达地供应；同步化节拍生产子系统在工艺措施、物流设计、设备布置、预防性维修和人员素质、技能提高方面为保证流水线的均衡、准时和高效率提供了物质性的结构基础；而看板拉进式管理子系统则在生产运行过程中，通过降低设备调整与准备时间、小批量生产计划、动态压缩在制品库存、看板计划系统等方式实现了末道工序往前一级逐级拉动的生产过程，保证了流水线按订货准时高效率生产，且又对品种保持很宽的适应能力。

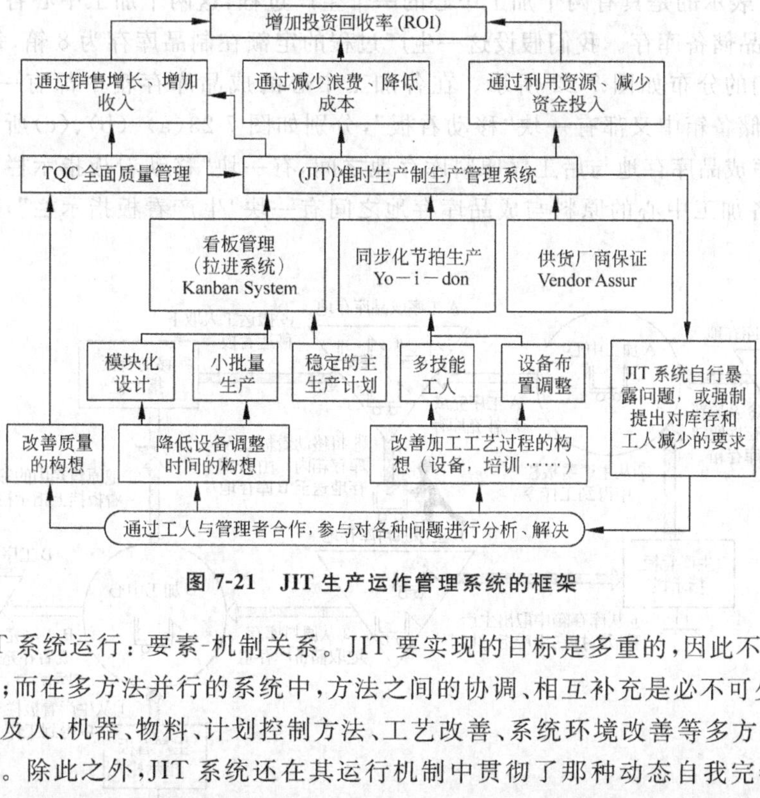

图 7-21　JIT 生产运作管理系统的框架

(2) JIT 系统运行：要素-机制关系。JIT 要实现的目标是多重的，因此不可能只用一种方法实现；而在多方法并行的系统中，方法之间的协调、相互补充是必不可少的，JIT 为此构造了涉及人、机器、物料、计划控制方法、工艺改善、系统环境改善等多方面综合治理的方法体系。除此之外，JIT 系统还在其运行机制中贯彻了那种动态自我完善的指导思想。如图 7-21 所示，在系统运行过程中会产生一系列当初结构设计中所未考虑到的种种问题，如机床的突发性事故、减少批量引起的设备调整时间增加、缺少安全储备在制品而导致的下一台机床停工待料、工人应付突发事件的处理能力不够、加工过程出现废品需补废而导致的装配拖期等。JIT 认为这些问题的产生并非完全是坏事，一旦将其根源找到并彻底解决，对系统的长远运行是有益的。因此 JIT 不但允许工人在发生问题时可以停止生产，即给予解决问题、完善系统以更高优先级，甚至还在系统运行正常的状态下，有意压缩库存量，降低生产提前期或减少一线工人人数，强制性地暴露由此而产生的种种问题。当这些问题暴露之后，通过工人与管理者的合作，针对问题提出改进的设想、措施。这一动态完善的过程也是由 JIT 的要素分别承担的，其中一个关键的部分是控制这一进程的看板系统,它不仅指挥着 JIT 生产过程的运行,而且还把握着系统动态完善进程的幅度与速度。因此对于看板的理解不能只把它当做一种计划控制手段而忽视了它在系统改善方面的作用,但另一方面也应意识到看板对 JIT 来说只是一种方法,无论在理论概念还是实际运作上都不是 JIT 的同义词。

3. JIT 的动态运行机制:看板管理与强制改善

看板亦称视板,在 JIT 系统中充当一种信息传递媒介,指挥着整个 JIT 系统各工序按需、准时、协调地动作,实现着末工序向前逐级拉动的过程。尽管看板管理在 JIT 中非常重要,但它也只是 JIT 系统中的一个子系统,看板管理无论从理论上、还是实践运作上都不是 JIT 的同义词。

图 7-22 表示的是具有两个加工中心的一个生产过程,这两个加工中心各自都有自己的原料和成品储备库存。我们假设这一生产过程的定额在制品库存为 8 箱,每箱中有 20 件零件,它们的分布如图 7-22 所示。在各加工中心的成品库存箱中都有一块"生产看板",在原料储备箱中又都有一块"移动看板",分别如图 7-23(a)、(b)、(c)所示。除此之外,前道工序成品库存地与后工序原料库存地之间,有一块"移动看板指示栏",供挂移动看板用;在各加工中心的原料与成品库存地之间有一块"生产看板指示栏",供挂生产看板用。

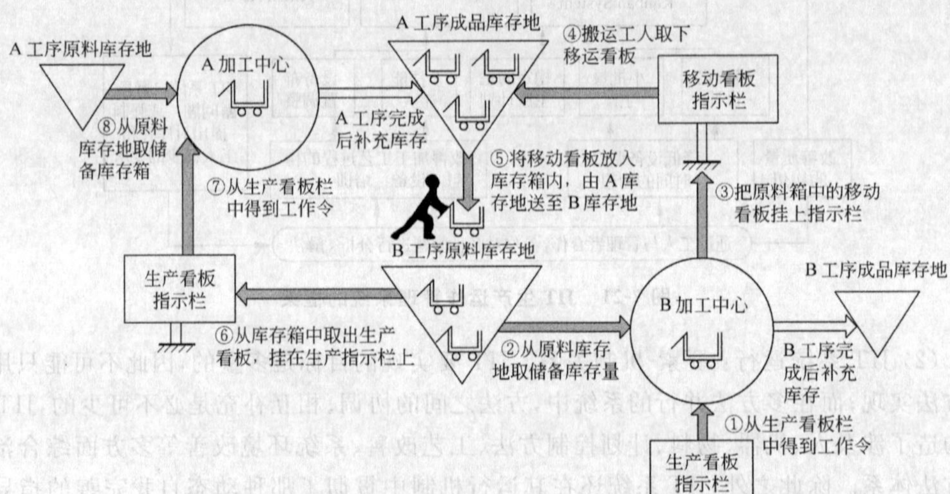

图 7-22 看板管理的 JIT 系统中的运行示意图

注:生产过程由 A、B 两道工序组成,A 在前 B 在后。生产指令由 B 的生产看板开始发出,逆向传至 A;物流也由 B 生产开始拉动,这与 MRP 信息拉动不同

下面我们具体分析一下看板是如何使 JIT 系统的生产过程运行起来的。当 B 加工中心的工人看到其生产看板指示栏上出现了某零件的生产看板时,就接到了工作指令、要求他生产 20 件(一箱)齿轮,提前期为 8 小时[如图 7-23(a)所示]。他便到原料库存地取一箱(20 件)原料,同时将存放在原料库存箱中的移动看板取出挂在移动看板指示栏上,然后在 8 小时之内铣好 20 件齿轮送至其成品库存地。当负责工序间物资运送的工人看

到移动看板指示栏上的看板后，他会取下移动看板，到 A 加工中心的成品库存地推出一箱 A 工序的成品送至 B 工序的原料库存地，并且将移动看板放入库存箱中，取出其中的生产看板，将它挂在 A 加工中心的生产看板指示栏上。A 加工中心的工人看到生产看板之后，即得到了工作令，他将按生产看板上的指令进行生产。

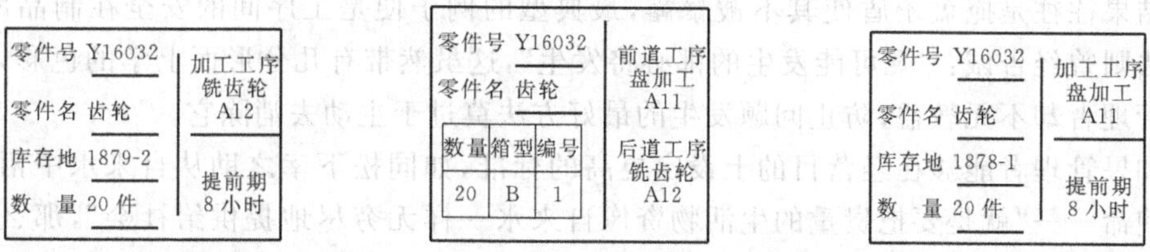

(a) A 工序的生产看板　　(b) 移动看板　　(c) A 工序的生产看板

图 7-23　看板管理中的生产、移动看板形式

虽然这时工序中有在制品存在，但如果管理者强制将其减少，如降低 n(生产过程中在制品库存箱的数量)或 C(每个库存箱中在制品的数量，一般取日需求量的 10%或更小)，这样便可以实现可控制的在制品逐步压缩；更重要的是，在压缩在制品库存过程中，生产线会出现各式各样的不适应症状，因为在 D[下一道工序对工件的需求率(件/小时)]一定的条件下 nC 降低而提前期 T[加工一箱零件的提前期(考虑到设备调整、等待、加工和搬迁等)]不减，则必将破坏生产线的平衡。在传统的生产观念中应努力不使这种状态产生，而在 JIT 系统中则人为地制造这种不平衡，利用这种不平衡强制性地解决不平衡中的各种矛盾，如设备调整，生产准备所花的时间、等待时间过长等，使生产运作系统的运行去适应新的库存水平。当系统适应了新的生产参数时，生产运作系统便被有效地改善了很多，达到了新水平上的平衡。这时如果再强制性地进一步压缩库存，经过以上这种过程便可实现 JIT 的动态自我完善机制。所以，零库存是 JIT 的理想目标，它可能永远也实现不了，但通过系统的不断改善，这个目标是可以不断逼近的。

利用看板实施强制性改善的优势是：看板以实物作为控制源，可视性很好，便于控制；同时由于定额在制品被分装在很多小箱之中，每次压缩定额在制品都是一个很小的变化，因此不至于导致大的系统波动。当系统难以承受这种变化时，通过实物量的调节恢复到原来水平也非常容易，因此整个强制改善的过程可以得到很好的控制。正是由于看板具有这些特性，才使得 JIT 系统能够逐步得到完善，趋向完美。但是也不应该忘记，实际中即使是极微小的改善也是十分困难的，需要全体员工的共同努力，并需要极大的耐心和持之以恒的改进工作，这也就是为什么 JIT 在丰田需要经历约 20 年时间才能建立起来的根本原因。

4. JIT 的灵魂：动态自我完善机制

如果一种组织能像人一样具有学习能力，那么它也会像人一样逐步趋向完善，JIT 正试图进入这一境界。尽管 JIT 系统有很多是借鉴了其他的管理方法和技术，但它赋予生产运作系统的动态自我完善机制却是其他系统所不曾具有的，这一特性机制实际上反映出一种与常规经营哲学的重大区别，蕴含着另外一种经营价值观念。

经营企业的目的到底是什么？就是为了利润或资产的升值，还是有着更高级的追求？

如果就是为了赚钱,那么生产运作系统的功能或义务就是要生产产品,管理者的使命也因此就是使系统能够正常运转,这也就是在暗示管理者可以依照一种短期决策准则来行事:"如果系统不出问题,便可生产出产品,生产出产品便达到了计划,达到了计划便可使企业赚钱",从而使管理者的使命变成了防止各类问题的发生。然而这种防止往往是被动的,行为结果往往是掩盖矛盾使其不被暴露,最典型的例子便是工序间的安全在制品库存。墨菲法则曾经告诫:"凡可能发生的都必将发生",这虽然带有几分形而上学的色彩,然而对于管理者却不无教益,防止问题发生的最好方法莫过于主动去消除它。

如果管理者能够在经营目的上设定更高的标准,如同松下幸之助从自来水中悟出的经营使命——"就是要把贵重的生活物资像自来水一样无穷尽地提供给社会",那么他就不会将生产运作系统简单地视为生产之地,而是将其视为实现企业崇高使命之所,决策时就不会以短期的盈利为最高追求所障目,对待生产运作系统中的潜在问题也会像对待损害系统现实运行的问题一样而下决心给予彻底解决。JIT 的系统似乎正是建立在这种经营哲学的基础之上,它花费了巨大的精力与耐心去实现生产运作系统的更加完美,目的正是为了企业长远的利益。只有当系统不存在隐患时,它的竞争潜力才是最高的,所形成的优势也才会最大。在这样的思想基础上,形成 JIT 这种动态自我完善机制自然是很合理。

工业化以来,应该说这种动态自我完善的系统也曾有过,泰勒时代进行的工作研究就是一种系统完善方式,福特流水线上的学习曲线效应也是一种动态完善。实际上任何组织能够不断适应外部环境要求,本质上也都需要对其自身进行动态调整以趋于完善。然而对于 JIT 系统来说,它的动态自我完善机制在以下三个方面表现出特有的性质:

(1) 从根本上解决问题。系统暴露一个问题便不加分析地去处理,这会使管理者变成消防员,JIT 强调要对产生问题的原因进行分析解决。当代生产运作系统除了有各种随机发生的事故矛盾之外,系统功能配置方面也存在着一些难以解决的问题:如保持系统连续性而无须缓冲在制品库存;要使批量尽可能减小而又要使设备调整准备时间不易变长;要使各工序对品种保持适应性同时还要实现准确的同步节拍生产。这些矛盾的解决对传统系统而言是难以想象的,但 JIT 却能够从产生这些问题的原因上解决这些矛盾,这便是 JIT 的零库存和零调整策略,通过压缩库存和减少设备转换品种所需的调整时间从根本上解决现行系统高效率与强应变难容的矛盾。

(2) 强制性揭露问题。当系统能够平稳工作时管理者一般会感到欣慰、轻松,而 JIT 却总是试图打破这种平稳。每当系统进入到新的平衡稳定状态之后,JIT 便通过看板系统强制性地压缩一下工位前后的在制品数量,或者使得生产提前期缩短,或者增加某个一线工人的工作内容,通过这些措施一方面使得系统效率进一步提高,更重要的是迫使企业生产运作系统在不平衡中暴露出问题,如设备调整时间过长、工序间缓冲在制品不够、设备能力不均衡等,然后针对新的问题进行处理,使系统能在更高水平上达到新的平衡。

(3) 有效控制自我完善过程,作为一种机制必须能够很好地控制过程本身,JIT 看板管理的另一大功能便是能够使强制性动态自我完善过程顺利进行。看板管理系统不应只被理解为是生产、移动两种卡片,它还包括为每个工位设置的原料、成品库存箱,以及看板规定的交货周期、生产批量等参数。它之所以能够有效地控制强制自我完善过程,主要是因为看板系统能把这些系统参数分别处理，每次改进时仅对少数参数进行少量变化，这样迫使系统暴露的问题不会太严重或太分散，解决这些问题也就较为容易。一旦出现了较大问题难以解决时，系统也容易被调整到原有参数状态而保证系统不因失去平衡而被颠覆。JIT的确创造了现代生产的奇迹，但奇迹产生的过程却几乎花费了近20年的时间。因为奇迹的质变全部是每日每时每个职工通过其平凡工作和局部微观改善来加以实现的。

5. JIT的启示：我们能够借鉴什么

世界杯的射门集锦无疑是最精彩最激动人心的，但那毕竟不是足球的全部；谁都想成功，而仔细观察那些成功者的足迹之后，会明白并非一切均可效仿。我们究竟应该从JIT中学习什么？从20世纪80年代初便有企业开始推行看板管理，但它们的看板并没有替代车间计划，甚至没有改变那种无计划的调度局面，像很多其他的现代化管理方法一样，在别人那里曾经创造奇迹而一到我国工厂却黯然失色。这其中的一个关键便在于我们对管理系统的理解尚过于肤浅，往往将一个系统问题视为一种工具，那些最外在、表面的操作最容易掌握，也就被当做最重要的推广内容，而对那些涉及目的、观念方面的内容却不愿做深入的探讨。其结果只好一次又一次地欣赏对手的射门、成功、欢呼，自己却总难使那些单项技术在整体配合中有效地发挥功效，也就只好再次期待更新技术的出现和下一个机会。然而依照这种简单化的应用模式，下一个机会又有成功的可能吗？

因此，我们不应错过JIT给予我们的借鉴机会，因为JIT代表着未来新一代的生产运作系统；同时我们也应该在教训中得到进步，加强对JIT非技术的更深层内涵的理解，根据自己的需要从中吸取有益的内容。的确，JIT有不少内容是难以直接效仿的，如通过供货商的准时直达供应而取消所有原料仓库，它是与丰田及其供货厂商有特殊的地域集中分布关系密切相关的，而这种原料供给方式对于其他企业可能并不经济。然而，JIT无论在指导思想、系统结构、运行机制，还是实施过程中却有很多内容是值得认真借鉴的。

(1) JIT对系统潜在问题的认识，这本质上是如何对待经营使命的问题。只有当企业设定了更长远的奋斗目标，生产运作系统才会被真正作为实力的基础受到关注；相反也只有主动消除系统中可能出现的种种问题，才能在日后更加严酷的竞争中保证足够的潜力应付挑战。

(2) JIT对系统运行功能的认识。由于对潜在问题的危害有深刻的认识，所以在系统运行过程中要实现两方面的功能：输出系统产品同时改善系统性能。而要达到此目的需要从两方面入手：在系统运行过程中不断暴露矛盾并予以根除，这需要花费很长的时间，付出巨大的努力；另外，在系统设计时就要考虑到系统自身的动态改善，这与只顾系统产品输出的传统设计观大有区别。

(3) JIT对微调整与质变关系的认识。系统结构性的转变会产生功能的巨变，而JIT则主要是从系统运行性上的效率改善最终产生了一种功能的突变。效率的改进多属对系统某个局部的微小改变，不会产生结构变化后的那种迅速有效的效果。然而这种变化易于接受、控制，当存在着一个明确目标，效率微调的效益不被分散之时，经过长期的不懈努力系统效力会突变。

(4) JIT对系统一线工人作用的认识。系统的有效结构只能在静态保证其功能,而系统运行的结果或动态完善的过程都是需要操作工人来完成的。无论对于质量、成本、高效率或应变能力的控制,最根本的都是对一线工人的行为控制。只有工人在其操作中达到了要求,系统才能真正实现其功能。只有每个工人都能发挥其创造才能,整个系统才能获得真正的动态应变能力和自我改善能力。

四、电子商务环境下的网络物流配送系统

物流和物流管理的有关概念是20世纪20年代在美国产生的,后来在不同的发展阶段曾分别叫做"physical supply"——物料供应,"physical distribution"——物资分配,"physical movement"——物资流动——约相当于物料供应、物资分配与工厂内部生产物流的总和,"materials flow"——物流——包括从原材料采购、进货到产品供货的全过程流水化。目前的用词是"logistics",指对企业的供销、运输、存储等活动进行综合管理,目标是把原材料和制成品以最低的成本,按照要求和服务标准,适时地送到用户指定的地点。从这些不同阶段的用词我们可以看出物流的内容是在随着生产的发展而不断进步的。

现代物流配送采用网络化的计算机技术和现代化的硬件设备、软件系统以及先进的管理手段,严格按用户的订货要求进行分类、编配、整理、分工、配货等一系列理货工作,定时、定点、定量的交给各类用户,满足其对商品的需求。物流配送开始以一种全新面貌,成为流通领域革新的先锋,代表了现代市场营销的主方向。与传统的物流配送相比,新型物流配送一方面可以更容易实现信息化、自动化、现代化、社会化、智能化和简单化,达到货畅其流,物尽其用。另一方面可以大大的减少生产企业库存,加速资金周转,提高物流效率,降低物流成本。这些优势的实现是与网络技术的发展离不开的。现代成组技术在网络环境下可以得到充分应用,物流配送周期大大缩短;计算机系统管理使整个物流管理过程变得简单容易;网上的业务推广可以使用户购物和交易过程变得更有效率、费用更低,从而提高了物流配送企业的竞争力。

电子商务的发展极大地推动了物流业效率和技术水平的提高。在电子商务的环境下,物流配送企业需要具备在最短的时间内以合理的物流成本完成广阔区域物流任务的能力。电子商务对配送需求的多样性和分散性,为物流企业整合系统内资源提供了内在动力与外在需求。同时电子商务也为物流功能集成化、物流服务系列化和增值化提供了运作空间。而且,在电子商务条件下,物流配送的各种功能可以通过虚拟化的方式表现出来,在这种虚拟化的过程中,人们可以通过各种的组合方式需求物流配送的合理化,以达到配送距离最短,时间最少,效率最高,费用最省。

同时,电子商务在管理、人才和装备配置方面也对物流配送系统提出了更高的要求。物流配送系统需要制定科学合理的管理制度和方法,拥有具备较强组织管理能力和专业知识水平的决策人员、管理人员、技术人员、操作人员,并且配备现代化的物流配送设备,这样才能适应电子商务的需求。

第三节　生产人员管理

如同质量管理一样，人力资源开发与管理的问题被置于生产运作管理之中的确有些“委屈”，因为无论从理论的体系还是实践的重要性来说，它们似乎都不在生产运作管理之下。然而，要是把生产运作系统的概念不局限在工厂、车间、办公室的话，生产人员的概念就是全企业、甚至全社会从事生产性/创造性工作的人员，也就是常说的“人力资源”了；从另一方面看，企业虽然有人事、组织部门，但这些职能性部门往往远离真正的“人力资源”，解决不了真正发生在基层的、最经常性的“人事”问题，而真正有能力和可能解决这类矛盾、促进组织正常运行、提高人员生产率的人主要是各级生产性的管理者——车间主任、班组长、办公室主任、业务主管、行政主管等人。因此，生产运作系统的管理中自然应该包括对生产者的管理，而且生产者或人力资源的管理也可以纳入到生产性系统管理之中，尤其是“生产性”的业务、行政管理人员也必须担负起管好其人力资源的责任。

一、生产人员管理的内容

1. 生产人员管理的目的

生产人员既然是构成生产运作系统的要素，尽管它很特殊、很重要，但就一个系统的设计与管理来看，它在一个系统中就必须符合该系统的要求，完成系统赋予它的使命，实现系统的目标。因此，生产人员管理的基本目的不是为了别的什么，而是为了实现生产运作系统的目标：有效支持产品的竞争优势并努力达到运行的高效率。

从管理的目的上分析，管理生产人员与管理生产运作系统的其他要素并无差异，这本质上是由系统的构造、管理特点所决定的。然而，管理学界对行为科学的重视，以人为本管理思想的出现，都把人的管理问题提到了空前的高度，管理思潮也由以事为中心转为以人为中心。正如毛泽东曾经说过的：“世间一切事物中，人是第一个可宝贵的。在共产党领导下，只要有了人，什么人间奇迹也可以创造出来。”这些都说明人的管理问题的确有它的特殊性方面，其主要原因在于：

(1) 人是受其自由思想与独立人格所支配的，他愿意的话，你可以把他作为生产运作系统的要素来加以管理，而他不愿意的话，一切管理方法对他可能都会失效。也就是说，生产人员加入了组织之后必须要放弃一些个人的自由、利益，但这并不等于说人要为此放弃个人的一切而像其他系统要素那样由管理者按最科学或最经济的方法来配置或管理，绝大多数的情况下，人还是个人的人，关键之处在于管理者如何把个人的“人”纳入到组织的目标与行为之下，这不能强迫，只能诱导、激励。

(2) 系统要素之中唯有人是有创造性的，在生产人员愿意合作的情况下，的确什么样的奇迹都可能出现，生产运作系统的高绩效、高效率或应变能力，这些性能表现本质上都是生产人员所创造、形成的，从管理者解决问题要抓主要矛盾上看，自然也就应该首先或重点管好生产人员，有了他们的努力与合作，很多问题可以被防止而根本不出现，剩下的问题也比较容易被克服和解决。由此可见，生产人员是值得管理者花大力气去管好的，其“回报率”往往不仅是在“满意”的水平而将是奇迹般的。

(3)"生产人员"是一个由个人组成的整体的概念,在这个概念中,每个人的需求、愿望、合作态度都各不一样;同时,不同的时间、场合条件下,这些思想性的东西还会变化,这一切又导致了生产人员管理的艰巨性,即管理者想管好生产人员,但缺乏技巧、把握不好规律,也只能是一种美好的感情和愿望。正是由于其必要性、重要性和复杂性,生产人员管理或人力资源管理才日益受到理论学者与实业界人士的高度重视。

然而,上述这一切都只能说明管人的重要性,并不意味着生产人员管理的目标会因此而变化,重视生产人员特点的管理,包括使员工满意、调动群众的积极性、发挥生产者的潜力与创造精神等均不过是为实现组织目标所采取的手段,重视企业中的人力资源同珍惜其他资源一样,本身并不是目的,而是为了使资源本身为社会发挥更大的作用。

值得注意的是,管理者的目标是追求组织的目标,但在管理人员方面则不宜以组织目标实现的最大化为追求对象,原因是员工的利益与组织的利益并非总是一致的,领导方格理论甚至将它们描绘成正交的。不管如何,在当前劳动本身还不是生活的基本需要时,职工加入企业都是具有自身利益导向性的,追求组织目标的同时,不能不考虑生产人员的利益,所以组织目标的实现程度很难达到最大化。

2. 生产人员管理的任务

从生产运作系统管理的角度分析,生产人员的管理任务也有设计、配置的静态决策问题和运行、监控的动态决策问题,具体的管理任务应该包括:

(1) 生产任务的工作设计。即生产劳动的组织、给每个工作者安排具体的工作内容,以实现整个生产运作系统的生产过程。工作设计对于生产运作管理者来说是至关重要的工作内容,也是为什么生产运作管理者更能够对生产人员进行有效管理的主要原因。工作设计既关系到生产运作系统的绩效表现,同时又涉及每个生产人员的切身利益:工作本身的特点、相应的报酬等等,因此是达到公司目标与满足员工需要的结合点,该项工作的成效直接影响到生产运作系统的功能与运行。

(2) 生产运作系统的定编定员。完成工作设计和相应的劳动分工后,便是确定为完成这些任务所需的员工编制和技术能力要求。这可以通过工业工程的定额制定、时间研究等方法加以确定。

(3) 生产人员的选拔录用。当工作、岗位、任务要求与位置、数量都确定了之后,便要进行具体的人员招聘、选择、录用工作。如果是对外招聘,人事组织部门将负责审核、挑选应聘的人员,但最终的决定权仍应在各部门的业务(或行政)的主管领导(生产运作管理者)手中,因为来人要满足他的工作要求、对他负责。而在组织内部的平行调动,人事部门甚至不必介入决策过程,而直接由两个单位的业务主管负责即可。

(4) 生产人员的技能培训与职业发展。招聘的生产人员需要进行专门的职业性训练和为完成特定工作而进行的技能训练,这主要是由生产运作管理者负责。当员工希望在企业中寻求更大的业务发展和职位升迁时,企业应本着资源优化利用的原则,为员工提供实现自我的机会,对他们进行未来职业的发展设计与训练,鼓励每个人的进步与潜力发挥,而这部分工作主要应由人事部门管理者与工作人员负责。

(5) 生产人员工作绩效的评估。作为管理者不但要对生产运作系统进行控制,对生产人员也必须进行控制,这就离不开对员工工作的绩效评估。进行绩效评估的基础是对每个生产人员制定明确的责任与工作标准，然后进行客观的检查、对照。评估绩效的目的除了“事后算账”进行奖惩之外，同时也应该实现过程的控制，帮助生产人员找出工作中的问题或总结工作中的经验，争取把工作做得更好。

由此可见，生产人员的管理的确是一项与生产性任务紧密相连的工作，单纯的员工管理并不能很有效地实现组织目标，生产运作管理者有义务把生产人员的管理任务完成好，这样才能完成生产任务和系统改善。

3. 生产人员管理的基本原则

行为科学理论充分揭示了人的复杂性，所以至今还尚未发现一种通用的管理好人员的准则，但是对于生产运作管理者来说以下四项基本原则可能是普遍适用的：

(1) 使生产人员与生产任务相互适应的原则。这是管理者应该考虑的双方相互适应的问题。管理者从组织目标出发应该强调生产任务的完成，但谁更适合于完成该任务则应该考虑最佳人选的问题。作为员工不应不服从安排，而对于管理者则最忌讳以完成任务为由而不考虑人员的才能、专长与感情。另一方面，企业不能因人设事、因佛设庙，但也应考虑员工的才能发挥，尽可能地安排好相适应的工作内容，或引导员工将其才能贡献到对生产有益的方面。

(2) 为员工制定责任和绩效标准的原则。要进行控制或激励，一定要有明确的工作标准，它也是员工在工作中努力的方向，如果员工的目标不清，工作肯定难以干好，或增加管理者解释和指挥的工作量，也不利于员工自主管理精神的培养。

(3) 按照员工绩效进行奖惩的原则。按绩效奖惩是目前最为公平的原则，因为管理者追求的是结果，这种引导机制也能使生产人员关注效果。但值得注意的是按绩效进行惩罚时，损失已经产生，对于管理者来说也应注意过程。

(4) 进行适当指挥监管的原则。对于员工来说，监管指挥方式的适当程度意味着管理水平的高低；对于各级生产运作管理者来说，懂业务善管理是最基本的素质，而其中善管理则包括对不同的人采取不同的指挥监控方式，有些要强调过程的控制，有些要强调目标的控制，而有些只用强调工作内容的大致明确。

既然是原则肯定就有在具体工作中如何操作、解释的问题，应该说这些原则的执行并不容易，有的本身有时就相悖不合，有的可能很难具体化，有的执行起来过于复杂、缺乏理论基础。但是，这一方面反映该生产人员管理的特点——本身就是十分复杂、艰巨的工作，需要不断地总结、认识；另一方面也恰好能够使管理者注意这四个方面的原则，在工作中抓好重要方面。

二、工作设计

人类社会为了生存、克服贫穷、获得发展，无时无刻不在进行着劳动，并且从劳动的开始就在自觉或不自觉地探索着更加有效的劳动组织方式。从亚当·斯密有关劳动分工和专业化协作的理论总结中，人们发现了当其他因素并不改变而仅仅将一些工作内容在劳动者之间重新分配，便可使原来一个工人一天难以完成 20 多个大头针，增加到一个小组中的每个工人平均一天可以完成 4 800 个大头针。后来人们又在亨利·福特为 T 形轿车所建的空前绝后的 Ronge River 工厂中看到了流水线和学习曲线的奇迹。这家工厂完成了从铁矿石熔炼到发动机制造再到T形车驶下生产线的全部制造过程,而且能使整个生产周期由1920年以前的27天逐步下降为20年代初的14天,以至于1926年的3天。然而到了20世纪40年代末期,从英格兰一家煤矿的地层深处却传出了由于新技术迫使工人实行专业分工而导致的强烈抱怨,并捣毁新设备迫使生产停顿的消息。自那时起,50年代出现了工作扩大化运动,60年代开展了工作丰富化运动,70年代出现了瑞典沃尔沃模式的流水线和自治工作组,80年代又兴起了弹性工作制。劳动的组织方式在变化,似乎再也不存在一种通用的最佳模式了,即使是同一种组织形式也可能具有截然相反的效果,这便使得劳动组织问题变得复杂而难以决策,人们唯一能肯定的是:劳动仍需要组织,而组织又需要方法,这便产生了"工作设计"。

工作设计(job design)是探讨如何有效组织生产劳动的过程,它通过将生产任务进行分解,把适当的工作内容分配给适当的工作者,然后以适当的形式将他们组织起来,实现工作的协调与总任务的完成。因此,工作设计的内容与过程主要包括:①明确生产任务的作业过程;②通过分工确定工作内容;③明确每个工作者的工作责任(内容、作业规范、完成标准);④以组织形式规定分工后的协调,保证任务完成。工作设计的成果虽然主要是从工作者的职责与组织形式两个方面表现出来,但它与组织设计不同,它偏重在对工作者个人工作内容的确定和由此产生协调需要而确定的基层生产班组的组织结构。

工作设计的目的极为明确:要完成生产任务。然而如何才能完成生产任务,这既是工作设计所要解决的问题,也是工作设计需要借助什么力量或走什么道路来达到目的的策略反映。毫无疑问,科学管理原理及其以前的劳动专业化分工都贯彻一个高效率策略,它成功地造就了工业化时代和生产率的高速发展。然而要引起注意的是,高效率策略是建立在工作者完全服从于工作安排这一前提假设下的,如果不服从这种安排就会受到惩罚,因此也是依靠"胡萝卜加大棒"的策略逼其就范的。很显然这种策略的生命力并不会太强,于是在那些发达国家中,越来越多的公司将其工作设计的策略由高效率调整到"高情感"、"高参与",即试图通过激发工作者的自觉自愿参加生产、提高效率来达到完成生产任务的目的。当然,这种新策略并不适合于所有人,但从人类文明的发展规律与趋势上看,将会有越来越多的人真正受到它的鼓舞,更多地像一个人而不像一台机器的附属物般地活着。因此,过去那种"上班为赚钱、下班为生活"的观念正被一种"上班也是生活"、要追求工作中的生活质量的观念所冲淡。这些新的价值观正是工作设计新策略得以生存、发展的思想基础。

现实中虽然人人都得工作,但并非人人都愿意工作,这主要是因为人对工作内涵的体会存在着很大的差异,某些人仅把工作当成谋生的手段,而另一些人却把工作视为实现人生价值的桥梁,在他们之间有更多的人实际上对工作有着更复杂的理解,认为工作的内涵、意义是多重的,而且是随着时间与外界环境呈动态变化的。

对于任何一位工作者而言,工作本身可能都需要用一个六维坐标系来描述,它们分别是:①工作要求的技能变化程度;②工作任务的独特性与可识别性;③工作任务的重要程度;④对于工作的自我负责程度;⑤工作表现的反馈程度;⑥工作中的社会性交往程度。工作的这六项内涵及其程度描述有助于揭示人对工作的态度差异原因,同时一个集体中大多数职工对工作的这种感受程度也是决定该集体组织结构形成的重要依据。

在工作设计过程中,对工作的自主程度是决定组织形式的关键因素。工作者群体中自主要求的愿望越强，工作任务在这一维上所应提供的内涵及强度便需增长，落实到组织结构上即是趋于扁平的宽管理幅度的形式，组织过程中相应地也多采用非集中化的原则。另一方面，工作的自主程度也从微观严重影响工作者个人的行为。多项实验表明：在工人不能很好控制工作的情况下，最容易产生疲劳、厌倦、压力与不满意，如果能增加工人对工作的自主性，至少可以减轻这种心理的不满以及由此产生的生理不适反应。

工作设计由于需要管理者从生产任务和工作需要两方面综合进行考虑，因此它所形成的方法很多，如果按照某种指导策略归类，可能总结为下列五种工作设计方式：科学管理、工作扩大化、社会-技术方法、工作丰富化和自治工作组。如表 7-7 所示，不同的工作设计方式在六项工作内涵上的强度体现是不一样的，这便意味着五种方式的使用场合也大不相同。在工作设计过程中并不是现代化的方式就一定是好方式，所谓好方式永远是那些有效的方式，而有效的方式可能属于现代化之列，也可能是最原始的。因此在中国的现代化社会进程中，劳动组织方式最终必定是多样化的；而在现实中选择工作设计方式主要需依照工作人员素质，可能科学管理方式更加有效。

表 7-7　工作设计方式与其特点

工作内涵	科学管理	工作扩大化	社会-技术方法	工作丰富化	自治工作组
技能变化	—	＋	○	＋	○
任务特点	—	○	＋	＋	＋
任务意义	—	○	＋	＋	＋
工作自主性	—	—	○	＋	＋
反馈程度	—	○	○	＋	＋
社会交往性	—	○	＋	○	＋

注：符号“＋”表示具有相对的强化作用

符号“○”表示该方式与该内涵没有必然的联系

符号“—”表示该方式在该内涵上的作用效果不明显

第四节　质量管理

一、质量的定义和意义

质量有段时间常常被定义为一种适用性（fitness for use），这是由美国著名质量管理专家朱兰（J. M. Juran）提出的，而 1986 年颁布的 ISO8402 质量—术语中，将质量定义为：“反映产品或服务满足明确或隐含需要能力的特征和特性的总和。”

质量无论从社会还是企业角度都有其十分深刻的意义。

美国著名质量管理专家朱兰有句名言——“生活处于质量堤坝后面”（life behind the quality dikes）。若把质量比作黄河大堤便不难理解这句话的含意。坚固的大堤可以给人们带来利益和幸福，保障社会的繁荣和昌盛，一旦质量大堤出现决口，同样也会给社会带来危害甚至灾难。因此，从维护社会安宁的角度而言，企业也有责任把好产品质量这一关。

从企业自身利益角度来看，质量也是企业赖以生存和发展的保证。这一点可以从以下一项研究结果说明：在不满意的顾客中只有 4％的人会抱怨，96％的顾客不提意见，但有91%的人不再来购买这一产品,一位不满意的顾客平均会向其他9个人说他的不高兴,13%不满意的顾客会向20个其他人说不满意的话。由这一研究结果可以看出一个产品出现质量问题,会带来一系列的不良后果,而寻找一个新顾客要比保留一位老顾客多开支5倍的费用。因此,企业要获得利润,保证生存和发展,就必须要以好的质量去赢得顾客。

认识到质量的重要性之后,人们自然会想到如何去保证质量,曾经对日本质量发展起很大推动作用的美国著名质量管理专家戴明(Deming)博士的一个观点可以为此指明方向,这一观点便是:在生产过程中,造成质量问题的原因只有10%~15%是来自工人,而85%~90%是企业内在管理系统上有问题。由此可见,质量不仅仅取决于加工这一环节,也不只局限于加工产品工人,而是涉及企业各个部门、各种人员。质量的保证要通过管理来实现。

二、质量管理的发展史

质量管理的发展,按照所依照的手段和方式来划分,一般划分为三个阶段。

1. 第一阶段是单纯质量检验时期

在这一阶段,人们对质量管理的理解还只限于产品质量的检验。主要是通过严格检验来保证出产的产品或转入下道工序的零部件的质量合格。当然,这种质量检验本身也有一个发展过程。20世纪以前,产品的质量检验主要靠手工操作者的手艺和经验对产品质量进行鉴别、把关。有人称为"操作者的质量管理"。随着生产的发展,企业规模的扩大,特别是以泰勒为代表的"科学管理运动"开展起来以后,企业执行质量检验的责任就由操作者转移到工长,继而转移到专职的检验部门,配备了一定数量的专职检验人员,制定了产品的检验制度,添置了必备的检验仪器,用一定的检测手段负责全企业的产品检验工作。这便是以后日臻完善的"检验员的质量管理"。

"检验员的质量管理"的出现,对当时企业生产的发展起了积极的作用。它加强了生产者的责任心和不断提高技术水平的要求,为企业的产品出厂把了关,既保持了企业的一定信誉,又减少了社会上不良产品的流通。通过产品检验可为企业及时地发现技术或管理上的问题提供可靠的依据,解决了这些问题不仅可以使产品质量得到提高,也促进了生产技术和管理水平的提高。但是,这种事后的、把关型的管理,主要是对产品划等级,排除不合格品,并不能减少或避免不合格品的产生。有些产品并不能靠检验的办法保证质量,产品进行全数检验有时技术上是不可行的,经济上也是不合算的。因此,随着生产的发展,生产规模的不断扩大和生产效率的不断提高,质量检验的这些缺点也就越来越显得突出。

2. 第二阶段为统计质量控制阶段

1924年美国数理统计专家休哈特(W. A. Shewhart)提出了控制与预防缺陷的概念,后来他应邀参加了霍桑工厂关于加强与改善质量检验工作的调查研究。1931年休哈特将自己陆续发表的几篇论文,同他设计的质量控制方案和控制图一起编成了《工业产品质量的经济控制》一书。他在这本书中提出了控制生产过程中产品质量的"6σ"法,作出了第一张控制图,并建立了一套统计卡片,这就是后来形成的工序控制理论的基础。与此同时,美国贝尔研究所成立了一个检验工程小组,通过专家们的研究,提出了抽样检验的概念及其实施方案。虽然由于种种原因,这些理论和方法当时还未得到普遍重视和广泛采用，但却是数理统计方法应用于质量管理的开端。

数理统计方法在质量管理中广泛推广始于第二次世界大战期间。那时军需品生产的大量增加使美国军火工业得到迅猛发展，其面临的严重问题是，由于事先无法控制不合格品而不能满足交货期的要求；况且军需品大多属于破坏性检验，不允许事后全检，因此，美国军方制定了质量标准，要求普遍采用休哈特等人提出的数理统计质量控制方法。采用控制图能控制生产过程稳定，抽样检查能比全数检查提高检验效率，并降低检查成本。于是这种方法不仅在战时而且在战后风靡一时。

统计质量控制的几个主要特点是：

(1) 质量管理的职能已由单纯的事后把关，转为对生产过程进行控制，进而预防不合格品的产生。

(2) 无论对产品的抽样检验，还是对工序的质量控制，都广泛地采用了统计分析方法。

(3) 质量管理的许多职能，已由专职的检验人员转由质量控制工程师和工程技术人员承担。

3. 第三阶段是全面质量管理阶段

20 世纪 50 年代后期，美国的朱兰和费根堡姆(A. F. Feigenbaum)等人提出，为了生产出消费者满意的产品，单靠统计质量控制还不够，必须建立企业各部门相互协作的质量保证体系，对生产以至消费的全过程进行控制，这个全过程是指从产品的研究与开发开始，形成螺旋式的上升过程，因此称之为质量进展螺旋(见图 7-24)。

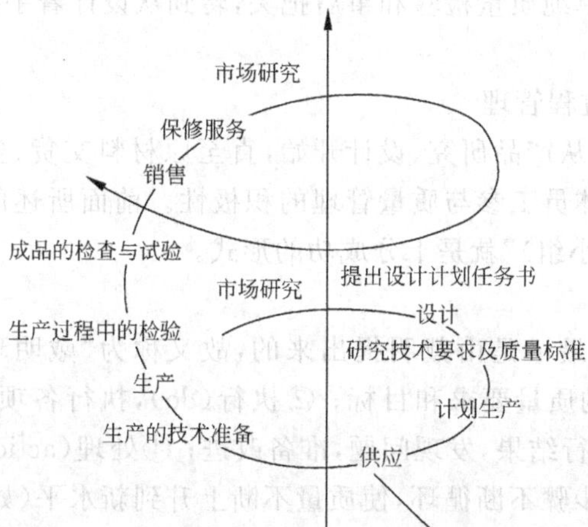

图 7-24　质量进展螺旋

20 世纪 50 年代末，曾在通用公司任职的费根堡姆提出了全面质量管理的概念。他指出："全面质量管理是为了能够在最经济水平上，充分满足顾客的要求下，进行生产和提供服务，并把企业各部门维持和提高质量的活动构成为一体的一种有效体系。"

后来各国公司和企业大体上接受了这一概念。如今全面质量管理已经在世界上工业发达国家取得显著成效。特别是日本由于资源匮乏，依靠外贸立国，已经把全面质量管理提到涉及国家存亡的高度,并由此取得了世界瞩目的成绩。不过日本推行全面质量管理与欧美不同,欧美强调职业主义(professionalism),他们认为全面质量管理应以质量管理的专业技术人员即质量管理专家为中心;日本则不同,他们不是以质量管理专家为主,而是各阶层、各部门分别学习质量管理,然后在各自岗位上实施质量管理,"QC小组"就是日本人的发明。通常QC小组是自愿组合,建立方式也多种多样,既可在一个班组内建立QC小组,也可以跨班组建立,这些小组利用业余时间进行活动,经常研究和提出改进生产技术、提高产品质量和降低生产成本的各项建议和措施,这种组织形式对于推动日本产品质量的提高起到了重大作用。

全面质量管理的基本思想主要有以下几点

1) 用户至上

即树立以用户为中心,为用户服务的思想。日本企业中提出了"用户是帝王"的口号,强化这一意识。"用户"含义很广,美国质量管理专家朱兰把用户分为以下四类:

第一类:加工者,他们可能是本企业的各个生产部门或进行再加工的其他企业;

第二类:从事买卖的中间商人;

第三类:最终用户,即产品的直接使用者;

第四类:全社会。

2) 质量检验

质量是设计、制造出来的,而不是检验出来的,质量检查仅仅是质量信息的来源,而设计决定了产品质量的先天性,制造使设计的质量要求得到实现。这实际上也体现了预防的原则,即把着眼点从单纯质量检验和事后把关,转到从设计着手控制生产过程稳定和事先预防。

3) 全员管理和全过程管理

为确保质量必须对从产品研究、设计开始,直至原材料交货、生产和销售全过程进行控制,同时还要调动全体员工参与质量管理的积极性。前面所述的日本企业中广泛建立的"质量管理小组(QC小组)"就是十分成功的形式。

4) PDCA循环

PDCA循环的概念最早是由戴明提出来的,故又称为"戴明环",其含义为:①计划(plan),规定必须达到的质量要求和目标;②执行(do),执行各项任务以保证计划完成;③检查(check),检查执行结果,发现问题,准备改进;④处理(action),处理质量保证过程中发生的问题,这四个步骤不断循环,使质量不断上升到新水平(如图7-25所示)。

5) 运用科学方法管理

全面质量管理使用的方法很多,常用的有控制图、直方图,帕累托图、因果图和相关图,其中控制图法将在质量控制中作较详细的介绍,其他方法简单介绍如下:

(1) 直方图。是通过对数据加工整理,从而分析和掌握质量数据的分布状况和估算工序不合格品率的一种方法。它将全部数据分成若干组,以组距为底边,以该组距相应的频数为高,按比例而构成的若干矩形,即为直方图,其基本形式见图7-26。

直方图法可用于分析产品质量的分布状况,它的用途十分广泛,常用于定期报告质量状况、分析质量分散原因,测量工序能力、估计工序不合格品率等。

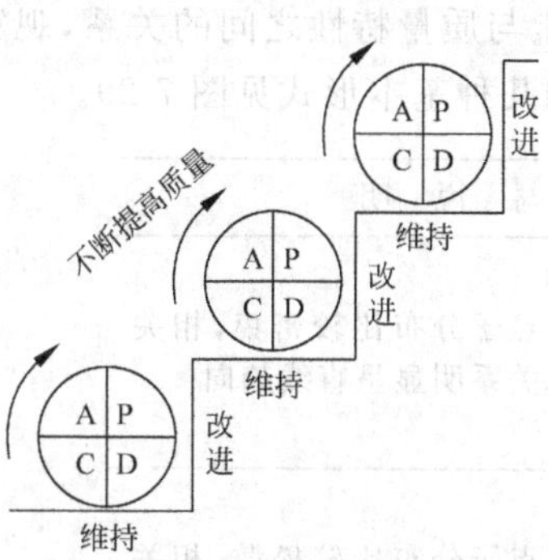

图 7-25 PDCA 循环

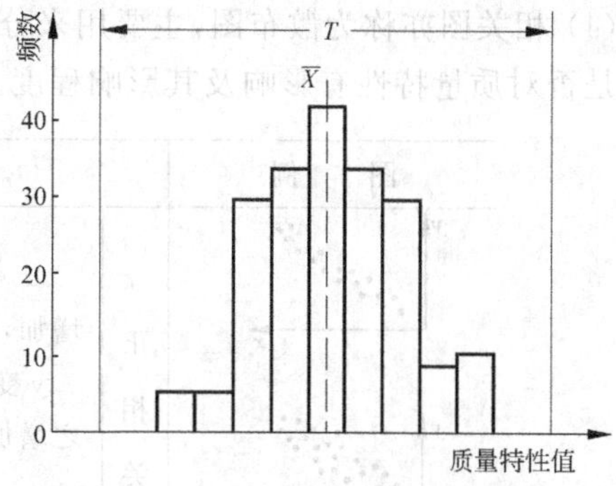

图 7-26 直方图

(2) 排列图是为寻找主要问题或影响质量的主要原因所使用的图，它是由两个纵坐标、一个横坐标、几个按高低顺序依次排列的长方形和一条累计百分比折线所组成的图，它的基本图形(见图 7-27)。

排列图又称为帕累托图。最早是由意大利经济学家帕累托用来分析社会财富分布状况的，他发现少数人占有着绝大多数财富，而绝大多数人却占有少量财富处于贫困的状态。这种少数人占有着绝大多数财富、左右社会经济发展的现象，即所谓“关键的少数，次要的多数”的关系。后来，朱兰将此原理应用于质量管理中，目前在库存管理中常用的 ABC 分类法也是出于这一原理。

(3) 因果图是表示质量特性与原因的关系图。产品质量在形成的全过程中，一旦发现了问题就要进一步寻找原因，采取集思广益的方法，将各种意见按其相互间的因果关系，用特定的形式反映在一张图上，以此来分析、寻找产品质量问题产生的原因和主要原因(见图 7-28)。

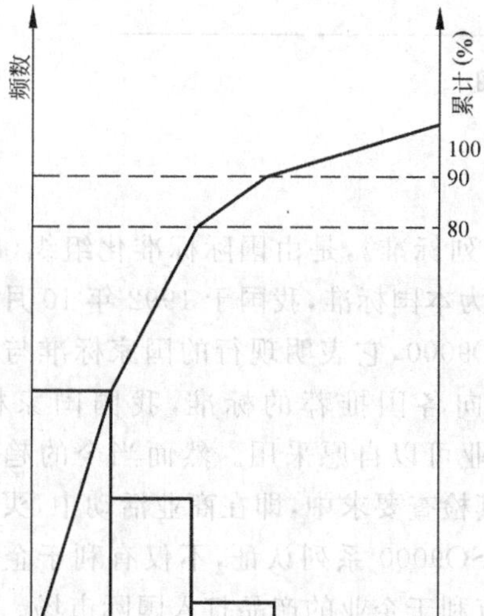

图 7-27 排列图

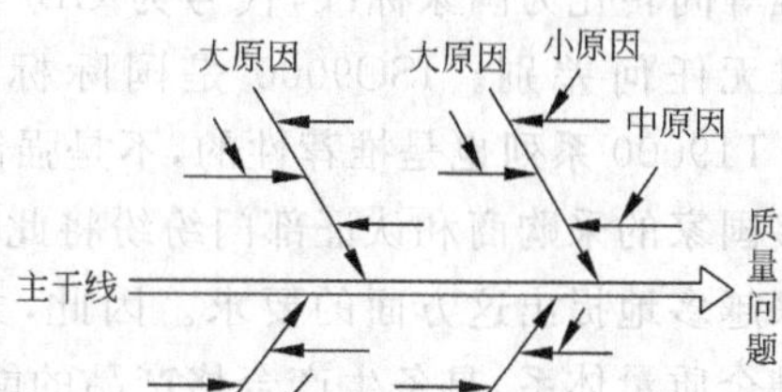

图 7-28 因果图

（4）相关图亦称为散布图，主要用来分析某种因素与质量特性之间的关系，观察这种因素是否对质量特性有影响及其影响程度。相关图的几种基本形式见图 7-29。

<table>
<tr><th>图 例</th><th colspan="4">名 称 与 说 明</th></tr>
<tr><td>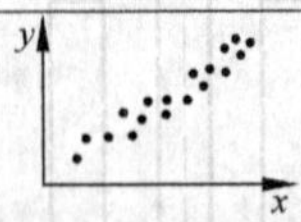</td><td rowspan="2">正相关</td><td rowspan="2">x 变量增加，y 变量随之增加</td><td>强正相关</td><td>点子分布比较密集，相关关系明显呈直线趋向</td></tr>
<tr><td></td><td>弱正相关</td><td>点子分布比较松散，相关关系大致呈直线趋向</td></tr>
<tr><td>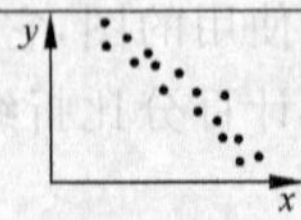</td><td rowspan="2">负相关</td><td rowspan="2">x 变量增加 y 变量随之减少</td><td>强负相关</td><td>点子分布比较密集，相关关系明显呈直线趋向</td></tr>
<tr><td>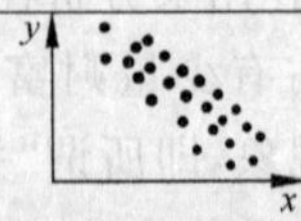</td><td>弱负相关</td><td>点子分布比较松散，相关关系大致呈直线趋向</td></tr>
<tr><td>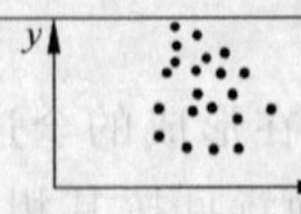</td><td colspan="4">不 相 关</td></tr>
<tr><td>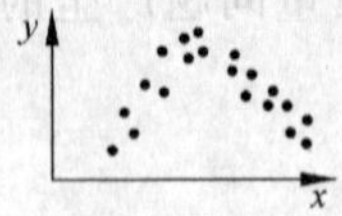</td><td colspan="4">非线性相关（曲线相关）</td></tr>
</table>

图 7-29 相关图

三、ISO9000 系列标准

ISO9000 系列标准即《质量管理和质量保证系列标准》，是由国际标准化组织（ISO）于 1987 年颁布的国际标准。许多国家都等同转化为本国标准，我国于 1992 年 10 月将此标准等同转化为国家标准，代号为 GB/T19000-ISO9000，它表明现行的国家标准与国际标准无任何差别。ISO9000 是国际标准化组织向各国推荐的标准，我国国家标准 GB/T19000 系列也是推荐性的，不是强制性的，企业可以自愿采用。然而当今的趋势是许多国家的采购商和认证部门纷纷将此标准纳入其检查要求中，即在商业活动中，买方将越来越多地提出这方面的要求。因此，力争取得 ISO9000 系列认证，不仅有利于企业建立健全质量体系，具备生产合格产品的能力，而且有利于企业的产品打入国际市场。

ISO9000 系列标准从根本上讲是将购方对质量管理事项标准化，要求供方遵守它，借此来获得质量。文件中记述了由组织进行的活动和工序的目的及方法，客观地明确了在某处应该做些什么，明确了各个作业和体系全体的关系，并以整体的观点，从各自活动的目的出发把复杂体系运转中所必须完成的作业和顺序，以标准形式规定下来，并以此使体系运转。这样便将质量体系变成可以看得见的东西，即使得产生的结果和产生结果的过程处于可以被控制的状态，使人们能掌握在某处应该怎么做。由于这样将每人应该完成的工作以文件形式明确下来，能够提高整体活动的效率，使得质量得到保证。

ISO9000 系列标准包括以下六部分内容。

(1) ISO8402-86 指质量——术语。

(2) ISO9000-87 指质量管理和质量保证标准——选择和使用指南。

(3) ISO9001-87 指质量体系——设计/开发、生产、安装和服务的质量保证模式。

(4) ISO9002-87 指质量体系——生产和安装的质量保证模式。

(5) ISO9003-87 指质量体系——最终检验和试验的质量保证模式。

(6) ISO9004-87 指质量管理和质量体系要素——指南。

其中，

ISO8402 指质量——术语，此标准中给出了 22 个质量术语的定义，其中质量的定义为“反映产品或服务满足明确或隐含需要能力的特征和特性的总和”。

ISO9000 常常被看成 ISO9000 系列标准的“导游图”，它帮助供应商和用户两方面理解 ISO9000 系列标准的真正含义。ISO9000 详细说明了质量体系标准的基本原理及它们的特性、现有模式、应用的最佳场合和时间，并描述了各质量保证模式应包含哪些要素(表 7-8)，ISO9000 对证实文件的提供、合同前的评价及合同的编制提出了要求。

表 7-8 质量体系要素对照表

(本附录供参考，不作为标准的正式内容)

GB/T19004-ISO9004 中的章号或条号	标题	在下列标准中相应的条款		
		GB/T19001-ISO9001	GB/T19002-ISO9002	GB/T19003-ISO9003
4	管理职责	4.1●	4.1○	4.1○
5	质量体系原则	4.2●	4.2●	4.2○
5.4	质量体系审核(内部质量审核)	4.17●	4.18○	
6	经济性——质量成本的考虑	—	—	—
7	营销质量(合同评审)	4.3●	4.3●	
8	设计和规范质量(设计控制)	4.4●		
9	采购质量(采购)	4.6●	4.5●	—
10	生产质量(工序控制)	4.9●	4.8●	—
11	生产过程的控制	4.9●	4.8●	—
11.2	物资控制及其可追溯性(产品标识和可追溯性)	4.8●	4.7●	4.4○
11.7	验证状况的控制(检验和试验状态)	4.12●	4.11●	4.7○
12	产品验证(检验和试验)	4.10●	4.9●	4.5○

续表

GB/T19004-ISO9004中的章号或条号	标题	在下列标准中相应的条款		
		GB/T19001-ISO9001	GB/T19002-ISO9002	GB/T19003-ISO9003
13	测量和试验设备的控制(检验、测量和试验设备)	4.11●	4.10●	4.6 ❍
14	不合格的控制(不合格品的控制)	4.13●	4.12●	4.8 ❍
15	纠正措施	4.14●	4.13●	—
16	搬运和生产后的职能(搬运、储存、包装和交付)	4.15●	4.14●	4.9 ❍
16.2	售后服务	4.19●	—	—
17	质量文件和记录(文件控制)	4.5●	4.4●	4.3 ❍
17.3	质量记录	4.16●	4.15●	4.10 ❍
18	人员(培训)	4.18●	4.17●	4.11○
19	产品安全和责任	—	—	—
20	统计方法的应用(统计技术)	4.20●	4.18●	4.12 ❍
—	需方提供的物资	4.7●	4.6●	—

● 全部要求 ❍比 GB/T 19001-ISO 9001 要求少 ○比 GB/T 19002-ISO 9002 要求少

注:① 表中标题的章条号取自 GB/T 19004-ISO 9004。括号中的标题是 GB/T 19001-ISO 9001、GB/T 19002-ISO 9002 和 GB/T 19003-ISO 9003 中章或条的标题。

② 请注意 GB/T 19001-ISO9001、GB/T19002-ISO 9002 和 GB/T 19003-ISO9003 中对质量体系的要求适用于多种场合,但不是对所有场合均适用。

ISO9004 涉及的论题分布在 20 个不同章节,非常详细,包括风险、成本、利润、管理部门的职能、质量体系原理、体系文件的编制和审核,经济、市场营销的质量,设计和规范的质量、采购质量、生产质量,生产过程控制、产品验证、测量和试验设备的控制、不合格的控制及纠正措施,搬运和生产后的职能,质量文件和记录、人员和产品安全,还有责任及统计方法的应用。

如果说 ISO9000 是质量体系标准的"导游图",那么 ISO9004 是一套"建筑材料",它能使你按规范建立质量标准,并使之切合现实条件。在建立符合具体情况的质量体系过程中 ISO9004 是基础,因为它包含企业运行的各种要素,从而可作为实现内部质量管理目标的手段。不过,由于企业与企业、产业与产业对生产过程的要求截然不同,没有谁会需要 ISO9004 中全部要素,当然也有一些要素是任何想得到质量体系的企业所必需的。

ISO9001—9003 质量保证体系是可供供应商选择、用于满足购方要求的三种基本模式:

ISO9001 适用于产品或服务的设计与开发、生产与安装及产品与服务的维护。

ISO9002 限用于生产和安装领域的质量管理。两者都包括合同评审、文件控制、采购、工序控制、搬运、储存、包装和交付,培训和内部质量审核。

ISO9003 明确了供应商在最终检验与试验方面的质量保证责任。

ISO9000 系列标准评估和认证日益趋向于委托给专业组织，它们或是 ISO 的成员机构，或是其他 ISO 认可的第三方，如由各国国家标准化组织认可的独立单位。

我国的认证工作从 1981 年开始起步。至今，已颁布了《中华人民共和国标准化法》、《中华人民共和国产品质量法》和《中华人民共和国产品质量认证管理条例》等一系列法律、法规。目前，国务院下属的国家质量监督检验检疫总局统一管理认证工作，其直接承担部门是中国国家认证认可监督管理委员会，即中华人民共和国国家认证认可监督管理局。二十多年来，依据上述法律、法规和国际惯例，我国已批准设立了数十个产品认证机构、独立的体系认证（注册）机构以及检验机构。

ISO9000 系列标准认证有八个步骤：

(1) 对照 ISO9001—9003 标准，评估现有的质量程序；

(2) 确定改进措施，以使现有质量程序符合 ISO9000 系列标准；

(3) 制定质量保证计划；

(4) 确定新的质量程序并形成文件，实施新程序；

(5) 制定质量手册；

(6) 评估前与注册人员共同分析质量手册；

(7) 实施评估；

(8) 认证。

四、ISO14000 系列标准

长期以来，人们把人类劳动之外的自然资源，如空气、水等，以及没有体现在市场交易中的环境保护费用（即环境成本）全部排除在商品的生产成本之外，结果造成了自然资源的极大浪费和生存环境的严重破坏。随着经济的不断发展，全球环境问题变得日趋严峻，净化人类生存环境，提高人民生存质量问题成为摆在世界各国政府面前的一项刻不容缓的艰巨任务。为了适应这一需求，统一和协调全世界各国的环境管理标准，并且避免一些国家通过环境问题制造新贸易保护主义和技术壁垒，1996 年国际标准化组织（ISO）在颁发 ISO9000《质量管理和质量保证》系列标准的基础上，又制定了 ISO14000《环境管理》系列标准，用以规范和约束世界各国的环境管理，提高各国的环境管理水平，进一步减少世界贸易中的非关税壁垒。该标准适用于各国的各行各业，是协调保护环境、促使实施可持续发展的国际性标准，也是减少现代工业对社会造成的负面影响，维护全球生态平衡的必要规范和保证。该系列标准现已发布了 ISO14001、ISO14004、ISO14010、ISO14011、ISO14012 等。

ISO14000 是一个系列的环境管理标准，它包括了环境管理体系、环境审核、环境标志、生命周期分析等国际环境管理领域内的许多焦点问题。该系列标准共分七个系列，预留 100 个标准号，其编号为 ISO14001－14100。

ISO14000 系列标准 标准号分配表

名　　称	标 准 号
SC1 环境管理体系(EMS)	14001—14009
SC2 环境审核(EA)	14010—14019
SC3 环境标志(EL)	14020—14029
SC4 环境行为评价(EPE)	14030—14039
SC5 生命周期评估(LCA)	14040—14049
SC6 术语和定义(T&D)	14050—14059
WG1 产品标准中的环境指标	14060
备用	14061—14100

ISO14000 作为一个多标准组合系统,按标准性质分为三类:

一是基础标准——术语标准。

二是基本标准——环境管理体系、规范、原理、应用指南。

三是支持技术类标准(工具),包括环境审核、环境标志、环境行为评价、生命周期评估。

如按标准的功能,可以分为两类:①评价组织,包括环境管理体系、环境行为评价、环境审核。② 评价产品,包括生命周期评估、环境标志、产品标准中的环境指标。

ISO14000 系列标准的认证有六个步骤:

(1) 基础准备(基本理解 ISO1400),成立工作小组,检查自身环境管理体制,收集有关环境法律、法规标准 ;

(2) 初始环境评审(法律、法规、标准符合性自检,识别环境因素,确定宽大环境因素,自检现有管理和运行程序有否需改进之处,分析发生的环境事故,检查是否已建立处罚和预防措施) ;

(3) 环境管理体系设计(制定环境方针,制定环境目标,指标,制定环境管理方案,编出环境手册等环境管理体系文件) ;

(4) 环境管理体系运行实施(运行管理,应急措施,记录管理内部环境监测,纠正措施,文件修订) ;

(5) 环境管理体系审核(内部审核,模拟审核,改进,正式审核) ;

(6) 取得认证。

国际标准化组织在制定 ISO14000 时的指导思想之一是:“不增加并努力消除贸易壁垒,无论对环境好还是环境差的地区。”

一方面 ISO14000 系列标准统一了环境管理体系的基本要求,标准要求各国公开其有关体系、产品标准和认证方法,为其贸易伙伴提供条件,有助于消除贸易壁垒。

另一方面,ISO14000 系列标准的实施本身也是另一种壁垒,它对那些信息不通,行动缓慢的国家和组织将造成实际上的贸易障碍。从这一意义上说,ISO14000 的认证是通向未来国际贸易市场的通行证。

ISO14000 标准指出:“本标准与 ISO9000 系列质量体系标准遵循共同的管理体系原则,组织可选取一个与 ISO9000 系列标准相符的现行管理体系,作为其环境管理体系的基础。”ISO14000 作为 ISO 组织继 ISO9000 后颁布的第二套管理体系系列标准 ,无论是在标准的指导思想还是结构编排上均大量借鉴了ISO9000系列标准的经验。

作为管理体系标准，ISO14000标准和ISO9000标准有许多的相同之处，如政策的制定、立法和其他要求、培训、文件控制、操作控制、监督、不合格项的控制、审核和管理评审。质量体系中的一些要求，如加工、储存、包装、服务以及产品和服务的检查与环境管理体系有密切的关系。另外，环境管理体系的其他要素，诸如寻求风险降低或紧急情况的控制，都可以融合到质量管理体系中去。但是，由于二者管理目的、对象的特点不同，两套标准也存在较大的差异。例如，ISO9000标准针对的是顾客的需要，它的承诺对象是产品的使用者和消费者，而ISO14000标准则是向相关方的承诺，受益者将是全社会。ISO9000的质量管理模式是封闭的，而ISO14000则是螺旋上升的升环模式，要求体系不断地有所改进和提高。ISO9000标准是质量管理体系认证的根本依据，而环境管理体系认证除符合ISO14001外还必须结合本国的环境法律、法规及相关标准，如果组织环境行为不能满足国家要求则难以通过体系的认证。

环境管理体系和质量管理体系都属于组织综合管理体系的一部分，把两者作为一个完整的管理体系结合起来，实现一体化会使管理工作更有效率，从而使总体系的各部分更协调同步。同时，这两个体系基本上是建立在相同管理原则基础上的，都是以方针、交流、评价、人员和组织以及保证作为关键特征的，他们的基本要素是一致的。因此将ISO14001和ISO900 1融合在一起有助于明确组织的职能和实现组织的目标。

五、质量控制

质量控制主要集中在加工过程中和加工前后。前者控制加工是否处于稳定生产状态，休哈特控制图是一种重要的控制方法；后者指对原材料和产成品的合格确认，抽样检验是重要的控制方法。

1. 加工过程中的质量控制

产品是由零部件组成的，而零部件的加工过程是由一个或多个工序组成的，所谓工序是指一个或一组工人在一个工作地对一个或若干个劳动对象连续进行加工的生产活动，它是零部件制造加工的基本环节。因此，加工过程中的质量控制归结为工序质量控制。

1）控制图

控制图又称管理图，它是1924年由美国贝尔电话研究所休哈特博士所创立，所以，原称休哈特控制图，简称为控制图。

控制图是通过图形的方法，显示生产过程随着时间变化的质量波动，并分析和判断它是由于偶然原因还是由于系统性原因所造成的质量波动，从而提醒人们及时做出正确的对策，消除系统性原因的影响，保持工序处于稳定状态而进行动态控制的统计方法。

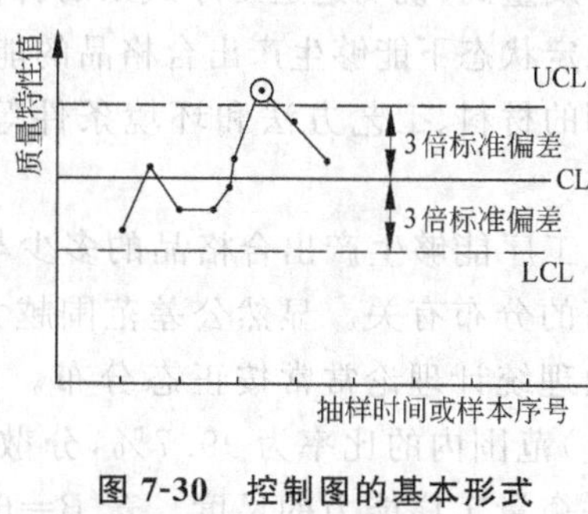

图7-30　控制图的基本形式

控制图的基本形式见图7-30。

图中纵坐标是质量特性值，横坐标为抽样时间或样本序号。图上有三条线，上面一条虚线叫上控制界限线(简称上控制线),用符号 UCL(upper control limit)表示;中间一条实线为中心线,用符号 CL(central line)表示;下面一条虚线叫下控制界限线(简称下控制线),用符号 LCL(lower control limit)表示。这三条线是通过收集过去在生产稳定状态下某一段时间的数据计算出来的。中心线是所控制的质量特性值的平均值,上、下控制界限与中心线相距数倍标准偏差(通常为三倍标准偏差)。使用时,定时抽取样本,把所测得的质量特性数据用点一一描在图上,根据点子是否超越上、下控制线和点子的排列情况来判断生产过程是否处于正常的控制状态。

当生产条件正常时,生产过程处于控制状态时,此时生产过程只有偶然原因起作用,产品总体的质量特性数据分布一般服从正态分布规律。由正态分布的性质可知,质量特性值落在$\pm 3\sigma$(σ为标准方差)范围内的概率约为 99.73%;落在$\pm 3\sigma$以外的概率只有 0.23%,这是一个小概率。按照小概率事件原理,在一次实践中超出$\pm 3\sigma$范围的小概率事件几乎是不会发生的,若发生了,则说明工序已不稳定,即生产过程中一定有系统性原因在起作用,此刻,则提醒人们应追查原因,采取措施,使工序恢复到稳定(控制)状态,这便是控制图原理。

当然,利用控制图来判断工序是否稳定,实际是一种统计推断的方法。进行统计推断将会产生两种错误,第一类错误是将正常判为异常,即工序本来并没有发生异常,只是由于偶然性原因的影响,使质量波动过大而超过了界限线,而此时却把它判为存在系统性原因造成工序异常,从而因“虚报警”给生产造成损失。第二类错误是将异常判为正常。即工序虽然已经存在系统性因素的影响,但因某种原因,质量波动并没有超过界限线。因此,认为生产仍处于控制状态而没有采取相应的措施加以改进,这样由于“漏报警”而导致产生大量不合格品,因而给生产造成损失。放宽控制界限线固然可以减少犯第一类错误的机会,但却会增加犯第二类错误的可能;反之,压缩控制线范围可以减少第二类错误的可能,但却会增加犯第一类错误的可能。显然,控制图的控制界限线的范围的确定应以两类错误的综合总损失最小为原则。3σ方法确定的控制图控制界限线被认为是最经济合理的方法,因此,我国、美国和日本等世界大多数国家都采用这个方法,这便是被称之为“3σ”的原理。当然,一些行业根据自己的生产性质的特点,也有采用2σ或4σ来确定控制图控制界限线的。

2) 工序质量和工序能力

工序质量是工序过程的质量的高低,反映工序的成果符合设计、工艺要求的程度。即工序质量高,说明这道工序成果的合格品率高,废次品率或返修率低。工序能力是指工序在稳定状态下能够生产出合格品的能力,所谓稳定状态是指工序中的操作者、机器设备所使用的材料、工艺方法和环境条件等都符合标准规定的要求,且作业活动处于受控制状态。

工序能够生产出合格品的多少与规定的质量要求(即公差范围),以及产品质量特性值的分布有关。显然公差范围越大,就越易生产出合格品。而产品质量特性值分布按数理统计理论常常按正态分布。在正态分布情况下,分散幅度 B 处于 6σ(6 倍标准偏差)范围内的比率为 99.7%,分散幅度 $B=6\sigma$,可表示该工序具有的实际加工精度,它是衡量工序能力的尺度。若 $B=6\sigma$ 越大,则工序的实际精度越差,不合格率越高,工序能力越小；若 $B=6\sigma$ 越小，则工序的实际精度越高，不合格品率越低，因而说明工序能力越强（如图 7-31 所示）。

分散幅度 $B=6\sigma$ 是否合适应该与公差联系在一起进行考虑。一般可以利用"工序能力指数"C_p 来表达。工序能力指数 C_p 就是产品公差范围（T）与工序能力（B）之比。C_p 值大小即可定量计算出该工序的不合格品率，所以工序能力指数 C_p 的大小可以直接表示出工序质量的水平。

$$C_p=\frac{T}{6\sigma}$$

式中，C_p 表示工序能力指数；T 表示公差范围；σ 表示标准方差。

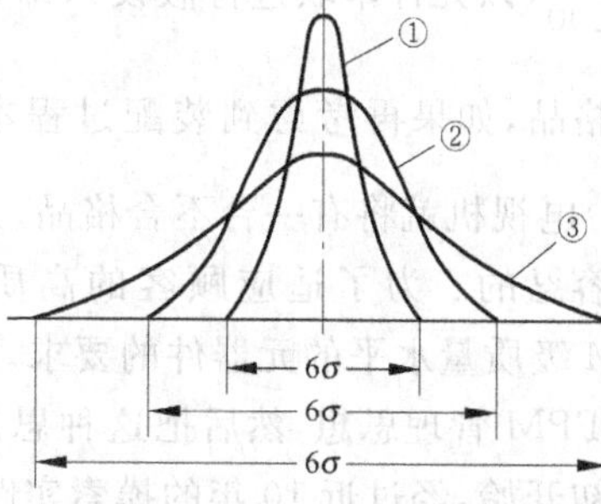

图 7-31　工序能力示意图

① 标准偏差越小，工序能力越高；
② 标准偏差越大，工序能力越小

由表 7-9 可以看出，工序能力指数 C_p 值越高，不合格品率越低，设定高的工序能力指数 C_p 有利于保证质量。下面将美国和日本企业的工序能力指数 C_p 进行一下对比。

美国 1980 年绝大部分企业工序能力指数 $C_p=0.8$；1990 年 50%的企业 $C_p=1.0$，最优秀的企业 $C_p=2$；90 年代最佳企业 C_p 的目标为 8。

表 7-9　工序能力指数对应的不合格品率表

C_p	不合格品率	C_p	不合格品率
1.67	6/1 000 万	1.1	1/1 000
1.5	7/100 万	1	3/1 000
1.33	6/10 万	0.67	4.55/100
1.2	3/1 万	0.33	31.75/100

日本 1982 年绝大部分企业 $C_p=2$；1990 年企业平均工序能力指数 $C_p=4$，最优秀企业的 $C_p=8$；90 年代日本最佳企业 C_p 的目标为 15。

由以上数据便可看出日、美企业产品质量的差别，同时可以看出出现下面有趣故事的背景：美国国际商用机器公司（IBM）决定向日本的供应商订购一批电子元件，在采购单上说明，不合格品的限度为 10 000 个元件不得超过 3 个，日本厂商发货时附了一封信，说："我们日本人理解美国的商业活动有些困难。但是，我们还是在每 10 000 个元件中装了3 个不合格品，不过是分开包装的。我们相信，这是按定货单办的。"

日本企业在质量管理上取得如此举世瞩目的成绩，其中还值得一提 PPM 管理，即百万分率的管理。PPM 是英文 parts per million 缩写。即要将工序不合格率降低到 PPM——百万分之一以下，PPM 质量管理便是以此为质量目标的管理。

PPM 管理的思想是 20 世纪 60 年代由日本松下电器工业公司萌发的，该公司下属的电子元器件分公司同产业分公司的电视机事业部有着密切的供需关系。前者负责供应元器件，后者把它们组装成一台台的电视机，当时该公司事业部算了一笔账：每台电视机大约由 500 个元器件组成,如果元器件不合格品率是 10 个 PPM,那么整机的不合格品率大约是$\frac{1}{200}$(以元件串联进行假设),即每售出 200 台电视机就有一台因元器件不良而成为不合格品,如果再考虑到装配过程本身也有同样比率$\left(即\frac{1}{200}的不合格品\right)$,那么每售出 100 台电视机就将有一台不合格品。这种返修率(或退换率)是当时市场竞争和经营管理不能容忍的。为了适应顾客的高质量要求,该公司事业部向元器件分公司提出供应 1PPM 级质量水平的元器件的要求。两者在长期的协作中逐渐形成了一种为提高产品质量的 PPM 管理思想,然后把这种思想变成了质量管理的制度、方法和实践。20 世纪 70 年代初开始,经过近 10 年的摸索实践,终于在 20 世纪 70 年代末形成了一套 PPM 管理的有效办法,使质量大大提高。PPM 管理的主要手段,一是全数检查保证法;二是工序能力保证法,即让工序能力指数 C_p 达到 16.3 以上。

2. 加工前后的质量控制

生产过程中采用控制图的方法可以解决生产过程中出现的不正常现象,而在生产过程前与后人们的主要注意力集中在一批零件或产品是否合格和是否可以接收的问题上。有两种情况需要考虑是否合格和是否可以接收:一是在验收外购原材料、零件或产品时,人们主要关心的是,它是否合格和可以接收,至于其生产过程的控制则不用管;二是对于进行破坏性检查产品,人们不能把每件产品都进行检查,因为检查完了产品也全都报废了。判断一批零件或产品是否合格和是否可以接收所用的方法为"抽样检验法"。抽样检验法就是从一批产品中随机抽取一部分进行检查,通过检查少量产品来对这批产品的质量进行估计,并对这批产品做出合格与否、能否接收的结论。通常,把其中"一批产品"称为总体,而被抽出来的"部分产品"称为样本。

在一个最简单的抽查方案中,通常要确定两个参数:一个是抽取的样本含量 n;一个是对样本进行检查时,判断批合格与否的合格判断数(又称接收数)c。通常用(n,c)表示一个抽查方案。有了 n 和 c 之后,能够容易地进行抽样检查和评定产品批是否合格。

批质量的判断过程是:从批量总体 N 中随机抽取含量为 n 的一个样本,检查测量样本中的全部产品,记下其中的不合格品数 d,如果 $d \leqslant c$,则认为该批产品质量合格,予以接收;如 $d > c$,则认为该批产品质量不合格,予以拒收。

抽样检验法中拟定一个抽样检查方案的关键在于画出抽检特性曲线,简称 OC 曲线(operating characteristic curve)。理想的抽查方案为:假设批不合格品率 p 不超过批不合格品率标准 p_i 时,这批产品是合格的;那么当 $p \leqslant p_i$ 时,这批产品接收概率 $L(p)=1$,当 $p > p_i$ 时,接收概率 $L(p)=0$(图 7-32)。

然而,这种理想的抽查方案是不可能存在的,因为样本和总体有误差,而从样本中抽取的检验对象也不是绝对具有代表性,因此,实际的 OC 曲线见图 7-32,当这批产品质量较好时,即 $p \leqslant p_0$ 时,以高概率判断它合格,予以接收;当批产品质量坏到某个规定界限,如 $p \geqslant p_1$ 时,则以高概率判断它不合格,予以拒收;当产品质量变坏时,如 $p_0 < p < p_1$ 时,接收概率迅速减小。

由图 7-33 可见,在实际抽样检查中会出现两种错误判断,即可能将合格批判断为不合格批，这种判断称为"第一类错误判断"，错判概率为 α，这一风险由生产者承担；而也可能将不合格批判断为合格批，这种判断称为"第二类错误判断"，错判概率为 β，这一风险由消费者承担。无论生产者或消费者都希望减少自己的风险，这便是抽样检验方案设计的目的所在。

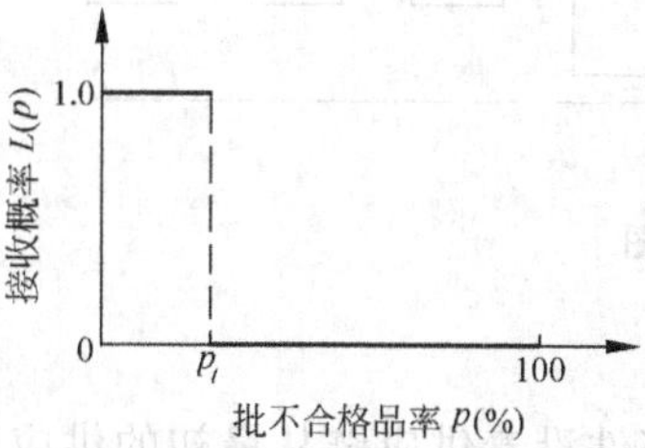

图 7-32　理想抽查方案的 OC 曲线

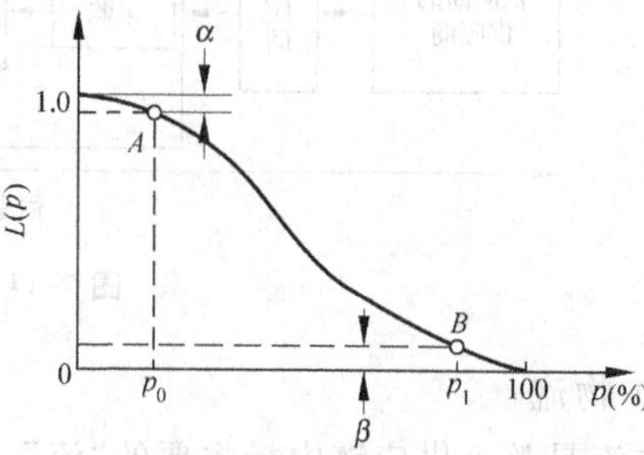

图 7-33　实际抽查方案 OC 曲线

第五节　供应链管理

一、供应链管理的内涵

随着企业间竞争程度加剧，企业面临着来自各方更多的压力。首先，来自成本方面的压力。为了更好地满足顾客的需求，企业不仅要提高产品或服务的质量，更要尽可能地压低成本，提供具有"性价比"高的产品或服务。这就要求企业要运用更加精细的生产方法，同时在原材料购买和物流配送环节都要更加关注，以节约成本；其次，来自产品研发的压力。由于市场竞争激烈，为了抢占市场，企业不得不缩短产品的开发周期、生产周期以及上市周期。这就给企业在采购、开发、加工直至配送等整个供应链上的环节都带来了巨大的挑战；还有来自企业构筑"核心能力"的压力。为了突出自己独特的核心能力来加强竞争力，越来越多的企业选择把非核心的业务进行外包，这意味着企业的整个供应链变长，也给企业带来了更多的管理压力。

基于上述压力，企业管理者认识到，要想取得竞争优势仅靠单打独斗已不能适应新的竞争环境，正是由于这些原因，企业开始探讨如何发展跨企业的供应链管理，从而使供应链管理思想理论和方法获得了急速发展。下面我们将对供应链的概念和内涵进行阐述和分析。

"供应链"(supply chain)，是指由原材料零部件供应商、制造商、批发经销商、仓库、配送中心、渠道商和零售商等构成的物流网络。如图 7-34 所示，原材料零部件依次通过整条"链"中的每个部分，逐渐变成产品，最终交到客户手中，这一系列的活动就构成了一个完整的供应链的全部活动。需要注意的是，同一企业可能构成这个网络的不同组成节点，但更多的情况下是由不同的企业构成网络中的不同节点。在分工愈细，专业要求愈高的供应链中，不同节点基本上都是由不同的企业组成。在供应链各成员单位间流动的原材料、在制品库存和产成品等就构成了供应链上的货物流。

在图 7-34 中我们看到在一条完整的供应链中存在的三种"流"：物流、信息流和资金流，它们是供应链管理的主要对象。

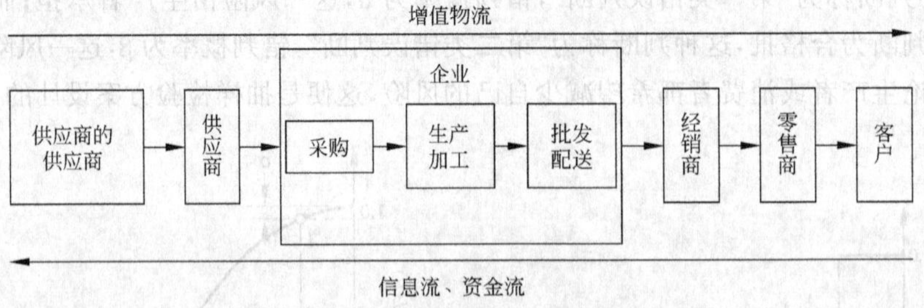

图 7-34 供应链流程图

1）物流

物流是整个供应链中最主要的“流”。原材料零部件沿着供应链从最初的供应商流动到不同的生产商、装配商,完成整个制造过程,又从生产商流到批发商、零售商,最后到达顾客手中,最终实现其价值。供应链管理关注的是保证物料在恰当的时间流动到恰当的地点,并且保证在流动过程中出现偏差几率最小、流动过程中的成本最低。

2）信息流

对供应链中物流的控制必须依赖于及时、可靠的相关信息。因此,物流与信息流这两者是互相作用、互不可分的。但是,信息流流动的方向大部分是与物流方向相反的,也就是说,物流的管理安排是根据下一环节所反馈的信息来进行的。当然,在供应链上的每一个企业,除了要知道下游客户的需求外,还要知道上游供应商的供应能力。

3）资金流

供应链上资金流不仅是指链上各个企业之间的最直接的款项结算,还包括更加深入的资金上的相互渗透,即在供应链上下游的企业间相互注入资金、投资入股、提供原料、设备等方式的深入合作,达成战略合作伙伴。目前这种供应链中企业的合作模式也备受推崇。

二、供应链管理中的问题及应对方法

1. 供应链管理中的问题

供应链管理会为企业带来竞争优势,但由于其涉及的企业主体数量增加,使得在信息处理、资金流转以及关系协调等环节上都面临着全新的挑战。这也使得高效整合供应链变得更加复杂,因此在日常供应链管理的过程中经常会出现以下问题:

1）局部优化

供应链上的成员缺少全局观,往往会局限于自己有限的知识追求局部利益最大化或直接成本最小化。最直接的反映就体现在企业在下订单时,当市场需求稍有好转企业就会过量补充订货,力争获取最大的销售收入;反之,当出现市场需求下降的时候,因为担心库存过高,大家都会慎重订货。进而导致整体的产品供应波动较大,而这种波动对于企业供应链上的其他环节影响较大。

2）激励

通过供应链的渠道,可以把企业的产品推到客户面前,但是这并不意味着这些产品能够售出,还需要来自于销售激励、数量折扣、配额以及促销等一系列方式来实现销售。否则很容易出现产品滞销，最终供应链中所有的成员都会为此付出高昂的代价。

3）大批量订货

目前企业多采用大批量的方式进行订货，这很难反映出具体的实际销售量，从而给企业的供应链管理带来困难。通常企业倾向于大批量订货，因为这样可以降低单位成本，物流经理也希望大批量运送货物，而生产经理则希望进行长期生产。这两种方法都可以降低单位产品的成本，但是却无法反映实际的销售量。

上述三个常见的问题(局部优化、激励以及大批量订货)都是由于供应链上的信息失真造成的。高效运作的供应系统需要准确地知道真正有多少产品被推入供应链中，但由于失真的信息使得供应链上的波动非常大，引起所谓的“牛鞭效应”。

4）牛鞭效应

指订货信息由零售商传送到批发商、制造商时，会在每一环节逐级放大。牛鞭效应会引起库存、运输、装卸和接收的成本增加，降低顾客服务水平和盈利性。

2. 应对供应链管理问题的方法

既然供应链整合中极易出现上述问题，那么我们就要有针对性的对策和解决方法，可以通过如下十个方面进行改进，以避免出现上述问题，实现有效的供应链管理。

1）准确的“拉动”数据

准确的拉动数据，可通过两方面的共享产生：①销售点(POS)信息，这样供应链上的成员能更有效地计划；②计算机辅助订购系统。这种共享意味着利用销售点系统收集销售数据，然后根据市场因素、当前库存和在途订单调整该数据。最后将净需要量发给对成品库存负责的供应商。

2）缩小订货批量

通过先进的管理减少订货批量。这包括：①开发比整车运输批量更小的经济批量；②根据年订货量而不是一次的订货量来提供价格折扣；③通过长期订购和各种形式的电子采购降低订货费用。

3）单级补货控制

单级补货控制意味着在供应链中专门指派一个成员基于最终用户的拉动来控制和管理库存。该方法消除了信息的扭曲和多层次的预测带来的牛鞭效应。可以通过以下几点实现控制：一个精明的知道需求模式的零售商，例如，沃尔玛这种大型专业超市，其通过电子标签可以清晰地掌握销售情况；一个管理特定分销区域库存的分销商；拥有管理完善的预测、制造和分销系统的制造商。

4）供应商管理库存

供应商管理库存是指使用本地的供应商来为制造商和零售商管理库存。供应商直接将货物送到采购者的生产部门，而不是验收处和仓库。如果供应商为各类顾客维持库存，而这些顾客使用相同的产品或使用的产品差别很小，这样就能够节省费用。

5）延迟

延迟是指在生产过程中尽可能地推迟对产品的修改和定制。例如，在分析了打印机的供应链之后，惠普决定将打印机的电源移出打印机，纳入到电源线中，这样惠普可以将标准样式的打印机运送到世界各地。惠普根据客户不同的需求而配置不同的打印机的电源线、包装和说明书。这种改变使公司可以在需求变化时制造和集中库存少数几种标准样式的打印机。在每个国家只需要加入不同的电源系统和说明书。这种做法降低了整个供应链上的库存风险和投资。

6）渠道组装

渠道组装是指向渠道商发送单独的部件和组件,而不是最终产品。销售商负责组装、测试和运送。渠道组装中将销售商更多地看成是制造商的合作者。该技术适用于产品快速变化的行业,如个人计算机行业,在该策略下,最终产品的库存变少了,因为预测的时间更短更精确。

7）直达货运

直达货运是指供应商直接把产品送达最终顾客,而不是分销商,这样可以节省时间和运输费用。另一个节省费用的方法就是利用专门的包装和标签,并且将标签和条形码贴在集装箱的最佳位置上。货物的最终位置和集装箱中货物的数量也必须合理安排。通过这些管理技术可以大大地节省费用。其中的一些技术可以使分销商和零售商降低损耗(货物丢失、损坏或被盗)和库存维持费用。

例如,戴尔公司就将核心竞争力确定为组装个人计算机,而不是存储外围设备。所以如果你从戴尔订购计算机、打印机或其他部件,计算机虽然来自戴尔,但是打印机和许多其他部件是来自供应商的。

8）总括性订单

总括性订单是指供应商还未履行的订单。一项总括性订单是与供应商签订的购买某货物的合同,它不是发送货物的指令。只有在收到表示同意的凭证时供应商才能发货,这些凭证可能是发货请求书或发货通知。

9）电子订货和资金转账

电子订货和资金转账减少了文件传递。文件传递包括订货单、发货通知、收货单、付款授权书(与验收报告相对应),最后就是签发支票。采购部门可以通过电子订货、假设货物100%合格并验收、收货后电子转账来减少这一系列的文书工作。电子订货不仅减少了文书工作,还缩短了传统的长时间采购过程。

10）电子数据交换

电子数据交换是组织间用于计算机通信的标准数据传输格式。电子数据交换事实上是指所有的商务的应用,包括采购、提供数据传输。例如,在电子数据交换下,采购单中的订购日期、交货日期、数量、零件编号、采购单编号、地址等都被转化为标准的电子数据交换格式。

三、供应链管理策略下的供应商管理

在传统的供应商与客户关系中经常表现出三种态势：竞争性关系、合同性关系(法律性关系)、合作性关系,而且更多时候表现出竞争的关系,是非合作性竞争。而在供应链管理的策略下,强调建立一种战略性的合作伙伴的客户关系,提倡一种双赢的机制。从传统的非合作性竞争走向合作性竞争成为在供应链管理策略下供应商管理的重要标志。那么具体如何来管理双赢的供应关系呢?

1）信息交流与共享机制

信息交流有助于减少投机行为,有助于促进重要生产信息的自由流动。为加强供应商与制造商的信息交流，让供应商更多地参与到企业的日常运行中。包括：供应商更多地参与到企业的有关成本、作业计划、质量控制信息等议题的交流与沟通中，便于保持信息的一致性和准确性；鼓励供应商参与到产品设计阶段，一方面有利于双方沟通，加深双方的合作关系，另一方面也可以帮助企业获得来自供应商在原材料和零部件的性能和功能方面的相关信息；建立合作机制来保证和加强相互交流，例如通过建立联合的任务小组来解决共同关心的问题等。

2）供应商的激励机制

要保持长期的双赢关系，对供应商的激励是非常重要的，没有有效的激励机制，就不可能维持良好的供应关系。在激励机制的设计上，要体现公平、一致的原则。给予供应商价格折扣和柔性合同，以及采用赠送股权等，使供应商和制造商分享成功，同时也使供应商从合作中体会到双赢机制的好处。

3）合理的供应商评价方法和手段

要实施供应商的激励机制，就必须对供应商的业绩进行评价，使供应商不断改进。没有合理的评价方法，就不可能对供应商的合作效果进行评价，将大大挫伤供应商的合作积极性和合作的稳定性。对供应商的评价要抓住主要指标或问题，比如交货质量是否改善了，提前期是否缩短了，交货的准时率是否提高了，等等。通过评价，把结果反馈给供应商，和供应商一起探讨问题产生的根源，并采取相应的措施予以改进。

本章复习题

1. 简述企业生产计划体系框架。

2. 什么是期量标准？简述大批量、连续性生产运作系统、成批轮番生产运作系统以及单件小批生产运作系统的各主要期量标准。

3. 请根据制造资源计划（MRPⅡ）的系统构成框架，举例说明构成MRPⅡ的几个主要子系统。

4. 什么是计算机集成制造系统（CIMS）？组成CIMS的六大分系统各自特有的结构、功能和目标是什么？

5. 简述生产调度的主要公众内容和原则。

6. 举例说明生产运作系统现场管理的“5S活动”原则。

7. 何谓项目的四个“一”特点？简述项目管理的全过程。

8. 请分别从确定型需求库存定量控制法、确定型需求库存定期控制法以及ABC分类控制法三种视角阐述如何进行独立需求库存的管理。

9. 为什么说“准时生产制（just-in-time，JIT）是当今制造业中最理想且最有生命力的新型生产运作系统之一”？JIT是如何实现的？

10. 全面质量管理的基本思想都有哪些？

11. 供应链管理的内涵是什么？如何实现有效的供应链管理？

12. 在供应商与客户之间存在哪些可能的关系？在供应链管理的策略下，你会提倡哪种供应商客户关系，应如何实现？

第三部分

企业技术系统的管理

“我们的时代，正处在新的技术革命的潮流之中，一场世界性的技术‘战争’在默默地进行。这里没有硝烟，没有士兵和将军，在这里决定胜负的是科学家、工程师、现代化工厂、最先进的技术、企业家和经营的战略。高技术将成为‘奴役’技术落后国的最新武器。”对于一个民族、国家都尚且如此，技术对一个企业来说更是性命攸关了。所以企业必须对技术相关环节进行具有针对性的管理。

技术管理的核心内容在探讨与技术有关的管理问题，是一个跨学科的领域，因此在现实的技术系统管理中存在很多困难。技术管理领域可细分为如下四个方面：①主要的技术发展战略，即把握技术发展大的趋势与方向；②技术预测与评估，从企业利益视角出发，在对过去或现在的技术内涵进行总结的同时对未来技术发展进行预测。规避因技术发展给企业带来的危机，并且抓住市场机遇来获取竞争优势；③技术发展与创新，“创新”是一切事物发展的动力，因此，为了谋求国家或是企业的发展，一定要重视技术发展的相关研究以及创新；④技术转移，制定适当的技术转移和规范也是技术管理中的重要议题，以帮助企业防范不当的技术输出的同时寻求最低的技术成本投入。

本部分(第八章)首先对企业技术管理进行综述，介绍企业技术系统管理的相关概念，其中包括科学技术与研究开发、企业技术系统的主要管理任务、企业技术发展策略以及相应的企业研究与开发管理；其次，新技术的开发管理对于企业的发展是非常重要的，因此我们会详细介绍企业对于新技术如何进行开发管理；再次，围绕企业管理现代化议题展开论述。

第八章

企业技术系统的管理

第一节　企业的科学技术及其管理系统

一、科学技术与研究开发

科学、技术、科研、开发，这些词早已家喻户晓，但“科学”与“技术”究竟包含什么意思、有什么区别和联系却常被忽视。所以在探讨企业技术系统的管理之前有必要对它们进行深入的了解。

1. 科学与技术的关系

1）科学与研究

科学是反映客观世界本质和规律的知识体系，它是建立在实践基础上、经过实验研究与逻辑论证的，关于自然、社会和思维中的本质特征、必然联系和运动规律的理性认识。可见，科学作为知识体系是人们认识世界的结果，而研究作为实践环节是人们认识世界的过程，两者是相辅相成、互为因果的。根据研究的目的不同，科研可分为基础性科研与应用性科研，其中前者是为了了解和解释世界，后者则在于探讨新知识应用的可能性。企业的科研活动主要集中于应用性科研，即使是某些基础性研究也有很强的方向性和商业应用背景。

2）技术与开发

技术是生产实践过程中人们掌握的技能和技艺，它是智慧和经验的结晶，开发是指运用科学知识对生产中的基本思想、原理作进一步发展、以获得新的物质形态与生产技能的过程。所以技术与开发也有一个结果与过程、目的与手段的关系，而且开发过程除了形成实用的知识体系与生产技能外，更重要的是它还创造了新的物质财富，这一特点导致了技术开发在企业中所占据的绝对优势，没有哪一种社会团体像企业这样具有开发、创造性，同样也没有哪一种团体像企业这样需要这样的开发、创造性，技术开发是企业保持生命力的源泉。

3）科学研究与技术开发的关系

科学研究与技术开发都有各自广泛的含义，但它们彼此又是相互关联的，如图 8-1 所示。

所以，科学—技术，研究—开发，是两个范畴的概念，一个侧重于对客观世界的认识；一个侧重于对客观世界的改造。由于科学与技术更具有结果的状态含义，而研究与开发更能体现实践的过程，所以，研究与开发（research and development，R&D）更受到企业管理者的重视，一般都将科技管理称为研究与开发管理（R&D 管理）。

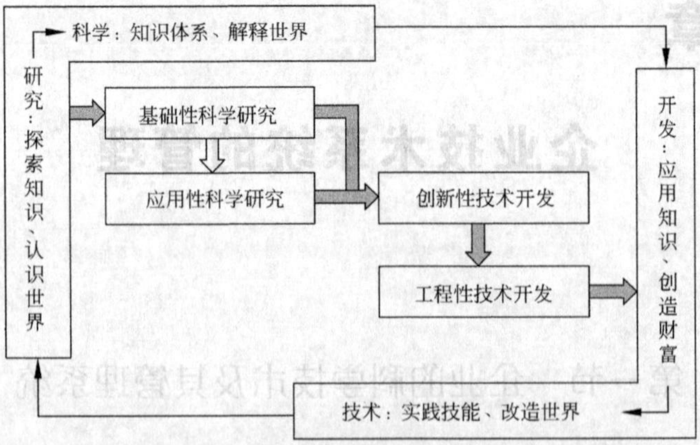

图 8-1 科学研究与技术开发关系

4）技术学

technology 与 technique 的译法都为“技术”，事实上大凡加上了词尾“logy”的都译作了“学”，如 biology 生物学，geology 地质学，anthropology 人类学等，因此按其原意，technology 应该是“技术学”。technology 一词源于希腊文，由字首部分 techno 和词根 logy 组成，前者表示技艺、技巧、技术，后者表示学问、语言、文字，拼接起来作为“技术学”有两层含义：一是说明技术是应用知识获得手段、方法；二是说明技术本身也是一种系统方法和理论体系，因此不仅作为方法的技术需要开发，作为思想、理论的技术本身的学问也需要研究，后者无论在实业界或学术界都被相当大程度地忽视了。技术学在企业中的内涵包括三方面的内容：①对象：产品-经营对象，系统-管理对象，任务-工作对象；②完成对象的方法，涉及工艺、设备、运营、管理等；③对技术本身实践规律的总结，使其成为“学”。这些都是管理者，尤其是技术管理者的任务。

2. 研究与开发(R&D)的目的

按照经济学家熊彼特(1883—1950)的理解，创新是“企业家实行对生产要素的新的组合”，它包括以下五种情况：①引入一种新的产品或提供一种产品的新质量；②采用一种新的生产方法；③开辟一个新的市场；④获得一种原料或半成品的新的供给来源；⑤实行一种新的企业组织形式。因此，“创新”是一个经济概念，而非技术概念，它是指经济上引入某种新东西，与技术上的新发明不是一回事，一种技术新发明只有当它被应用于经济活动、或商品化过程中时，才成为“创新”。企业作为一个经济单位，其 R&D 活动并不单纯只是为了发明，更重要的是为了实现其商业或经济价值，因此，R&D 的目的是为了实现创新。

创新不仅在微观层次上意味着以上五个方面的新发展而使企业获得更强的生命力，而且熊彼特还认为社会经济的发展也是靠企业创新实现的，创新打破了静态均衡，促进了经济的发展，而创新活动的倡导者与实施者是企业家(entrepreneur)，因此，要实现企业创新，管理者与企业家一样也要敢于冒风险，这不单纯是市场、投资的风险，而是把一种新的东西引入经济过程之中，打破原有的、习惯了的模式，实现对自身的否定、创新与突破。

企业创新是一个过程，如表 8-1 所示是由决策、开发、实施三阶段构成的。创新过程的启动动力来自于几个方面：市场需求拉动、技术发明推动、竞争压力迫使、政府驱动与业主创新偏好，其中导致最终创新效果最佳、竞争优势最强的当属技术推动型的企业创新。

表 8-1　技术创新过程的阶段构成

创新阶段	主阶段	一、发现/决策阶段		二、准备/开发阶段		三、实现阶段	
	子阶段	1. 创新构思	2. 开发/采用决策	3. 准备	4. 试验开发	5. 规模投入	6. 实现与扩散
主要内容		• 市场或技术机会发现	• 构思系统化 • 创新方案评估 • 创新开发或模仿采用决策	• 工程性分解 • 投入准备 • 组织调整创新分工	• 小规模投入 • 试验性市场开发 • 反馈调整	• 大规模投入 • 创新活动全面展开 组织结构深入	• 生产规模形成 • 市场实现 • 新生产体系形成 • 创新扩散
主要目标		• 寻求更多机会，形成多种创新构思	• 正确评估与果断决策	• 工程性可靠分解与充分准备	• 新问题的尽早发现与调整	• 规模投入优化 组织变动顺利	• 较高实现效益 新生产体系尽早稳定形成
主要决策问题		• 如何有效地搜集信息与激发创造思维	• 创新与否及其基本类型选择	• 投入量与可供量的匹配	• 试验规模及其继续或中止	• 实际投入方式与组织协调	• 评价标准，评价结论及扩散与否
阶段行为主要特征		• 搜集与创造	• 风险决策	• 分工准备	• 反馈调整	• 优化投入与配套管理	• 规模实现与稳定完善

因此，无论从创新过程、动力机制、创新绩效，还是创新的涉及面、要求的突破、革新性质，企业的 R&D 职能都应视为企业创新的最关键环节，尽管不能说 R&D 就是创新过程，但没有 R&D 企业创新是无法实现的。像创新过程渗透于企业经营与管理的各项工作之中，R&D 从广义上理解也不仅仅只是对产品和工艺的研究与开发，企业 R&D 工作也应贯穿于全部业务及其管理之中，以 R&D 带动企业各项工作的创新、进步、发展。

二、企业技术系统的主要管理任务

基于上述对技术、创新、R&D 的理解，企业的技术系统可分为狭义和广义两种，狭义的技术系统如同目前企业的技术部门，主要任务只是负责产品的开发、技术的进步以及工程活动的开展。而广义的技术系统应对整个企业的经营对象（产品、服务等）及其全面的经营方法（生产工艺过程、业务工作过程和管理工作过程）进行负责、支持。除此之外，企业技术系统还需要把握自身的规律，制定好自身的发展战略以有效地支持企业的发展需要。

为了完成上述任务，企业技术系统也需要进行管理，如图 8-2 所示，企业的技术管理包括：企业技术策略的制定，企业 R&D 的管理，企业情报系统的建立，其中 R&D 的主要实施对象为：产品开发、生产技术开发和管理技术开发，它基本仍属于狭义技术系统的业务与管理范畴。但作为任何一个部门的管理者都应该清楚地意识到,要使本部门进步、发展,就必须不断地解决问题、寻求创新和突破,这便需要研究与开发,需要应用新的技术、手段、工具和思想。所以,R&D作为业务性工作虽已有其明确的含义,但R&D作为一般过程是可以普遍使用的。另一方面,对于R&D的职能管理者来说,也应重新认识R&D的作用与使命,发挥好技术管理对整个企业经营方面的促进、支持作用。

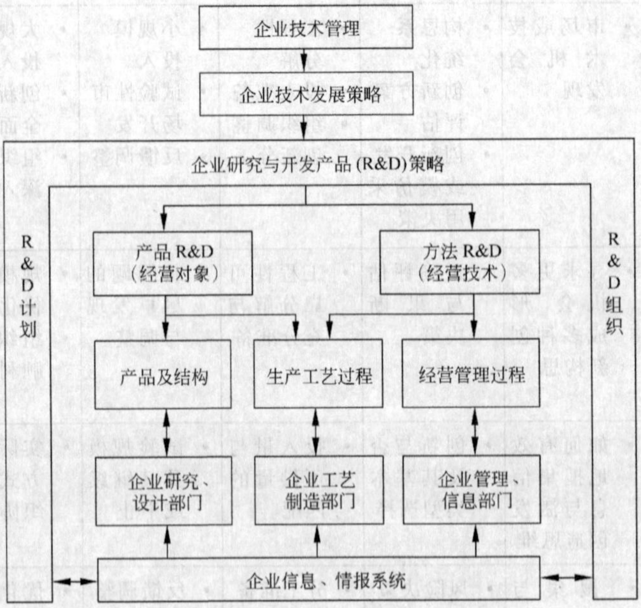

图8-2 企业的技术管理

三、企业技术发展策略

企业的技术发展策略多种多样,并可以从不同的角度加以分类,如果结合企业的竞争特点,其技术战略可分为以下四种典型。

1. 技术领先策略

技术领先策略亦称“领先者”策略,其目的是赶在所有竞争者之前,率先采用新技术并使新产品最早进入市场,争取创名牌产品,获取较大的市场占有率和利润。采用这一策略要求企业实力雄厚,有较强的应用研究与开发的力量,能先发制人,保证技术处于领先地位,但风险也较大。采用技术领先策略,在争取盈利上有两种方式:一是把价格订得较高;二是通过平价政策赢得较大的市场占有率,以便在较长时期内取得盈利,亦即采用“薄利多销”和“细水长流”的方式取得盈利。究竟应采取哪一方式,是确定“领先者”策略中的一个重要决策问题。

2. 紧跟领先者策略

紧跟领先者策略通过迅速模仿领先者的产品技术,在产品生命周期中成长期的初期将新产品投入市场。这种策略需较强的开发能力与工程技术力量。在营销方面,不像“领先者”那样将重点放在激发用户的初始需求,而把重点放在把现有用户吸引过来,同时要善于总结“领先者”所犯错误和经验，从而开发出性能好，可靠性更高和具有先进性的产品。

3. 仿制策略

仿制策略亦称“成本最低化”策略，这种策略通过仿制，以较低的成本，开拓市场。它要求设计与工艺部门在降低成本与费用方面有较强的能力，进入市场的时机一般选择在成长期或稍后一些时间里，这时销售量较大，可以接近经济上最合理的产量规模，并使设备的大量投资可在产品定型化或标准化之后进行。

4. 实用工程策略

实用工程策略亦称部分市场策略，这是一种将工程技术专门用于少数特定需求用户的技术，完全实行一对一地有针对性服务，因此要求有很强的产品开发、工程设计以及制造系统灵活多变的能力。它在整个产品生命周期中的各个阶段都可实施，波特将这种策略称为“集中一点”的竞争策略。

不同的技术策略适用于不同的情况和条件，不同的企业具有不同的优劣势，同时面对不同的环境，因此必须有效地选择以上这些策略。表 8-2 列举了不同技术策略特点与适用情况，以及它们对各职能部门的要求。

四、企业的研究与开发管理

1. 企业的研究与开发策略

企业的研究与开发策略是支持企业技术策略实现的保证，同时它作为研究与开发系统的发展方式、策略选择，又是指导该系统建立与运行的指导思想和纲领性文件。

企业的 R&D 策略也有多种形式，其中包括：①进攻型策略：它与技术领先型策略具有同一含义，目的是保证企业技术领先地位和竞争优势；②防卫型策略：它保证技术的风险性减小，通过低成本产品占领市场；③引进型策略：通过购买“领先者”的研究成果来发展自己的产品与生产过程；④“缝隙”型策略：它与市场集中策略相互支持，通过企业的独特技术和产品发展自己；⑤“人才”型策略：通过不同类型的组织发展形势来扩大和挖掘企业的科技人才队伍，从人员素质与实力这个潜在的竞争力量中获得今后发展的动力。

2. 企业的研究与开发计划

研究与开发工作的意义及其策略的多样性决定了其计划工作的重要性。制订好研究与开发的计划，首先，要有明确的目标，必须紧密结合企业的特点，反映出企业的经营目标及其战略规划；其次，计划要有预见性，对科学技术的发展趋势、市场用户需求以及企业自身的发展有能力把握；再次，研究与开发工作是长期而艰苦的探索过程，其计划与效益往往都是长期的，所以强调各部门的长期协作与配合，同时也需要领导者的长期支持与关心；最后，计划工作需要具有灵活性，它不仅表现在允许研究中失败的产生，而且在时间、预算及考核控制方面也应建立起一套有利于激发科技人员进行创造的工作环境。

研究与开发的工作程序可分为：①目标的确定；②技术策略决策；③研究项目结构的决策；④计划重点的选定；⑤研究与开发资源的分配；⑥项目课题组的建立与控制。从研究与开发计划的计划期长短上又可分为长期规划、年度计划以及课题组计划等。另外根据不同的控制特点和计划涉及范畴，计划也还可再度细分，这完全视企业具体需要而定。

表 8-2 技术策略的特点、适用情况与对职能部门的要求

技术策略＼各项特征	企业的特征	市场的特征	财务方面的特征	研究开发	制造	营销	财务	组织工作	时机选择
领先者策略	• 在技术能力(包括人力、设备等)、营销力量等方面有足够的保证,并且领导重视	• 市场对新产品的需求迫切,促销费用低	• 成本较高,但潜在利润大	需要最先进的研究开发成果	重视试制与小批生产	侧重于激发初始需求	需筹措能用于风险性开拓的资金	强调灵活性,鼓励敢于担风险的精神	早期进入,开创产品生命周期
紧随领先者策略	• 科研能力一般,但开发工程能力很强 • 有灵活的组织能力与非常敏捷的反应	• 市场容量大,非领先进入市场的企业所能独占	• 成本相当高,但比领先者的成本低很多	需要灵活的、反应快的研究开发能力	需要有建立中等生产规模的能力	能进行多种经营,激发起第二次要求	能迅速筹措到大量资金	能将灵活性与高效率相结合	在成长期的早期进入
仿制策略	• 研究力量很少,或几乎没有,有一定的开发力量 • 非常擅长于低成本生产 • 研究开发费用低	• 进入市场时,有能力在价格上进行竞争	• 低成本和薄利 • 在短期内仍可获取较大利润	需要有工艺开发与降低成本的能力	需要高效率与自动化的大量生产能力,足以降低成本	能使销售与分配费用降到最低	需筹措大笔资金	强调高效率与分级控制	在成长期的后期或成熟期初期进入
实用工程策略	• 擅长生产热门产品 • 有良好的开发与组装能力 • 营销部门与研究开发部门配合好	• 现有产品仍有市场,但已为竞争者的改进产品所威胁 • 在技术-市场方面无重大突破	• 研究开发费用不大,但有时销售费支出大、利润低,但相当长时间内销售量很大 • 有时可借助于改进工艺取得较高利润	需要有工程应用能力,迎合用户要求的能力,与设计新的先进产品的能力	需具备中-短期生产的灵活性	能分辨出并找出有利的市场面	需筹措一定数量的资金	能适应不同用户要求的灵活性与管理	在成长期进入

3. 企业的研究与开发组织

企业中研究与开发的组织是一项十分复杂的工作，需要有关方面的密切配合，所以通常是以项目课题组的形式来完成任务，这种项目组织不仅内部具有复杂的管理活动，而且它与企业职能部门所构成的矩阵关系也成为了新的组织问题。

(1) 项目组织：建立项目组织是为了实现特殊要求的任务，如严格的工期、预算，需密切配合的各种人员及活动等。项目组织的有效性在很大程度上取决于项目负责人的素质高低。由于项目工作与职能部门工作的内容差异甚大，项目负责人在计划、组织、信号沟通、任务协调、人员激励与项目控制等方面也需具有特殊的能力。

(2) 矩阵组织：项目组织与企业部门组织的关系构成了矩阵组织的管理问题，由于矩阵组织的每个节点都是从属于以上两套组织系统的专业人员，所以矩阵组织的主要矛盾是处理好人员管理问题，保证他们在两个系统中发挥出有效的作用。

4. 企业研究与开发的控制

研究与开发的控制除了对于项目时间、预算、质量、组织及效率的控制外，更主要的是对于从事这项工作的人员的控制问题。由于他们从事的是一种创造性的特殊工作，控制与领导方式应主要采用一种松散的、指导性的以及学术民主型的方式来鼓励争鸣、启发思想和活跃研究气氛。

总之，在企业的研究与开发管理中，对于人员的管理是一个特殊的方面，需要企业管理者给予充分的重视。

第二节　企业新技术的开发管理

每当提到技术便很容易形象地联想到机器、设备、工具，实际上技术的含义远比它们要广泛得多，即使是企业中的生产技术，它也绝非仅由机器所组成，而是包括了产品的生产工艺技术和企业的生产工艺设备两大方面，而且它们各自都还具有丰富的实际内涵。

一、生产技术的含义

1. 产品的生产工艺技术及其影响

产品的生产工艺技术主要是指生产产品的方法，其中包括加工路线、方法、诀窍、工艺参数和质量标准等。产品的工艺本身虽不是生产运作系统的直接构成要素，但由于生产运作系统结构的最基本功能需要首先体现产品的工艺要求和变化需要。因此产品工艺的过程信息、变化信息和质量信息都要全部表达在生产运作系统的结构之上，从而产生了对生产运作系统在工艺设备、物流路径、工艺连接性、稳定性和变化特点等方面的强烈影响。而这种影响的强度能够从产品-工艺矩阵中生产类型的变化规律得以发现，随着产品生产工艺的稳定与单一化，系统结构逐渐向对角线右下角转移，系统内的连接刚性、物流连续性、加工路径稳定性均有提高，如图 5-3 所示。由此可见，产品的生产工艺技术主要是通过工艺的稳定性以及工艺间的兼容性更直接地作用于生产运作系统内各子功能模块间的连接性上。于是，凡工艺稳定、工艺间兼容性好的系统，其内部连接性也好，连续性提高、效率改善。这便为系统的构造与调整在内部各子系统的连接关系方面奠定了决策分析的基础。

2. 企业的生产工艺设备及其影响

生产工艺设备是直接构成生产运作系统的硬件要素，它比生产工艺技术要更直接地影响系统的结构特点。从产品-工艺、矩阵中可以看出：不同的生产类型与不同的生产设备之间有一种十分明显的对应关系：在单件订货型系统中（实际上也包括了项目型系统，因为从订货角度分析其区别仅在于产品规模的大小，但即使如此，两类系统在通用设备的移动性上也有不同的要求），使用的都是通用性生产设备；多品种中小批量型系统虽多数也为通用设备，但不仅专用设备的比例明显增高，而且通用设备上的产品专用工装、刀、卡量模具也成为构造其硬件的一大特征；而到了大量流水型系统，则多数或全部都为产品专用的设备或组成的生产线了。值得注意的是，在经典的六种生产类型中，各类型的系统都有标志其类型特征的生产设备，但总的来说，传统上仍只把工艺设备分为工艺通用性的和产品专用性的两种，各生产类型之间的差异因此也仅体现在通用性的比例或专用化的程度方面。这种对生产设备的划分方式以及所形成的单纯对应关系，为生产类型明确化之后的设备决策与调整带来了很多方便，但也使人们的选择受到了限制。整个工业化时代人们实际上就是按照这种模式选择生产技术的。

然而遗憾的是，经典生产类型所揭示的通用/专用设备之间的这种关系，随着科学技术的发展和竞争要求的提高，被一系列新的综合性生产设备的出现所搅乱，使得生产类型与生产设备之间本来很清晰、明确的关系变得十分复杂，决策也因此显得困难重重。

二、高级制造技术

现在企业领导者的一个突出感受是：技术改造/设备更新中的系统选择性太大了，而决策的原则又变得越来越模糊。与此同时，引进或开发一个现代化生产运作系统的造价又极为昂贵，因此导致了投资决策风险的剧增。在这种情况下，了解现代生产技术的特性，尤其是其内含要素与关系，对于正确进行技改决策和有效调整生产运作系统都是十分重要和迫切的。

现在人们一般用高级制造技术（advanced manufacturing technology，AMT）来概括由于电子和计算机技术的应用而给传统制造技术带来的种种变化与新型系统。所以AMT也是现代信息技术与制造技术相结合所产生的各种设备、技术、系统的总称。按照Zeleny在1986年给现代技术所下的定义，AMT也是由三个部分构成的，即AMT的硬件、软件和脑件（brainware）部分，它们在不同的层次起着构成、运行和决策的作用。

1. AMT的硬件组成

计算机辅助制造（CAM）是AMT硬件的核心部分，它是利用计算机直接进行制造工艺的操作、控制与监理，它具体包括：NC、CNC、DNC、Robot、CPM/CPC、MV、AGV和AMH等由设备为主体构成的高级制造技术，其各自的含义与特点见表8-3的详细解释。AMT的硬件构成完成了现代制造技术中工艺加工、物料输送、过程监控的功能，形成了自动化工作站的基本单位。

表 8-3 现代制造技术中的硬件组成

NC	numerical control machine 数控机床：利用数字形式将加工工艺信息记录在穿孔带或卡或磁盘上，由记数机依次将代码送入计算机并转化成电脉冲控制工作机床。
CNC	computerised numerical control 计算机数控：用一台微型或小型机通过程序软件对单台机床的二行进行控制。CNC 提高了 NC 的适应性，改善了 NC 硬件的维修困难。
DNC	direct numerical control 直接数控(群控)：用一台中心计算机对多台机床进行控制。DNC 完成的仅是对多台机床的分别控制，并未对机床间的协调配合进行计划与调度。
Robot	机器人：是对可编程控制的多功能机器的总称，它可以在工作中代替人工完成各种各样的工艺操作。
CPM/CPC	computer process monitoring and computer process control 计算机工艺过程监视/控制器：通过对生产工艺过程信息的采集，实现对工艺过程的控制与调整。
MV	machine vision 机器视觉(技术)：计算机化的视觉系统，可对制造过程进行检查，状态识别、尺寸测量、动态追踪、寻找以及定位控制等。
AGV	automated guide vehical 自动运货小车：受中心计算机控制的输料运送系统，由于它自备有运动动力和视觉系统，因此比传统的物料传送带或线更具灵活性。
AMH	automated materials handling 自动物料指挥系统：利用计算机对生产过程中的原材料，在制品与产成品库进行全面控制，包括运送、储存、盘点、补充等。

2. AMT 的软件组成

它主要由支持制造系统运行的功能部分所组成，其中包括：CAD/CAE、CAPP、MRP、MPS、Sequencing、MRPⅡ等，它们相对于 CAM 而言都是具有信息软件的特点，而且在不同程度上直接参与着生产运作系统的运行，并在其中担当着指挥、控制、协调、调度等方面的作用。AMT 的软件形成了现代制造系统的连接、支持性系统，它们与 AMT 的硬件组成将构成 AMT 系统。AMT 的软件组成要素含义详见表 8-4 中的说明。

表 8-4 AMT 的软件组成

CAD	computer aided design 计算机辅助设计，利用计算机进行产品零件、结构设计，并且能够优化这种设计。
CAE	computer aided engineering 计算机辅助工程：利用计算机对产品或零件进行设计的试验。
CAPP	computer aided process planning 计算机辅助工艺设计：利用计算机对产品的生产工艺及各个零件的加工艺提出合理的工艺计划(工艺方案)。
MRP	material requirement planning 物料需求计划：利用计算机，按照产品的零件目录(BOM)和生产计划，制订出生产该种产品需要的物资计划(具体内容详见第七章)。
MPS	master production scheduling 主生产计划：企业中长期的产品及其部件生产计划(详见第七章)。
Sequencing	生产作业排序：在车间层确定不同工件在加工设备上的加工顺序，以期达到优化的目标(详见第七章)。
MRPⅡ	manufacturing resources planning 制造资源计划：利用计算机进行生产任务与资源的最合理调配(详见第七章)。

3. AMT 的集成系统

图 8-3 从机械制造与电子信息两维表示了 AMT 软、硬件之间的关系，同时也在三个

层次上展示了 AMT 的三种集成系统，即 MC：加工中心或制造单元；FMS：柔性制造系统；CIMS：计算机集成制造系统。所谓的加工中心，它实现了工作站一级的制造自动化，能够在多功能 CNC 机床、CPM/CPC 和微机的支持下实现多工序的连续作业，完成某一类零件的主要加工任务；而柔性制造系统则是由若干个加工中心所组成，其间有机器人或自动送货小车加以连接，完成不同工种、多工序的连续作业，可实现对零件全部或绝大部分工序的边加工边运输，且无须工人看管；而到了计算机集成制造系统这一级后，它主要致力于全部工厂业务的计算机化，从产品设计、绘画、工艺设计到制造，以及通过 MRP Ⅱ 完成生产与市场、库存、财务、质量、设备等各方面的统筹、协调，使整个工厂、甚至全部企业的管理都能够得到计算机的支持。AMT 之所以要逐步向集成系统发展，主要是因为 AMT 本身具有这样的特点：局部的技术突破或高技术的应用往往只能形成自动化的孤岛，而这种孤岛对系统整体的产出贡献往往又是微不足道的，但同时该孤岛的造价却比其他可替代设备高出很多，因此会产生巨大的浪费和不经济。所以 AMT 从自身的发展规律上看，它需要通过集成实现整个系统的重新构造，形成与经典生产类型截然不同的一种全新功能结构。但值得注意的是，CIMS 既是一种结构，又是一种战略思想，任何一个企业实际上都极难实现瞬间的一步集成；而 CIMS 正是考虑到了这种特点，承认了分步实施由孤岛变为系统的客观性，并据此合理地安排发展。在这种思想的指导下，如何具体使用 AMT 变成为了决策的关键，而这便是 AMT 脑件部分的核心所在。

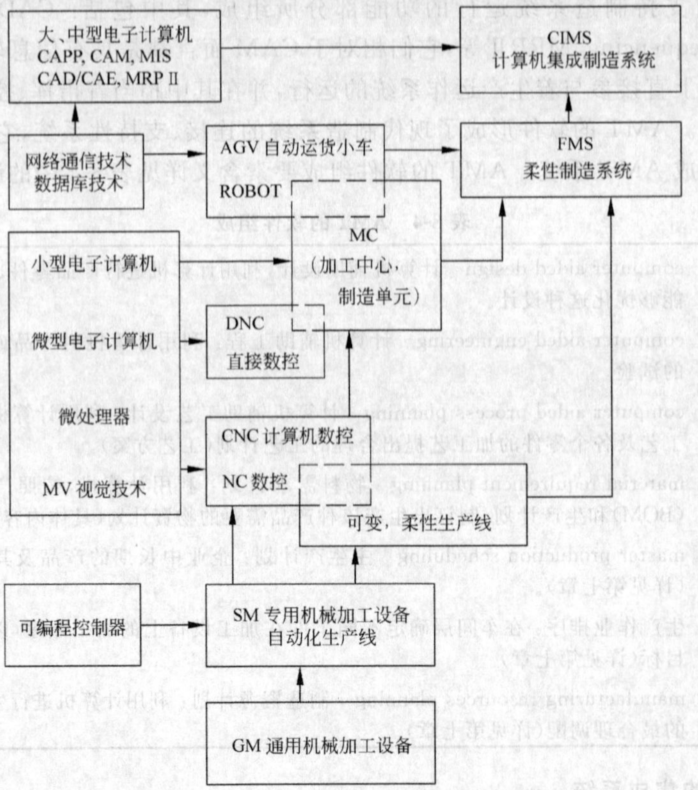

图 8-3　AMT 的硬件与软件组成关系

三、生产技术的选择

面对 AMT 的各种选择，究竟以什么原则作为生产技术决策的依据，这在我国工业现代化的进程中尤为重要。企业生产技术决策应该以实现系统的有效性作为前提，如果违背这一原则，就会重蹈当年福特式高效率系统的覆辙，再高、新、尖的技术也难免失败的命运。

1. 生产类型与生产技术之间的关系

要掌握高级制造技术对生产运作系统有效性的贡献特点，就必须了解这些生产技术与经典生产类型之间的关系。在 AMT 的硬件构成要素中，有的处于设备层次，有的位于工作站层次，有的属于综合性的集成系统，它们对经典的生产类型的影响会有所不同，有的可能只在原有的类型中发挥生产设备的作用；有的可能位于不同经典类型的过渡交界处，形成兼有优势；而有的则可能突破经典系统类型，在结构与功能方面形成自身全新的特色。图 8-4 在原有产品-工艺矩阵的基础上总结了 AMT 中主要制造硬件技术与经典生产类型之间的关系，从中可以看出大部分 AMT 硬件都使传统的生产类型在不丧失其原有应变能力的基础上效率得以提高；而柔性制造系统和以它为基础的 CIMS，已经远远偏离了 PPM 对角线，在传统上认为会产生巨大效率损失而需避免的区域内扎下了根，显然这是 AMT 给生产运作系统带来的又一新的生产类型，它打破了 PPM 的对角线规则，而且由于其新的结构特点，在很大程度上消除了功能悖论关系所形成的内部制约。

2. 适用技术与生产技术选择

尽管现代科技日新月异，但不可否认在生产运作管理领域中对生产技术的研究和管理仍是最薄弱的环节。图 8-4 虽总结了生产类型与各类典型生产技术的关系，但仍十分粗糙，且未涉及 AMT 的软件部分，因此有待于进一步研究和总结。生产技术选择中的不

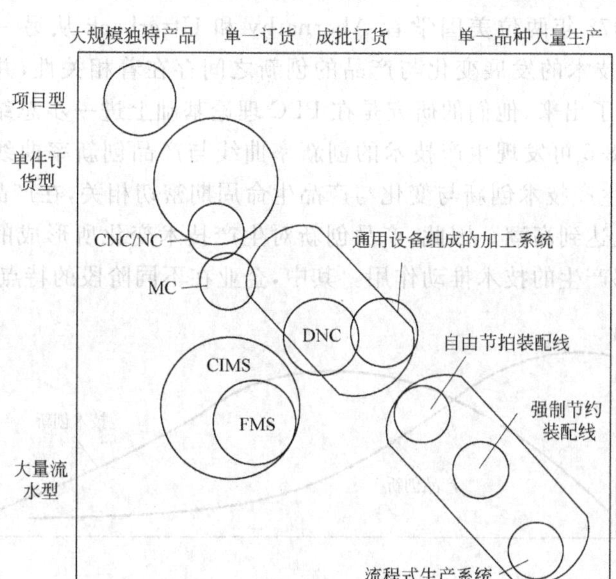

图 8-4 生产技术与产品创新相关性

明确性与非程序化，除了是由于人们对它的研究不够或难以跟上其发展、变化之外，生产技术自身复杂性的提高也是重要的原因。传统的生产技术都主要以硬件为主，而现代的生产技术除了硬件复杂外，软件部分大有超过硬件、扮演主要角色的趋势，尤其是AMT中的软件会在应用过程中触及生产运作系统非结构化要素中的人员、组织、管理模式等，甚至影响到企业文化特点、基本价值观取向等深层问题，使其决策更加困难、模糊。

在这种情况下从适用技术的角度出发，选择最容易使生产运作系统发挥有效性的生产技术是决策的正确思路。所谓适用技术(appropriate technology)具有双重含义，其一是符合需要、保证有效；其二是一种适用性或可行性，比如某种技术适合于中国企业的文化特点、人的素质。如果仅从技术的有效性出发，始终强调人服从于技术，这在当今的环境下是很难奏效的，这主要是因为人的需求发生了改变，技术与人和社会的相互制约、影响得到了强化，人服务于技术的程度下降，取而代之的是技术本身要更加适合应用这种技术的环境。因此在保证了生产技术有效性之后，选择最适合于环境要素(尤其是人)特征的适用技术是使系统有效性最易发挥的关键。

3. 对生产技术变化的驾驭、AMT与生产类型的关系

生产技术和适用技术的选择原则，都只是解决了从现有技术中进行有效技术选择的问题，并没有告知生产技术在今后将如何发展。人无远虑，必有近忧。在不能把握未来发展规律的情况下，要进行很好的决策的确困难，这便提出了对生产技术变化进行更加深入探讨的课题，究竟生产技术变化的原动力何在、规律如何?

从AMT各种技术的发展进程和图8-3揭示的内在联系中可以发现，生产技术受高新技术的推动、尤其是计算机与集成技术的影响十分明显。然而这种外部的推进似乎更多是在生产技术发展的条件和选择性上创造了基础，而它究竟何时被采用且发挥作用却需进一步探寻。1978年两位美国学者Abernathy和Utterback从另一角度提出了他们的观点，认为生产技术的发展变化与产品的创新之间存在着相关性，并把这种相关性用图8-4的形式描绘了出来。他们的研究是在PLC理论基础上进一步总结了生产技术的生命周期特性，由图8-5可发现生产技术的创新率曲线与产品创新率曲线存在着一阶导数的对应关系，说明生产技术创新与变化与产品生命周期密切相关，在产品创新变化剧烈时期生产技术创新也达到高潮。因此，产品创新对生产技术变化所形成的需求拉动可能要大于生产技术内部产生的技术推动作用。其中，企业在不同阶段的特点见表8-5。

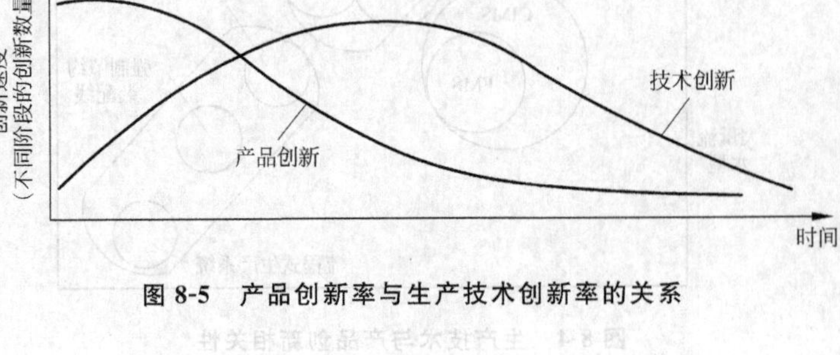

图8-5　产品创新率与生产技术创新率的关系

表 8-5　企业在不同阶段的特点

阶段 特性	不确定阶段（模式）	过渡阶段（模式）	确定阶段（模式）
• 企业竞争的焦点：	• 产品的功能表现	• 产品的变化（功能的选择性）	• 产品成本的降低
• 激发创新的源泉：	• 用户对需要功能的信息 • 用户提供的技术支持	• 通过自己的技术能力的增强来创造创新机会	• 降低成本和改善品质所形成的压力
• 创新的主要形式：	• 产品方面经常有重大的改变	• 由于要求提高产量，导致对主要生产过程及技术的改变	• 随着生产率提高和品质改善产品与生产过程逐渐改变
• 产品系列：	• 多种多样的，经常变化，有时也包括用户的设计	• 系列中至少有一种产品相对稳定具有相当大的产量规模	• 绝大部分都属于无差异的标准化产品
• 生产工艺过程：	• 柔性强但缺乏效率容易接受重大变化	• 趋向于刚性结构，在关键工序上能够产生一些变化	• 高效率，资本密集，刚性，变化所需的成本很高
• 生产工艺设备：	• 通用性设备，需要高技能的工人	• 某些工序出现自动化，形成所谓的自动化孤岛	• 专用性设备，绝大多数工序都已自动化，人工多为监控
• 生产物料：	• 物料要求具有通用性，常取决于可得到的品种	• 与一些原料供应商签订特殊物料及其供应协议	• 专用物料成为生产关键，如不易解决，则向后寻求一体化
• 工厂的特点：	• 小型规模，靠近用户或技术来源地	• 通用性工厂，有某些特殊的生产功能部门	• 大规模，对某种产品有针对性很强的生产运作系统
• 组织与控制：	• 非正规化，家庭型或创业型	• 通过联络关系沟通项目与职能组织	• 具有严谨的组织结构，通过目标、规则、责任制完成控制

第三节　企业管理现代化的基本内容

企业管理现代化是企业管理者群体以现代管理思想为指导，建立起现代的组织机构，用现代管理方法和手段有效地协调企业系统的各要素，更好的达到企业目标——向社会提供适应需要的先进产品，从而使管理科学化、民主化、高效化的过程。企业管理现代化是一个动态的、发展的概念，而不是指某种特定的具体的管理形式。企业管理现代化包括企业管理思想现代化、企业组织结构现代化、企业管理人才现代化、企业管理方法和手段现代化、企业管理产品服务现代化。

一、企业管理思想现代化

随着社会生产和科学技术的进步，人们对客观规律的认识不断深化，管理思想也随之更新。其中包括根据社会主义市场经济规律的要求，对企业生产的目的、经营机制的进一步认识,树立以需求为导向、以竞争制胜为标准的企业经营意识;对管理规律的认识加深,树立企业内部协调一致的正常运营方式;调整产权关系和利益机制,逐步建立起现代企业制度。简而言之,是要借鉴现代的管理思想与公司管理制度,解放思想,为企业的真正发展、国家经济的真实繁荣而努力探索新路。管理思想现代化的进程中,也要特别注意"拿来主义"倾向,因为思想意识必须要符合客观实际,单纯追求"思潮"的现代化是实现不了"结果"的现代化的。

二、企业组织结构现代化

企业的组织结构是指构成企业的各子系统,各要素及其相互关系。具体来说,则是指企业中各部门的构成、职责和权力的相互关系的总和。企业的组织结构对企业的活动和性能有着很大的影响,从某种程度上决定着企业的活动效果和企业组织目标的实现。

现代企业组织结构应具有下列特点。

1. 组织结构的弹性与适应性

适应外部环境是组织生存和发展的重要条件。为了适应日趋激烈的企业外部竞争环境要求企业组织结构具有弹性。所谓弹性是指企业组织结构必须能适应外部环境的不断变化,即具备对外界环境的敏感性和适应性。

2. 强化系统的边界面

系统的边界面即系统之间的共同界面,它在系统的相互联系和影响中起着非常重要的作用。企业组织系统的边界面是指企业组织与外界环境发生物质、能量和信息交流的组织与部门。

3. 企业组织结构的多样化,综合化

传统的企业组织结构有五种主要形式,即直线——职能结构,事业部结构,模拟分权结构,矩阵结构以及各种形式的委员会组织。现代组织结构的发展,已经和正在走出单一结构,趋向于各种组织结构的综合化和灵活运用,即根据本企业的具体情况和特点,在一个组织内部综合利用各种结构形成多样化的组织结构。

单一的组织结构往往存在着自身的缺陷,在竞争日趋激烈的商品经济下,不能很好地适应外界环境的变化。多样化的综合的组织结构则能吸取各种结构形式的长处,根据本企业的具体情况发挥其综合效能。如现代组织结构的一种典型形式,所谓的"倒置酒杯型"结构,就综合了直线——职能形式和委员会的组织形式。它的主要特点是"两头大,中间小",即强化上面的决策层和下面的作业层。强化决策层是为了实施集体决策、集中指挥和统一经营;强化作业层是为了加强现场作业管理、综合管理、提高作业效率,把经营方针真正落在实处;同时弱化中间层的职能机构,减少扯皮,提高效率,在这个基础上根据需要成立各种委员会,委员会可根据具体情况处理管理中出现的问题。"倒置酒杯型"结构吸取了直线——职能结构、委员会制、矩阵结构的优点,克服其缺点,取得了较好的效果。

三、企业管理人才现代化

日本著名企业家松下幸之助认为"松下电器公司必须调整方向,把重点转移到培养人才方面来。出产品是重要的,但是为了出产品需要作些什么呢? 这就需要人,并且是有正

确思想方法的人。这样，为了出产品，首先就要在怎样培养人才的问题上动脑筋，我相信这样做了以后，我们的理想必实现”。

合理的现代企业人才系统应包括三部分：一是擅长经营和管理，具有战略头脑和现代管理思想的企业管理人才集体；二是具备开发创新能力的科技人才群体；三是训练有素，通力合作的职工队伍。形成企业现代化人才系统的关键是提高人才的基本素质，保证人才的流动与更新并使其比例结构合理。

1. 建设现代管理人才集体

现代管理人才集体的发展趋势主要有两方面：一是通过有效的人才组合，健全企业高层决策人才的合理的智力结构，形成整体决策优势，实施集体决策；二是建立“智囊团”和各种咨询机构，为企业决策提供参考意见和科学根据。“智囊团”又称“思想库”，是一种提供各种智慧、贡献思想成果的特殊“软科学”咨询机构。发达国家的大企业都十分重视网罗人才，组织自己的智囊团。

2. 提高职工队伍的全员素质

现代企业经营决策的实施最终将落实于基层和现场。基层和现场是企业一切活动的落脚点。所以建设一支具有较高的素质，适应现代管理要求的职工队伍是企业管理现代化至关重要的环节，现代管理正逐步向全面管理、全员管理方向发展，这就对企业的职工队伍提出了更高的要求。

3. 推行人才的流动与更新

现代企业人才系统的主要特性之一是流动性。马克思在《资本论》中写道：“大工业的本性决定了劳动的交换、职能的更动和工人的全面流动性。”现代企业人才的内外流动，大大解放了劳动力，显示出巨大的优越性。第一，流动使人尽其才。人的各式各样的才能只有通过社会实践才能显现出来，只有通过广泛流动，人才在各种社会活动的实践中，才能真正找到充分发挥自己聪明才智的岗位；同时社会各岗位才能找到自身适合的人才。第二，流动易于形成“杂交”优势，不同地区、不同部门、不同专业的人才汇集在一起，融合了各自的文化传统、科学知识和思想方法，取长补短、互相启迪，从而产生新的知识、文化和传统，形成新的优势。第三，人才流动有利于人才的更新，形成合理的智力结构。第四，人才流动带来了人才的竞争机制，既促使个人提高自身的素质也促使企业领导对人才的重视。当然，人才的流动绝不是毫无限制的自由流动，而是指一定政策引导下的合理流动。人才合理流动是建立现代企业人才系统的迫切要求和关键所在。

4. 大力开展继续教育

对企业人才实施继续教育即终生教育，不断给人才注入新的知识和技能，这是现代企业人才系统建设的又一方面。当今时代是“知识爆炸”的时代，各种新知识以几何级数不断增长。随着人类物质生活和精神生活水平的不断提高，只有不断提高产品质量和开发新产品才能拥有市场和用户，在激烈的竞争中立于不败之地。这就要求现代企业的人才群体不断用现代科学技术和现代管理知识充实自己。“逆水行舟，不进则退。”如果不重视用新的知识体系进行人才的继续教育，企业必然会停滞不前，最终丧失市场和竞争力，被时代淘汰。现代企业人才系统的继续教育或终身教育，首先必须对企业的高层决策者集体进行各种现代管理和科学知识的教育，企业的高层决策者如果没有对现代管理、现代科技、现代市场和用户的全面的了解和研究,就不可能做到“运筹于帷幄之中,决胜于千里之外”;同样对技术人员、管理人员与广大职工也必须不断进行知识更新,使其掌握先进的科学技术、工艺方法、管理技术以适应现代企业发展的需要。

四、企业管理方法与手段现代化

现代管理方法是科学技术的最新成果在管理上的应用。实现管理方法现代化就是在企业活动中普遍地系统地应用各种现代管理方法。现代管理方法的精髓和本质就是将现代科学技术的最新成果运用于管理。因此,应用现代管理方法也就是结合本企业经营和生产的具体问题学习和运用现代科学技术的最新成果,拓宽其应用范围,提高企业管理的科学性、定量性、系统性和有效性。

现代科学技术的发展为现代管理方法的产生创造了极好的条件。现代科学理论,如系统论、控制论、信息论的诞生对现代管理方法的产生有重大的直接的作用。在现代心理学和社会学指导下,在梅奥的人际关系学说基础上发展起来的行为科学日趋成熟并在管理上得到了广泛的应用;现代管理方法中的QC小组活动、合理化建议活动、全员设备维修、各种参与管理、各种行为激励的方法等,就是在其指导下产生和发展起来的。现代数学的发展使很大一部分现代管理方法得以产生和发展,其中最重要的是运筹学,它的主要分支有线性规划、整数规划、动态规划、排队论、网络技术、决策论、对策论等;现代计算机科学的发展,使复杂的数学计算和数据处理成为可能。由于以上学科的成就现代管理方法才得以发展到现在的水平。所以实现管理方法现代化,绝不是追求形式上的某种具体方法,而是通过将现代科学技术应用于管理,提高管理水平,获取经济效益,才是目的。

管理手段是指人们用以对管理对象施加作用的有效管理工具和管理措施。从完整的意义上来理解,管理手段应包括应用计算机、设备及仪表等“硬手段”以及战略管理、价值观念、企业文化等“软手段”。现代企业管理的发展,克服了传统“重硬轻软”的弱点,强化了“软手段”,特别是以战略经营和企业文化的兴起为标志,从而施行“软硬兼施”的管理方法和手段。随着电子计算机功能的提高和价格的下降,它在企业经营管理中被广泛采用。它不仅用于事务管理,而且用于生产、流通、仓库、信息、产品设计和科研工作,使企业的各个部门的各项管理业务都由计算机进行系统处理并形成企业管理信息系统。近来计算机应用于企业管理又有将生产过程自动控制、计算机辅助设计和计算机辅助制造结合起来,对企业的管理信息和技术信息实行综合的系统的管理趋势。从而促进了企业经营的合理化和高效化。

五、企业产品/服务现代化

致力于推行企业管理现代化、提高管理水平的真正目的是实现企业产品的现代化以获取良好的经济效益。产品现代化是企业管理现代化的综合标志。

1. 现代企业产品的发展趋势

现代企业产品随着人类需求和科学技术水平的提高发生了深刻的变化。它的发展趋势有以下几个方面:①企业产品的技术生命周期缩短,产品更新换代加快;②知识成分在产品价值中的比重大大增加,从采用单一技术向采用复合技术发展;③产品从单一功能向多功能方向发展；④从单一品种向系列品种方向发展；⑤产品从重、厚、长、大向轻、薄、短、小方向发展；⑥从一国产品向世界产品方向发展；⑦产品不仅要满足人们现有的需求，而且要预测和满足人们的新需求，不仅要使用户满意，而且要使用户感到快乐和高兴，即通过产品创造需求，吸引顾客，赢得订货。

2. 实现产品现代化

产品现代化就是生产现代社会所需要的产品。现代产品呈现的特点是产品质量高、技术密集程度高、轻、薄、短、小，综合性能达到世界先进水平，能打入国际市场并具有很强国际竞争力，实现了产品的国际化。

实现产品现代化是现代企业管理的出发点和归宿点。现代管理"以人为中心"，视人类的幸福为企业目标，而企业实现这一目标的根本途径就是生产现代社会所需要的产品即实现产品现代化。建立现代企业组织结构、现代企业人才系统、实施现代管理方法和手段均应为这一目标服务。

六、计算机管理信息系统的开发

管理信息系统（management information system，MIS）是利用计算机的硬件、软件手工规程、分析、计划、控制和决策用的模型及数据库网络，为一个组织的作业、管理和决策职能提供信息支持。管理信息系统是一个集成性的人-机系统，它可以覆盖整个人工管理系统，并支持管理者进行优化和高效率的决策。MIS 同时也是一个演变中的概念，它目前有各种不同的名称，如信息处理系统、信息与决策系统、组织的信息系统、信息系统等，一般都称其为管理信息系统。

管理、信息、系统是三个不同方面的学科。而管理信息系统是一个新的独立学科。其理论取自计算机科学和技术、应用数学和管理理论，形成一个有其特色的边缘学科，其理论体系还在发展之中。在管理信息系统中将要涉及计算机硬件系统和软件系统以及接口技术。硬件系统由数据采集设备、数据传输装置、数据存储设备、数据输出设备以及数据处理设备（CPU）组成。软件系统包括系统软件和应用软件，其中系统软件由语言程序、操作系统、数据库管理系统、服务程序等组成；应用软件有用户编制的软件或商用软件包。将众多硬件和软件连接起来的网络、接口等技术越来越起到重要的作用。并运用数学、管理科学，或称运筹学等技术手段，强调用定量的方法寻找最优策略，解决管理问题。运筹学的分支很多，常用线性规划、整数规划、动态规划、排队论、对策论、决策论、排序、选址、预测、投入产出等模型。有些问题比较复杂，无法用数学表达式描述，采用模拟模型。模拟模型是一种特殊的数学模型，当然，这些模型的求解没有计算机是难以求解的。管理理论的内容非常丰富。在西方，从 20 世纪 20 年代泰勒的科学管理理论到 30 年代的行为科学理论，40 年代的数学管理学派理论，50 年代的计算机管理学派理论，70 年代的系统工程学派理论等一套管理企业的理论。在我国，从古代的管理理论（如《孙子兵法》）到近代具有中国特色的管理理论，这些理论对开发管理信息系统都具有一定的借鉴作用。

1. 管理信息系统的结构

MIS 的基本结构如图 8-6 左图所示是由信息源、信息处理器、信息管理者和信息用户四部分构成的；同样，一个信息系统中包括着很多个这样的基本结构，MIS 的子系统与管理层次结构如图 8-6 右图所示，具有业务特性与管理层次特性。

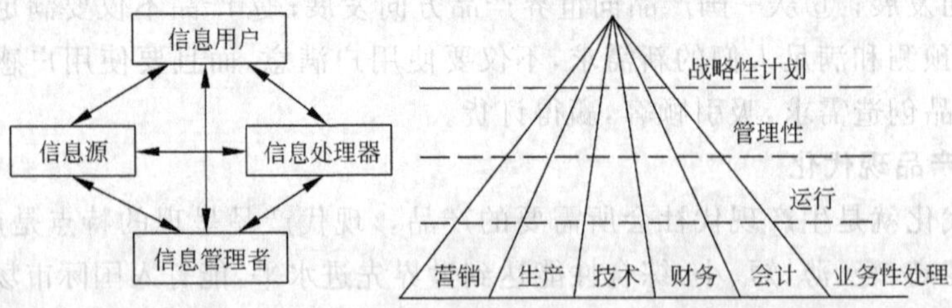

图 8-6　MIS 的基本结构与子系统管理层次结构

MIS 按照其管理目的可以分为四种基本类型或者四种基本模式。

(1) 数据处理系统(data processing system，DPS)主要处理事务数据，生成各种报表。例如：统计系统、工资管理、职员管理以及库存账单、收入账单等。一个 DPS 应包括建立信息采集(如报表制度)、制定数据的编辑与校正规则等。其计算机软件应当包括数据的录入、整理、编辑、组织、存储与应用等基本功能。它主要应用于进行数据的统计汇总、更新、检索以及基本的数据统计分析等方面。这些功能无论在技术上或管理工作中都是最基础性的功能。DPS 是初级的计算机信息系统，又是最基础性的系统，可以说，大多数的信息系统都应当具有数据处理的能力。DPS 的主要特点在于它能减轻人们的劳动强度，节省时间和人力，以达到提高处理的质量和效率的目的，因为它不是为管理决策而建立的，所以很少涉及管理方面的内容。

(2) 事务处理系统(transaction processing system，TPS)的最典型的例子是银行柜台业务系统、飞机订票系统、饭店业务系统等。一个企业或部门所建立的财会管理、销售管理、物资管理、生产运作管理、仓库管理、人事管理、文件管理等事务或业务管理都是 TPS，它具有广泛的发展前景。TPS 的主要特点是：把一个原来已经存在的人工事务处理或业务管理系统计算机化，它不仅可以提高事务处理的效率，而且可以大大提高管理水平，实现许多原来人工事务处理系统无法实现的功能，例如实现银行的异地存取，减少在途资金。实现全球性的联机订票，方便旅客安排工作等。对一个企业或部门来说，TPS 无论对提高企业的事务处理效率或是提高企业的经济效益都是十分有效的。但这类系统的主要工作在业务处理层，并没有涉及部门或企业的全局性系统业务，对于管理控制层与战略计划层的工作很少涉及。

(3) 管理信息系统和 DPS 相比是一类更高级的计算机化信息系统，它是 TPS 的进一步发展。它以一个部门的管理为背景，以其基层事务处理系统为基础，以完成该部门的总体任务为目标，强调了部门中各局部系统间的信息联系，满足了各级领导从事管理的信息需求。其特点是，有一个集中的数据库系统，由计算机网络同数据库连接起来达到信息资源的共享，以提高管理的效率。

(4) 决策支持系统(decision support system，DSS)是 MIS 的一种意义深远的应用，是 MIS 概念的扩展和向更高阶段的发展。其特点是有数据库、模型库、方法库，它们的管理系统通过网络连接起来共享其中资源、有预测和计划、控制以及支持部门高层领导决策的功能。

此外，综合 MIS、DSS 功能，并以办公自动化（office automation，OA）技术为支撑的办公信息系统（automated information system，OIS），其最终目标将可以借助于自动化手段，综合事务、管理、决策于一体，以求信息系统效率、效能和效益的统一，充分发挥系统的潜在能力。

2. 管理信息系统的功能

各种不同的 MIS 除了它特有的一些功能之外都具有信息的收集、存储、处理、传递、提供显示等基本功能。

(1) 信息的收集。根据信息的不同来源，信息可分为原始信息和二次信息。原始信息指在信息发生的当时当地在信息描述的实体上直接取得的信息；二次信息指已被别人加工处理后记录在某种介质上，与所描述的实体在时间空间上分离了的信息。这两种不同来源的信息，收集时在许多方面有不同的要求。原始信息收集的关键是全面完整、及时、准确、科学地把所需要的信息收集起来。二次信息收集的关键是有目的地选取所需要的信息和正确的解释所取得的信息在不同的信息系统之间的含义和指标等。

(2) 信息的组织和存储。信息的组织和存储的目的是处理信息、便于检索。同时为了更有效地利用存储及处理设备，凡涉及信息存储问题时，都需要考虑存储量、存取方式、存储时间、安全保密等问题。

(3) 信息的处理。为了满足对信息的各种需求，系统总需要对已经收集到的信息进行某些加工处理。加工本身可分为数值运算和非数值数据处理两大类，数值运算包括各种算术代数运算，非数值数据处理包括排序、归并、分类及字处理等。

(4) 信息的传递。信息传递是现代化管理的基本要求。信息传递的广义含义是信息在媒介体之间的转移。严格地说所有信息处理都是信息在组织内部的传递，也就是信息在物理位置上的移动。信息传递是通过文字、语言、电码、图像、色彩、光、气味等传递渠道进行的。信息传送方式有单向传送、双向传送、半双向传送（每次传送只能一个方向）、多道传送（一个通道通过多个信号）。随着 MIS 规模的扩大和发展，信息传送任务越来越繁重，显得越来越重要，信息系统的管理者与计划者必须充分考虑需要传送的信息的种类、数量、频率、可靠性要求、传送方式等一系列问题。

(5) 信息的提供。信息处理的目的是为了进一步解释其性质和含义，最终向管理者、决策者提供服务。一般以报表、查询和对话等方式提供状态信息、行动信息和决策支持信息等。提供信息的手段是人和计算机之间的接口，人-机之间的信息转换由其接口来完成。人-机接口将人以各种手段和形式向计算机提供的信息转换为计算机能识别的信息，计算机输出的信息转换为用户容易识别的文字、图形、图像、声音等各种形式。

接口方式可根据系统复杂性、随机性等不同要求选择。例如，决策支持系统的复杂程度及灵活性要求最高，因此采用会话式的接口较适宜。办公信息系统则既有例行的任务又有随机的要求，所以既要有例行的信息服务也要提供满足随机信息要求的服务。业务信息系统和管理信息系统侧重于提供固定的例行信息服务。

3. 决策支持系统

决策支持系统是 20 世纪 70 年代在 MIS 的基础上发展起来的一种新型的管理技术。它是信息科学、管理科学、计算机科学和人工智能等现代技术相结合，综合应用的新成果。

当前,在一些发达国家 DSS 已进入实用阶段,近几年群体决策支持系统、分布式决策支持系统的研制也十分活跃。在我国,DSS 的研制从 80 年代开始,经过几年的努力,已经取得了一些有意义的进展。

DSS 是以计算机为基础和工具,应用管理学、运筹学、控制论和行为科学等有关决策科学的理论和方法,综合利用有关的数据、信息和模型,辅助决策者解决半结构化或非结构化决策问题的人-机交互信息系统。

DSS 以提高决策效果为目标,对决策者起着"支持"、"辅助"的作用。但是,DSS 只能辅助决策者提高决策能力和决策水平,而不可能代替人进行决策。

DSS 只是一种支持决策者进行正确决策的工作环境和工具。DSS 具有较强的针对性,它总是针对具体确定目标的决策类型来开展工作,而不能支持本目标之外的其他决策问题。由于信息系统各个层次上的活动都包括规划、控制和决策,所以从支持系统的角度来看,规划和控制支持系统都是广义的 DSS 的一个子集。

DSS 的逻辑结构随着时间的推移不断地发生变化,有所谓二库、三库、四库、五库逻辑结构,最简单和实用的是二库逻辑结构。图 8-7 是二库逻辑结构图。由图 8-7 可见,DSS 基本部件有三大块:即数据库系统,包括数据库管理系统、数据析取系统和数据库、数据字典等,数据库系统从外部数据库析取数据存放在 DSS 使用的数据库之中,供数据支持用;模型库系统由具有模型操作和计算的模型库管理系统和规则推理系统等组成,供模型支持用;会话系统,它是人-机交互的中间环节。

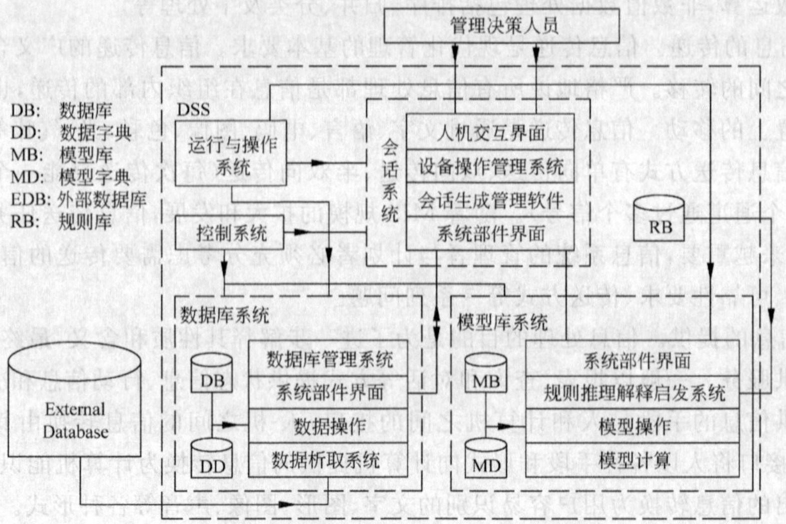

图 8-7 决策支持系统二库逻辑结构

如前所述,数据处理系统是面向业务的信息系统,管理信息系统是面向管理的信息系统,而决策支持系统是面向决策的信息系统,三者的关系见表 8-6。

4. 管理信息系统的开发方法

目前 MIS 的开发方法很多。但任何一种方法都有一定的适用范围,不可能一种方法适合各种应用环境。下面介绍比较流行的几种方法。

表 8-6　数据处理系统/管理信息系统/决策支持系统比较

内　　容	数据处理系统	管理信息系统	决策支持系统
系统目标	完成日常业务和产生报告，使日常事务处理自动化	完成结构化任务，其中与任务有关的标准操作过程，决策规划和信息流都可以确切定义	用于辅助决策人员有效地作出决策，决策过程中可以充分利用计算机资源和有价值的分析工具，同时充分利用决策人员的主观判断
系统处理对象	例行的日常数据处理	是作为一种完成例行的日常信息处理的系统	是支持决策过程、辅助管理的日常信息处理系统
系统效益	提高效率和节省人力	通过计算机技术来减少成本，并代替手工操作来改善组织效率；提高信息传递速度，保证信息处理的准确有效	扩大和增强决策人员处理决策问题的范围和能力，以帮助决策人员改进决策过程的效率，并保证决策过程的合理性，科学性，有效性
对管理人员的影响作用	减轻劳动，手工业自动化	以提供快速准确的报表和检查数据的途径，间接影响管理人员的管理水平	以向决策者提供辅助决策工具支持决策，而不是使决策过程自动化，也不是预先定义目标，或是强加决策方案
设计思想	实现稳定的自动化数据处理环境	实现一个相对稳定的工作环境	实现一个灵活的开发环境，用以建立针对具体决策问题的决策模型
信息驱动模式	数据驱动技术	采用数据驱动模式	采用模型驱动模式

1）结构化开发生命周期法

结构化开发生命周期法通常简称生命周期法，这是一种应用广泛和成熟的方法。国外早期大量使用这种方法，并有很多成功的例子。近年来国内也较普遍地采用了这种方法。

结构化生命周期法由结构化系统分析、结构化系统设计及结构化编程组成。其基本特点是应用系统课题的提出、研制开发和实施运行都有完善定义的过程，并给出了一种建立过程的结构。它的开发，应用了系统工程的思想，自顶向下地进行分析、设计、直至实施，将系统划分为层次（甚至划分为模块）并分解成子系统；开发的各个阶段有明确的任务，下一阶段的开始必须等上一阶段完成，严格按部就班，每步都要建立严格的文档资料，作为系统开发各个阶段的系统维护的依据。

对信息系统开发生命周期法的阶段划分各不相同，但其区别主要在于详细的程度和分类的方法不同。而研制步骤和每一阶段中必要的控制过程，都有共同之点。其主要阶段包括：定义、开发研制、运行维护三个阶段。如图 8-8 所示，对这三个阶段可以进一步划分为更小的步骤。每个阶段完成以后，用户和系统设计者必须正式认可，整个研制过程遵循一种重复的保证策略。生命周期法的优点是步骤严密、整个开发过程的科学性强。缺点是开发周期太长，见效慢，建成后修改困难。

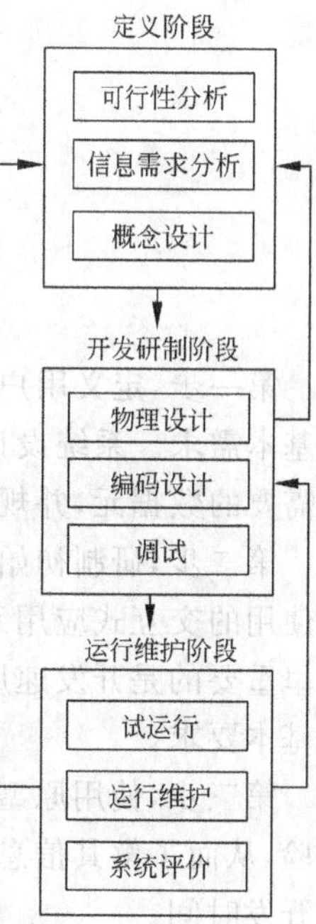

图 8-8　开发 MIS 的生命周期法模型

生命周期法是早期使用的一种方法,至今对大量新的信息系统的研制开发工作仍是一种合适的方法,特别是对于规模不太大的信息系统工程是一种有效的方法。

2) 原型法

原型法又称快速原型法,这是一种渐进设计方法。这种方法适用于预先难以确定需求或者研制中需求可能发生重大变化的情况。原型法的基本思想是根据用户需要提出一些基本需求,然后快速地予以实现,随着用户和设计人员对系统理解的加深,不断地对系统进行补充和细化,直到满足为止。

建立应用系统原型,经历四个阶段,如图 8-9 所示。

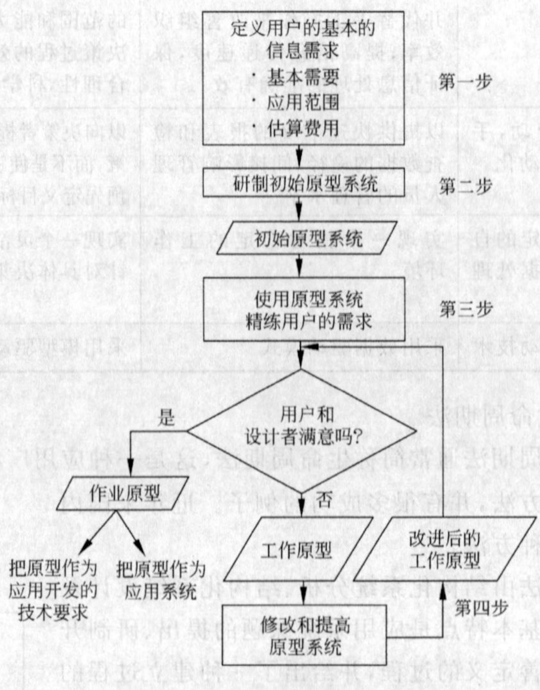

图 8-9 开发 MIS 的原型法模型

第一步,定义用户的基本信息需求。在这阶段,用户根据系统的输出清楚地说明自己的基本需求。系统设计者则据此来确立用户的现实期望,并估计出研制原型的成本,定义出需要的数据元,并规定其可用性。计算机化的模型应尽量简化。

第二步,研制初始的原型系统。这一步的目标是:建立一个符合用户基本信息需求的可使用的交互式应用系统。系统设计者使用高层次的开发语言和开发工具来建立系统,这里重要的是开发速度,而不是运行速率。初始原型并不要求尽善尽美,只要求满足用户的基本要求。

第三步,使用原型系统精练用户的需求。让用户在原型系统的使用过程中得到实际经验,从而了解其信息需求得到的满足程度,提出进一步满足需求的修改方案,并控制整个开发时间。

第四步,修改和提高原型系统。系统设计者使用第二步用的研制初步的原型系统的方法来验证哪些需要修改,并强调修改系统和交给用户使用的速度。用户经过使用,取得经验，再对原型进行修改，直到满足用户的信息需求为止。

如图 8-9 所示，其中第三步和第四步是迭代，最终有两种结果使迭代结束，一是用户认为原型无用，从而放弃原型。二是用户对原型系统满意，因而成为一个运行（或称作业）的原型。运行原型可能成为新的应用系统，也可作为应用系统开发的基础。

原型法是为克服生命周期法的缺点而提出来的，而且随计算机技术，尤其是随开发工具的发展而得到较为广泛的应用。

采用原型法的条件是：

(1) 用户始终参与系统的开发，以保证连续不断地提供反馈信息；

(2) 要有快速实现的开发工具。如没有快速实现工具，原型法也就丧失了其优越性。

在开发需求不确定性很高的应用系统中，原型法具有显著的优点：①系统开发成本低，可逐步投资；②开发周期短，见效快；③需求未满足或设计不正确时可及时修改；④用户始终参与开发，能及时纠正错误；⑤用户和设计者之间有效地分工协作，充分地利用人力资源。

原型法的主要缺点是：由于开发过程变化多端，使开发研制过程难以管理和控制，容易造成混乱。存在把虽然能工作但往往不符合设计要求的不完善的原型当做最终产品的倾向。

3）原型-结构化生命周期法

这是以原型法为开发基础，用结合生命周期法开发的方法。具体地说，开发初期有一个总体规划，在总体规划指导下，选择最迫切、最重要的、条件最成熟的子系统进行原型化开发，以便及早见到效益，以后按总体规划分析，将子系统按重要顺序开发，逐步完成整个系统的开发。这种方法既有效地利用了结构化系统分析的总体思想，又避免了结构化系统分析的缺点。这种方法尤其适合中国国情，有些部门在开发实际系统时采用这种方法已取得了很好的效果。

4）MIS 的使能器

当前研究和开发 MIS 使能器是一项非常重要的任务。随着 MIS 的普及和迅速发展，开发利用 MIS 中存在着软件开发供不应求；大量可通用的软件重复开发；系统可靠性和应变能力差等一系列问题。

企事业单位的情况千差万别、各种类型的企业各具特色，但它们都有共同的特点：MIS 是以一个综合数据库为中心；MIS 的结构不太复杂；程序模块之间通过数据库进行耦合；同类企业的职能及组织结构以及内部信息管理、处理规则相似等。如果提取这些共同的特点，编制一批标准的程序模块，聚集这类模块构成 MIS 使能器（确切地说辅助 MIS 的开发工具），则可避免重复性的软件开发，降低开发成本，缩短开发周期并提高系统可靠性。

20 世纪 70 年代末以来，国外许多厂家纷纷从事应用技术的研究，把其成果作为产品，运行在微型机到大型机的各种系统上。国内近几年来，这方面的研究进展也比较快。

按照 MIS 使能器对 MIS 开发各个阶段的支持程度可以将其划分为上、中、下三类：上层使能器应能支持开发运用的全过程，包括系统的战略规划到系统分析、设计、实现和评价的各个阶段。一个完整的上层使能器应包含信息系统战略规划、概念建模、系统模拟、应用数据库模式生成、应用程序设计、文档生成等;中层使能器应能支持除了系统战略规划部分之外的其他功能;下层使能器仅包含应用系统代码的自动使能器,功能最简单。目前,国内商品化的使能器绝大多数是下层的程序代码自动使能器,中层使能器正在研制,上层使能器还只能作为未来研制的目标。

七、两种先进的管理方式

(一) JIT 的升华——精益生产(lean production)

日本丰田汽车公司以 JIT 生产方式为代表的生产运作模式引起了各国学术界和企业界的广泛关注。1985 年,美国麻省理工学院筹资 500 万美元,专门设立了"国际汽车研究项目"(international motor vehicle program,IMVP)课题,用了近 5 年的时间,对世界上 15 个国家的 90 家汽车厂进行考察,将大量生产方式与丰田生产方式进行分析对比,于 1991 年,出版了《改造世界的机器》(*The Machine that Changed the World*)一书,将丰田生产方式定名为"精益生产",总结出了一套较为完整的生产经营管理理论。哈佛大学研究室也将深化产品开发作为精益企业最重要的要素进行了研究,出版了《产品开发实施》(*Product Development Performance*)。

1. 精益生产的指导思想

精益生产是对大批量生产方式的最重大的变革,它是以社会需求为导向,以人为本,以技术为支撑,以尽善尽美为目标,合理配置和使用企业中的各种资源,消除企业生产经营活动中一切不产生附加值的活动,从而达到企业最佳经济效益的生产经营管理理论。

在本书前面所述的 JIT 的基础上,精益生产还提出了一些新的指导思想。精益生产采取"利润=价格-成本"的思想,而不是传统的"价格=成本+利润"。因为产品价格是由市场竞争所决定的,企业作为激烈的竞争市场上的价格接受者,必须通过不断降低成本才能实现利润的增加。这种以社会需求为导向的思想,更符合当前激烈的市场竞争,从而更有利于企业不断激励自己和发展自己。

在"零库存"的基础上提出了"零缺陷",强调"第一次就做对"。精益生产要求零次品、无返修,不是像一般企业那样根据概率论确定出一个废次品率,而是要求 100%的合格。同时,当废次品出现后,不是返回生产线返修,而是停止生产线,根据"五个为什么"查找原因,直至问题水落石出,并彻底解决。精益生产强调质量是生产出来的,而不是检验出来的,因此由生产中的质量管理保证最终质量。在生产中追求尽善尽美、精益求精,千方百计的消除一切不能增加产品价值的活动。

"永不满足"是精益生产不断进步的动力。精益生产认为生产和产品的改善是无止境的,到任何时候都存在着改善的余地。企业的渐进式的改善和跳跃式的创新都能给企业带来巨大的进步,而且经过日积月累前者对企业的促进可能比后者还要大,也更容易实现和操作。

为了适应市场需求多样化的要求,精益生产努力实现柔性和生产率的统一,在组织、劳动力、设备三方面表现出较高的柔性。在组织方面,采用以项目小组为基础的动态组织结构，决策权力分散下放到小组和个人。在劳动力方面，培养具有多面手技能的操作者，在需求发生变化时，可通过适当调整操作人员的操作来适应短期的变化。在设备方面，采用适度的柔性自动化技术（数控机床与多功能的普通机床并存），并且尽量简化产品设计和工艺设计，以提高生产运作系统的柔性。

2. 精益生产的内容和运行机制

精益生产作为一种成功的生产方式，在其先进的指导思想的基础上，拥有一整套与企业内外部环境、企业文化、技术运用方式及管理方法高度融合的综合体系，包括在产品开发阶段采用“主查”负责制与并行工程（concurrent engineering）相结合的方式；在生产制造过程中采用后工序拉动（pull）方式；在劳动组织中采用作业小组的方式；在生产组织结构上采用专业协作化形式；在销售过程中采用主动销售（aggressive selling）的营销方式。

1）产品开发阶段

精益生产的产品开发采用“主查”负责制，各高层领导和部门负责人都会竭力支持开发工作，满足产品开发所需要的各种要求，确保整个产品开发过程可以顺利进行。参与产品设计的各种人员组成一个项目团队，包括来自设计、工艺、制造、销售等部门的专业人员和来自用户和供应厂商的相关人员。团队由项目负责人——主查——全权负责，团队成员虽然保持和原属部门的联系，但是在工作上完全受项目负责人的领导、控制和考核，从而促使小组成员齐心协力为完成任务而努力。在开发过程中的并行工程方法，要求产品开发小组在设计产品的过程中，围绕统一的产品概念分别从各自的职责角度思考问题，同时考虑和设计后续的工艺、制造、装配、检测、使用、维修和服务等与产品的生命周期相关的所有方面，及时交流信息和看法，及早发现和解决问题，从而减少对产品设计反复修改的次数，争取做到一次成功。

2）生产制造阶段

生产计划和库存管理运用 JIT 的思想，采用后工序拉动（pull）方式。根据市场需要从订单出发，向最后的生产工序下达生产命令，每个工序都根据当时的需要向前一生产工序提出要求，直到原材料供应部门，通过看板系统的方式把各个工序连接起来。这种按需生产、动态响应的方式，避免了推进式（push）生产中可能出现的需要的产品没有生产出来而不需要的产品却造成积压的情况，可以较好的实现 JIT 的目标。

3）供应和营销管理

为了顺利的实现准时生产制，必须建立通畅的零部件供应链和产品销售网络，与协作厂、零部件供应商、销售商和顾客都保持良好的合作关系。在选择供应商方面，不是靠投标，而是根据长期合作关系和供应商的一贯表现，力求与供应商保持长期稳定的全面合作的关系，建立互惠互利、休戚与共的命运共同体。在分配利益方面，从长期合作的角度采用市场价格减法体系，先根据市场行情来确定有竞争力的目标价格，然后与供应商共同确定各自的目标成本，从而使双方都能获得合理的利润。在生产中，做到企业内部化，供应商的零部件质量和交货期都是根据装配厂的生产计划，就好像企业的一个部门一样。装配厂也帮助各供应商提高技术开发能力和制造技术水平。在销售过程中，提倡主动销售，深入了解用户的需求并运用到产品设计中，同时做好各种售后服务，建立长期的销售服务网络。

3. 精益生产与大批量生产方式的对比

精益生产作为一种新的生产运作管理模式,和传统的大批量生产模式相比,从思想到方法都有很大的区别,表 8-7 从企业生产的几个方面分析了二者的区别。

表 8-7 精益生产与大批量生产方式的对比

项 目	精益生产	大批量生产
质量目标	尽善尽美	足够好
产品定位	满足每位顾客的个性需求	满足大多数人的共同需求
定价方式	利润=价格-成本	价格=成本+利润
产品开发	采用并行工程和作业小组	采用串行方式
库存管理	零库存	靠库存调节生产
生产制造	JIT(准时化生产)体系	尽可能简化的柔性自动化,单一品种产品的大批量生产复杂的刚性自动化
质量管理	全面质量管理和零缺陷	依靠质量检验部门在产品加工制造完成后的检验
人力资源	保持员工素质的先进性,最大限度地发挥人的作用,实行小组集体负责制	员工受岗位职责和设备操作规程限制,工作单一、机械化

4. 精益生产对我们的启示

我国的许多企业也在积极地推行精益生产,有些企业已取得了很好的业绩。例如,上海大众发动机厂、长春第一汽车制造厂、湖北东风汽车公司、天津汽车公司等都取得了显著的成效。据有关资料介绍,认真推行精益生产,在最好的情况下,质量可得到 100 %的改进;生产周期可以缩短 70%;成本可以降低 40%;市场占有率可以提高 20%。但是精益生产的精髓不是照学照搬就可以做到的,必须深入了解研究其实质和内涵,结合我国企业的实际有目的地学习和改进。首先,精益生产作为一种全方位的系统的管理模式,其中的各个部分都是相互影响、相互依存的,只实施一部分而没有其他部分的支持往往会取得适得其反的结果,在实践的时候要注意好各部分的配合。其次,精益生产源于日本,有着深刻的社会背景和文化传统,如资源贫乏、集体主义、忠诚意识等,所以我们在学习的时候要注意其中的文化差异。

(二) 敏捷制造

1. 敏捷制造的提出

1991 年,美国国会要为国防部拟定一个较长期的制造技术规划基础结构,于是委托利海大学的亚科卡研究所进行研究。亚科卡研究所邀请了国防部、工业界和学术界的代表,建立了以 13 家大公司为核心的,有 100 多家公司参加的联合研究组,并由通用汽车公司、波音公司、IBM、得克萨斯仪器公司、AT&T、摩托罗拉等 15 家著名的大公司和美国国防部代表共 20 人组成了核心队伍,研究了美国工业界近期的 400 多篇优秀报告,于 1992 年发表了题为《21 世纪制造企业的战略》的详细全面的报告。在这份报告中,提出了一种既能体现国防部与工业界各自的特殊利益,又能获取他们共同利益的新的生产方式,这就是敏捷制造。

敏捷制造(agile manufacturing,AM)代表了一股普遍要求革新企业组织与制造方式的强劲的新的思潮,它在传统的建立在福特主义之上强调规模经济(scale economics)的大批量生产(mass production)方式和以丰田生产方式为主导强调范围经济(scope economics)的多品种小批量精益生产方式的基础上,建立了以全球化分布式制造为手段强调知识经济(knowledge economics)的实施批量定制化(mass customization)的生产方式。

2. 敏捷制造的指导思想

敏捷(agility)是企业在不断变化和不可预测的竞争环境中获得成功的一种能力。敏捷制造强调的是对新环境、新挑战的快速响应,要求大到企业集团、复杂生产过程,小到具体产品和每个员工都必须具备这种敏捷性。就生产技术而言,企业的产品和生产过程具有可重用、可重组和可系列化的特性;就员工而言,企业的员工要能够很快适应新环境的挑战,快速掌握所需的技能并完成指定的任务;就企业管理而言,要能随着市场变迁而迅速实现自我调整。敏捷制造的思想就是企业将这些具有柔性的生产技术、熟练掌握生产技能的有知识的员工与能够促进企业之间合作的灵活管理集成在一起,通过所建立的共同基础结构,可以对迅速改变的市场需求和市场时机作出快速反应。

敏捷制造作为一种崭新的生产经营哲学和制造方式,蕴涵着许多不同于传统生产方式的哲理和思想,概括如下:

(1) 对产品概念的改变。产品只是实现功能的载体,而顾客需要的是产品的功能而不是产品本身。所以企业为顾客提供的是一种能实现其需求的解决方案,而不只是产品或服务。由于顾客需求的多样化,因此企业为顾客提供的解决方案也需要随顾客的需求而量身订制。

(2) 强调企业的敏捷性。企业要有对当前需求的快速响应能力和对未来需求的快速适应能力,既能够快速开发、生产、递交顾客所需的产品,还能够快速提供满足顾客要求的价值。为实现快速响应的要求,敏捷制造强调其产品和生产过程应能根据需要进行快速的重组。因此敏捷制造的产品和生产过程力求做到模块化、系列化、可重用和可置换。

(3) 虚拟制造(virtual manufacturing)的应用。将计算机技术和先进的通信工具应用到新产品的开发和生产中,可以灵活配置资源、缩短生产周期和快速响应顾客需求。通过使用计算机模型与仿真技术,提供强有力的建模和仿真环境,可以在不消耗物力资源的前提下,在进行真实的制造活动之前可靠地模拟产品的特性和状态,精确地模拟产品制造过程,从而极大地缩短了新产品的开发和生产周期,减少了产品研发成本,争取做到一次成功。

(4) 虚拟企业(VE)的思想。通过发达的计算机网络和先进的通信工具,把企业中分散的部门和其他跨地区、跨行业的不同企业的优势资源集成起来,组成一个网络化分布式的动态组织,以实现彼此互相合作、谋求共同发展的目标。虚拟企业突破了传统企业在组织上的界限,将产品生产的价值链延伸到企业外部。企业在有限的资源下只需保持自己最有竞争力的业务功能也就是核心竞争力,通过虚拟企业的方式弥补其所不具备的资源和能力。就组织而言,虚拟企业的应用,使得敏捷制造的组织具有高度的开放性、规模可调性、可重构性,突破了传统生产方式下僵硬的组织形态对企业发展的约束。

(5) 共赢(win-win)思想:敏捷制造在生产中力求建立一种与顾客、员工、供应商、分销商、竞争者之间的共赢关系。企业对利润的追求是建立在有利于共同生存和发展的忠诚、信任和诚实的基础上。因此企业中倡导一种友善的文化，通过共同努力来提高所有相关者的满意程度。

3. 敏捷制造对我们的启示

我国的很多制造企业的特点是大而全，而且缺少足够的信用意识，这种传统型的企业是不适应敏捷制造方式的。因此企业要想参与敏捷制造，首先就要精简其业务领域，提炼出自己的核心业务，并且要不断的积累自己的信用资源。在建立虚拟企业的过程中，不盲目追求形态的类似，而是确实做到企业可以从合作中获利，也就是说企业生产同样的产品合作后的成本小于合作前，或者说企业用同样的成本生产出来的产品可以集合其他企业的优势从而使产品具有更高的价值和更好的市场。

本章复习题

1. 简述科学与技术的关系。
2. 简述“创新”的内涵及企业创新的过程。
3. 简述企业技术管理的主要内容以及企业技术发展策略。
4. 高级制造技术（advanced manufacturing technology，AMT）有哪些组成部分？
5. 企业在不同阶段产品创新与生产技术创新的特点是什么？
6. 总结企业管理现代化的主要表现方面。
7. 对JIT与精益生产进行比较，精益生产给你带来了哪些启示？
8. 简述敏捷制造的主要指导思想，敏捷制造给你带来了哪些启示？

第四部分

企业会计基本知识

会计，是企业经营活动中不可缺少的管理工具。它是以货币的形式来记录、反映和监督企业经营管理活动，并为企业相关决策人提供信息支持的手段。企业相关决策者包括企业外部利益相关集团及企业内部利益相关集团。企业外部利益相关集团是指股东、债权人、工会、政府部门等，他们需要根据企业提供的会计信息，做出有关的投资、信贷决策，判断企业是否合法经营、照章纳税等；企业内部利益相关集团指企业内部各层经营管理者，他们需要根据会计信息，及时了解企业经营管理活动中存在的问题，并迅速做出相关管理决策，以保证企业经营目标的实现。因此，会计又被称为“企业的语言”。

企业会计根据其信息服务对象的不同，分为财务会计和管理会计两大类。财务会计又称为对外报告会计，是为企业外部相关的利益集团，如股东、债权人、工会、政府部门等的决策提供信息支持而进行的会计活动；管理会计又称为对内报告会计，是为企业内部管理者管理决策提供信息支持而进行的会计活动。管理会计主要包括成本管理会计、经营管理会计、投资管理会计、预算管理会计等。

本部分根据上述会计的分类进而分成两章来介绍。第九章详细介绍财务会计的理论知识，第十章主要介绍企业如何有效地开展管理会计相关活动。

第九章

企业财务会计

第一节　财务会计的理论框架

我们可以用一个简单的框架图来描述财务会计的基本理论，如图 9-1 所示。

会计目标与企业目标是一致的。企业的目标是在满足社会需要的同时，使股东利益最大化。相应地会计目标也是围绕这一目标而展开的，会计的首要目标是为决策提供信息支持。因此，会计信息的最基本特征是相关性与真实性。相关性是指会计应提供与决策相关的信息，相关程度越高，要求提供的信息越详细；真实性是指会计信息必须真实、公正、客观、可以证实和没有偏颇的。

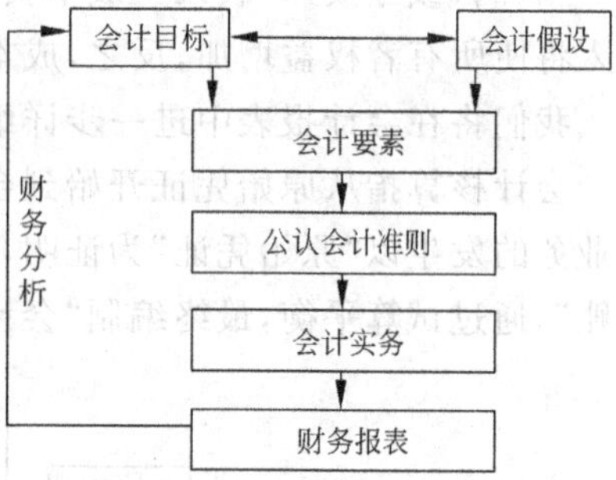

图 9-1　财务会计基本理论框架

2006 年 2 月财政部颁布的《企业会计准则——基本准则》第十三条规定，会计目标为：企业提供的会计信息应当与财务会计报告使用者的经济决策需要相关，有助于财务会计报告使用者对企业过去、现在或者未来的情况作出评价或者预测。由此可以看出，我国现在实行的是决策有用观的会计目标。

会计要素主要包括资产、负债、所有者权益、收入、成本与费用、利润与亏损六大要素。我们引用财政部于 2006 年 2 月 15 日 颁布的《企业会计准则——基本准则》来对会计的六大要素进行定义：

“资产是指过去的交易或者事项形成的、由企业拥有或者控制的、预期会给企业带来经济利益的资源。”资产包括各种财产、债权和其他权利，如现金、应收款、存货、对外投资、固定资产、无形资产及其他资产。

“负债是指过去的交易或事项形成的、预期会导致经济利益流出企业的现时义务。”负债意味着企业需要以资本或劳务去偿付。负债包括应付账款、短期借款、长期借款、公司债券等。

“所有者权益是指企业资产扣除负债后由所有者应享的剩余权益。”所有者权益包括实收资本（或者股本）、资本公积、盈余公积和未分配利润等。所有者权益又称为净资产。

“收入，是指企业在日常活动中所形成的、会导致所有者权益增加的、与所有者投资本无关的经济利益的总流入。”包括主营业务收入和其他业务收入。收入不包括为第三方或者客户代收的款项。

“费用,是指企业在日常活动所发生的、会导致所有者权益减少的、与向所有者分配利润无关的经济利益的总流出。”费用是由日常生活发生的,而损失是由非日常生活发生的。

“利润,是指企业在一定会计期间的经营成果。”包括收入减去费用后的净额、直接计入当期利润的利得和损失等。

我们可以用图 9-2 反映会计基本要素之间的关系:

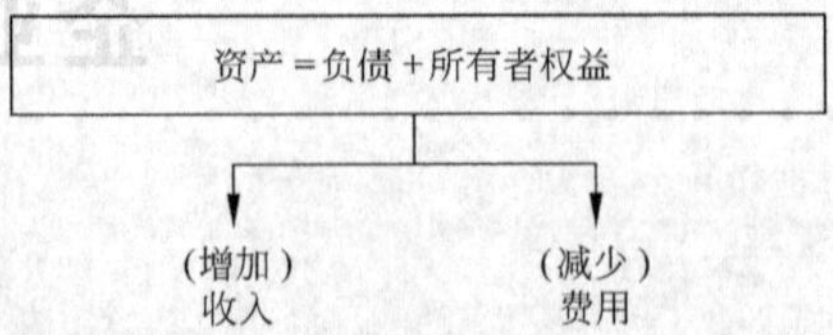

图 9-2 会计基本要素相关关系图

“资产=负债+所有者权益”称为会计恒等式,其含义为企业全部资产来源于两方面:企业负债或所有者权益。同时,企业全部资产也归属于两方面:债权人和股东。任何经济业务的发生都不会影响“资产=负债+所有者权益”这一会计恒等式。

“利润(或亏损)=收入-成本费用”,利润(或亏损)最终归属于企业的所有者即股东。收入将使所有者权益增加;反之,成本费用将使所有者权益减少。

我们将在会计报表中进一步详细介绍六大会计要素的具体内容。

会计核算指从原始凭证开始到会计报表结束的会计信息收集、处理、报告全过程。经济业务的发生以“原始凭证”为证明,会计核算以“原始凭证”为起点,经过“记账凭证”、“分类账”,通过试算平衡,最终编制“会计报表”,完成整个会计核算过程如图 9-3 所示。

图 9-3 会计核算过程

一、会计假设

会计假设也称为会计前提,即会计核算的前提条件。在会计核算中,选择哪种会计方法,或对某一会计事项做出判断的依据是什么?这个依据即为会计核算的前提条件。这种前提条件绝不是凭空想象、主观臆造的,而是由会计的外在客观经济环境所决定的,就像数学中的“公理”。会计假设是会计理论与实务的前提与基础。会计假设主要包括会计主体假设,持续经营假设,会计分期假设和货币计量假设。

1. 会计主体假设

会计主体假设是指企业会计确认、计量和报告的空间范围。最新的《企业会计准则——基本准则》第五条规定:“企业应当对其本身发生的交易或者事项进行会计确认、计量和报告。”也就是说,会计主体是独立于股东之外的经济实体,它拥有自己的资产和债务。在会计核算过程中,这些资产、债务及经济活动严格区分于股东和其他相关相似的实体。比如,一个私营企业的业主,其投入企业的资金与其用于个人消费的资金必须严格区分开来，企业会计核算的对象只包括其投入企业的资金。

2. 持续经营假设

持续经营假设是假设企业在可以预见的将来不会破产清算，而是持续经营下去。只有在这样的前提下，才可以用常规的会计方法进行会计核算。持续经营假设是针对清算会计而言的。《企业会计准则——基本准则》第六条规定："企业会计确认、计量和报告应当以持续经营为前提。"

3. 会计分期假设

会计的首要目的是为决策提供信息支持。为此，必须将持续经营中发生的经济业务归属于人为划分的会计期间，以便为决策提供阶段性信息支持。《企业会计准则——基本准则》第七条规定："企业应当划分会计期间，分期结算账目和编制财务会计报告。"我国会计期间分为年度、季度和月份，年度、季度、月份起讫日期均采用公历日期。

4. 货币计量假设

会计核算应以货币为计量单位，同时假设比值是不变的。《企业会计准则——基本准则》第八条规定："企业会计应当以货币计量。"

二、公认会计准则

财务会计是为企业外部决策人提供信息支持而进行的会计活动。决策人的目的不同，对会计信息的要求也不同。为使财务会计提供的信息具有普遍的适应性，财务信息的收集、处理和披露必须具有一定的规范性。会计原则即会计工作的规范，也是处理会计业务的准绳。财务会计信息的收集、处理和披露都必须满足会计原则的要求。

会计原则也被称为"会计准则"。国际会计准则由国际会计准则委员会负责发布。国际会计准则委员会成立于1973年6月，到2000年，已发布了39项国际会计准则，其中仍然有效的有34项。中国的会计准则由财政部负责颁布。财政部于1992年11月第一次颁布基本准则——《企业会计准则》(四大会计假设亦包括在内)，其后又陆续颁布了一系列具体准则，截至2006年2月，共颁布具体准则38项，并对已发布的16项具体准则进行了修改。这些具体准则包括：

《企业会计准则——基本准则》(2006发布，2007年1月1日起执行)；

《企业会计准则——关联方披露》(2006修订，2007年1月1日起执行)；

《企业会计准则——现金流量表》(2006修订，2007年1月1日起执行)；

《企业会计准则——资产负债表日后事项》(2006修订，2007年1月1日起执行)；

《企业会计准则——债务重组》(2006修订，2007年1月1日起执行)；

《企业会计准则——收入》(2006修订，2007年1月1日起执行)；

《企业会计准则——投资》(2006修订，2007年1月1日起执行)；

《企业会计准则——建造合同》(2006修订，2007年1月1日起执行)；

《企业会计准则——会计政策、会计估计变更和会计差错更正》(2006修订，2007年1月1日起执行)；

《企业会计准则——非货币性交易》(2006修订，2007年1月1日起执行)；

《企业会计准则——或有事项》(2006修订，2007年1月1日起执行)；

《企业会计准则——无形资产》(2006 修订,2007 年 1 月 1 日起执行);

《企业会计准则——借款费用》(2006 修订,2007 年 1 月 1 日起执行);

《企业会计准则——租赁》(2006 修订,2007 年 1 月 1 日起执行)。

2006 年 2 月 15 日财政部在对原有会计准则进行修订的基础上,还增加了 22 项新的会计准则,包括:《企业会计准则第 3 号——投资性房地产 》、《企业会计准则第 5 号——生物资产》、《企业会计准则第 8 号——资产减值 》、《企业会计准则第 9 号——职工薪酬》、《企业会计准则第 10 号——企业年金基金 》、《企业会计准则第 11 号——股份支付》、《企业会计准则第 16 号——政府补助 》、《企业会计准则第 18 号——所得税 》、《企业会计准则第 19 号——外币折算 》、《企业会计准则第 20 号——企业合并 》、《企业会计准则第 22 号——金融工具确认和计量 》、《企业会计准则第 23 号——金融资产转移 》、《企业会计准则第 24 号——套期保值 》、《企业会计准则第 25 号——原保险合同 》、《企业会计准则第 26 号——再保险合同 》、《企业会计准则第 27 号——石油天然气开采》、《企业会计准则第 30 号——财务报表列报 》、《企业会计准则第 33 号——合并财务报表 》、《企业会计准则第 34 号——每股收益 》、《企业会计准则第 35 号——分部报告 》、《企业会计准则第 37 号——金融工具列报 》、《企业会计准则第 38 号——首次执行企业会计准则 》。这些会计准则的颁布极大程度地规范了企业的会计工作,提高了会计信息的质量。

下面我们详细介绍一些基本的会计准则。

1. 客观性原则

《企业会计准则》第十二条规定:"企业应当以实际发生的交易或者事项为依据进行会计确认、计量和报告,如实反映符合确认和计量要求的各项会计要素及其他相关信息,保证会计信息真实可靠,内容完整。"只有根据客观性原则提供的会计信息,才具有真实性和可信性。

2. 相关性原则

《企业会计准则》第十三条规定:"企业提供的会计信息应当与财务会计报告使用者的经济决策需要相关,有助于财务会计报告使用者对企业过去、现在或者未来的情况作出评价或者预测。"

3. 可理解性原则

《企业会计准则》第十四条规定:"企业提供的会计信息应当清晰明了,便于财务会计报告使用者理解和使用。"

4. 可比性原则

《企业会计准则》第十五条规定:"企业提供的会计信息应当具有可比性。"如果会计信息不具有可比性,企业相关的决策人就无法准确判断企业的经营情况,从而无法做出正确的决策。

5. 实质重于形式原则

《企业会计准则》第十六条规定:"企业应当按照交易或者事项的经济实质进行会计确认、计量和报告,不应仅以交易或者事项的法律形式为依据。"

6. 重要性原则

《企业会计准则》第十七条规定:"企业提供的会计信息应当反映与企业财务状况、经营成果和现金流量等有关的所有重要交易或者事项。”

7. 谨慎性原则

《企业会计准则》第十八条规定：“企业对交易或者事项进行会计确认、计量和报告应当保持应有的谨慎，不应高估资产或者收益、低估负债或者费用。”即在会计核算中，应尽量避免高估资产和收入、低估负债和费用的行为，以避免账面虚增和夸大收益，保证企业财力不受损失。谨慎性原则是会计核算中对市场经济固有的不确定性和风险所做的谨慎反应。提取坏账准备、加速折旧，都是谨慎性原则的具体体现。

8. 及时性原则

《企业会计准则》第十九条规定：“企业对于已经发生的交易或者事项，应当及时进行会计确认、计量和报告，不得提前或者延后。”任何一项决策都具有时效性。只有及时的信息，才能够为决策提供及时的支持。

第二节　财务报告

财务报告是反映企业财务状况和经营成果的总结性书面文件，包括资产负债表、损益表、现金流量表、有关附表以及财务情况说明书。《企业财务准则》第四十一条规定：“企业应当定期向投资者、债权人、有关的政府部门以及其他报表使用者提供财务报告。”

财务报表主要是根据企业的账册记录编制而成的，是会计核算的终端成果。企业虽已按照一定的会计程序，将日常发生的会计事项，全面地、系统地作成了会计记录。企业在某一时点的财务状况和一定时期内的经营成果，已经在这些会计记录里有所反映，但这些会计记录比较分散，不能集中而概括地说明企业经营管理活动总的面貌。因此，必须系统地整理这些资料，据以编制财务报表，这是必不可少的一项会计工作。财务报表主要指资产负债表、损益表和现金流量表。

财务情况说明书，是财务报表的补充说明，主要包括以下内容：企业的生产经营状况、利润实现和分配情况、资金增减和周转情况、税金缴纳情况、各项财产物资变动情况；对本期或者下期财务状况发生重大影响的事项；资产负债表日后报出财务报告前发生的对企业财务状况变动有重大影响的事项；以及其他需要说明的事项。

一、资产负债表

资产负债表是反映企业某一时点财务状况的会计报表。它是依据“资产＝负债＋所有者权益”这一会计恒等式，将企业资产、负债及所有者权益项目按一定的分类标准和次序编制而成。表 9-1 即为资产负债表一般格式。

资产负债表由资产、负债、所有者权益三部分组成。“资产”方项目按资产的流动性排列。流动性是指非现金资产转变为现金的速度，速度越快变现能力越强的项目排列在越前面。因此，现金排列在第一位，其次是短期投资、应收账款、存货、长期投资、固定资产、无形资产、其他资产等。“负债”方项目是按债务到期时间长短为序排列。债务到期时间越短的项目，排列在越前面。因此首先是应付账款、应付工资、应交税金、短期借款等；其次是长期借款、公司债券。“所有者权益”可以看做企业对所有者的无限期负债，排列在最后。

表 9-1 资产负债表

编制单位： ____年____月____日 单位：元

资 产	行次	年初数	期末数	负债及所有者权益	行次	年初数	期末数
流动资产：				流动负债：			
货币资金	1			短期借款	46		
短期投资	2			应付票据	47		
应收票据	3			应付账款	48		
应收账款	4			预收账款	49		
减：坏账准备	5			其他应付款	50		
应收账款净额	6			应付工资	51		
预付账款	7			应付福利费	52		
其他应收款	8			未交税金	53		
存货	9			未付利润	54		
待摊费用	10			其他未交款	55		
待处理流动资产净损失	11			预提费用	56		
一年内到期的长期债券投资	12			待扣税金	57		
其他流动资产	13			一年内到期的长期负债	58		
流动资产合计	20			其他流动负债	59		
长期投资：				流动负债合计	65		
长期投资	21						
固定资产：				长期负债：			
固定资产原价	24			长期借款	66		
减：累计折旧	25			应付债券	67		
固定资产净值	26			长期应付款	68		
固定资产清理	27			其他长期负债	75		
在建工程	28			长期负债合计	76		
待处理固定资产净损失	29			所有者权益：			
固定资产合计	35			实收资本	78		
无形资产及递延资产：				资本公积	79		
无形资产	36			盈余公积	80		
递延资产	37			未分配利润	81		
无形资产及递延资产合计	40			所有者权益合计	85		
其他资产：							
其他长期资产	41						
资产总计	45			负债及所有者权益总计	90		

补充资料：(1) 已贴现的商业承兑汇票——元；

(2) 融资租入固定资产原价——元。

1. 资产

资产指企业所拥有的和控制的经济资源。包括各种财产和债权。

1）流动资产

流动资产是指可以在一年或超过一年的一个营业周期内变现或者耗用掉的资产，包括现金及各种存款、短期投资、应收账款、预付货款、存货等。

(1) 货币资金包括现金、银行存款、其他货币资金。中国会计中“现金”科目专指库存现金，银行存款在“银行存款”科目核算，另设“其他货币资金”科目核算外埠存款、银行汇票存款、银行本票存款、在途存款及信用证保证金。西方会计中“现金”指可以立即投入流通的交换媒介，其首要特点是普通可接受性。包括库存现金、银行存款以及其他符合现金定义的本票、银行汇票、邮政汇票、旅行支票等。

(2) 短期投资指各种能够随时变现、持有时间不超过一年的有价证券以及不超过一年的其他投资。

(3) 应收账款指应收未收的款项，为企业所拥有的债权。

应收账款可能会因为付款方违约等原因不能收回而形成坏账。《企业财务通则》中规定：“坏账损失指因债务人破产或死亡，以其破产财产或遗产清偿后仍然不能收回的应收账款，或者因债务人逾期未履行偿债义务超过三年仍然不能收回的应收账款。”为了避免坏账发生时对当年利润造成冲击，根据“谨慎性原则”必须在应收账款发生年度计提“坏账准备金”。“坏账准备金”在会计报表中作为应收账款的备抵项目列示，待坏账损失发生时，直接冲抵“坏账准备金”。

比如，某公司资产负债表中年末应收账款为人民币 425 000 元，坏账准备金为人民币 15 000 元，则年末应收账款账面余额(称“应收账款净值”)为人民币 410 000 元。

(4) 存货指企业在生产经营过程中为销售或耗用而储备的物资，包括材料、燃料、低值易耗品、在产品、产成品、协作件以及商品等。

(5) 预付账款为提前支付的货款或费用。

比如某公司 2008 年年末预付 2009 年全年办公室租金 12 万元，则在 2008 年形成预付账款 12 万元，2009 年享受租房服务后，这 12 万预付账款转入 2009 年租金费用。

又如 2008 年 1 月 1 日预付 2 年保险金 240 000 元，根据权责发生制则如表 9-2 所示。

表 9-2 预付账款处理 单位：元

年 份	资产负债表		损 益 表	
2008 年	预付保险金	240 000	保险费	120 000
2009 年	预付保险金	0	保险费	120 000

2）长期投资

长期投资是指不准备随时变现、持有时间超过一年的有价证券以及超过一年的其他投资，包括股票投资、债券投资和其他投资。

3）固定资产

固定资产是指使用期限超过一年，单位价值在规定标准以上，并且在使用过程中保持其原有物质形态的资产，包括房屋建筑物、机器设备、运输设备、工具器具等。

固定资产在使用过程中因物质磨损和技术磨损,应当计提折旧,形成"累计折旧",在资产负债表中列为固定资产的备抵项目。

比如,某设备原始价值为10万元,可使用10年,每年折旧额为1万元,则如表9-3所示。

表 9-3 资产负债表 单位:元

	第一年	第二年	第三年	…	第十年
固定资产	100 000	100 000	100 000	…	100 000
减:累计折旧	10 000	20 000	30 000	…	100 000
固定资产净值	90 000	80 000	70 000	…	0
损益表					
折旧费	10 000	10 000	10 000	…	10 000

4) 无形资产

无形资产是指企业长期使用但是没有实物形态的资产,包括专利权、高标权、著作权、土地使用权、非专利技术、商誉等。

无形资产应该按规定在受益期内平均摊销,未摊销余额在资产负债表中列示。

比如,某企业拥有一商标权,经评估价值50万元,有效年限为25年,则每年摊销2万元,则如表9-4所示。

表 9-4 单位:元

年 限	资产负债表	损益表
	无形资产	摊销费
	500 000	
第1年	480 000	20 000
第2年	460 000	20 000
⋮	⋮	⋮
第49年	20 000	20 000
第50年	0	20 000

5) 递延资产

递延资产指不能全部计入当年损益,应当在以后年度内分期摊销的各种费用,包括开办费、租入固定资产的改良支出等。

递延资产应该按规定在受益期内平均摊销,未摊销余额在资产负债表中列示。

2. 负债

负债指企业所承担的能以货币计量的,需以资产或劳务偿付的债务。负债分为流动负债和长期负债。

1) 流动负债

流动负债指将在一年或超过一年的一个营业周期内到期的债务,包括短期借款、应付票据、应付账款、预收货款、应付工资、应交税金、应付利润、其他应付款、预提费用以及长期负债的短期部分等。

(1) 短期借款指偿付期限在一年或超过一年的一个营业周期内的借款。

(2) 应付票据指购货单位开出商业汇票时形成应付票据,或者企业从银行或其他途径所借款项,以一定的担保票据形式加以确定,形成应付票据。

(3) 应付账款指应付未付的账款。

(4) 应付工资指应付未付的工资。

(5) 预收货款指提前收取的货款,将来须以商品或劳务去抵偿的债务。

(6) 应交税金指应交未交的各种税金。

(7) 应付利润指应付未付的利润。

(8) 预提费用指费用已发生而款项尚未支付、按权责发生制原则应当计入本会计期间的费用。

比如,某公司某年1月1日发行一年期债券100万元,年利率12%,本金利息到期日一次偿付,则到期日(12月31日)公司须支付:

本金: 100万元

利息: 100万元×12%=12万元

共计: 112万元

1～12月,每月须预提利息费用1万元,到12月31日实际支付利息时,直接冲减预提费用12万元,这样可以避免利息费用在年内各月份分布不均匀。

(9) 长期负债的短期部分。比如,2004年1月1日发行5年期债券,于2008年12月31日到期,5年期债券原本为公司长期负债,但到了2007年年底,因这笔债务2008年即将到期,则在2007年资产负债表上列为"长期负债的短期部分"。

2) 长期负债

长期负债指偿还期在一年或者超过一年的一个营业周期以上的债务,包括长期借款、应付债券、长期应付款。

(1) 长期借款包括向金融机构借款和向其他单位借款。

(2) 应付债券指企业以发行债券方式筹集长期资金。债券可以按面值发行,折价(发行价低于面值)发行或溢价(发行价高于面值)发行。

债券按有无担保品、偿还方式等可以有不同的分类方法,见图9-4。

(3) 长期应付款包括应付引进设备款、融资租入固定资产应付款等。

3. 所有者权益

所有者权益是企业投资人对企业净资产的所有权,包括企业投资人(股东)对企业的投入资本以及形成的资本公积金、盈余公积金和未分配利润。

实收资本是投资者实际投入企业经营活动的各种财产物资。实收资本按实际投资额入账。股份制企业发行股票时,以股票面值收入作为股本入账;

资本公积金包括股本溢价、法定财产重估增值,及接受捐赠资产价值等;

盈余公积金是按有关规定从税后利润中提取的公积金。盈余公积金可用于弥补亏损、转增资本金。特殊情况下,也可用于分红;

债券
- 1. 按有无担保品分类
  - (1) 有担保品的债券
    - (1) 不动产抵押债券
    - (2) 动产抵押债券
    - (3) 抵押信托债券(以其他债券或股票作为抵押品)
  - (2) 信用债券(单凭发行债券单位的信用,而没有特定的抵押财产作为担保品的债券)
- 2. 按偿还方式分类
  - (1) 一次还本债券
  - (2) 分期还本债券
  - (3) 通知还本债券
- 3. 按发行方式分类
  - (1) 记名公司债券
    - (1) 本金记名债券
    - (2) 本息记名债券
  - (2) 无记名债券
  - (3) 可调换债券(可调换股票的债券)
  - (4) 息票债券(债券上附有息票,持券人凭息票取得债券利息的债券)
- 4. 按发行价值分类
  - (1) 折价发行债券
  - (2) 溢价发行债券

图 9-4 债券分类图

未分配利润是企业留于以后年度分配的利润或待分配利润。如有未分配亏损,应作为所有者权益的减项反映。

二、损益表

损益表是反映企业在某一时期内的经营成果及其分配情况的报表。

损益表的项目,应当按利润构成和利润分配各项目列示。

利润分配项目也可另行编制利润分配表。

表 9-5 为企业损益表一般格式。

表 9-5 损 益 表

编制单位:　　　　　　　　　　____年____月　　　　　　　　　　单位:元

项　　目	行次	本月数	本年累计数
一、产品销售收入	1		
减:产品销售成本	2		
产品销售费用	3		
产品销售税金及附加	4		
二、产品销售利润	7		
加:其他业务利润	9		
减:管理费用	10		
财务费用	11		
三、营业利润	14		
加:投资收益	15		
营业外收入	16		
减:营业外支出	17		
四、利润总额	20		

该表分为四个部分。

第一部分：

产品销售收入－产品销售成本－产品销售费用－产品销售税金及附加＝产品销售利润

1. 销售收入

销售收入包括销售产品（产成品、自制半成品）收入和提供劳务收入。对于商业企业来说，主要是商品销售收入。

企业在销售产品时，为了早日收回货款，有时会给予顾客一定的现金折扣，比如，A公司向B公司销售商品10万元，付款条件为“2/10，n/30”，即售后30天内还清货款，如果售后10天内付款，可给予2%的现金折扣。那么如果B公司购后10天内付款，只须付9.8万元[10万元(1－2%)]。这项现金折扣应在销售收入中扣除，A公司实际实现的销售收入为9.8万元。

现金折扣要与商业折扣相区别，商业折扣是一种促销方式，比如某产品单价100元，规定购买1万件以上，可以按80元出售，商业折扣并不包括在发票上，即企业销售收入本身就不包括商业折扣，因此，无须再从销售收入中扣除。如C公司出售该商品2万件给D公司，则销售收入为160万元(2万×80)。

另外，商品售出后，有时会因质量等原因，购货方要求在价格上给予一定的折让，这种折扣也应从销售收入中扣除。

因此，损益表中“产品销售收入”实际上是产品销售的净收入，它等于全部销售收入减去现金折扣和销售折让后的净额。

商业企业另设“销售折扣与折让”科目，商品销售收入减去销售折扣与折让后的余额为商品销售净收入。这里的销售折扣是指现金折扣，而非商业折扣。

2. 销售成本

对工业企业来说，销售成本为销售产成品、自制半成品和工业性劳务的成本，它等于销售数量乘以单位成本。

对商业企业来说，销售成本为销售商品成本，它等于销售数量乘以商品单位购进价格。

销售收入＝销售数量×销售单价

销售成本＝销售数量×购进单价(或单位成本)

销售毛利为销售收入与销售成本之间的差额。销售毛利是一个补偿的概念，单纯反映买进卖出行为的绩效。

3. 销售费用

销售费用是指与销售活动直接相关的费用。如销售人员工资、广告促销费、销售部门办公费、运输费、保险费、办公设备折旧费等。

4. 销售税金及附加

销售税金及附加主要指销售环节流转税，包括营业税、增值税、城市维护建设费、教育费附加等。

第二部分：

产品销售利润＋其他业务利润－管理费用－财务费用＝营业利润

5. 其他业务利润

其他业务利润指除产品或商品以外的其他销售或其他业务的收入,如材料出售、技术转让、固定资产出租、包装物出租、运输等非工业性劳务收入。

其他业务利润 ＝其他销售收入－其他销售成本
－其他销售税金及附加

6. 管理费用

管理费用指行政管理部门为组织和管理生产经营活动而发生的管理费用,包括管理人员工资和福利费、差旅费、办公费、折旧费、工会经费、业务招待费、房产税、车船使用税、土地使用税、印花税、技术转让费、无形资产摊销、职工教育经费、劳动保险费、待业保险费、研究开发费、坏账损失等。

7. 财务费用

财务费用指企业为筹集生产经营所需资金而发生的费用。包括利息净支出(利息支出－利息收入)、汇兑损失(减汇兑收益)以及相关手续费。为购建固定资产而筹集资金所发生的利息费用,在固定资产竣工交付使用前,应按"资本性支出"原则,计入固定资产成本,不列入财务费用。

第三部分:

营业利润＋投资收益－营业外收支＝利润总额

8. 投资收益

投资收益指对外投资所取得的收入或发生的损失。如购买股票、债券的股红、利息收入、买进卖出价差损益、横向投资分得利润等。

9. 营业外收支

营业外收支指与企业生产经营活动无直接关系的各项收支。营业外收入主要包括:固定资产盘盈、处理固定资产净收益、确实无法支付的应付款、教育费附加返还款等。

营业外支出主要包括固定资产盘亏、处理固定资产净损失、非常损失、非正常停工损失等。

第四部分:利润总额

利润总额可以按照下列公式计算出来:

利润总额＝销售利润＋投资净收益＋营业外收入－营业外支出

销售利润＝产品销售利润＋其他销售利润－管理费用
－财务费用

产品(或商品)销售利润＝产品(或商品)销售净收入
－产品(或商品)销售成本
－产品(或商品)销售费用
－产品(或商品)销售税金及附加

其他销售利润＝其他销售收入－其他销售成本
－其他销售税金及附加

三、利润分配表

利润分配表是报告本年度实现利润的分配情况的报表。

利润总额按下列顺序进行分配：

(1) 按规定弥补以前年度亏损；

(2) 缴纳所得税；

(3) 弥补在税前利润弥补亏损之后仍存在的亏损；

(4) 提取法定盈余公积金(根据规定按税后利润10%提取,当盈余公积金累计超过注册资本的50%时,可不再提取)；

(5) 提取公益金(用于职工福利)；

(6) 提取任意盈余公积金(按公司章程或股东决议提取)；

(7) 分配股红；

(8) 未分配利润：已实现利润与已分配利润之间的差额,即未做专门规定用途的利润。

利润分配表具体格式如表 9-6 所示。

表 9-6 利润分配表

编制单位： ____年度 单位：元

项　　目	行次	本年实际	上年实际
一、利润总额	1		
减：应交所得税	2		
二、税后利润	3		
减：应交特种基金	4		
加：年初未分配利润	6		
上年利润调整	7		
减：上年所得税调整	8		
三、可供分配的利润	12		
加：盈余公积补亏	13		
减：提取盈余公积	15		
应付利润	16		
四、未分配利润	20		

四、现金流量表

现金流量表是反映企业在一定会计期间内现金及现金等价物变动情况与结果的报表。现金流量表不同于资产负债表与损益表,后两者均是根据会计账册中各项目余额编制而成,现金流量表则是根据前后两期资产负债表、本期损益表及有关注释,对其中财务数据进行分析整理后编制而成。通过现金流量表,可以了解到企业在一定会计期间内现金及现金等价物来源于哪里,又使用到何处,现金及其等价物变动结果如何？从而借以判断企业现金周转情况是否正常？企业是否存在潜在财务危机等问题。

表 9-7 为现金流量表一般格式。

现金指库存现金及可以随时用于支付的存款；

表 9-7 现金流量表

会企 03 表

编制单位________ 年度________ 单位：元

项 目	行次	金 额
一、经营活动产生的现金流量：		
销售商品、提供劳务收到的现金	1	
收到的税费返还	3	
收到的其他与经营活动有关的现金	8	
现金流入小计	9	
购买商品、接受劳务支付的现金	10	
支付给职工以及为职工支付的现金	12	
支付的各项税费	13	
支付的其他与经营活动有关的现金	18	
现金流出小计	20	
经营活动产生的现金流量净额	21	
二、投资活动产生的现金流量：		
收回投资所收到的现金	22	
取得投资收益所收到的现金	23	
处置固定资产、无形资产和其他长期资产所收回的现金净额	25	
收到的其他与投资活动有关的现金	28	
现金流入小计	29	
购建固定资产、无形资产和其他长期资产所支付的现金	30	
投资所支付的现金	31	
支付的其他与投资活动有关的现金	35	
现金流出小计	36	
投资活动产生的现金流量净额	37	
三、筹资活动产生的现金流量：		
吸收投资所收到的现金	38	
取得借款所收到的现金	40	
收到的其他与筹资活动有关的现金	43	
现金流入小计	44	
偿还债务所支付的现金	45	
分配股利、利润和偿付利息所支付的现金	46	
支付的其他与筹资活动有关的现金	52	
现金流出小计	53	
筹资活动产生的现金流量净额	54	
四、汇率变动对现金的影响	55	
五、现金及现金等价物净增加额	56	

续表

补充资料		
项目	行次	金额
一、将净利润调节为经营活动现金流量：		
净利润	57	
加：计提的资产减值准备	58	
固定资产折旧	59	
无形资产摊销	60	
长期待摊费用摊销	61	
待摊费用减少(减：增加)	64	
预提费用增加(减：减少)	65	
处置固定资产、无形资产和其他长期资产的损失(减：收益)	66	
固定资产报废损失	67	
财务费用	68	
投资损失(减：收益)	69	
递延税款贷项(减：借项)	70	
存货的减少(减：增加)	71	
经营性应收项目的减少(减：增加)	72	
经营性应付项目的增加(减：减少)	73	
其他	74	
经营活动产生的现金流量净额	75	
二、不涉及现金收支的投资和筹资活动：		
债务转为资本	76	
一年内到期的可转换公司债券	77	
融资租入固定资产	78	
三、现金及现金等价物净增加情况：		
现金的期末余额	79	
减：现金的期初余额	80	
加：现金等价物的期末余额	81	
减：现金等价物的期初余额	82	
现金及现金等价物净增加额	83	

注：企业也可以采用修订前的现金流量表参考格式。

现金等价物指企业持有的期限短、流动性强、易于转换为已知金额现金、价值变动风险较小的投资。

现金流量指现金及现金等价物流入、流出量。

企业的现金流量分为三类：经营活动产生的现金流量、投资活动产生的现金流量、筹资活动产生的现金流量。

《企业会计准则——现金流量表》第5条至第13条分别描述如下：

5. 经营活动，是指企业投资活动和筹资活动以外的所有交易和事项。

6. 经营活动流入的现金主要包括：

(1) 销售商品、提供劳务收到的现金；

(2) 收到的税费返还;

(3) 收到的其他与经营活动有关的现金。

7. 经营活动流出的现金主要包括:

(1) 购买商品、接受劳务支付的现金;

(2) 支付给职工以及为职工支付的现金;

(3) 支付的各项税费;

(4) 支付的其他与经营活动有关的现金。

8. 投资活动,是指企业长期资产的购建和不包括在现金等价物范围内的投资及其处置活动。

9. 投资活动流入的现金主要包括:

(1) 收回投资所收到的现金;

(2) 取得投资收益所收到的现金;

(3) 处置固定资产、无形资产和其他长期资产所收到的现金净额;

(4) 收到的其他与投资活动有关的现金。

10. 投资活动流出的现金主要包括:

(1) 购建固定资产、无形资产和其他长期资产所支付的现金;

(2) 投资所支付的现金;

(3) 支付的其他与投资活动有关的现金。

11. 筹资活动,是指导致企业资本与债务规模和构成发生变化的活动。

12. 筹资活动流入的现金主要包括:

(1) 吸收投资所收到的现金;

(2) 取得借款所收到的现金;

(3) 收到的其他与筹资活动有关的现金。

13. 筹资活动流出的现金主要包括:

(1) 偿还债务所支付的现金;

(2) 分配股利、利润或偿还利息所支付的现金;

(3) 支付的其他与筹资活动有关的现金。

第三节 财务分析

一、财务分析的一般方法

财务分析即通过财务报表所提供的信息,衡量企业过去的经营绩效,判断企业现有实力,并据以预测未来,以便为决策提供信息支持。

财务分析方法很多,主要有以下几种。

1. 比较分析法

比较分析法又分横向比较法和纵向比较法两种。

横向比较法是将不同会计期间同一项目进行比较,以分析该项目的发展趋势,如趋势分析法、比较财务报表等。

纵向比较分析主要是在同一报表内,以一个项目为基数,揭示其他项目与基数项目之间的关系，也叫“构成比例法”，如以销售收入为基数，分析销售成本、销售毛利、销售费用、管理费用等，占销售收入的百分比，并以此比例与同行业其他企业，或本企业其他会计年度同一比例相比较，以判断本企业在同行业中所处位置，及未来发展趋势。

2. 长期概要法

比较财务报表一般是将所有项目两三期数字不分轻重地加以比较。但有些项目特别重要，如销售收入、净利润、总资产、总所有者权益等。这些指标仅知道两三期的信息难以有力地帮助决策，因此，需要对5年、10年，甚至20年的数字进行分析，并使用多种数学方法，以科学地归纳其趋势，分析未来趋势的潜在导向。

3. 图表分析法

图表分析法是指使用柱形图、坐标图线等方法，将分析结果更加直观地表现出来。

4. 比率分析法

不同报表之间，不同项目之间存在着某种联系。利用比率分析法揭示它们之间的关系，以支持不同类型的决策。

比率分析因涉及不同报表，这就产生了一个时间基础问题。损益表是时期报表，资产负债表是时点报表，为了反映一段时间内的平均状况，当某一指标同时涉及损益表和资产负债表时，资产负债表中项目往往以平均值表示，即该项目的期初余额加期末余额之和，除以2来表示。

比率分析主要有五个方面的指标：

(1) 衡量企业盈利性指标；

(2) 衡量企业流动性指标(反映企业短期偿债能力指标)；

(3) 衡量企业效率性指标；

(4) 衡量企业稳定性指标(反映企业长期偿债能力指标)；

(5) 衡量企业市场性指标(反映企业股票市场指标)。

二、比率分析法

现以ABC公司为例，介绍比率分析法，见表9-8、表9-9。

表9-8 ABC公司损益表(2008年度) 单位：元

		数额	百分比(%)
销售净收入		120 000	100.0
销售成本		72 600	60.5
销售毛利		47 400	39.5
减：销售费用	22 630		
管理费用	11 870		
财务费用	1 500	36 000	30.0
税前收益		11 400	9.5
减：所得税费		2 600	2.2
净收益		8 800	7.3

表 9-9 ABC 公司资产负债表 单位：元

资产	1993.12.31		1992.12.31	
流动资产：				
现金	13 000		9 000	
应收账款(净)	8 400		7 000	
存货	54 000		60 000	
预付账款	2 000		4 000	
流动资产合计		77 400		80 000
长期投资				
股票投资	8 000			
长期投资合计		8 000	8 000	8 000
固定资产：				
固定资产原值	82 500		75 000	
减：累计折旧	(23 250)		(15 000)	60 000
固定资产净值		59 250		
其他资产		1 900		2 000
资产总计		146 550		150 000
负债				
流动负债：				
应付账款	13 200		12 000	
应付票据	15 000		20 000	
应付工资	7 200		8 000	
流动负债合计		35 400		40 000
长期负债				
公司债券	7 150	7 150	10 000	
长期负债合计		42 550		
负债合计				50 000
所有者权益				
实收资本(每股面值 10 元)	85 000			
留存收益	19 000		85 000	
所有者权益合计		104 000	15 000	100 000
负债与所有者权益总计		146 550		150 000

1. 衡量企业盈利性指标

盈利能力即企业获取利润的能力。盈利能力是企业生存的必要条件，也是衡量企业成功与否的重要标志。无论股东、债权人，还是企业管理者，都非常关心企业的盈利能力。股东投资于企业，无非两个目的：投资目的和投机目的。投资目的通过企业分红来实现，而股红是从盈利中支付的；投机目的是通过股票价格上升来实现的，而企业盈利能够导致股票价格上升。债权人关心企业盈利能力，因为利润是企业偿债能力的重要来源。对于管理者来说，利润是衡量管理者业绩的重要指标和发现问题的突破口。

(1) 股东投资收益率(ROI)。

$$股东投资收益率=\frac{净利润}{所有者权益平均值}$$

现以ABC公司为例(表10-14、表10-15)

$$业主投资收益率=\frac{8\,800}{(104\,000+100\,000)\div 2}=8.6\%$$

从股东角度来看,这一指标是最能说明问题的。因为它直接反映企业通过一年的经营,为每一元股东权益创造多少税后利润。

(2) 全部投资收益率(RUI_T)。

$$全部投资收益率=\frac{净收益+利息费用\times(1-所得税税率)}{总资产平均值}$$

假设ABC公司所得税税率为23%,则

$$全部投资收益率=\frac{8\,800\times 1\,500\times(1-23\%)}{(146\,550+150\,000)\div 2}=6.95\%$$

全部投资收益率在总投资(包括股东投资和债权人投资)基础上考虑收益,既包括股东收益,也包括债权人收益,反映企业利用全部资源所创造的全部收益。因此,它是衡量管理者绩效的最重要指标。

(3) 每股均益。

$$每股均益=\frac{净收益}{普通股股份}$$

ABC公司普通股股份为8 500份,则

$$每股均益=\frac{8\,800}{8\,500}=1.04$$

每股均益是在普通股股份份额基础上考虑股东的投资收益。

(4) 销售收入净益率。

$$销售收入净益率=\frac{净收益}{销售净收入}$$

对ABC公司来说,

$$销售收入净益率=\frac{8\,800}{120\,000}=7.3\%$$

销售收入净益率反映每百元销售收入创造税后利润为7.3元。但是销售收入净益率没有考虑投资规模,这是使用这一指标进行财务分析时,应注意的问题。

比如,T公司和S公司有关指标如下:

	T公司	S公司
销售收入	100 000元	150 000元
净收益	5 000元	7 500元

则T公司、S公司销售收入净益率均为5%。看不出两者之间盈利能力的好坏。

又假设T公司总资产为50 000元,S公司总资产为125 000元,则T公司全部投资收益率为

$$\frac{5\,000}{50\,000}=10\%$$

S公司全部投资收益率为

$$\frac{7\,500}{125\,000}=6\%$$

因此,加入投资规模因素,T公司盈利能力要好于S公司。

2. 衡量企业流动性(即企业短期偿债能力)的指标

短期偿债能力指企业支付短期债务的能力。企业若无法保持一定的短期偿债能力,也将无法支付长期债务。即使一个盈利不错的企业,也存在着由于资金周转调度不灵,偿还不了短期债务而破产的危险。

我们可以将流动资产与流动负债相比较而揭示企业的短期偿债能力。

(1) 营运资本。

$$营运资本=流动资产-流动负债$$

对ABC公司来说,

$$营运资本=77\,400-35\,400=42\,000(元)$$

营运资本是衡量企业短期偿债能力的重要指标。具有营运资本,表明企业有偿还短期负债的能力,否则表明企业资金周转不灵,无法支付短期债务。但也并非营运资本越多越好,营运资本过大,往往反映资金积压太多,影响资金周转效率。

(2) 营运资本率。

$$营运资本率=\frac{流动资产}{流动负债}$$

对ABC公司来说,

$$营运资本率=\frac{77\,400}{35\,400}=2.2$$

营运资本率不受流动资产和流动负债规模影响,因此更能反映企业短期偿债能力。营运资本率过小,企业没有足够的可以变现的流动资产来支付即将到期的短期债务;营运资本率过大,往往反映流动资产资金积压严重。一般说来,营业周期较长的企业(如珠宝商等),要求营运资本率较大;营业周期短的企业(如日用百货),营运资本率要求相对小些。

(3) 速动比率。

$$速动比率=\frac{速动资产}{流动负债}$$

速动资产指可以立即全部转化为现金的资产,主要指现金、短期投资、应收账等。

对于ABC公司,速动比率$=\frac{13\,000+8\,400}{35\,400}=0.60$

速动比率比营运资本率更能反映企业的短期偿债能力。因为流动资产中有些项目如存货、预付费用等,变现速度很慢,甚至根本不能变为现金,无法用于支付短期债务。一般来说,速动比率不能低于1,否则偿债能力就会偏低。但有些行业,如零售店大量采取现金销售,应收款较少,因此允许保持大大低于1的速动比率。

3. 衡量企业效率性指标

这里的"效率性"主要指资金运用效率。

(1) 应收账款周转率。

$$应收账款周转率 = \frac{年赊销收入}{应收账款平均值}$$

假设 ABC 公司年赊销收入为 77 000 元，则：

$$应收账款周转率 = \frac{77\,000}{(8\,400 + 7\,000) \div 2} = 10$$

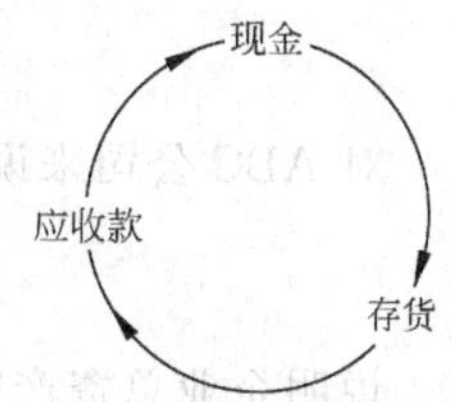

图 9-5 商业企业资金周转图

现以商业企业为例，其资金周转如图 9-5 所示：

用现金买进存货，再卖出收回现金，若是赊销，则产生应收款。应收款收回成为现金，完成商业企业资金周转过程。因此，应收账款周转率也称应收账款周转次数，反映应收账款平均值与造成应收账款的赊销收入之间的关系。

应收账款周转率是衡量客户信用保证程度和企业收款效率的重要指标。周转次数越多，说明客户信用越好，企业收款效率越高。客户信用差或收款不及时，都会造成应收账款周转率降低。

$$应收账款周转天数 = \frac{年日历数}{应收账款周转率}$$

对于 ABC 公司来说，

$$应收账款周转天数 = \frac{365}{10} = 36.5$$

即每笔赊销业务平均 36.5 天收回货款。

应收账款周转天数越短，说明企业收款效率越高；反之则说明客户拖欠款严重，企业收款效率低。但应收账款周转天数太短，有可能是因为企业信用政策过紧，赊销收入极少的缘故。这样，有可能会丧失一部分信用顾客。因此，企业可以通过各期应收账款周转天数比较，来调整企业信用政策和收款效率。

(2) 存货周转率。

$$存货周转率 = \frac{年销售成本}{存货平均值}$$

对于 ABC 公司来说，

$$存货周转率 = \frac{72\,600}{(54\,000 + 60\,000) \div 2} = 1.3$$

表明企业年内销售出去的商品(年销售成本)是商品平均库存的 1.3 倍。

存货周转越快，对企业盈利越有利。但存货周转率过高，有可能会出现存货告罄造成脱销的危险。因此要合理控制存货周转情况。

$$存货周转天数 = \frac{年日历数}{存货周转率}$$

对 ABC 公司来说，

$$存货周转天数 = \frac{365}{1.3} = 281 天$$

即购进商品平均库存 281 天后即可售出。行业不同,存货周转天数有很大差别。如食品行业周转快,一般存货周转天数较短,而贵重商品如珠宝等,周转天数一般相对较长。

4. 衡量企业稳定性指标

通过业主权益与企业负债比较,可以揭示企业长期偿债能力以及企业的资力、稳定性。

(1) 资产负债率。

$$资产负债率 = \frac{总负债}{总资产}$$

对 ABC 公司来说,

$$资产负债率 = \frac{42\,550}{146\,550} = 29\%$$

说明企业总资产中,29%来源于负债。也就是说,企业自有资产为 71%。

资产负债表通过负债总额和资产总额的比例关系,反映企业总资产中有多大比例是通过借债而筹集的。可以用来衡量企业在清算时保护债权人利益的程度,从长期偿债能力角度看,该比率越低越好。

(2) 产权比率。

$$产权比率 = \frac{总负债}{总股东权益}$$

对 ABC 公司来说,

$$产权比率 = \frac{42\,550}{104\,000} = 41\%$$

产权比率揭示了债权人提供资本(借入资本)与股东提供资本之间的相对关系。债权人提供的资本对企业来说是有风险的,因为企业必须到期按时归还本金、利息。而且,债权人债权受法律保护,与公司是否盈利无关。相反,股东投入资本,对企业来说,是无风险资本,股红发放与否,取决于企业盈利状况及企业分红政策。从这一角度看,该比例越小,企业越稳定越安全。从长期偿债能力角度看,也要求该比例越小越好。

但另一方面,如果企业能够通过借债筹措大量资金,那么投资收益中大于利息费用的部分,将成为股东无投资收益,这是举债经营的好处。

因此,企业应适度举债,合理安排资金结构,保证企业的安全性和稳定性,保持良好的长期债偿能力。

5. 衡量企业市场性指标

这里的"市场性"是指上市公司"股票市场"指标,即通过分析股票市价与股东损益之间的关系,揭示股票的市场吸引力,及未来走向。

(1) 市盈率 即每股市价与每股利润之比。它表示的是每元盈利所需投入的本金倍数。

$$市盈率 = \frac{每股市价}{每股利润}$$

假设 ABC 公司普通股目前市价为 15. 60 元,则

$$市盈率 = \frac{15.60}{1.04} = 15:1$$

普通股每股市价为每股均益的15倍，它往往预示股票未来情形。

$$资本报酬率=\frac{每股均益}{每股市价}=\frac{1.04}{15.60}=6.67\%$$

花100元购买一份ABC公司股票，ABC公司今年平均为每份股票创造的税后净值是6.67元。

(2) 股利市价比率。

$$股利市价比率=\frac{每股股利}{股票市价}$$

假设ABC公司每股股红为0.75元，则

$$股利市价比率=\frac{0.75}{15.60}=4.81\%$$

股利市价比率说明股票持有者的“赚头”。花100元购买ABC公司股票，不抛出的话，到年底分红时可得现金4.81元，股利市价比率受公司盈利状况的影响，也受公司分红政策的影响。

$$投资回收期=\frac{股票市价}{每股股利}$$

对ABC公司来说，

$$投资回收期=\frac{15.60}{0.75}=20.8(年)$$

花100元购买ABC公司股票而不抛售，如果ABC公司分红状况如2008年，股票持有者须经过20.8年的时间，才能够收回当初购买时的100元投资。

本章复习题

1. 简述你对财务会计基本理论的整体认识，并举出几项你认为相对重要的会计准则。
2. 资产负债表由哪几个部分组成？列出资产负债表中常用的项目。
3. 列出损益表中主要的项目，并分别阐述这些项目的含义。
4. 总结企业分配利润总额的顺序。
5. 企业财务分析的主要方法有哪些？

第十章 管理会计

管理会计是现代会计学理论体系中一个重要分支和组成部分，正如本部分开篇所述管理会计又称为对内报告会计，是为企业内部管理者管理决策提供信息支持而进行的会计活动，因此管理会计成为了加强企业内部管理和决策的重要理论工具。

第一节 管理会计概述

一、管理会计的形成与发展

现代管理会计是从传统的财务会计系统中派生出来的，现已成为一门与财务会计并列的相对独立的新兴交叉学科，这是社会生产力不断进步和管理水平不断提高的必然结果。而管理会计能够发展到今天的水平并成为与财务会计并重的独立领域，经历了一个逐步发展的过程。

1. 管理会计的萌芽

20 世纪 30 年代初的第一次世界范围的资本主义经济危机，使人们意识到了泰罗(Frederick W. Taylor)、法约尔(Henri Fayol)等创立的科学管理理论，对加强企业内部管理、减少浪费、降低成本、提高劳动生产率等起着巨大的作用。进而一些企业在管理实践中开始应用以科学管理学说为基础而形成、发展起来的标准成本系统；以制定定额为目的的时间和动作研究技术和差别工资制；以及以计划、执行职能分离为特征的预算管理和差异分析。这些技术和方法被大量企业引进原有的会计体系，强调了会计不仅要为外界的所有者服务，也要为加强内部管理服务。

20 世纪初，在美国会计实务中开始出现了以差异分析为主要内容的"标准成本计算制度"和"预算控制"，这标志着管理会计雏形的产生。而"管理会计"(managerial accounting)这一专门术语的首次提出是在美国会计学家奎因斯坦 1922 年出版的——《管理会计：财务管理入门》一书中。

2. 管理会计的形成

第二次世界大战结束之后，各国为了医治战争创伤，大力发展经济。在这样的大背景下，各国企业规模越来越大，集团公司、跨国公司大量涌现，市场经营环境瞬息万变，竞争越来越激烈，管理会计进一步吸收了现代管理科学的各种专门方法和技术，不仅完善了规划控制会计的理论和实践，而且逐步充实了以"管理科学学派"为依据的预测决策会计和以"行为科学"为指导思想的责任会计等内容，从而使管理会计具有更加广泛的实际应用价值和灵活的适应能力，使得管理会计自身理论体系更加完整。

在这期间最为重要是事情是，1952 年在伦敦举行的国际会计师联合会(IFAC)代表大会上，正式通过了“管理会计”这一专门术语，会计也正式被细分为财务会计(financial accounting)和管理会计。

3. 管理会计的发展

从 20 世纪 60 年代末至今大致都可称为是管理会计的发展时期。作为一门新兴学科，管理会计学通过不断吸收现代管理科学，特别是系统论、控制论、信息论、决策论和代理理论等的研究成果，使管理会计理论和方法体系日臻完善，在改善企业内部管理、提高经济效益方法显示了极大的优势。在这期间，美国管理会计成立了属于自己的“管理会计师协会”(之后更名为“执业管理会计师协会”)；美国会计学设立了专门的“管理会计学科委员会”，从事大量的管理会计理论研究；同时，英国也成立了“成本与管理会计师协会”，这使得管理会计除了在理论和方法上日益成熟的同时，在日常的管理和发展也有了保障。

相对于西方国家来说，我国管理会计起步较晚，管理会计从 20 世纪 80 年代初期开始引入国内。管理会计一经引入，便在国内掀起了热潮，许多企业纷纷采用管理会计专门技术方法如预测分析、决策分析、责任会计和成本控制等，取得了显著成效。在总结我国会计实践经验的基础上，借鉴西方管理会计理论和方法，目前在我国已经初步建立起具有中国特色的管理会计和方法体系。

二、管理会计的特点

在讨论管理会计的特点前，我们先总结管理会计的官方定义。

(1) 1958 年，美国会计学会(AAA)下属的“管理会计委员会”把管理会计定义为：管理会计是指在处理企业历史和未来的经济资料时，运用恰当的技巧和概念来协助经营管理人员拟订能够达到合理经营目的的计划，并作出能够达到上述目的的明智的决策。

(2) 1981 年，美国全国会计师联合会(NAA)认为：管理会计是为管理当局用于企业的计划、评价和控制，保证适当使用各项资源并承担经营责任，而进行确认、计量、积累、分析、处理、解释和传递财务信息的过程。

(3) 1988 年，国际会计师联合会下设的财务和管理会计委员会对管理会计进行了如下定义：管理会计是指在一个组织内部，对管理当局用于规划、评价和控制的信息(财务的和经营的)进行确认、计量、积累、分析、处理、解释和传输的过程，以确保其资源的利用并对它们承担经营责任。

我国学者结合中国的情况，对管理会计的定义提出了许多不同观点，但较有代表性的定义是：管理会计是通过一系列专门方法，利用财务会计及其他有关资料进行整理、计算、对比和分析，使企业各级管理人员据以对日常发生的一切经济活动进行规划与控制，并帮助企业领导做出各种专门决策的信息处理系统。从上述定义中我们可以总结出属于现代管理会计的特点，也是其区别于财务会计的主要特点：

(1) 服务对象。管理会计的服务对象主要为企业内部提供经营管理服务，经常被称为“对内报告会计”。这是现代管理会计的主要特点，也是管理会计区别于财务会计的最重要的标志。

(2) 会计主体。管理会计主要以企业内部各层次的责任单位为会计主体,为企业运行中某个特定目标提供服务,如成本预测、规划、控制等环节,并且管理会计是突出以人为中心的行为管理,同时也从企业全局出发,兼顾企业主体;而财务会计则主要以整个企业为会计主体,提供集中、概括的成本信息,反映整个企业的财务状况和经营成果。

(3) 限制和约束。管理会计不同于财务会计,它主要是为企业内部改善经营管理提供有用信息,不受“公认会计原则”的制约,从管理的需要及企业内部的控制制度和成本效益原则的要求出发,灵活应用其他现代科学理论;而财务会计则必须严格按照“公认会计原则”的要求编制会计凭证、账簿和报表。

(4) 会计方法和程序。管理会计经常运用现代数学方法,吸收了大量先进的管理理念和科学管理技术,在处理问题时可以选择灵活多样的工作方法,一般业务处理的程序不固定;而财务会计的方法比较稳定,一些核算方法一经采用,不得随意更改。会计处理的程序比较固定,并具有强制性。例如,凭证、账簿和报表都有规定的格式,报表要定期编制,及时报送或披露。

(5) 精确程度。由于管理会计的工作经常要跨越过去、现在和未来三个时期,且主要工作是面向未来进行预测、决策,而影响未来的不确定性因素较多,所以对其提供的数据不要求绝对精确;而财务会计主要反映的是过去已发生的业务,因此要求其提供的数据要非常精确。

三、现代管理会计的职能

管理会计是管理科学与会计科学相结合的产物,因此,管理会计的职能与管理的职能和会计职能的关系密不可分。按照管理五职能的观点,我们可以将管理会计的主要职能概括为以下五个方面:预测经济职能、参与决策职能、预算规划职能、控制职能以及考核评价职能。下面我们展开讨论。

1. 预测经济职能

管理会计预测经济的职能就是会计人员选择科学、合理的模型方法,根据企业未来的目标和经营方针,有目的地预计和推测企业未来销售、成本、利润以及资金的变动趋势和水平,为企业管理者进行正确的经营决策提供信息支持。因此,预测经济职能是管理会计的基本职能,是执行其他职能的基础。

2. 参与决策职能

参与决策是指会计人员在预测的基础上,在充分考虑企业内外部因素的前提下,针对实现一定经营目标提出可供选择的有关方案,然后按照客观规律的要求、运用科学方法分析比较,从中选取出最优方案。当然,“参与决策”不同于“决策”,“参与决策”强调管理会计人员为了帮助企业决策者作出正确的判断和决策,对经营中的特定问题拟订出合理科学的备选方案,供决策者进行选择。

3. 预算规划职能

预算规划职能是在上面最终决策方案的基础上,编制企业全面预算和各责任单位的责任预算,将事先确定的有关经营目标分解落实到各有关预算中,从而合理有效地组织协调企业供应、生产、销售以及人力、物力和财力之间的关系,并为后续的控制和责任考核创造条件。

4. 控制职能

控制职能主要是根据预算规划标准来衡量预算规划在企业内执行的情况，纠正其在执行中的偏差，确保预算规划目标的实现。这一职能的充分发挥，要将事前预算规划的科学性与事中控制的准确性有机结合起来，以保证企业各项经济活动不偏离既定的目标。

5. 考核评价职能

考核评价经营业绩是通过建立责任会计制度，根据各责任单位编制的业绩报告，将实际完成数据与预算标准进行对比，并分析其中的差异及其产生差异的原因，明确责任归属，以此作为对各责任单位的工作业绩或经济成果进行考核、评价以及奖惩的依据。

第二节　成本管理会计

成本管理会计是管理会计中非常重要的组成部分，成本管理会计的一个重要目的就是计算各项成本，并将其成功地分配到每个实体即成本对象，为公司决策提供重要信息。我们看到随着竞争的加剧，企业间除了在产品质量、品牌、服务等传统竞争层面展开竞争外，近年来，越来越多的企业采取低成本战略，并获得了很好的效果。所以目前企业无论是在最初做决策的时候，还是在企业日常经营的时候都会对成本给予更多的关注。

当企业致力于关注成本的时候，需要企业各部门的支持。对于管理会计来说，其对于企业成本的管理作用还是非常大的，主要在成本计算和成本控制这两个方面为企业管理层提供帮助和支持。

一、成本计算方法

目前主要有两大类成本计算方法，即完全成本法和变动成本法。这两种方法根本区别在于在产品成本的计算过程中如何看待固定性制造费用。下面我们分别描述两种成本计算方法。

1. 完全成本法

完全成本法是较为传统的成本计算模式，其在计算产品成本和存货成本时，把一定期间内在生产过程中所消耗的直接材料、直接人工、变动制造费用和固定制造费用的全部成本都包含在计算成本中，将非生产成本作为期间成本，按传统式损益确定程序计量损益。完全成本法的具体特点如下：

(1) 符合公认会计准则的要求。公认会计准则认为，会计分期是对持续经营的人为分割，应该加深这种人为因素对企业经营成果的影响，尽量保证持续经营假设下经营的均衡性。完全成本法强调持续经营假设下经营的“均衡性”，认为会计分期是对持续性经营的人为分割，这种分割决定于企业内部和外部多种因素的共同影响。因此，固定性制造费用转销的时间选择并不十分重要，它应该是一种可以在将来换取收益的资产。

(2) 强调固定制造费用和变动制造费用在成本补偿方式上的一致性。完全成本法认为，只要是与产品生产有关的耗费，均应从产品销售收入中得到补偿，固定性制造费用也不例外。因为从成本补偿的角度讲，用于直接材料的成本与用于固定性制造费用的支出并无区别。所以,固定性制造费用应与直接材料、直接人工和变动性制造费用共同构成产品的成本,而不能人为地将它们割裂开来。

(3) 强调生产环节对企业利润的贡献。由于完全成本法下固定性制造费用也被归集于产品的成本而随产品流动,因此本期已销产品和期末未销产品在成本构成上是完全一致的。在一定销售量的条件下,产量大则利润高,所以,客观上完全成本法有刺激生产的作用。也就是说,从一定意义上讲,完全成本法强调了固定制造费用对企业利润的影响。

2. 变动成本法

变动成本法又称为直接成本法 ,是将直接材料、直接人工和变动性制造费用作为产品成本,将固定性制造费用作为期间成本的成本计算方法。变动成本法起源于 20 世纪 30 年代的美国,目前已经广泛应用于世界各国的企业内部管理中,成为企业进行成本计算的有效办法。变动成本法来源于完全成本法,却又与其有着本质的区别,即将固定制造费用作为期间成本处理,而完全成本是将其纳入产品成本计算的。这样改变的主要原因如下:

(1) 产品成本应该只包括变动生产成本。管理会计中,产品成本应是那些随产品实体的流转而流转,只有当产品销售出去时才能与相关的收入实现配比,并得以补偿的成本。按照变动成本计算的解释,产品成本必然与产品产品密切相关。在生产工艺没有发生实质性的变化,成本消耗水平不变的情况下,所发生的产品成本总额应当随着完成的产品产量成正比例变动。如果不存在产品这个物质承担者,就不应当有产品成本存在。因此,在变动成本法下,只有生产成本中的变动部分才构成产品成本的内容。

(2) 固定制造费用应当做期间成本处理。期间成本是指那些不随产品实体的流转而流转,而是随企业生产经营持续期间长短而增减,其效益随时间的推移而消逝,不能递延到下期,只能于发生的当期计入损益表,由当期收入补偿的成本。期间成本于发生当期直接转作本期费用,不能直接计入期末存货并随产品实体的流转而递延至下期。

下面举例说明两种成本计算方法下产品成本计算的计算方法。

例如,某企业本年只经营一种产品,有关资料如下:

年产销量: 5 000 件

单位直接材料费: 8 元

单位直接人工费: 6 元

单位变动性制造费用: 4 元

固定性制造费用总额: 27 000 元

分别采用变动成本法和完全成本法计算的单位产品成本如表 10-1 所示。

表 10-1 变动成本法和完全成本法

项 目	变动成本法	完全成本法
直接材料	8	8
直接人工	6	6
变动性制造费用	4	4
固定性制造费用	—	5.4
单位成本	18	23.4

二、成本控制

为了保证低成本战略的成功实施，除了要实现成本的科学计算外，更重要的是保证企业成本目标的实现，这就是成本控制理论所要研究和解决的主要问题。从这个角度可以将成本控制定义为：以目标成本为依据，对企业的各项成本开支进行科学严格的监督、指导和调节的一系列经济活动过程，是管理会计的一项重要职能和内容。

1. 成本控制的原则

1）责权利相结合原则

在成本控制的不同层次上，控制主体拥有对其范围内发生的资金耗费以及相关经营活动实施控制的权力，可以在其责任范围内采用管理措施。与此相对应地，责任者也必须承担因管理失误，导致成本失控而产生损失的经济责任。贯彻责权利相结合的原则，应明确划分不同层次的成本可控空间范围，理顺各层次之间的责权关系，坚持责任成本在不同空间上的不可转移性和同一空间责任成本在时间上的不可递延性，这样在清楚地划分出各个成本的权责范围的时候，我们更容易去评估和考量。当然，企业一定要注重发挥利益机制的激励作用，对于在成本控制中取得成效的单位或个人要予以肯定和奖励，以调动管理人员和生产人员努力做好成本控制工作的积极性。

2）全面性原则

由于成本涉及企业管理的方方面面，因此，必须树立统筹兼顾的全面观点，才能使成本达到有效的控制，达到整体经济效益最优。全面性原则具体体现在全方位成本控制、全过程成本控制和全员性的成本控制这三个方面。

(1) 全方位的成本控制。全方位的成本控制强调要处理好成本与产量、质量、利润等指标之间的关系，既要注重节约开支，精打细算，又不能一味地强调控制和监督而忽视了正常的投入。

(2) 全过程的成本控制。从企业最初的投资融资计划、产品设计、技术改造、存货管理、设备更新、产品生产、管理费用、营销策略直到售后服务的所有生产经营环节，都要进行严格的成本控制。

(3) 全员性的成本控制。全员性的成本控制理念即强调成本控制并不是专属于相关会计审计部门或是领导部门的工作，而是要将成本控制的思想渗透到全体员工的日常经营活动中来。

3）效益性原则

效益性原则强调单位资源投入所带来的经营效益提高程度。在这里，成本控制不能狭义地理解为单纯对生产耗费的节约，而是要注重“效率性”，因而应当以单位耗费所获益最大为目标来实施成本控制。事实上成本控制的效益很大程度上并不是体现在生产经营活动过程之中，而是取决于生产经营活动过程之前。这就要求从发展高新技术、更新产品功能、提高产品质量、增加产品品种、协调生产组织、优化经营策略以及培植核心技术能力，创造名优品等方面做好成本的科学预测、决策和控制，从成本事前控制中挖掘不断降低成本的潜力。

4）其他原则

除了上述的三个原则外，成本控制还要重视及时性以及突发性。企业成本是在生产经营活动中形成的，它总是处于动态变化之中。为了保证成本控制的有效性，当在经营过程中出现成本失控的现象时，必须要运用一定的方法，及时分析和追踪产生成本偏差的具体原因，进而采取措施调节成本差异，把不利影响限定在尽可能小的范围内。

并且这种成本失控现象大多是突发性的，在企业成本控制实施过程中有可能会发生一些事先不曾预计的影响因素和状况，因此企业在成本控制上就要重视突发性，及时采取调整措施。

2. 成本控制过程

成本控制过程可分为前馈(事前)控制、过程(事中)控制和反馈(事后)控制三个部分。成本的前馈控制，一般是指目标成本的制定，因为在指定目标成本的过程中，需要采用各种方法对成本进行预测，制定合理的标准，选择最优方案等成本控制行为。目标成本的确立，树立了一个衡量成本高低的尺度，成为成本控制的依据。

成本的过程控制是对成本的形成和偏离成本预算的差异以及原因进行日常的披露，并采取措施加以改进，保证成本预算的实现。

成本的反馈控制是产品成本形成以后，把日常发生的差异及其原因汇总起来进行分析研究，找出成本升降的规律性，提出进一步改进的措施，并计算出产品的实际成本。

因此，广义的成本控制通常包括以下几方面的内容：①事前目标成本的制定；②事中脱离“目标”差异的披露和分析；③将目标成本加上或减去脱离目标的差异，计算出产品的实际成本；④分析发生差异的具体原因，进一步挖掘降低成本的潜力。而一般狭义的成本控制只指成本的过程控制，不包括前馈控制和反馈控制。

为了使控制过程有意义和可信，组织必须有知识和能力纠正被确认处于失控的情况，否则控制不能发挥作用。如图 10-1 所示，保持组织处于可控中的过程由五个阶段组成。

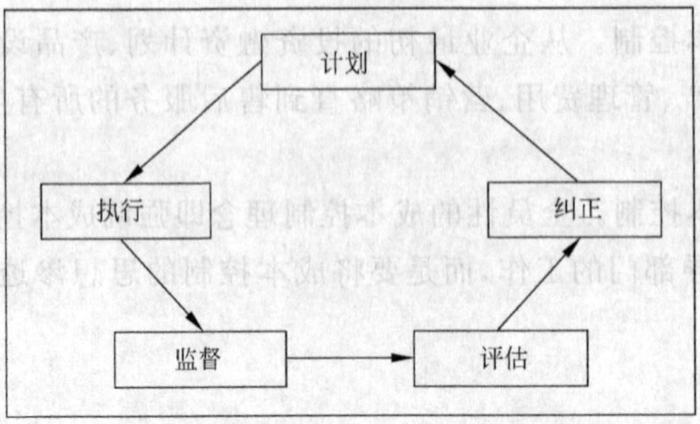

图 10-1　组织控制管理过程图

资料来源：王静刚. 管理会计精要与个案. 北京：科学出版社

(1) 计划内确定组织目标，选择实现目标的手段和找到确定目标达到的指标等组成。

(2) 执行是实施计划。

(3) 监督是测量系统现行运营水平的过程。

(4) 评估是当系统现行业绩水平反馈出来后将其与计划水平相比较，如果确有差异，提出纠正措施。

(5) 纠正是采取适当措施使系统重回可控状态。

第三节 全面预算管理

一、全面预算管理概述

全面预算管理已经被众多企业所接受,成为了企业管理会计的一项重要工作。那么全面预算管理对于企业到底有着怎样的作用呢?曾有学者用很直观的例子来比喻全面预算管理环节在企业中的地位:全面预算管理之于企业管理,就像是指挥之于乐队。指挥是乐队的一员,是乐队的重要组成部分,如果没有指挥,乐队将会是一盘散沙无法进行演奏,而且乐队的人数越多,指挥所起的作用也就越大。同样地,全面预算管理指挥着企业各部门协调发展,而且随着企业规模的扩大,全面预算管理的作用也就越大。下面我们来详细介绍如何开展全面预算管理。

1. 全面预算管理的定义

"预算"(budget)一词起源于法文 baguette,意思是用皮革制成的袋子或公文包,而后 budget 一词正式出现在财政部门的文件中,这也是预算一词最初的来源。同样,"预算"最初在我国也专用于政府领域,《辞海》给出的定义为:经法定审查批准机关、团体和事业单位在一定期间的收支预计。随着全球经济和社会的不断发展,企业为了提高自身的运营水平和竞争能力,开始借鉴政府预算的管理,将预算系统纳入企业的管理运营中来。伴随着这种管理运营方法的日益规范,便出现了全面预算管理,现在全面预算管理成为现代管理会计中重要的组成部分。

全面预算管理是指以货币和其他数量形式将企业的决策目标、资源配置以及全部经营活动以预算的形式表达出来的过程。全面预算管理模式的构建要以战略管理为起点,也就是说全面预算管理要符合企业发展战略,围绕企业总体目标来展开制定。除此之外,全面预算管理要以预测和规划环节为核心,根据掌握的全方面信息,通过科学系统的计算方法制定出企业各个方面在未来一段时间内将要实现的目标,并将目标层层细化分解落实到企业各部门甚至个人。

2. 全面预算的内容

全面预算,之所以称为"全面",是因为其为多个预算的集合,涉及企业的销售、生产、筹资以及分配等各项经营管理活动。概括来说,全面预算管理的内容一般分为:经营预算、财务预算和专项预算三个部分,如表 10-2 所示。

1) 经营预算

经营预算主要反映企业在计划期间内与企业日常经营活动直接相关的,具有实质性的基本活动的预算。经营预算主要包括销售预算、生产预算(直接材料预算、直接人工预算、制造费用预算、产品成本预算)、销售和管理费用预算等。

2) 财务预算

财务预算是指企业在计划期内反映有关现金收支、经营成果和财务状况等有关的预

表 10-2　全面预算内容分解表

<table>
<tr><td rowspan="10">全面预算</td><td rowspan="4">经营预算</td><td>销售预算</td></tr>
<tr><td>直接材料预算、直接人工预算</td></tr>
<tr><td>制造费用预算、销售费用和管理费用预算</td></tr>
<tr><td>产品成本预算</td></tr>
<tr><td rowspan="4">财务预算</td><td>现金预算</td></tr>
<tr><td>财务费用预算</td></tr>
<tr><td>预计资产负债表</td></tr>
<tr><td>预计利润表、预计利润分配表和预计现金流量表</td></tr>
<tr><td rowspan="2">专项预算</td><td>一次性经营决策预算</td></tr>
<tr><td>投资决策预算</td></tr>
</table>

算。主要包括现金预算、财务费用预算、预计资产负债表、预计利润表、预计利润分配表和预计现金流量表等内容。

3）专项预算

专项预算是指企业为不经常发生的一次性经营决策或投资决策所做的预算。一次性经营决策预算是为了配合财务预算的编制，对企业日常财务活动中的一次性业务，如筹集资金、投放资金、发放股息红利等编制的预算；投资决策预算主要是根据经过审核批准的长期投资项目所编制的预算。

二、全面预算的编制

如前面所述，全面预算管理以企业战略为起点，涵盖经营预算、财务预算和专项预算三大部分。在这里，由于篇幅有限，我们不再一一列举每个部分预算如何来做，而是集中介绍全面预算编制的思路与流程。

图 10-2 描述出了全面预算的全过程，企业以战略为蓝本编制预算，按照以往的销售量、未来的定价政策、产品市场份额、宏观经济状况、行业竞争等因素确定企业的销售预算（包括销售数量和销售金额）。根据企业的销售预算，按照“生产量＝本期销售量＋期末结存－期初结存”的公式并结合企业自身的生产能力，来决定企业的生产预算。然后再以企业的生产预算为依据确定企业的材料、工资及费用，并编制各种现金支出表。在此基础上编制预计资产负债表、预计利润表和预计现金流量表。

三、全面预算的执行

预算的执行是全面预算管理的重要环节，通过预算的执行，才能使预算目标得以实现。在全面预算执行的过程中要特别注意刚性原则和预算责任分解原则，也就是说，制定出的预算指标必须是刚性的。经过批准的预算如果不能刚性执行的话，那么就无法保证预算目标的全部实现，因此预算目标一经确定，就不允许进行更改，要确保完成预算。另

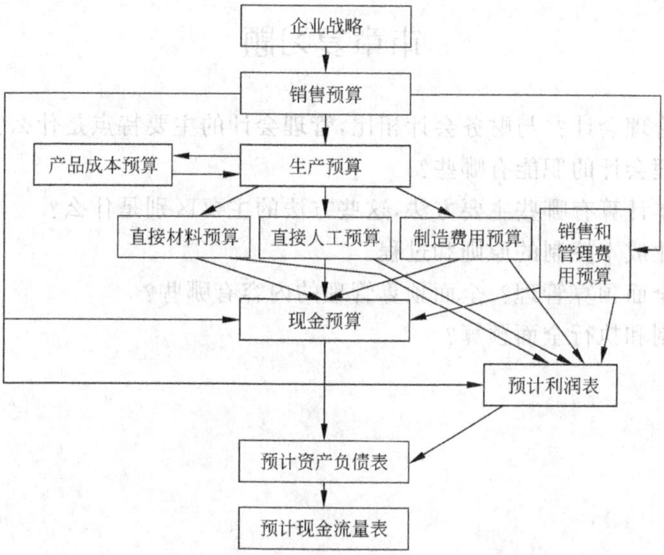

图 10-2 全面预算编制过程分解图

外，在全面预算的执行前要将预算具体化为责任预算，并分解到各个执行主体，保证各层面执行主体在具体工作中有据可依。

1. 预算跟踪分析

对预算执行情况进行定期的跟踪分析，是确保预算执行是否偏离预算目标的有效监控手段。在预算跟踪分析过程中需要企业中多个部门相互配合，及时沟通、及时反馈，保证信息的准确、流畅。

(1) 在预算执行中，预算职能部门负责对职责分工范围内的预算执行情况进行日常的监督，至少每个季度向上级预算管理人员报送一次书面的监督检查材料。发现问题应及时与预算管理办公室沟通，以便协同一致，迅速解决问题。

(2) 预算管理部门应及时将预算的编制、跟踪、决算等信息向单位领导和相关部门通报，相关预算管理部门还应该对下属单位报送的预算报表和监督检查材料进行综合分析，得出预算执行情况分析报告，便于企业高层掌握信息。

(3) 在预算的具体执行过程中，具体的执行工作部门也要认真、及时地向预算职能和管理部门报送、反馈信息。一旦当预算执行的变化幅度过大(超过 10%)的项目应及时通过相应渠道向预算管理部门报告。

2. 预算的调整

在前面我们强调了预算执行的“刚性”原则，但如果预算前提发生重大变化对年度预算完成造成很大影响的话，经过规定的程序批准后，还是可以对预算指标进行必要的调整。预算调整遵循“先报批，后执行”的原则。

本章复习题

1. 什么是管理会计？与财务会计相比，管理会计的主要特点是什么？
2. 现代管理会计的职能有哪些？
3. 企业成本计算有哪些主要方法，这些方法的主要区别是什么？
4. 简述企业成本控制的原则和过程。
5. 什么是全面预算管理？全面预算管理的内容有哪些？
6. 如何编制和执行全面预算？

第五部分

企业财务管理与财务决策

现代的企业管理，是对价值和使用价值的高效综合管理过程，其中包括营销管理、生产运作管理、技术管理、会计管理及财务管理等管理子系统。而财务管理作为企业管理的一个子系统，具有着综合性的功能。财务管理的对象是资金，是对资金运动全过程的管理，渗透和贯穿于企业一切经济管理活动之中。随着社会经济环境的不断变化、科学技术的日新月异，财务管理的内容和职能也在不断扩展，财务管理作为企业管理体系的基石，对于企业的发展越来越重要。

财务与会计在理论和实务工作中具有紧密的联系，以至于很多从业者在具体工作中不能很好地界定两者的关系。在本书的第四部分，我们已经系统展开了对于会计的论述，从中我们可以看到会计主要聚焦于为企业决策提供信息参考，因而财务和会计不是等价的，会计是基础，而财务则是目标，会计可以为财务决策提供大部分的信息支持。也就是说会计和财务分属不同的信息系统，会计属于信息系统，财务则属于决策系统。

本部分在对财务管理进行概述后，集中介绍有关企业的成本管理、资金管理、投资管理相关的企业财务决策理论。

第十一章

企业财务管理与财务决策

第一节 财务管理概述

一、财务管理内涵

1. 财务管理定义

“财务”(finance)一词,是指政府、企业和个人对货币这一资源的获取和管理。因此国家财政、企业财务和个人理财都属于“财务”的范畴。但本部分讲述的财务管理(financial management)是针对企业,研究其货币资源的获取和管理。展开来说就是在企业的整体目标下,关于资产的购置(投资),资本的融通(筹资)和经营中现金流量(营运资金),以及利润分配的管理。财务管理是企业管理的一个组成部分,它是根据财经法规制度,按照财务管理的原则,组织企业财务活动,处理财务关系的经济管理工作。财务管理是组织企业财务活动,处理财务关系的经济管理工作。

在这里我们还要对实施财务管理的主体特征进行总结,因为财务管理主体地位能否得到承认,对于企业的生产经营活动有着重要的影响。一般情况下,财务管理的主体应具有以下特征:①该主体拥有独立资本,这是财务管理主体存在的基本条件;②具有独立的财权,有权安排自己的财务活动,实施财务控制,这是财务管理主体的重要体现;③承担财务责任和享受经营成果,这是企业活动的约束机制和激励机制。理论上讲,任何一个具有独立法人地位的企业都具备财务管理主体的资格和地位。

2. 财务管理的特点

企业生产经营活动的复杂性,决定了企业管理必须要包括多方面的内容,如生产运作管理、技术管理、人力资源管理、销售管理、财务管理等。各项工作是互相联系、紧密配合,同时又有科学的分工,具有各自的特点。财务管理作为贯穿企业各环节之中的活动,具有以下几个方面的特点。

1) 财务管理是一项综合性管理工作

企业在实行分工、分权的过程中形成了一系列专业管理,有的侧重于使用价值的管理,有的侧重于价值的管理,有的侧重于劳动要素的管理,有的侧重于信息的管理。社会经济的发展,要求财务管理主要运用价值形式对经营活动实施管理。通过价值形式,把企业的一切物质条件、经营过程和经营结果都合理地加以规划和控制,达到企业效益不断提高、财富不断增加的目的。因此,财务管理既是企业管理的一个独立方面,又是一项综合性的管理工作。

2）财务管理与企业各方面具有广泛联系

企业的经营活动脱离不了资金，而在企业中，一切涉及资金的收支活动又都与财务管理相关。因此，财务管理的触角，常常伸向企业经营的各个角落。每一个部门都会通过资金的使用与财务部门发生联系，每一个部门也都要在合理使用资金、节约资金支出等方面接受财务部门的指导，受到财务制度的约束，以此来保证企业经济效益的提高。

3）财务管理能迅速反映企业生产经营状况

在企业管理中，决策是否得当，经营是否合理，技术是否先进，产销是否顺畅，都可迅速地在企业财务指标中得到反映。例如，如果企业生产的产品适销对路，质量优良可靠，则可带动生产发展，实现产销两旺，资金周转加快，盈利能力增强，这一切都可以通过各种财务指标迅速地反映出来。这也说明，财务管理工作既有其独立性，又受整个企业管理工作的制约。财务部门应通过自己的工作，向企业领导及时通报有关财务指标的变化情况，以便把各部门的工作都纳入到提高经济效益的轨道，努力实现财务管理的目标。

4）财务管理与企业外部环境息息相关

国家的经济发展周期、政府财政政策的宽松和紧缩对企业的财务管理策略有很大的影响。例如，金融市场及利率的相关政策发生变化时，企业的筹资策略也将受到很大的影响。因此企业的财务管理就是寻求在一定的外部环境下，使企业资金运用尽可能有效的方法，这就需要企业相关人员要时刻关注企业的外部环境，平衡在需求与收益、成本与风险之间的选择，作出最终能够使股东财富最大化的决策。

二、企业财务管理目标

企业财务管理目标，也称为财务目标，发展至今有多种不同的财务目标，占据主流地位的有如下几种：

1. 股东财富最大化

在财务理论界最流行的观点是企业经理应当以股东财富最大化作为企业的财务目标，在国内有时将其称为所有者权益最大化，这种观点被称为股东财富最大化模式(shareholder wealth maximization)。对于上市公司，股东财富由其所拥有的股票市场价值来决定，所以在运行良好的资本市场里，股东财富最大化目标可以理解为最大限度地提高现在的股票价格，企业的财务目标是使每股股票的目前价值最大化。

以股东财富最大化作为财务目标的优点如下：

(1) 考虑了货币的时间价值和投资的风险价值，有利于选择投资方案，统筹安排长短期规划、有效统筹资金、合理制定股利政策因素。

(2) 反映了资产保值增值的要求，股东财富越多，企业资产的市场价值越大。

(3) 有利于克服管理上的片面性和短期行为。

(4) 有利于社会资源合理配置，社会资本通常流向企业价值最大化或股东财富最大化的企业或公司，从而实现社会效益最大化。

2. 相关利益者利益最大化

此目标要求企业经理要为相关利益者利益最大化服务，相关利益者包括股东、债权人、企业职工、顾客以及供应商等其他相关的利益者。传统的公司法规定经理仅仅对股东财富最大化负责，但是美国率先修改了公司法，突出强调公司经理对公司的长远发展和全部利益相关者负责。如今，相关利益者利益最大化的财务目标在世界范围内得到了广泛的认可，我国对企业提出的“国家、个人和集体兼顾”的企业目标与相关利益者利益最大化很类似。

3. 利润最大化

此目标强调企业财务管理的目标就是利润最大化。利润代表了企业新创造的财富，利润越多则企业创造的财富增加得越多，越接近企业的目标。但是利润最大化作为企业财务目标存在些明显的不足。例如，利润最大化目标没有考虑利润的时间价值，没有考虑到利润与投入资本额的关系，没有考虑取得利润与所承担风险的关系等。

4. 经理人利益最大化

经理人利益最大化(managerial welfare maximization)是强调企业的经理人是以经理的利益最大化的目标来经营企业的。虽然企业的管理者可以从企业取得工资、奖金以及一些非货币利益，但这些利益毕竟是有限的，尤其是在大公司和成长的企业中，这些获得似乎更容易被掩盖。经理利益最大化的目标可以激励经理人更积极地为企业的销售、成长等企业目标奋斗。但经理利益最大化的财务目标容易引起短期行为，由于经理人的过度投资或投资不足，尽量多地保留利润少发股利，从而损害股东利益。

三、企业财务管理的重要性

企业是国家经济的细胞，企业财务实力的大小直接关系到国家财政收入及财政结构，影响着金融市场的稳定以及人民的生活水平。我国企业虽然已越来越重视财务管理活动开展的科学性，但在具体经营过程中还是存在着不足。因此，认识到财务管理的重要性，剖析目前财务管理存在的不足，这些对于企业的发展有着至关重要的作用。目前企业对财务管理认识的误区，主要有如下三类。

1. 盲目筹资，忽视现金流量

负债具有财务杠杆效应的特质，也就是说当企业盈利水平较高的情况下，扣除债权人拿走固定利息后仍会有收益，且盈利水平越高，企业获得的回报也会越多。相反，当企业盈利水平低于利率水平的情况下，企业不但得不到回报，甚至还会亏损。总结来说，负债的财务杠杆效应是一把“双刃剑”，它既可以给企业带来积极的影响，也可以带来消极的影响。当总资产利润率大于利率时，举债给企业带来的是积极的影响；相反，当总资产利润率小于利率时，举债给企业带来的是消极的影响。因此，企业在筹集资金时，要科学合理地确定借入资本与自有资本的比例，适度地负债经营。

而很多企业在具体经营过程中，没有足够地重视财务管理或是抱着“急功近利”的心态大力举债，最终导致无法挽回的失败。负债经营能否给企业带来积极效应，主要看两条关键要素：一是负债筹集的资金利用效果如何；二是资金的回收速度如何。具体来说，当资金得到充分利用的时候，总资产利润率会大于利率，这时举债可以提高企业的盈利水平；另外，当资金投入能够得到充分利用时，能够及早产生效益并收回所投资金，则到期债务本息的偿付就越有保证，否则很容易由于资金不能及时回笼致使企业倒闭。巨人集团失败的例子就很好地说明了这两条原则的重要性。当巨人大厦被一层层加高，所需投入的资金像滚雪球般地急速膨胀,终于被无限放大的信用链条戛然断裂,巨人集团也随之轰然倒下。

2. 资本运营过度

目前,资本运营成为了企业赚取利润的新途径,但人们却给予了其过度的热情,甚至有点"不择手段"。例如,粉饰会计报表、编造虚假利润,甚至骗取上市资格。资本运营是企业财务管理的重要部分,但由于大家对于资本运营认识的偏差,导致对于企业财务管理开展得不科学:

(1) 将资本运营过程视为其目的。部分企业将募集资金作为资本运营的主要目的,也就是简单地为了"圈钱",为上市而上市,不顾实际情况,玩弄手段,通过虚假会计主体、制造或发布虚假信息、选用不当会计政策等手段粉饰企业会计报表,蒙骗投资者。更有甚者,将资本运营视为躲避监管的手段,虚假重组逃债。

(2) 脱离生产经营具体情况来进行资本运营。有些企业实施资本运营,不是以搞好自身的生产经营、提高企业的核心竞争能力作为基础,而是盲目实行多元化经营,或者盲目进入自己不熟悉的行业,由于自身人力、物力、财力有限,导致业务运作疲于奔命,最终首尾不能兼顾,陷入被动。

(3) 将规模经济等同于经济规模。以为实现规模经济的一个重要途径就是扩大企业的资产规模,于是片面追求规模,搞兼并、集中,对并购对象缺乏理性分析和客观评估,盲目重组、并购一些无发展前途的企业或本应该退市的上市公司,实行集团化,结果适得其反。非但没有通过并购壮大自己,反而背上沉重的包袱,有的企业甚至被并购拖垮。

(4) 把资本经营等同于股票上市和企业改制的妙方。股票上市和企业改制是资本运营的重要内容,但绝不是全部内容。

3. 忽视成本管理

目前很多企业失败的另一主要原因就是财务失控,具体来说就是忽视成本控制在企业经营过程中的作用。

当前,企业成本管理中普遍存在着成本意识淡化,成本管理弱化,成本行为软化的"三化"现象。"三化"现象致使成本失控日益严重,成本水平居高不下,严重制约着企业经济效益的提高,从而影响企业的发展。企业为了追求一时的业绩,不惜重金招揽营销、广告、策划专家,但却几乎没有专业的财务人员,甚至经常由非专业人士代管。企业非常不重视财务,更不用谈对于成本的管理和控制了。因此在企业运营过程中极易出现铺张浪费、成本高于行业平均水平的情况,最终导致企业失去竞争力。

从上面的分析中,我们可以看出,目前很多企业发展失败的主要原因都与财务管理的相关工作有关,反过来说,当企业重视财务管理开展的科学性与有效性,企业成功的几率也会随之大大提升。当然,要发展壮大企业,不仅需要发挥好财务管理的职能,也要发挥出企业管理其他方面的职能,充分调动好各方面的积极性,相互配合,才能不断增强企业的经济实力,才能在激烈的市场竞争中立于不败之地。

第二节 企业财务决策——成本管理

我们在介绍会计要素中已经提到，"成本，是指企业为生产产品、提供劳务而发生的各种耗费。"成本会计则是侧重于成本的归集、分配和产品成本的计算。成本归集指将与产品相关的费用在不同产品之间归集；成本分配，包括将与产品相关的费用在产成品与在产品之间区分开来，从而正确计算产品成本；还包括对已完工的产品成本进一步区分为本期已销售产品成本和期末存货成本。通过正确计算产品成本，方能如实反映企业的财务状况和经营水平。因此，成本会计提供的信息是正确编制财务报表的基础，无论企业内部、外部的决策者都非常关注成本信息。

企业内部管理者在日常经营管理活动中，也会通过一定方法对成本数据进行加工、改制和延伸，以适应不同决策的需要。在管理会计中，强调"不同目的、不同成本"，只有适应管理者决策需要的成本信息才是相关的信息。但是根据内部管理者决策需要计算的成本信息，不能成为编制财务报表的基础。

一、生产费用及其分类

生产费用指企业在一定时期内发生的全部生产耗费的总和。生产费用绝大部分是用于产品生产的，计入产品成本；生产费用中还有一部分不用于产品生产的，不计入产品成本。

1. 生产费用按经济内容分类

生产费用按经济内容分类，首先可以分为劳动对象方面的费用、劳动手段方面的费用和活劳动方面的费用。前两者为物质消耗，后者为非物质消耗。可再细分为以下几类：

(1) 外购材料是指企业为进行生产而耗用的一切由外部购入的原材料及主要材料、半成品、辅助材料、包装物、修理用备件和低值易耗品等；

(2) 外购燃料是指企业为进行生产而耗用的一切外部购入的各种燃料；

(3) 外购动力是指企业为进行生产而耗用的一切由外部购入的各种动力；

(4) 工资是指企业应计入生产费用的职工工资；

(5) 提取的职工福利费、工会经费、教育费附加等是指企业根据规定按工资一定比例计提的职工福利费、工会经费、教育费附加等；

(6) 折旧费是指企业根据规定的固定资产折旧率计提的折旧费用；

(7) 利息支出是指企业为筹集生产经营资金而发生的利息支出；

(8) 税金是指应计入生产费用的房产税、车船使用税、印花税等；

(9) 其他。

生产费用按经济用途分类的各要素称为生产费用要素。

2. 生产费用按经济用途分类

生产费用按经济用途分类，首先可以分为产品制造成本和期间费用两大类。

- 生产费用
  - 产品制造成本
    - 直接材料
    - 直接工资
    - 其他直接支出
    - 制造费用
  - 期间费用
    - 管理费用
    - 财务费用
    - 销售费用

企业生产过程中实际消耗的直接材料、直接工资、其他直接支出和制造费用，计入产品制造成本。

(1) 直接材料包括企业生产经营过程中实际消耗的原材料、辅助材料、备品配件、外购半成品、燃料、动力、包装物以及其他直接材料；

(2) 直接工资包括企业直接从事产品生产人员的工资、奖金、津贴和补贴；

(3) 其他直接支出包括直接从事产品生产人员的职工福利费、工会经费等其他费用；

(4) 制造费用包括企业各个生产单位(分厂、车间)为组织和管理生产所发生的生产单位管理人员工资，职工福利费，生产单位房屋建筑物、机器设备等的折旧费，租赁费(不包括融资租赁费)，修理费，机物料消耗，低值易耗品，取暖费，水电费，办公费，差旅费，运输费，保险费，设计制图费，试验检验费，劳动保护费，季节性、修理期间的停工损失以及其他制造费用。

期间费用是指不计入产品成本，直接从本期损益中扣减的费用，具体内容如下：

(5) 管理费用是指企业行政管理部门为管理和组织生产经营活动的各项费用，包括工厂总部管理人员工资、职工福利费、工会经费，劳动保险费，待业保险费，工厂总部管理人员办公费，差旅费，折旧费，物料消耗，低值易耗品摊销，董事会费，咨询费，审计费，诉讼费，排污费，绿化费，税金，土地使用费，技术转让费，技术开发费，无形资产促销费，开办费摊销，业务招待费，坏账损失，存货盘亏、毁损和报废(减盘盈)以及其他管理费用。

按国家财务制度规定，工会经费是指按照职工工资总额2%计提拨交给工会的经费。

劳动保险费是指企业按照规定交纳的各项社会保险、职工退职金，职工死亡丧葬补助费、抚恤费，以及按照规定支付给离、退休人员的各项费用等。

待业保险费是指企业按照国家规定交纳的待业保险基金。

董事会费是指企业董事会及其成员为执行职能而发生的各项费用，包括董事差旅费、会议费等。

咨询费是指企业向有关咨询机构进行科学技术、经营管理咨询所支付的费用，包括聘请经济技术顾问、法律顾问等支付的费用。

审计费是指企业聘请注册会计师进行验资、审计而发生的各项费用。

诉讼费是指企业因起诉或者应诉而发生的各项费用。

排污费是指企业按照规定交纳的排污费用。

绿化费是指企业对厂区、矿区进行绿化而发生的费用。

税金是指企业按照规定支付的房产税、车船使用税、土地使用费、印花税等。企业缴纳的流转税和所得税不在此反映。

技术转让费是指企业使用引进的非专利技术而支付的费用。

技术开发费是指企业研究开发新产品、新技术、新工艺所产生的新产品设计费，工艺规程制定，设备调试费，原材料和半成品的试验费，技术图书资料费，试验费，研究人员的工资，研究设备的折旧，与新产品试制、技术研究有关的其他经费，委托其他单位进行的科研试制的费用以及试验失败损失等。

无形资产摊销费是指专利权、商标权、著作权、土地使用权、商誉等无形资产按规定摊销的费用。

业务招待费是指企业为业务经营的合理需要而支付的费用，在下列限额内据实列入管理费用：全年销售净额在1 500万元(不含1 500万元)以下的，不超过年销售净额的0.5%；超过1 500万元(含1 500万元)但不足5 000万元的，不超过该部分的超过0.3%；5 000万元(含5 000万元)但不足1亿元的，不超过该部分的0.2%；超过1亿元(含1亿元)的，不超过该部分的0.1%。超过以上标准的业务招待费，须按规定缴纳企业所得税。

(6) 财务费用是指企业为筹集资金而发生的各项费用，包括企业生产经营期间发生的利息支出(减利息收入)、汇兑净损失、调剂外汇手续费、金融机构手续费以及其他财务费用。

(7) 销售费用是指企业在销售产品，自制半成品和提供劳务等过程中发生的各项费用以及专设销售机构的各项经费，包括应由企业负担的运输费、装卸费、包装费、保险费、委托代销手续费、广告费、展览费、租赁费(不含融资租赁费)和销售服务费用，销售部门人员工资、职工福利费、差旅费、办公费、折旧费、修理费、物料消耗、低值易耗品摊销以及其他经费。

3. 不能计入成本、费用的支出

按照国家有关规定，下列支出不得计入成本费用：

为购置和建造固定资产、无形资产和其他资产的支出；对外投资的支出以及分配给投资者的红利；被没收的财物、支付的滞纳金、罚款罚息、违约金、赔偿金，以及企业赞助、捐赠支出；应在公积金、公益金中开支的支出；国家法律、法规规定以外的各种付费。国家规定不得列入成本费用的其他支出。

二、成本的其他分类

按照管理的目的不同，可以将成本按不同标准进行分类。

1. 固定成本和变动成本

按照成本总量与业务量(产量、销量)之间的依存关系(称作“成本形态”)，可将成本分为固定成本与变动成本两类。固定成本指成本总量在一定时间、一定业务量范围内不随业务量增减变化而变化的成本。如在一定生产量前提下，固定资产折旧费不随产量增减变化而变化，是为固定成本；变动成本指成本总量随业务量增减变化而变化的成本。如直接材料，生产量越大，耗费的直接材料越多，是为变动成本。我们将在以后章节中详细阐述。

2. 计划成本、定额成本、标准成本、实际成本

计划成本是根据计划期内各项平均先进消耗定额和当期的费用计划及其他有关资料计算的成本。计划成本反映了在计划期内预计要达到的平均成本水平。

定额成本是根据技术经济定额制订的产品单位成本。

标准成本是企业为了提高生产率、提高竞争能力,按照要求达到的作业标准,事先订出的一种成本尺度。

实际成本指实际耗费的成本。

将实际成本与计划成本、定额成本、标准成本相比较,可以衡量生产效率高低和寻求降低成本的途径。

3. 其他分类

1)机会成本

同时有几个方案可供选择时,最终选择最优方案,那么被放弃的次优方案的潜在收益,即为选择最优方案的机会成本。

例如:某设备报废时,有两个方案可供选择。方案一是立即出售,可得现金 8 000 元;方案二是修理后继续使用,假设修理后仍可使用两年,两年内提供的收益,减去最初修理费用后尚可得 10 000 元,显然方案二更理想。那么,方案一提供的现金收入 8 000 元即选择方案二的机会成本。

机会成本不是现实成本,不做为会计核算的依据,只是管理者决策时须考虑的因素。

2)差别成本

两个可供选择的方案的总成本之间差异为差别成本。如上例,方案一与方案二的差别成本为 2 000 元。

3)边际成本

生产最后一个单位产品所花费的成本。市场价格决定于边际成本,也就是说,产品价格应当能够补偿所生产的最后一个单位产品的成本。因此,边际成本是企业决定产品规模的必备条件。单位变动成本即边际成本的具体体现。

4)付现成本

由现在的决策引起的、现在或稍晚需要用现金支付的成本。比如决定购买一批原材料,30 天后付款。虽然现在看来购买这批材料价格很合适,但必须考虑到 30 天后企业的付现能力。

5)沉没成本

由过去的决策失误引起的、已经发生的与本期决策无关的成本。

比如:某固定资产原值 15 万元,已提折旧 13 万元。现因技术落后而被淘汰,买主只愿出 1.5 万元,虽然该固定资产折余价值为 2 万元,但这是过去发生的、现在无法改变的沉没成本,因此在考虑是否接受买主出价时,可不考虑该资产折余价值。

6)相关成本与非相关成本

相关成本指与决策有关的、决策时必然考虑的成本,如差别成本、机会成本、付现成本、边际成本、变动成本等。

非相关成本指过去已经发生的、与决策无关的成本,如固定成本、沉没成本。但与某一决策特别相关的固定成本,也属相关成本。

三、成本预测

成本预测即对未来成本水平进行预见、测算，以便掌握成本未来趋势，合理安排资金。成本预测是成本管理的起点。

成本预测方法很多，主要有历史成本法、工业工程法、契约检查法和账户分析法。下面我们主要介绍历史成本法。

历史成本法是根据过去历史成本资料，预测未来成本的一种方法。

我们在前面已经介绍过总成本构成公式，即

$$总成本 = 固定成本 + 单位变动成本 \times 产量$$

$$y = a + bx$$

由这个公式可以推出三种历史成本预测法

1. 高低点法

根据历史资料，找出最高、最低点产量，成本水平，代入 $y=a+bx$，求出 a 与 b，然后将预期产量代入 $y=a+bx$，就算出预期总成本，即

$$y_{低} = a + bx_{低}$$

$$y_{高} = a + bx_{高}$$

建立联立方程，求出 a、b 值：

$$b=\frac{y_{高} - y_{低}}{x_{高} - x_{低}}$$

$$a = y_{高} - bx_{高} = y_{低} - bx_{低}$$

预期产量用 $x_{预}$ 表示，则预期总成本为

$$y_{预} = a + bx_{预}$$

例 1：某厂 2010 年准备生产某产品 30 000 件，历史上生产该产品产量最高的年份是 2008 年，总产量 27 000 件，总成本为 783 000 元；产量最低的是 1999 年，总产量 20 000 件，总成本是 650 000 元，则：

$$b = \frac{y_{高} - y_{低}}{x_{高} - x_{低}} = \frac{783\,000 - 650\,000}{27\,000 - 20\,000} = 19$$

$$a = y_{高} - bx_{高} = 783\,000 - 19 \times 27\,000 = 270\,000$$

或

$$a = y_{低} - bx_{低} = 650\,000 - 19 \times 20\,000 = 270\,000$$

因此，

$$y = 270\,000 + 19x$$

$$y_{2010} = 270\,000 + 19 \times 30\,000 = 840\,000$$

2010 年预期总成本为 840 000 元。

高低点法操作比较简便，但由于只用了两期历史资料（最高、最低点产量与总成本），要求选择的时期必须有代表性；而且，若各期成本变化幅度较大时，预测误差也较大。

2. 散布图法

散布图法是根据若干期历史资料，绘制各期成本点散布图，再根据目测成本变动趋势画出成本直线，成本直线与纵轴相交点为固定成本，然后任取一点计算出单位变动成本，再根据总成本公式 $y=a+bx$ 算出预测期预测成本。

例 2：某企业有一组成本资料如下：

产量(件)	10 000	20 000	30 000	40 000	50 000	60 000	70 000
总成本(元)	9 000	17 000	20 000	28 000	31 000	36 000	40 000

下季度预生产 100 000 件，问总成本为多少？

(1) 根据历史资料，绘制各期成本点散布；

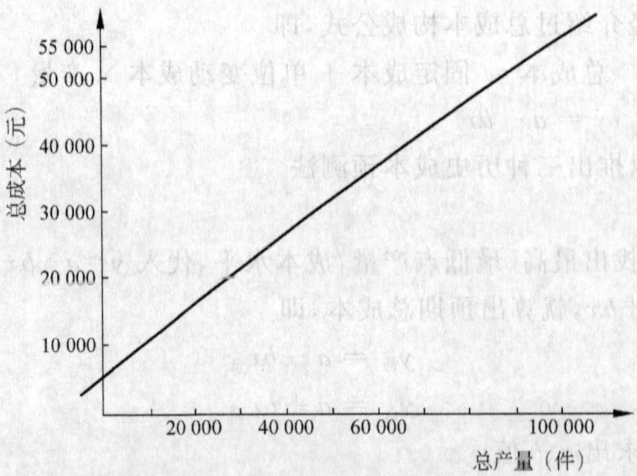

图 11-1 成本与产量直线拟合图

(2) 根据散布图画出成本直线，尽可能使各期成本点到成本直线的距离之和为最小；

(3) 成本直线与纵轴相交点为固定成本平均值，由图中可以看出大约为 5 000 元；

(4) 任取一点，根据公式：

$$b=\frac{y-a}{x}$$

算出单位变动成本 b。

假设取点(70 000，40 000)则

$$b=\frac{40\,000-5\,000}{70\,000}=0.5$$

(5) 将预期产量代入公式

$$y=a+bx$$

算出预期总成本，则

$$y=5\,000+0.5\times 100\,000=55\,000(\text{元})$$

因此，下季度若生产 100 000 件，预期总成本为 55 000 元。

散布图法操作简单、直观，考虑了全部已掌握的历史资料，这一点是对高低点法的改进。但成本直线是目测画出的，固定成本也是目测出来的，因此可能不够精确，会因操作者不同而得出不同的结论。

3. 回归直线法

回归直线法是根据一系列历史资料，用数学上的最小平方法原理，计算出固定成本和

单位变动成本，再根据 $y=a+bx$ 算出预测成本。

根据 $y=a+bx$ 和若干期（n 期）历史资料，建立一组决定回归线性的联立方程式：

$$\begin{cases}\sum y = na + b\sum x \\ \sum xy = a\sum x + b\sum x^2\end{cases}$$

求得

$$a = \frac{\sum y - b\sum x}{n}$$

$$b = \frac{n \cdot \sum xy - \sum x \cdot \sum y}{n\sum x^2 - \left(\sum x\right)^2}$$

然后根据 $y=a+bx$ 算出预测成本。

例 3：某企业某产品过去 12 年历史资料如表 11-1，2010 年预生产 15 000 件，问预测总成本为多少？

表　11-1

年　份	产量（千件）	总成本（千元）	年　份	产量（千件）	总成本（千元）
1989	9	300	2004	11	320
1999	8	250	2005	11	330
2000	9	290	2006	13	350
2001	10	310	2007	8	260
2002	12	340	2008	6	200
2003	14	400	2009	7	220

对上述数据进行加工。

表　11-2

月份	业务量（x）千机器小时	动力费（y）（元）	xy	x^2	y^2
1	9	300	2 700	81	90 000
2	8	250	2 000	64	62 500
3	9	290	2 610	81	84 100
4	10	310	3 100	100	96 100
5	12	340	4 080	144	115 600
6	14	400	5 600	196	160 000
7	11	320	3 520	121	102 400
8	11	330	3 630	121	108 900
9	13	350	4 550	169	122 500
10	8	260	2 080	64	67 600
11	6	200	1 200	36	40 000
12	7	220	1 540	49	48 400
$n=12$	$\sum x = 118$	$\sum y = 3\,570$	$\sum xy = 36\,610$	$\sum x^2 = 1\,226$	$\sum y^2 = 1\,098\,100$

则 $$b=\frac{n\sum xy-\sum x\cdot\sum y}{n\sum x^2-(\sum x)^2}$$

$$=\frac{(12\times 36\ 610)-(118\times 3\ 570)}{(12\times 1\ 226)-(118)^2}$$

$$=22.92$$

$$a=\frac{\sum y-b\sum x}{n}=\frac{3570-(22.92\times 118)}{12}$$

$$=72.12$$

则 $$y=a+bx=72.12+22.92x$$

将预测期产量代入总成本公式,得出 2010 年预测成本:

$$y=72.12+22.92\times 1.5=106.35(\text{千元})$$

回归直线法比较精确完善,依据全面,但计算烦琐。

四、成本计划

成本计划是在成本预测的基础上编制的。成本预测确定了计划期成本目标,在此基础上编制的成本计划,包括产品成本水平、费用支出计划以及节约开支措施。然后将计划指标进行分解,分级归口管理,明确各部门、车间在成本管理中的责任,以便控制日常生产耗费,并据此考核各部门、车间成本管理业绩,保证成本目标的实现。

成本计划可以由企业统一编制。即由财务部门为主,在采购、生产、销售等各部门配合下,根据企业生产经营计划,统一编制企业成本计划。规模不大,品种单一的企业可以统一编制成本计划。

成本计划也可以分级编制。即由财务部门下达成本控制数字,各部门、车间据此结合自身情况编制本部门、车间成本计划,上报财务部门。财务部门进行综合平衡,编制企业成本计划规模较大、品种繁多的企业应分级编制成本计划。

1. 生产费用计划

根据费用要素进行编制。包括外购材料、外购燃料、外购动力、工资、提取的职工福利费、折旧费、利息支出、其他支出。生产费用计划根据计划期费用要素全部支出进行编制,而不论这些费用要素用于何种产品生产,费用要素计划合计数为计划期全部生产费用。全部生产费用减去非产品生产费用,得出产品生产费用,再加上在制品、自制半成品期末期初余额,即得到产品生产成本。

全部生产费用 − 非产品生产费用 = 产品生产费用

产品生产费用
+期初在产品、自制半成品
−期末在产品、自制半成品
产品生产成本

$$\frac{\text{产品生产成本}}{\text{产品生产产量}}=\text{单位产品生产成本}$$

生产费用计划表如表 11-3 所示。

表 11-3　生产费用计划表　××年度

生产费用要素	计划数
外购材料	××××
外购燃料	××××
外购动力	××××
工资	××××
提取的职工福利费	××××
折旧费	××××
税金	××××
其他支出	××××
生产费用合计	××××
减：非产品生产费用	××××
产品生产费用	××××
加：在产品、自制半成品期初余额	××××
减：在产品、自制半成品期末余额	××××
产品生产成本	××××

2. 制造费用计划

制造费用大多为固定成本，与计划期产量无关，因此应在总额上进行控制，降低制造费用成本。

制造费用计划表如表 11-4 所示。

表 11-4　制造费用计划表　××年度

项　目	计划数
管理人员工资	×××
职工福利费	×××
办公费	×××
水电费	×××
折旧费	×××
修理费	×××
低值易耗品摊销	×××
劳保费	×××
其他	×××
合计	×××

制造费用有的是根据一定标准制订的，如管理人员工资、职工福利费；有的是根据计划编制的，如折旧费、修理费；有的则根据过去支出水平，考虑当前条件进行编制，总之，编制制造费用计划时，要有合理的标准，体现勤俭节约的原则。

3. 分品种产品成本计划

分品种产品成本计划，包括各品种产品单位计划成本、计划总成本以及产品成本计划降低额和降低率，如表 11-5 所示。

表 11-5 产品成本计划表 ××年度

产品名称	规格	单位	计划产量	单位成本		总成本		成本降低额	成本降低率%
				上年预计平均成本	本年计划	按上年预计平均单位成本计算	按本年计划单位成本计算		
A			××	×××	×××	××××	××××	×××	×
B			××	×××	×××	××××	××××	×××	×
C			××	×××	×××	××××	××××	×××	×
D			××	×××	×××	××××	××××	×××	×
合计						××××	××××	×××	×

其中,

$$产品成本降低额=(上年平均单位成本\times 计划产量)-(计划单位成本\times 计划产量)$$

$$产品成本降低率=\frac{产品成本降低额}{上年平均单位成本\times 计划产量}\times 100\%$$

五、成本控制与考核

成本控制的主要内容是进行成本分级归口管理。成本分级归口管理是指企业各级单位、各个部门分别进行相关成本控制,明确成本管理中责任制度的一种管理方法。成本分级管理要求明确企业总部、车间、班组(柜台)各级成本控制责任范围,正确处理上下关系;成本归口管理要求明确财务部门与各职能科室成本控制责任范围,正确处理左右关系。这样,在主管厂长领导下,形成以财务部门为主,连接上下,贯穿左右的整个企业的成本控制系统。

按照成本预测,制订成本计划,并据此进行成本控制,试图使成本达到预定目标。但由于种种原因,实际成本往往会与目标不符,成本分析和考核即通过实际成本与标准成本或预算之间的差异分析,考核各级单位、各个部门成本管理业绩。

成本差异又可分为数量差异和价格差异两个因素,其关系如下:

$$\begin{aligned}成本差异&=实际成本-标准成本\\&=实际数量\times 实际价格-标准数量\times 标准价格\\&=实际数量\times 实际价格-实际数量\times 标准价格\\&\quad+实际数量\times 标准价格-标准数量\times 标准价格\\&=实际数量\times(实际价格-标准价格)\\&\quad+(实际数量-标准数量)\times 标准价格\\&=价格差异+数量差异\end{aligned}$$

1. 材料成本控制与考核

这里的材料成本指构成产品成本的直接材料部分,直接材料又分为价格和数量两个影响因素。

(1) 首先要分品种制定材料标准成本。

$$材料标准成本=材料标准消耗量\times 标准价格$$

材料标准用量由生产技术部门主持，尽可能吸收执行标准的部门和工人参加，采取统计方法或其他科学方法制定；

材料标准价格由财务部门，汇同采购部门，根据材料价格、物价趋势、市场供需关系等因素编制而成；

各品种材料标准成本汇总构成单位产品直接材料标准成本。

$$单位产品直接材料标准成本 = \sum 单位产品所耗各品种材料标准成本$$

(2) 材料成本差异。

$$\begin{aligned}材料成本差异 &= 材料实际消耗量 \times 材料实际价格 \\ &\quad - 材料标准消耗量 \times 材料标准价格 \\ &= 实际用量 \times (实际价格 - 标准价格) \\ &\quad + (实际用量 - 标准用量) \times 标准价格 \\ &= 材料价格差异 + 材料用量差异\end{aligned}$$

(3) 差异原因。材料价格差异可能是由于材料市场价格变动，运输安排不当，丧失折扣，未按经济订货量办理，或由于计划不周紧急进货造成价格上升等原因造成的，应在分析具体原因的基础上，加以改进和控制，保证目标的实现；

材料用量差异可能是由于材料质量差造成废品过多，或由于工人技术不过关，操作不熟练造成超标准用料，也可能是由于技术进步节约原材料等原因造成的，应在分析具体原因的基础上，克服不利影响，发扬有利影响，以尽可能降低材料用量，保证成本目标的实现。

2. 人工成本控制与考核

这里的人工成本是指构成产品成本的直接人工。也分成价格和数量两个因素。价格指小时工资率，即每小时支付的工资额，数量指人工工时，或称人工效率。

(1) 制定人工标准成本。

$$人工标准成本 = 工时标准 \times 工资率标准$$

工时标准由生产技术部门和劳动工资部门在现有生产技术条件下根据作业研究和工时研究加以确定。

工资率标准根据不同人员工资标准和工时标准计算出来。

(2) 人工成本差异。

$$\begin{aligned}人工成本差异 &= 实际工时 \times 实际工资率 - 标准工时 \times 标准工资率 \\ &= 实际工时 \times (实际工资率 - 标准工资率) \\ &\quad + (实际工时 - 标准工时) \times 标准工资率 \\ &= 工资率差异 + 效率差异\end{aligned}$$

工资率差异为价格差异，效率差异为数量差异。

(3) 差异原因。

工资率差异可能产生于紧急性生产增发工资、工资水平提高原标准未修改，或因生产调度不当，工人水平与工作水平不相配等原因造成的；

效率差异可能产生于工人技术不熟练、材料质量差、技术落后，生产安排不当等原因。

因此,应具体分析差异产生原因,并对人工成本加以控制,保证目标成本的实现。

3. 制造费用控制与考核

1) 制造费用标准成本

制造费用标准成本应分部门编制。比如A产品生产经过甲、乙、丙三个部门进行加工,甲、乙、丙分别编制制造费用标准成本,然后进行汇总,得出整个产品制造费用标准成本。

制造费用标准成本,也可分为数量标准和价格标准两个因素。数量标准一般采用单位产品直接人工工时(或机器工时);价格标准指制造费用分摊率标准,则

$$\text{制造费用标准成本} = \text{工时标准} \times \text{制造费用分摊率标准}$$

$$\text{制造费用分摊率标准} = \frac{\text{制造费用预算}}{\text{生产量标准}}$$

制造费用预算按费用发生部门分别编制,生产量标准指企业在现有技术装备状态下所能达到的最高产量。一般用人工工时表示。

制造费用又可以分为变动制造费用和固定制造费用两部分:

2) 变动制造费用差异及产生的原因

$$\begin{aligned}\text{变动费用耗费差异} &= \text{实际工时} \times \text{变动费用实际分摊率} \\ &\quad - \text{标准工时} \times \text{变动费用标准分摊率} \\ &= \text{实际工时} \times (\text{变动费用实际分摊率} - \text{变动费用标准分摊率}) \\ &\quad + (\text{实际工时} - \text{标准工时}) \times \text{变动费用标准分摊率} \\ &= \text{变动费用耗费差异} + \text{变动费用效率差异}\end{aligned}$$

变动制造费用耗费差异是变动制造费用小时分摊率脱离标准而形成的差异,即每小时应负担多少变动制造费用的变化,反映变动制造费用耗费水平或支出水平的高低,为变动制造费用的价差。价差产生的原因可能是间接材料价格变动,耗用不合理,间接人工工资调整,间接人工浪费或其他支出控制不当等。

变动制造费用效率差异是实际工时脱离标准而产生的,为变动制造费用的量差,其产生原因与人工效率差异一样。

3) 固定制造费用差异及产生原因

固定制造费用差异分为耗费差异和能量差异两类。耗费差异指实际发生的固定制造费用超过预算数而形成的差异。

$$\text{固定制造费用耗费差异} = \text{固定制造费用实际数} - \text{固定制造费用预算数}$$

固定制造费用耗费差异产生原因主要是因为各费用要素,如管理人员工资、办公费、水电费、保险费等开支控制不当。

固定制造费用能量差异是由于现有生产能力没有充分发挥出来;从而使所发生的固定制造费用没有起到应有的作用,没有创造应有的价值,相当于给企业带来了损失。这种损失称为固定制造费用能量差异,能量差异并不能直接显现出来,而要通过分析计算出来。

$$\begin{aligned}\text{固定制造费用能量差异} &= \text{固定制造费用预算数} - \text{固定制造费用标准成本} \\ &= \text{固定制造费用标准分配率} \times (\text{生产能量} - \text{标准工时})\end{aligned}$$

固定制造费用能量差异是由于现有生产能力没有充分发挥出来而造成的，而现有生产能力未能充分发挥，可能产生于市场萎缩，市场容量有限，人员技术水平限制等因素。

4. 期间费用控制及考核

期间费用包括管理费用、销售费用和财务费用。期间费用主要采取预算控制，加强审批的方法进行，费用考核时直接将实际数与预算数相比，找出差异产生的原因，控制开支水平，保证费用计划的完成。

第三节　成本性态与量本利分析

一、成本性态

成本性态(cost behavior)，亦称成本习性。指成本总额与业务量(产量、销量)之间的依存关系。按照成本性态，可将企业全部成本分为固定成本和变动成本两大类。

1. 固定成本

固定成本指成本总额在一定时间一定业务量范围内不随业务量增减变化而变化的成本。如C公司租用一门市部销售其自产产品，门市部年租金为30万元。则在一定范围内，门市部年租金不随C公司年销售量变动而变动。

但就单位固定成本而言，则随业务量变化而成反比例变化。如C公司，其销售量与租金关系可用表11-6表示。

表　11-6

年销量(件)	门市部年租金(元)	单位租金(元)
10 000	300 000	30
8 000	300 000	37.5
5 000	300 000	60
2 000	300 000	150
1 000	300 000	300

假设固定成本总额为a，业务量为x，则单位固定成本为a/x，如图11-2所示。

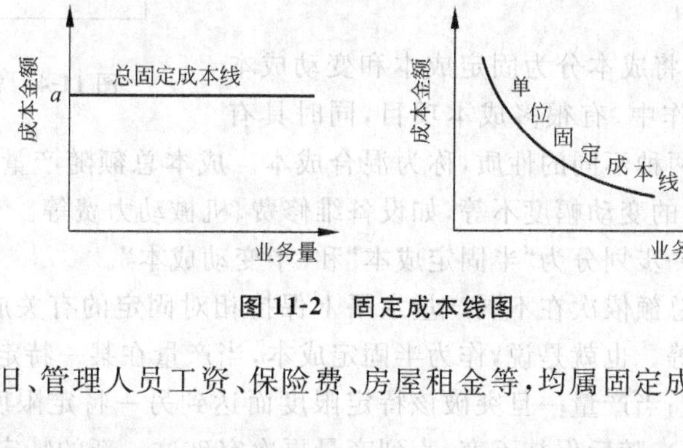

图11-2　固定成本线图

固定资产折旧、管理人员工资、保险费、房屋租金等，均属固定成本。

2. 变动成本

变动成本指成本总额随业务量变化而成比例变化的成本,如上例,C公司自产产品单位成本为12元,则销售成本与销量关系如表11-7如示。

表 11-7

年销售(件)	单位成本(元)	年销售成本(元)
10 000	12	120 000
8 000	12	96 000
5 000	12	60 000
2 000	12	24 000
1 000	12	12 000

假设单位变动成本为 b,则变动成本总额为 bx,如图11-3所示。

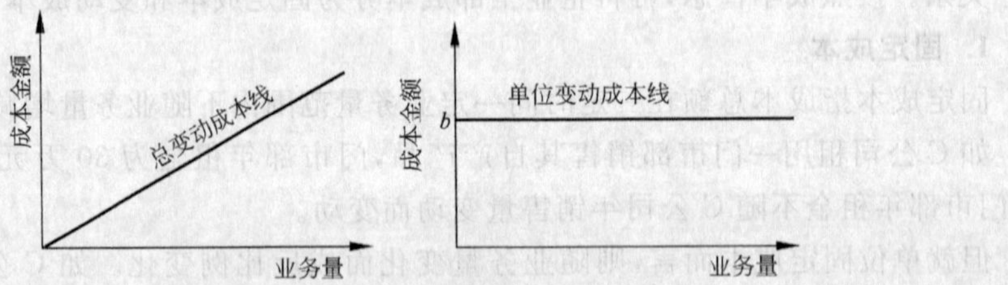

图 11-3 变动成本线图

直接材料、直接人工等,均为变动成本。

3. 总成本

管理会计中把全部成本分为固定成本和变动成本两大类,则

总成本 = 固定成本总额 + 变动成本总额

我们用 y 表示总成本,则

$$y = a + bx$$

如图11-4所示。

总成本线与纵轴交点为固定成本总额 a,总成本线斜率为单位变动成本 b。

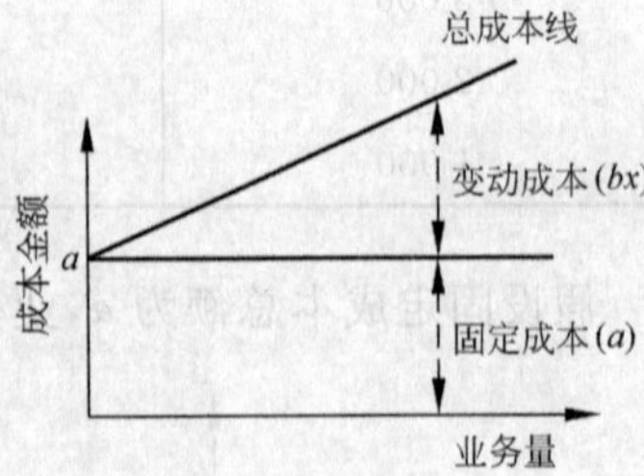

图 11-4 总成本线图

4. 混合成本

按照成本习性,可将成本分为固定成本和变动成本两部分。但在实际工作中,有很多成本项目,同时具有固定成本和变动成本两种不同的性质,称为混合成本。成本总额随产量增减变动而发生相应变动,但有关成本的变动幅度不等,如设备维修费、机械动力费等。

混合成本又可进一步划分为"半固定成本"和"半变动成本"。

半固定成本是指总额依次在不同产量水平上保持相对固定的有关成本,如产品检验人员和货运人员工资等。也就是说,作为半固定成本,当产量在某一特定限度内增减变动时,其总数额固定不变;当产量一旦突破该特定限度而达到另一特定限度时,其总数额即跳跃式上升(成倍增长),随后保持不变,直到产量再次突破这一新的特定限度之时才又一次跳跃式上升(成倍增长)。半固定成本的这种性状可用图 11-5 予以说明。

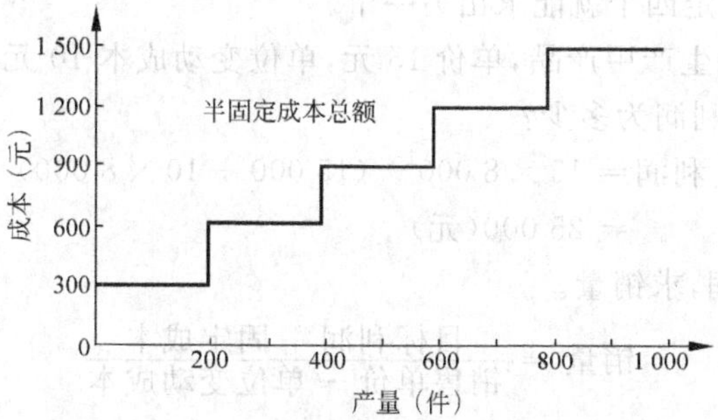

图 11-5　半固定成本总额图

半变动成本是指总数额在无产品产出时为某一定值,而当有产品产出时则比例于产量的增减作相应变动的有关成本,如机器设备维修费、热处理设备能源耗费等。这就是说,作为半变动成本,当产量为零时也有某些成本发生,其数额一般比较固定;当产品开始产出后,成本总额即在原相对固定的某一基数上,伴随产量的增减而发生相应的、等幅度的升降。半变动成本的这种性状可用图 11-6 予以说明。

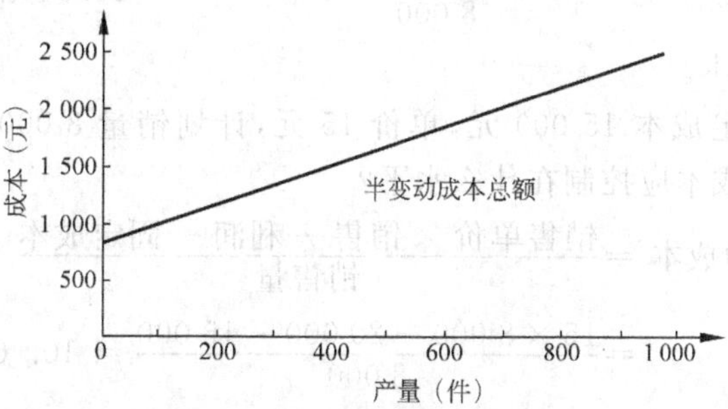

图 11-6　半变动成本总额图

二、量、本、利相互关系

量本利分析是指成本、数量、利润之间的相互关系的分析,也称 CVP(cost-volume-profit analysis)。它是在认识成本可以划分为固定成本和变动成本的基础上发展起来的。主要研究成本、销售量、价格、利润之间的数量关系。

量、本、利关系的数学表达,有三种形式。

1. 损益方程式

损益方程式的基本公式是

$$利润 = 总收入 - 总成本$$

$$总收入 = 销售单价 \times 销售量$$

$$\begin{aligned}总成本 &= 固定成本 + 变动成本\\ &= 固定成本 + 单位变动成本 \times 销售量\end{aligned}$$

则

$$利润 = 销售单价 \times 销售量 - (固定成本 + 单位变动成本 \times 销售量)$$

这五个变量中,给定四个就能求出另一个。

例1:假设某企业生产甲产品,单价15元,单位变动成本10元,固定成本15 000元,销量8 000件,问预期利润为多少?

$$\begin{aligned}利润 &= 15 \times 8\,000 - (15\,000 + 10 \times 8\,000) \\ &= 25\,000(元)\end{aligned}$$

(1) 已知目标利润,求销量。

$$销量 = \frac{目标利润 + 固定成本}{销售单价 - 单位变动成本}$$

依上例,假定其他条件不变,要实现目标利润30 000元,应实现多少销量?

$$销量 = \frac{30\,000 + 15\,000}{15 - 10} = 9\,000(件)$$

(2) 已知目标利润,求售价。

依上例,假定销量为8 000件,欲实现目标利润32 500元,订价应为多少?

$$\begin{aligned}售价 &= \frac{利润 + (固定成本 + 单位变动成本 \times 销量)}{销量} \\ &= \frac{32\,500 + (15\,000 + 10 \times 8\,000)}{8\,000} = 15.9(元/件)\end{aligned}$$

(3) 计算单位成本。

依上例,假定固定成本15 000元,单价15元,计划销量8 000件,欲实现目标利润20 000元,单位变动成本应控制在什么水平?

$$\begin{aligned}单位变动成本 &= \frac{销售单价 \times 销售 - 利润 - 固定成本}{销售量} \\ &= \frac{15 \times 8\,000 - 20\,000 - 15\,000}{8\,000} = 10.6(元/件)\end{aligned}$$

(4) 计算固定成本。

依上例,假设销售单价为15元,单位变动成本10元,计划销售8 000件,欲实现目标利润22 500元,固定成本应控制在什么水平?

$$\begin{aligned}固定成本 &= 销售单价 \times 销售 - 单位变动成本 \\ &\quad \times 销售量 - 目标利润 \\ &= 15 \times 8\,000 - 10 \times 8\,000 - 22\,500 \\ &= 17\,500(元)\end{aligned}$$

2. 边际贡献方程式

(1) 边际贡献。边际贡献(margin contribution)指销售收入减去变动成本的差额。即

$$边际贡献 = 销售收入 - 变动成本$$

就单位产品而言

$$单位边际贡献 = 销售单价 - 单位变动成本$$

如例1,

$$\begin{aligned}边际贡献 &= 15 \times 8\,000 - 10 \times 8\,000 = 40\,000(元) \\ 单位边际贡献 &= 15 - 10 = 5(元)\end{aligned}$$

(2) 边际贡献率。边际贡献率是指边际贡献占销售收入的百分比。即

$$边际贡献率 = \frac{边际贡献}{销售收入} = \frac{单位边际贡献}{销售单价}$$

与边际贡献率相对应的是变动成本率。变动成本率是指变动成本占销售收入的百分比。即

$$变动成本率 = \frac{变动成本}{销售收入} = \frac{单位变动成本}{销售单价}$$

所以，

$$边际贡献率 + 变动成本率 = 1$$

如例 1，

$$边际贡献率 = \frac{15 \times 8\,000 - 10 \times 8\,000}{15 \times 8\,000} = \frac{15-10}{15}$$

$$= 33.3\%$$

$$变动成本率 = \frac{10 \times 8\,000}{15 \times 8\,000} = \frac{10}{15} = 66.7\%$$

(3) 边际贡献方程式。

$$\begin{aligned}利润 &= 总收入 - 总成本\\ &= 销售收入 - (固定成本 + 变动成本)\\ &= 边际贡献 - 固定成本\\ &= 单位边际贡献 \times 销售量 - 固定成本\end{aligned}$$

如例 1，

$$利润 = 40\,000 - 15\,000 = 25\,000(元)$$

$$或 = 5 \times 8\,000 - 15\,000 = 25\,000(元)$$

(4) 边际贡献率方程式。

$$边际贡献率 = \frac{边际贡献}{销售收入}$$

$$边际贡献 = 销售收入 \times 边际贡献率$$

$$\begin{aligned}利润 &= 边际贡献 - 固定成本\\ &= 销售收入 \times 边际贡献率 - 固定成本\end{aligned}$$

3. 量本利图

1) 基本量本利图

现以例 1 数据为例解释量本利图。

图 11-7 是以横轴表示业务量，纵轴表示销售收入与成本金额，取固定成本点 A(15 000 元)，从 A 点作一直线 FC 平行于横轴，则 FC 为固定成本线。

以 A 点为起点，单位变动成本(10 元)为斜率作一斜线 TC，TC 即为总成本线，TC 与 FC 之间为变动成本。

以原点为起点，单价(15 元)为斜率作一斜线 TR，TR 为销售收入线，TR 与 TC 之间为利润。TR 与 TC 相交于 P 点，在 P 点上，总收入＝总成本，因此，P 点称为盈亏平衡点，或称损益两平点。在区域 AP0 内，总收入＜总成本，为亏损区；在区域 TRPTC 内，总

收入＞总成本,为利润区。

业务量有时也可用金额表示。这时基本量本利图称为方形图,如图 11-8 所示。

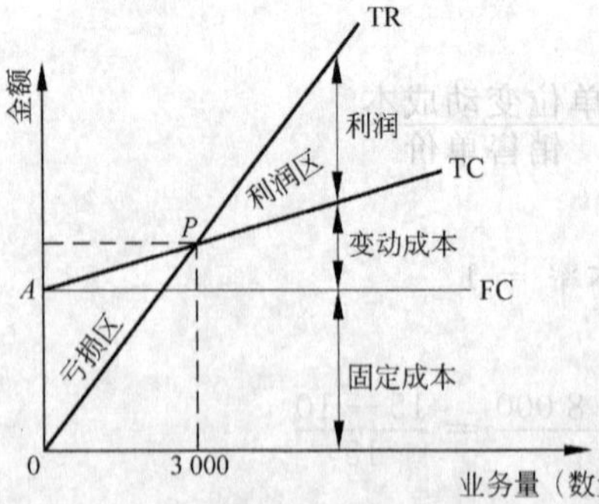

图 11-7 基本量本利图

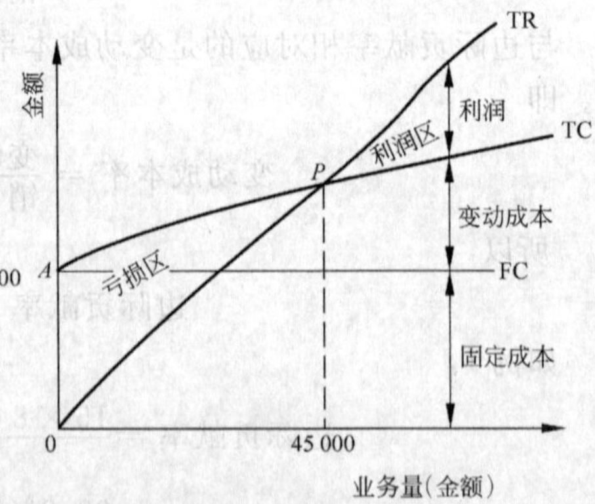

图 11-8 方形图

TR 为销售收入线,斜率为 1;

FC 为固定成本线;

TC 为总成本线,斜率为变动成本率;

TR 与 TC 交点为 P,P 点为盈亏平衡点或称损益两平点;

AP0 为亏损区,TRPTC 为利润区。

2) 边际贡献式量本利图

以原点为起点,画变动成本线 VC,VC 与横轴之间为变动成本。

以 A 点(固定成本)为起点,画 VC 平行线,即总成本线 TC,TC 与 VC 之间为固定成本;

以原点为起点,画销售收入线 TR,区域 TR0VC 区为边际贡献;

TR 与 TC 相交于 P 点,在 P 点中,总收入＝总成本,边际贡献＝固定成本,P 点为盈亏平衡点,或称损益两平点;

在区域 AP0 内,边际贡献＜固定成本,为亏损区;

在区域 TRPTC 内,边际贡献＞固定成本为利润区;

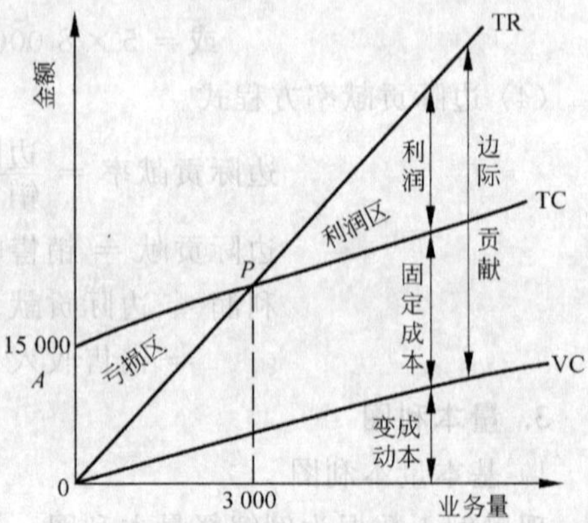

图 11-9 边际贡献式量本利图

这种图(图 11-9)的优点,是能直观反映边际贡献;当边际贡献＜固定成本时,为亏损;当边际贡献＝固定成本时,为盈亏两平点;当边际贡献＞固定成本时,则为盈利。

3) 销售量-利润图

销售量-利润图可以直接表示销售量与利润的关系,如图 11-10 所示。

以横轴表示业务量,纵轴表示利润,原点以上为正值表示盈利,原点以下为负值表示

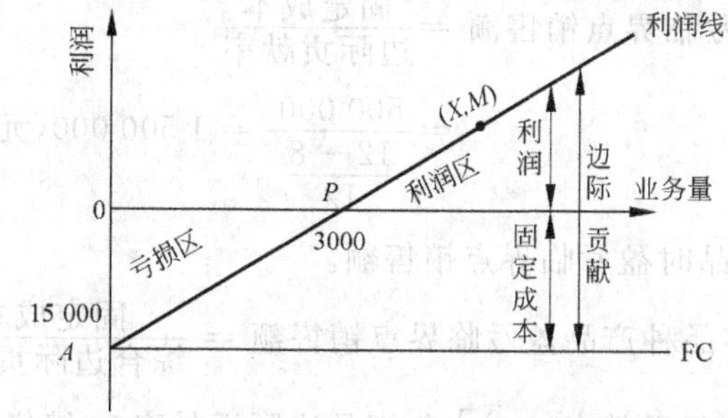

图 11-10　销售量-利润图

亏损；

在原点以下取固定成本点 A，作平线于横轴的直线 FC，FC 为固定成本线；

在横轴上任取一销售量 X，计算其相应的边际贡献 M，通过点 $(0,A)$ 与 (X,M) 画一直线，即为利润线。利润线与横轴交点为 P，在 P 点上利润 $=0$，P 点为盈亏平衡点或称损益两平点。

利润线与固定成本线之间为边际贡献。边际贡献低于固定成本（$A0P$ 区）为亏损，边际贡献高于固定成本为盈利。

三、量、本、利关系的运用

1. 盈亏临界点的确定

盈亏临界点，又称损益两平点。即总收入＝总成本时，企业处于既不盈利也不亏损状态时的销售量或销售额。

(1) 生产单一产品时盈亏临界点销售量与销售额。

令
$$\text{利润} = 0$$
则
$$\text{总收入} = \text{总成本}$$

$$\text{销售单价} \times \text{销售量} = \text{固定成本} + \text{单位变动成本} \times \text{销售量}$$

$$\text{盈亏临界点销售量} = \frac{\text{固定成本}}{\text{销售单价} - \text{单位变动成本}} = \frac{\text{固定成本}}{\text{单位边际贡献}}$$

$$\text{盈亏临界点销售额} = \text{盈亏临界点销售量} \times \text{销售单价}$$

$$= \frac{\text{固定成本}}{\text{销售单价} - \text{单位变动成本}} \times \text{销售单价}$$

$$= \frac{\text{固定成本}}{1 - \dfrac{\text{单位变动成本}}{\text{销售单价}}} = \frac{\text{固定成本}}{1 - \text{变动成本率}}$$

$$= \frac{\text{固定成本}}{\text{边际贡献率}}$$

例 2：某产品固定成本 500 000 元，单位变动成本 8 元，销售单价 12 元，则

$$\text{盈亏临界点销售量} = \frac{\text{固定成本}}{\text{销售单价} - \text{单位变动成本}}$$

$$= \frac{500\,000}{12 - 8} = 125\,000(\text{件})$$

$$盈亏临界点销售额 = \frac{固定成本}{边际贡献率} = \frac{500\,000}{\frac{12-8}{12}} = 1\,500\,000(元)$$

(2) 生产多品种产品时盈亏临界点销售额。

$$生产多品种产品盈亏临界点销售额 = \frac{固定成本}{综合边际贡献率}$$

$$综合边际贡献率 = \sum 各产品边际贡献率 \times 销售比重$$

例 3：某企业固定成本 5 000 元，其他有关资料如表 11-8 所示。

表 11-8

产品	单价	单位变动成本	单位边际贡献	销量
A	20	13	7	320
B	15	9	6	360
C	8	6	2	320

则综合边际贡献率如表 11-9 所示。

表 11-9 综合边际贡献率

产品	单价	单位边际贡献	销量	边际贡献	销售收入	边际贡献率(%)	占总销售比重(%)
A	20	7	320	1 400	4 000	35%	32%
B	15	6	360	1 800	4 500	40%	36%
C	8	2	320	1 000	4 000	25%	32%
合计				4 200	12 500		100%

$$综合边际贡献率 = 35\% \times 32\% + 40\% \times 36\% + 25\% \times 32\% = 33.6\%$$

$$盈亏临界点销售额 = \frac{5\,000}{33.6\%} = 14\,881(元)$$

(3) 盈亏临界点作业率。

盈亏临界点作业率指盈亏临界点销售量占企业正常销售量的比重。正常销售量指在正常市场和正常开工情况下企业的销售数量。有时也用销售金额表示。

$$盈亏平衡点作业率 = \frac{盈亏临界点销售量}{正常销售量}$$

如例 2，假设该产品正常销量为 500 000 件，则

$$盈亏临界点作业率 = \frac{125\,000}{500\,000} = 25\%$$

2. 安全边际和安全边际率

安全边际，指正常销售量超过盈亏临界点销售量的差额。它表示销售量下降多少，企

业仍不致亏损。

$$安全边际 = 正常销售量 - 盈亏临界点销售量$$

安全边际越大，企业生产经营安全性越高。

企业生产经营安全性，还可用安全边际率来表示。安全边际率为安全边际与正常销售量的比值：

$$安全边际率 = \frac{安全边际}{正常销售量}$$

对于上例来说：

$$安全边际 = 500\,000 - 125\,000 = 375\,000$$

$$安全边际率 = \frac{375\,000}{500\,000} = 75\%$$

有时，企业也用本年实际订货量代替正常销售量来计算安全边际。

$$经营风险率 = 1 - 安全边际率$$

$$= \frac{盈亏临界点作业量}{正常销售量}$$

一般来说，盈亏临界点越低，经营安全度越大，经营风险度越小；反之，盈亏临界点越高，经营安全度越小，经营风险度越高。

根据经验数据，安全性检验标准如下：

安全边际率(%)	40 以上	30～40	20～30	10～20	10 以下
安全等级	很安全	安全	较安全	注意	危险

四、敏感性分析

敏感性分析即通过参数变化影响目标值变化程度大小，研究参数与目标值之间的相互关系。拿利润来说，各参数变化都会引起利润的变化，但影响程度各不相同。有的参数发生微小变化，就会使利润发生很大的变动，利润对这些参数的变化十分敏感，称这类参数为敏感因素；与此相反，有些参数发生变化后，利润变化不大，反应比较迟钝，称之为不敏感因素。

反应敏感程度的指标是敏感系数：

$$敏感系数 = \frac{目标值变动百分比}{参数值变动百分比}$$

例 4：某产品销售单价 10 元，单位变动成本 8 元，销量 8 000 件，固定成本 6 000 元，则

$$利润 = (10 - 8) \times 8\,000 - 6\,000 = 10\,000(元)$$

我们以此为例进行敏感程度分析。

1. 单价的敏感程度

设单价增长 20%，则

$$单价 = 10 \times (1 + 20\%) = 12(元)$$

$$利润 = 12.8 \times 8\,000 - 6\,000 = 26\,000(元)$$

$$利润变动百分比 = \frac{26\,000 - 10\,000}{10\,000} = 160\%$$

$$单价敏感系数 = \frac{160\%}{20\%} = 8$$

单价对利润影响很大。利润以8倍速率随单价变动。因此,管理人员对单价升降应极为重视。

2. 单位变动成本敏感程度

设单位变动成本增长20%,则

$$单位变动成本 = 8 \times (1 + 20\%) = 9.6$$

$$利润 = (10 - 9.6) \times 8\,000 - 6\,000 = -2\,800$$

$$利润变动百分比 = \frac{-2\,800 - 10\,000}{10\,000} = -128\%$$

$$单位变动成本敏感系数 = -\frac{128\%}{20\%} = -6.4$$

单位变动成本对利润影响比单价要小。利润以6.4倍速率随单位变动成本的上升而下降,单位变动成本仍属敏感因素。

3. 固定成本敏感程度

设固定成本上升20%,则

$$固定成本 = 6\,000 \times (1 + 20\%) = 7\,200$$

$$利润 = (10 - 8) \times 8\,000 - 7\,200 = 8\,800$$

$$利润变动百分比 = \frac{8\,800 - 10\,000}{10\,000} = 12\%$$

$$固定成本敏感系数 = \frac{12\%}{20\%} = 0.6$$

固定成本增加时,利润下降速度低于固定成本增加速度,固定成本为利润的不敏感因素。

4. 销售量敏感程度

设销售量上升20%,则

$$销售量 = 8\,000 \times (1 + 20\%) = 9\,600$$

$$利润 = (10 - 8) \times 9\,600 - 6\,000 = 13\,200$$

$$利润变动百分比 = \frac{13\,200 - 10\,000}{10\,000} = 32\%$$

$$销售量敏感系数 = \frac{32\%}{20\%} = 1.2$$

销售量对利润的敏感系数亦称经营杠杆系数。杠杆作用是指销售量的较小变动会引起利润的较大变动。本例中,利润以1.2倍速率随变动成本而变动。因此,销售量亦为利润的敏感因素。

综上所述,该产品影响利润的诸因素中,最敏感的首先是单价(敏感系数8);其次是单位变动成本(敏感系数6.4);再次是销量(敏感系数1.2);最后是固定成本(敏感系数0.6)。其中敏感系数为正值;表明它与利润为同向增减,敏感系数为负值,表明它与利润为反向增减。

敏感系数提供了各因素变动百分比和利润变动百分比之间的比例，但不能直接显示变化后的利润值。为了弥补这种不足，有时需要编制敏感分析表，列示各因素变动百分率及相应的利润值，如表 11-10 所示。

表 11-10　单因素变动敏感分析表

项目 \ 利润（元） \ 变动百分比	−20%	−10%	0	10%	20%
单价	−6 000	2 000	10 000	18 000	26 000
单位变动成本	22 800	16 400	10 000	3 600	−2 800
固定成本	11 200	10 600	10 000	9 400	8 800
销量	6 800	8 400	10 000	11 600	13 200

敏感分析表的缺点是不能连续表示变量之间的关系，为此，人们又设计了敏感分析图，见图 11-11。

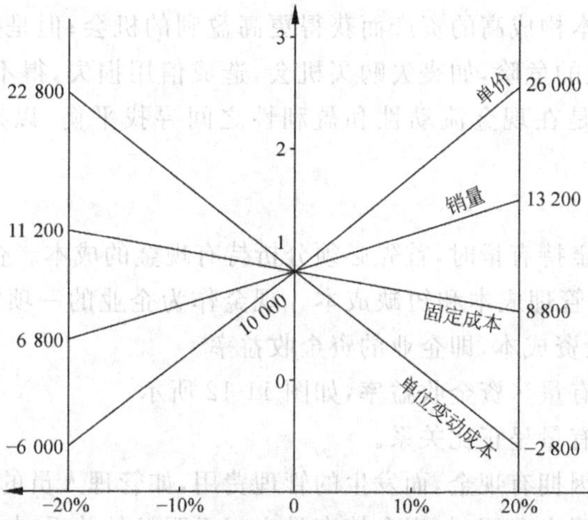

图 11-11　敏感分析图

图中横轴代表单位变动成本、固定成本、销量、单价等各因素变动百分比；纵轴代表利润。根据原来的目标利润点（0，10 000）和单价变化后的点（+20%，26 000），画单价线。这条线反映单价不同变化水平时所对应的利润值和利润变动百分比。其他因素的直线画法与单价类似。这些直线与利润线的夹角越小，对利润的敏感程度越高。

第四节　企业财务决策——流动资金管理

流动资产指在一个会计年度或超过一个会计年度的营业周期内可以变现或耗用掉的资产，包括现金、短期投资（有价证券）、应收账款、存货等。对流动资金的管理，主要指对现金、有价证券、应收款和存货的管理。

一、现金和有价证券的管理

1. 现金的管理

1）现金概念

“现金”指可以立即投入流通的交换媒介。包括库存现金、银行存款以及其他符合现金定义的本票、银行汇票、邮政汇票、旅行支票等。

2）企业置存现金的原因

企业置存现金的原因主要出于三方面需要：交易性需要、预防性需要和投机性需要。交易性需要指支付日常开支的需要；预防性需要是指现金用于防止意外的需要。预防性需要与企业现金流量的不确定性和企业借款能力有关。现金流量越不确定，借款能力越差，预防性需要现金数额越大，反之则小。投机性需要主要指一些特殊购买机会，如购买廉价材料，有利可图的有价证券等。因此，影响企业置存现金的因素主要有：企业的预期现金流量、企业借款能力以及企业控制现金的效率。

3）现金管理目的

在市场正常情况下，资本构成越高的资产，其获利能力越强。企业若置存现金过多，则会丧失将资金投入资本构成高的资产而获得更高盈利的机会；但是企业若置存现金过少，则可能带来现金短缺的危险，如丧失购买机会，造成信用损失，得不到折扣好处等等。因此，现金管理的目的，是在现金流动性和盈利性之间寻找平衡，以期获得最大的长期利益。

4）最佳现金持有量

我们在确定最佳现金持有量时，首先必须分析持有现金的成本。企业持有现金，将会有三种成本：投资成本、管理成本和短缺成本。现金作为企业的一项资金占用是有代价的，这种代价就是它的投资成本，即企业的资金收益率。

投资成本＝现金持有量×资金收益率，如图 11-12 所示。

投资成本与现金持有量呈正比关系。

管理成本是指企业因拥有现金，而发生的管理费用，如管理人员的工资，安全措施等。现金的管理成本一般为固定费用，与现金持有量之间无明显的关系，如图 11-13 所示。

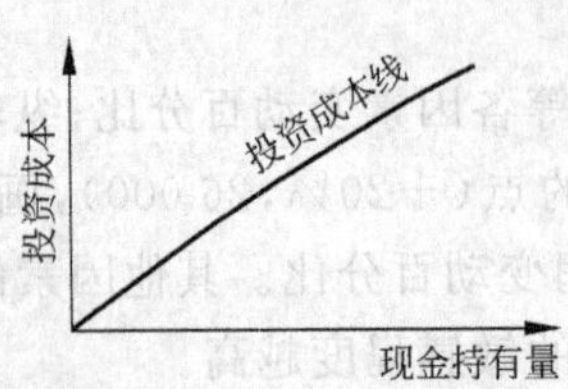

图 11-12　投资成本线

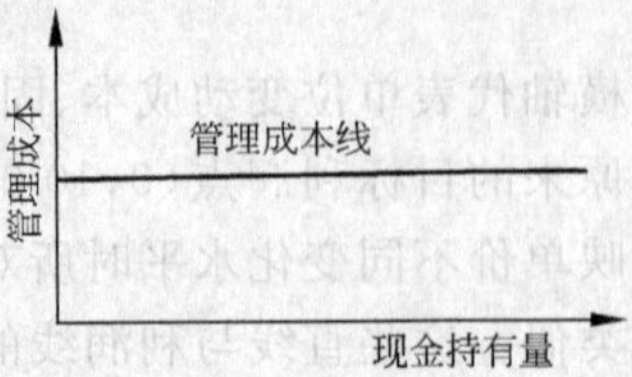

图 11-13　管理成本线

短缺成本是指由于缺乏必要的现金，不能应付业务开支所需，而使企业蒙受损失或为此付出的代价，现金短缺成本与现金持有量呈反比关系，即随现金持有量的增加而下降，随现金持有量减少而上升，如图 11-14 所示。

因此，最佳现金持有量即使持有现金的总成本，即投资成本＋管理成本＋短缺成本最低时的现金持有量，如图 11-15 所示。

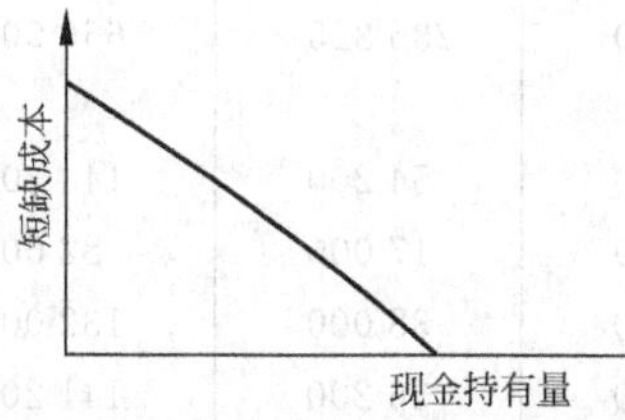

图 11-14　短缺成本与现金持有量

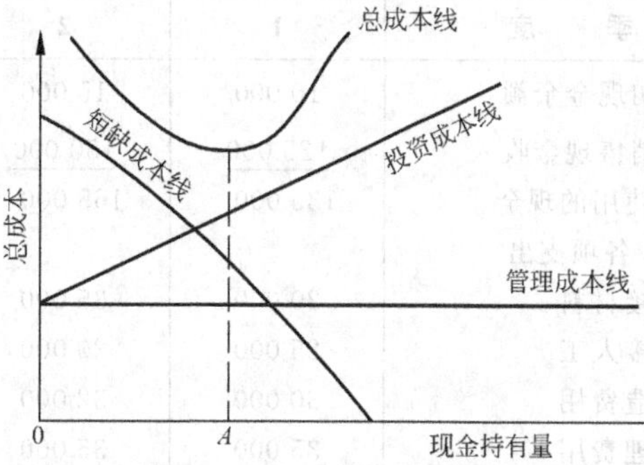

图 11-15　最佳现金持有量

A 点即为最佳现金持有量，在该点上，总成本最低。

5) 现金管理的有关规定

由于现金是企业流动性最强的资产，由于其普遍可接受性，国家有关部门对现金管理的专门规定主要有：

(1) 规定了现金使用范围。这里的现金，指人民币现钞，即企业用现钞从事交易，只能在一定范围内进行。该范围包括：支付职工工资、津贴；支付个人劳务报酬；根据国家规定颁发给个人的科学技术、文化艺术、体育等各种奖金；支付各种劳保、福利费用以及国家规定的对个人的其他支出；向个人收购农副产品和其他物资的价款，出差人员的差旅费；结算起点(1 000 元)以下的零星支出。

(2) 规定了库存现金限额。这里的现金，也指人民币现钞。企业库存现钞，由其开户银行根据企业的实际需要核定限额，一般以 3～5 天的零星开支额为限。

(3) 不得坐支现金。即企业不得从本单位的人民币现钞收入中直接支付交易款。现钞收入应于当日终了时送存开户银行。

(4) 不得出租、出借银行账户。

(5) 不得签发空头支票和远期支票。

(6) 不得套用银行信用。

(7) 不得保存账外公款。包括不得将公款以个人名义存入银行和保存账外现钞等各种形式的账外公款。

6) 现金日常管理

从现金安全性角度出发，应加强内部牵制原则，现金保管、记账、业务执行分别由不同职责的人共同完成，互相牵制。同时必须保证现金日清月结，钱账两符。

从效益性出发，应加强现金预算。按预算控制现金支出，尽可能使现金收入与现金支出同步。同时加速收款，并在不影响信用前提下，推迟付款，充分使用现金浮游量。

2. 现金预算

现金预算由四个部分组成：现金收入、现金支出、现金多余或不足、现金筹集或运用。

表 11-11 即为现金预算表。

表 11-11 现金预算表 单位：元

季度	1	2	3	4	全年合计
(1) 期初现金余额	10 000	15 000	15 000	15 325	10 000
加：销售现金收入	125 000	150 000	160 000	221 000	656 000
可供使用的现金	135 000	165 000	175 000	236 325	666 000
(2) 减：各项支出					
直接材料	20 000	35 000	35 000	54 200	144 200
直接人工	25 000	20 000	20 000	17 000	82 000
制造费用	30 000	32 000	32 000	38 000	132 000
管理费用	35 000	35 000	35 000	36 200	141 200
销售费用	25 000	28 000	28 000	35 000	116 000
所得税	5 000				5 000
购买设备				10 000	10 000
支付股利				10 000	10 000
支出合计	140 000	150 000	150 000	200 400	640 400
加：现金最低需存量	15 000	15 000	15 000	15 000	15 000
现金需要量	155 000	165 000	165 000	215 400	655 400
(3) 现金不足或多余	(20 000)		10 000	20 925	10 600
(4) 现金筹集与运用					
向银行借款	20 000				20 000
还银行借款(本金)			(9 000)	(11 000)	(20 000)
借款利息			(675)	(1 100)	(1 775)
合计	20 000		(9 675)	(12 100)	(1 775)
(5) 期末现金余额	15 000	15 000	15 325	23 825	23 825

(1) 现金收入：现金收入包括期初现金余额和计划期现金收入。其中“销售现金收入”是计划期现金收入的主要来源，数据来源于销售预算。期初现金余额是编制预算时预计的。

期初现金余额 + 销售现金收入 = 可供使用的现金

(2) 现金支出：现金支出包括用于直接材料、直接人工、制造费用、管理费用、销售费用等方面的现金支出。此外，现金支出还包括购买设备、支付现金股利等。

现金最低需存量为企业需要置存现金的最低数额。假设本例中企业现金最低需存量为 15 000 元。现金支出合计加现金最低需存量为计划期现金需要量。

(3) 现金多余与不足：计划期可供使用的现金与现金需要量之间的差额，为现金多余或不足。现金多余为正，现金不足为负。

(4) 现金筹集与运用：现金不足时则考虑通过向银行借款等方式筹集资金，现金多余时则考虑购买设备，做投资等。本例中，假定银行借款起点为 1 000 元。第一季度，现金不足，向银行借款 20 000 元，借款年利率为 10%，到第三、第四季度，企业在保证现金最低需存量 15 000 元的情况下，尚有现金多余，于是偿还借款。该例中借款偿还办法采取“期初借款，期末归还”原则，同时，本金部分偿还的，该部分利息随同偿还。

第三季度偿还本金		9 000 元
借款利息为：	9 000×10%×3/4＝	675 元
合计		9 675 元
第四季度偿还剩余本金		11 000 元
借款利息为：	11 000×10%＝	1 100 元
合计		12 100 元

因此，计划期利息支出共计 1 775 元。

现金预算要以销售预算、生产预算、费用预算、设备购买预算为基础，其目的在于提供现金收支控制依据。

3. 有价证券管理

企业在现金暂时充裕的情况下，会购买一些短期有价证券，如公司债券、金融债券、国库券、股票等。企业购买有价证券，一方面是因为证券利率往往高于银行存款利率，企业购买有价证券比银行存款更为合算；另一方面由于有价证券变现能力较强，在企业需要现金时，可以立即出让兑换成现金。因此，企业购买有价证券既不失现金预防性目的又不失其交易性目的。

企业从收益角度和流动性角度考虑，购买有价证券，因此企业在购买有价证券时最注意的因素是有价证券的安全性、可销售性和收益性。

安全性指是否可以按期收回本金和利息。企业购买有价证券往往选择安全性很高、风险较小的证券；

可销售性是出售有价证券的方便程度。包括企业决定出售到售出的时间长短、收款速度，以及急售时须降价的程度；

收益性包括持有证券的利息、股息收入以及购进售出时价格差异。由于企业购买有价证券时，往往选择风险很小，安全性很高的证券，因此一般收益不会特别大。但至少要高于银行存款利息收入。

企业要在保证安全性、可销售性的同时，尽可能选择收益性较高的有价证券作为短期投资。

二、应收账款的管理

应收款指企业因对外销售，提供劳务等原因，应向购货单位或接受劳务单位收取的款项。包括应收销货款、应收票据及其他应收款等。

应收款产生的原因之一，是销货和收款的时间差。这是客观存在的，任何企业也无法避免。由此产生的应收款不是应收账款管理的内容；应收账款产生的主要原因是由于信用销售，即赊销。赊销能够扩大销售，增加企业利润。但另外，应收账款本身是一种资金垫支。应收账款管理的主要目的是在采取信用销售以扩大企业销售额、增长利润和由于应收账款资金占用所带来的损失之间进行平衡，寻找企业最有利的信用政策。

1. 信用期间

信用期间是企业允许顾客从购货到付款之间的时间，即企业允许的付款时间。

比如，付款条件注明："$n/30$"表示售后 30 天内必须付清货款。信用期间为 30 天。

企业决定信用期间,要考虑的问题是:

(1) 不同信用期所带来的销售利润;

(2) 投放于应收账款方面的资金占用所带来的其他损失;

(3) 比较:当增加信用期所带来的销售利润的增长,超过应收账款资金占用所带来的其他损失的增长时,选择增加信用期间。反之,则收紧企业信用政策。

例 1:某企业信用期为 30 天时,销售量可达 100 000 件;信用期为 50 天时,销售量可增至 120 000 件;其他资料如表 11-12 所示。

表 11-12

项目 \ 信用期	30 天	50 天
销售量(件)	100 000	120 000
销售额(单价 12 元)	1 200 000	1 440 000
销售成本:		
变动成本(每件 10 元)	1 000 000	1 200 000
固定成本	100 000	100 000
销售利润(元)	100 000	140 000
可能发生收账费用(元)	10 000	12 000
可能发生坏账损失(元)	12 000	20 000
利润(元)	78 000	108 000

(1) 当信用期从 30 天增至 50 天时,可使销售利润增加 30 000 元(108 000－78 000)。

(2) 计算应收账款占用资金所造成的损失。

应收账款占用资金＝应收账款平均额×销售成本率

＝日销售额×平均收现期×销售成本率

应收账款占用资金损失＝应收账款占用资金×资金利润率

假定本例中资金利润率为 30%,则

对于 30 天信用期:

$$\text{应由账款占用资金}=\frac{1\,200\,000}{360}\times 30\times\frac{1\,000\,000+100\,000}{1\,200\,000}$$

$$=91\,666.7(\text{元})$$

$$\text{应收账款占用资金损失}=91\,666.7\times 30\%$$

$$=27\,500(\text{元})$$

对于 50 天信用期:

$$\text{应收账款占用资金}=\frac{1\,440\,000}{360}\times 50\times\frac{1\,200\,000+100\,000}{1\,440\,000}$$

$$=180\,555.6(\text{元})$$

$$\text{应收账款占用资金损失}=180\,555.6\times 30\%$$

$$=54\,166.7(\text{元})$$

因此，因信用期延长，使应收账款占用资金所带来的损失，上升 26 666.7 元(54166.7 元－27 500 元)。

(3) 信用期从 30 天延长到 50 天，所带来的利润增长(30 000 元)，超过应收账款占用所带来的损失的增长(26 666.7 元)。因此，对于该企业来说，信用期放宽至 50 天，更为有利。

2. 账龄分析表

企业已发生的应收账款时间有长有短。有的尚在收款期内，有的已超过收账期。一般说来，应收账款拖欠时间越长，发生坏账的可能性越大。账龄分析表即通过对应收账款在外天数长短的报告，监督应收账款回收情况，如表 11-13 所示。

表 11-13　账龄分析表　　××年 12 月 31 日

应收账款账龄	金额　(元)	百分比(%)
信用期内	200 000	40
超过信用期 1～30 天	150 000	30
超过信用期 31～60 天	80 000	16
超过信用期 61～100 天	50 000	10
超过信用期 100 天以上	20 000	4
应收账款总额	500 000	100

通过账龄分析表，可以看出有多少应收款在信用期内，有多少应收账已超过信用期，超过期限为多少，以及各自百分比。

此外，企业还可以通过对不同顾客应收账款账龄分析表的编制，了解不同顾客信用状况，以便针对不同顾客采取不同的信用政策。

3. 收账政策的制定

对于超过信用期的应收款，企业会根据过期长短不同，采取不同的收款措施。如写信询问、频繁催款、上门讨债，直至诉诸法律。催款会发生催款费用，一般来说，催款费用越大，收款效率越高，减少坏账损失的可能性越大。企业的收账政策关键在于，在催款费用和所带来的坏账减少之间权衡，以便采取最有效、最有利的收账政策。

企业选择收账政策时，要考虑三个因素，收款费用、坏账损失、应收账款占用资金所带来的利息损失。这三个因素组成的总成本最低时，收账政策最有利。

例 2：假设某企业对过期应收账款提出了三种方案，见表 11-14。

表　11-14

项　　目	方案一	方案二	方案三
收账费用(元)	9 000	12 000	45 000
平均收款期	3 个月	2 个月	1 个月
坏账率	3%	2%	1%

平均收款期指催款之日到收回货款时间，收款政策总成本见表 11-15。

表 11-15 单位：元

项目	方案一	方案二	方案三
销售额	1 500 000	1 500 000	1 500 000
应收账款周转次数(次)	4	6	12
应收账款平均额	375 000	250 000	125 000
应收账款占用资金	300 000	200 000	100 000
应收账款占用资金利息损失	36 000	24 000	12 000
坏账损失	45 000	30 000	15 000
收账费用	9 000	12 000	45 000
收账政策总成本	90 000	66 000	72 000

其中，

$$应收账款周转次数 = 12 \div 平均收款期$$

$$应收账款平均额 = \frac{销售额}{应收账款周转次数}$$

$$应收账款占用资金 = 应收账款平均额 \times 销售成本率$$

销售成本中可分为变动销售成本和固定销售成本两部分。除了专属固定销售成本外，一般固定销售成本多为沉没成本，与决策无关，只有变动销售成本才是与收账政策决策有关的资金占用。因此，这里的销售成本率指变动销售成本率。本例中假定(变动)销售成本率为80%，

$$应收账款占用资金利息损失 = 应收账款占用资金 \times 利息率$$

本例中假设年利率为12%，

$$收账政策总成本 = 应收账款占用资金利息损失 + 坏账损失 + 收账费用$$

方案二总成本最低，因此方案二是最好的收账政策方案。

三、存货的管理

存货是指企业在生产经营过程中为销售或耗用而储备的物资。包括：材料、燃料、低值易耗品、在产品、产成品、半成品、协作件、商品等。

存货管理涉及企业的很多部门。不同部门出于自身管理需要，对存货管理有着不同的要求。对于采购、生产、销售部门来说，希望存货越多越好，这样可以降低采购费用，避免停工待料或商品脱销的危险；但是对于财务部门来说，需要存货越少越好。因为减少存货积压资金，就可以将资金用于别的方面，或减少货款利息支出。因此，存货管理的主要目的，是在保证生产经营连续性同时，尽可能减少存货占用经营资金。

1. 储备存货有关成本

与储备存货有关的成本有三种：取得成本、储存成本和缺货成本。

1) 取得成本

取得成本指为取得某存货而发生的实际支出。通常用 TC_a 表示。取得成本又可分为订货成本和购置成本。

订货成本为取得定单成本，如办公费、差旅费、邮费等。订货成本中与订货次数无关的成本，如采购部门办公费，为订货固定成本。订货成本中与订货次数有关的成本，如差旅费、邮费等，为订货变动成本。

购置成本即存货购进量与购进单价之积。假定：

F_1——订货固定成本

K——每次订货变动成本

D——存货年需要量

Q——每次订货批量

U——存货购进单价

则

取得成本＝订货成本＋购置成本

＝(订货固定成本＋订货变动成本)＋购置成本

即

$$\mathrm{TC_a} = F_1 + \frac{D}{Q}K + \mathrm{DU}$$

2）储存成本

储存成本为保持存货而发生的成本，包括存货占用资金利息损失、仓储费、保险费、存货变质破损损失等，用 $\mathrm{TC_c}$ 表示。

储存成本也可分固定和变动两部分。固定储存成本与存货数量无关，用 F_2 表示；变动储存成本与存货量有关，如存货资金占用利息损失、存货变质破损损失等。

F_2——固定储存成本

K_c——单位存货变动储存成本

则储存成本

$$\mathrm{TC_c} = F_2 + \frac{Q}{2}K_c$$

3）缺货成本

缺货成本指因停工待料、商品脱销等缺货现象所带来的损失，用 $\mathrm{TC_s}$ 表示，因此假设：

TC——储存存货总成本

储存存货总成本 ＝ 取得成本 ＋ 储存成本 ＋ 缺货成本

$$\mathrm{TC} = \mathrm{TC_a} + \mathrm{TC_c} + \mathrm{TC_s}$$

$$= F_1 + \frac{D}{Q}K + \mathrm{DU} + F_2 + \frac{Q}{2}K_c + \mathrm{TC_s}$$

2. 存货决策基本模型

存货决策涉及四项内容：决定进货项目、选择供应单位、决定进货批量和决定进货时间。前两项是采购、生产、销售部门的职责。财务部门主要任务是合理确定进货批量和进货时间，以保证存货总成本最低。能够使存货总成本最低的进货批量称为经济订货量或经济批量（用 Q^* 表示）。有了经济订货量，就很容易找到最适宜的进货时间（用 T^* 表示）。

由于存货决策影响因素很多,我们首先摒弃一些因素,在相对简单的前提下研究存货决策基本模型。

1) 存货决策基本模型假设条件

(1) 企业能够及时补充存货,即需要订货时便可立即取得存货;

(2) 能集中到货,而不是陆续入库;

(3) 不允许缺货,即无缺货成本,TC_s 为零,这是因为良好的存货管理本来就不应该出现缺货成本;

(4) 需求量确定且能确定,即 D 为已知常量;

(5) 存货单价不变,不考虑现金折扣,即 U 为已知常量;

(6) 企业现金充足,不会因现金短缺而影响进货;

(7) 所需存货市场供应充足,不会因买不到需要的存货而影响其他。

2) 经济订货量求解

在上述假设条件下,

$$TC = F_1 + \frac{D}{Q}K + DU + F_2 + \frac{Q}{2}K_c$$

求导得出下列公式:

$$Q^* = \sqrt{2KD/K_c}$$

这一公式称为经济订货量基本模型。由此求出每次订货批量,可使 TC 达到最小值。此时,

$$TC^* = \frac{KD}{\sqrt{\frac{2KD}{K_c}}} + \frac{\sqrt{\frac{2KD}{K_c}}}{2} \cdot K_c = \sqrt{2KDK_c}$$

由经济订货量基本模型还可推算出每年最佳订货次数(用 N^* 表示):

$$N^* = \frac{D}{Q} = \frac{D}{\sqrt{2KD/K_c}} = \sqrt{\frac{DK_c}{2K}}$$

最佳订货周期(用 t^*)表示:

$$t^* = \frac{1}{N^*} = \frac{1}{\sqrt{\frac{DK_c}{2K}}} = \sqrt{\frac{2K}{DK_c}}$$

例 3: 某企业每年耗用某种材料 3 600 千克,该材料单位成本 10 元,单位存储成本为 2 元,一次订货成本 25 元。则:

$$Q^* = \sqrt{\frac{2DK}{K_c}} = \sqrt{\frac{2 \times 3\,600 \times 25}{2}} = 300(\text{千克})$$

$$N^* = \frac{D}{Q^*} = \frac{3\,600}{300} = 12(\text{次})$$

$$TC(Q^*) = \sqrt{2KDK_c} = \sqrt{2 \times 25 \times 3\,600 \times 2} = 600(\text{元})$$

$$t^* = \frac{1}{N^*} = \frac{12}{12} = 1(\text{个月})$$

3）经济订货量基本模型图解

表 11-16 为不同批量下有关成本指标。

表 11-16 不同批量下有关成本指标

项目	订货批量					
	100	200	300	400	500	600
平均存量	50	100	150	200	250	300
储存成本(元)	100	200	300	400	500	600
订货次数	36	18	12	9	7.2	6
订货成本(元)	900	450	300	225	180	150
总成本(元)	1 000	650	600	625	680	750

图 11-16 为经济订货量基本模型图解。

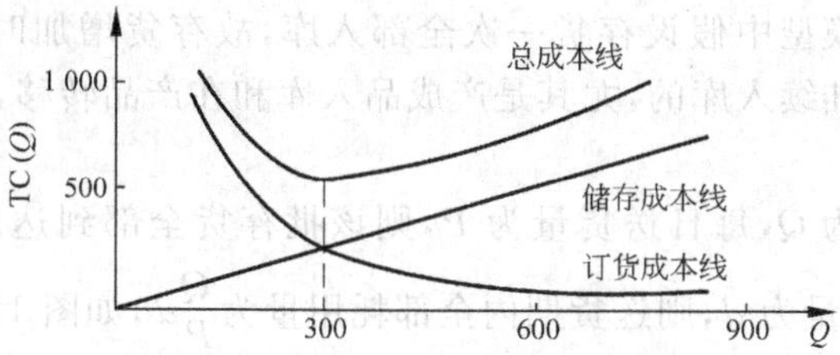

图 11-16 经济定货量基本模型图

从图中也可看到，当订货批量为 300 千克时，总成本最低；小于或大于这一批量，都不合算。

3. 存货决策扩展模型

经济订货量基本模型是在一系列假设条件下求得的。但现实生活能够满足这些假设条件的情况是罕见的，为使模型更接近于现实，增加可用性，应逐步放宽假设条件，改进模型。

1）订货提前期

一般情况下，企业的存货不能做到随用随时补充，因此不能等存货用光再去订货，而需要在没有用完前提前订货。提前订货的情况下，企业再次发出订货单时，尚有存货的库存量，称为再订货点，用 R 来表示。它的数量等于交货时间(L)和每日平均需用量(d)的乘积：

$$R = Ld$$

续前例，企业订货日至到货期的时间为 10 天，每日存货需要量 10 千克，那么：

$$\begin{aligned} R &= Ld \\ &= 10 \times 10 \\ &= 100(\text{千克}) \end{aligned}$$

即企业在尚存 100 千克存货时，就应当再次订货；等到下批订货到达时(发出再次订货单 10 天后)，原有库存刚好用完。此时，有关存货的每次订货批量、订货次数、订货间隔时间等并无变化,与瞬时补充时相同。订货提前期的情景如图 11-17 所示。

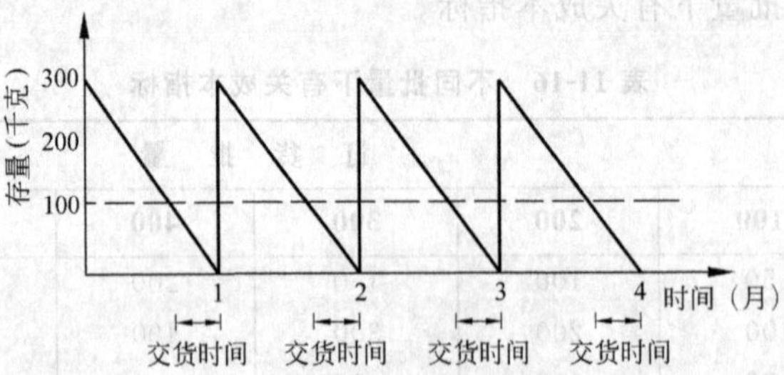

图 11-17 存货变动图

订货提前期并不改变经济订货量(仍为 300 千克),只不过在达到再订货点(库存 100 千克)时即发出订货单即可。

2) 存货陆续供应和使用

在存货决策基本模型中假设存货一次全部入库,故存货增加时存货变量为一直线。而实际上存货往往是陆续入库的,尤其是产成品入库和在产品转移,为此须对基本模型做一些修改。

假设每批订货量为 Q,每日送货量为 P,则该批存货全部到达所需天数(送货期)为 Q/P;又假设每日耗用量为 d,则送货期内全部耗用量为 $\frac{Q}{P}d$,如图 11-18 所示。

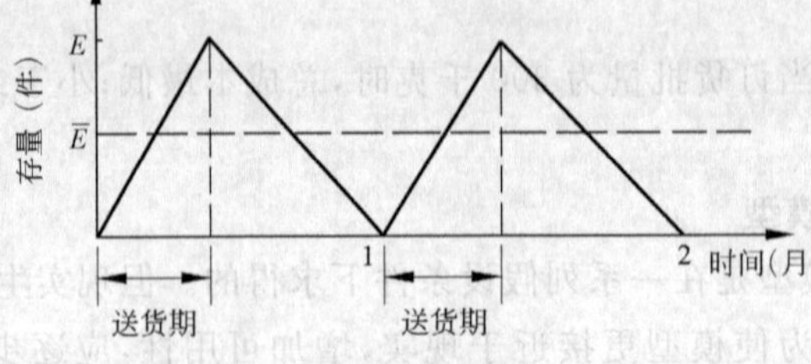

图 11-18

最高库存 Q,最低库存 $\left(Q-\frac{Q}{P}d\right)$,因此,

$$TC=\frac{D}{Q}\cdot K+\frac{1}{2}\left(Q-\frac{Q}{P}d\right)\cdot K_c=\frac{D}{Q}\cdot K+\frac{Q}{2}\left(1-\frac{d}{P}\right)\cdot K_c$$

求导得经济订货量 Q^*:

$$Q^*=\sqrt{\frac{2KD}{K_c}\cdot\left(\frac{P}{P-d}\right)}$$

此时,

$$TC^*=\sqrt{2KDK_c\left(1-\frac{d}{P}\right)}$$

仍以例 3 为例,假设每天送货量为 30 千克,每日耗用量为 10 千克,则

$$Q^*=\sqrt{\frac{2KD}{K_c}\cdot\left(\frac{P}{P-d}\right)}=\sqrt{\frac{2\times 25\times 3\,600}{2}\times\left(\frac{30}{30-10}\right)}$$
$$=367(\text{千克})$$

$$
\begin{aligned}
TC(Q^*) &= \sqrt{2KDK_c \cdot \left(1-\frac{d}{P}\right)} \\
&= \sqrt{2\times 25\times 3\,600\times 2\times\left(1-\frac{10}{30}\right)} \\
&= 490(\text{元})
\end{aligned}
$$

3）保险储备

前面存货决策模型都是假定存货的供需稳定且确知，即每日需求量和交货时间是固定不变的，但实际上，每日需求量和交货时间都可能发生变动。如果按经济订货批量和再订货点发出订单后，需求增大或送货延迟，就会发生缺货或供货中断，为此需存有一定的保险储备量，以备应急之用。保险储备在正常情况下不动用，只有当存货需求增大或送货延迟时才动用。如图 11-19 所示。

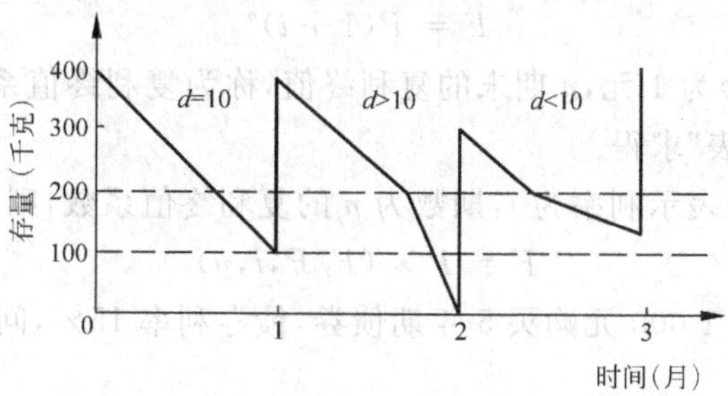

图　11-19

图 11-19 中，年需要量(D)为 3 600 千克，经济订货量为 300 千克，每年订货 12 次。又知全年平均日需求量(d)为 10 千克，平均每次交货时间(L)为 10 天。设保险储备量(B)为 100 千克，再订货点为 R：

$$
\begin{aligned}
R &= \text{交货时间}\times\text{平均日需求}+\text{保险储备} \\
&= L\times d+B = 10\times 10+100 \\
&= 200(\text{千克})
\end{aligned}
$$

在第一个订货周期里，$d=10$，不需要动用保险储备；在第二个订货周期内，$d>10$，需求量大于供货量，需要动用保险储备；第三个订货周期内，$d<10$，不仅不需动用保险储备，正常储备亦未用完，下次存货即已送到。

第五节　企业财务决策——投资决策

一、资金时间价值

现在的 1 元钱与一年后的 1 元钱价值是不相等的。除去通货膨胀的因素不说，1 元钱存入银行可以取得利息，做投资可以取得利润。因此不同时间单位的资金不宜直接比较，而应换算到同一时间基础上进行比较。

随着时间的推移，投入周转使用的资金价值将会发生增殖。这种增殖的能力或数额，就是资金的时间价值。

在单利方式下，本能生利，利息不能生利；在复利方式下，本能生利，利也能生利。资金时间价值一般都是按复利方式计算，资金时间价值是企业投资决策所考虑的重要因素之一。

1. 复利终值

复利终值是指现在特定资金按复利计算的未来价值。或者说是现在特定本金的未来本利和。假定：

P——第一年年初本金

i——利率

n——期数

F——复利终值

则

$$F = P(1+i)^n$$

式中，$(1+i)^n$ 表示本金为 1 元，n 期末的复利终值，称为复利终值系数。复利终值系数可以通过“1 元复利终值表”求得。

我们用$(F/P,i,n)$表示利率为 i，期数为 n 的复利终值系数，则

$$F = P \times (F/P,i,n)$$

例 1：A 先生投资 1 000 元购买 5 年期债券，债券利率 15%，问 A 先生 5 年后能收回多少钱？

$$\begin{aligned} F &= P \times (1+i)^n \\ &= 1\,000 \times (1+15\%)^5 \\ &= 1\,000 \times 2.0114 = 2\,011.4(\text{元}) \end{aligned}$$

例 2：B 先生有资金 50 000 元，欲投入报酬率为 10%的投资机会，经过多少年才能使现有资金增加 10 倍？

$$F = P \times (F/P,i,n)$$
$$(F/P,i,n) = F \div P = 10$$

查“1 元终值系数表”得：

$$(F/P,10\%,24) = 9.849\,7$$
$$n \approx 24$$

因此，B 先生须经过 24 年后才可使现在资金增加 10 倍。

2. 复利现值

与复利终值相对称的概念。指未来一定时间的特定资金按复利计算的现在价值。即将来特定本利和所需要的本金。

$$P = \frac{F}{(1+i)^n} = F \times (1+i)^{-n}$$

$(1+i)^{-n}$称为复利现值系数，用$(P/F,i,n)$表示，可查“1 元复利现值表”求得。因此

$$P = F \times (P/F,i,n)$$

例 3：C 先生拟在 5 年后获得本利和 15 000 元，假设投资报酬率为 8%，他现在应投入多少元？

$$P = F \times (P/F, 8\%, 5) = 15\,000 \times 0.6806 = 10\,209(\text{元})$$

C先生现在须投入本金10 209元。

3. 年金终值

年金终值指在复利计息方式下，每期期末发生(收入或支出)本金(年金)，n期期末将各期年金的本利和相加之和。

F_A表示年金终值，A表示年金，则

$$F_A = A \times \sum_{i=1}^{n} (1+i)^{n-i} = \frac{A}{i}[(1+i)^n - 1]$$

式中，$\frac{(1+i)^n - 1}{i}$表示年金终值系数，可用$(F/A, i, n)$表示，可查"1元年金终值系数表"求得。

例4：D先生5年后须还清10 000元债务，从现在起每年存入银行一笔款项，假设银行存款利率为9%，问每年须存入多少钱？

$$F_A = A \times (F/A, 9\%, 5)$$

求"1元年金终值系数表"得

$$(F/A, 9\%, 5) = 5.9847$$

则

$$A = \frac{10\,000}{5.9847} = 1\,671(\text{元})$$

D先生每年须存入1 671元。

4. 年金现值

与年金终值相对称的概念。指为在每期期末取得相等金额的款项，现在须投入的数额。

用P_A表示年金现值：

$$P_A = A \times \frac{1-(1+i)^{-n}}{i}$$

式中，$\frac{1-(1+i)^{-n}}{i}$表示"年金现值系数"，可用$(P/A, i, n)$表示，可查"1元年金现值系数表"求得。

例5：E先生欲在退休后10年内每年可得现金10 000元，假设银行存款利率为10%，E先生现在须存入多少钱？

$$P_A = A \times (P/A, i, n) = 10\,000 \times (P/A, 10\%, 10)$$
$$= 10\,000 \times 6.1446 = 61\,446(\text{元})$$

E先生现在须存入61 446元。

二、投资项目的现金流量

投资项目的现金流量，是指一个项目引起的企业现金收入和现金支出增加的数量。这里的"现金"，不仅包括货币性资金，也包括项目需要投入的企业原有的非货币性资源的变现价值。

1. 现金流入量、现金流出量和现金净流量

现金流量包括现金流入量、现金流出量和现金净流量三个概念。

现金流入量是指一个项目所引起的现金收入的增加额,比如购置一台新设备所引起的营业现金收入增加额 、设备残值收入、垫支的流动资产收回等。

现金流出量是指一个项目所引起的现金支出的增加额。比如购置一台新设备,所引起的现金支出包括购买设备价款、设备维护修理费,以及垫支的流动资产等。

现金净流量是指一定期间(1年或整个投资项目持续时间)内现金流入量和现金流出量之间的差额。

2. 估计现金流量时应注意的问题

1)营业现金流量与会计净收益

$$
\begin{aligned}
\text{会计净收益} &= \text{收入} - \text{成本} - \text{所得税} \\
&= (\text{收入} - \text{成本}) \times (1 - \text{所得税税率}) \\
\text{营业现金收入} &= \text{收入} - \text{付现成本} - \text{所得税}
\end{aligned}
$$

付现成本指成本中须以现金支付的成本。而成本中折旧费是不需要现金支出的。因此,

$$
\begin{aligned}
\text{付现成本} &= \text{成本} - \text{折旧} \\
\text{营业现金收入} &= \text{收入} - (\text{成本} - \text{折旧}) - \text{所得税} \\
&= (\text{收入} - \text{成本} + \text{折旧}) \times (1 - \text{所得税税率}) \\
&= \text{收入} \times (1 - \text{所得税税率}) - \text{成本} \\
&\quad \times (1 - \text{所得税税率}) + \text{折旧} \times (1 - \text{所得税税率})
\end{aligned}
$$

“收入×(1－所得税税率)”为税后收入;“成本×(1－所得税率)”为税后成本。而折旧因在税前开支,可以减免一部分所得税,这种作用称为“折旧抵税”或“税收挡板”,“折旧×(1－所得税税率)”即为折旧抵税。

因此,

$$\text{营业现金收入} = \text{税后收入} - \text{税后成本} + \text{折旧抵税}$$

也可以这样表示:

$$\text{营业现金收入} = \text{净收益} + \text{折旧} \times (1 - \text{所得税税率})$$

2)增量现金流量

只有增量现金流量才是与项目有关的现金流量。增量现金流量是指接受或拒绝某一项目,会引起企业总现金流量发生变动。

3)相关成本与沉没成本

只有相关成本才是决策时应考虑的因素。而沉没成本是过去已经发生的,现在的决策无法改变的成本,在决策中可以不予考虑。比如,某钢铁集团企业在1991年曾经打算新建一家分厂,并请一家咨询公司做过可行性分析,支付咨询费10万元,后来由于形势变化,该项目被搁置下来,该笔咨询费作为费用已经出账了。1993年旧事重提,在进行投资分析时,这笔咨询费是否仍是相关成本呢?答案是否定的。该笔支出已经是沉没成本,这家集团在考虑是否采纳新建一个分厂的方案时,不必考虑这笔10万元的咨询费。

4）机会成本

在做投资决策时，不要忽视机会成本。机会成本是指几个方案可供选择时，选择了最优方案，而次优方案潜在的收益即为选择最优方案的机会成本。比如某银行拥有一块土地，现正在考虑是否在这片土地上新建一个分支机构，因为新建分支机构不会发生购置土地支出，那么这片土地的价值在此方案中是否可以不予考虑了呢？答案是否定的。因为如果不新建分支机构，土地可以出售。因此土地现在市价即为该方案的机会成本。

5）对本企业其他部门的影响

在做投资决策时，不能忽视对其他部门的影响，比如引进一条生产线，可以使某产品产销量增长1倍。但如果该产品产销量的增长，会使本企业其他产品销售量下降，那么其他产品销售量下降所带来的损失，即为生产线投资方案的机会成本，当然该产品产销量增长也可能会带动其他产品的销售。因此，要看新项目与原有部门、产品是竞争关系还是互补关系。

三、投资决策分析方法

投资决策分析方法包括贴现方法和非贴现方法。贴现方法考虑资金时间价值因素，又包括净现值法、现值指数法、内含报酬率法三种；非贴现方法不考虑资金时间价值因素，包括回收期法和会计收益率法。

1. 净现值法

净现值法是以净现值为判断项目优劣的标准。项目净现值是按预定贴现率，将特定项目未来现金流入量和未来现金流出量折合成现值后的差额，假定：

NPV——特定项目净现值

n——投资项目涉及年限

I_k——第 k 年现金流入量

O_k——第 k 年现金流出量

i——预定贴现率

则

$$\mathrm{NPV}=\sum_{k=1}^{n}\frac{I_k}{(1+i)^k}-\sum_{k=1}^{n}\frac{O_k}{(1+i)^k}$$

当 NPV>0 时，该项目投资报酬率大于预定贴现率；

当 NPV=0 时，该项目投资报酬率等于预定贴现率；

当 NPV<0 时，该项目投资报酬率小于预定贴现率。

例 6：现有两个投资机会。方案 A 需要原始投入 1 000 元，方案 B 需要原始投入 2 000 元，两方案各年现金收入数据如下：

年　　份	方　案　A/元	方　案　B/元
1	500	200
2	400	600
3	300	800
4	100	1 200
合计	1 300	2 800

假设贴现率为 10%,问哪个方案更有利?

$$
\begin{aligned}
NPV_A &= \left[\frac{500}{(1+10\%)} + \frac{400}{(1+10\%)^2} + \frac{300}{(1+10\%)^3} + \frac{100}{(1+10\%)^4}\right] - 1\,000 \\
&= 500 \times 0.9091 + 400 \times 0.8264 + 300 \times 0.7513 + 100 \times 0.6830 - 1\,000 \\
&= 1\,078.80 - 1\,000 \\
&= 78.80(\text{元})
\end{aligned}
$$

$$
\begin{aligned}
NPV_B &= \left[\frac{200}{(1+10\%)} + \frac{600}{(1+10\%)^2} + \frac{800}{(1+10\%)^3} + \frac{1200}{(1+10\%)^4}\right] - 2\,000 \\
&= 200 \times 0.9091 + 600 \times 0.8264 + 800 \times 0.7513 + 1200 \times 0.6830 - 2\,000 \\
&= 2\,098.3 - 2\,000 \\
&= 98.3(\text{元})
\end{aligned}
$$

$$NPV_B > NPV_A > 0$$

A、B 两方案的净现值均大于零,说明这两个方案的投资报酬率都大于 10%。如果企业要求的最低投资报酬率为 10%,那么,A、B 两个方案都是可取的。但由于 $NPV_B > NPV_A$,所以方案 B 更有利。

2. 现值指数法

现值指数法是以现值指数作为判断方案好坏的标准。现值指数,是未来现金流入现值与现金流出现值的比率或也称现值比率,或获利指数,贴现后收益一成本比率。

我们用 PI 表示现值指数,则

$$PI = \sum_{k=1}^{n}\frac{I_k}{(1+i)^k}\bigg/\sum_{k=1}^{n}\frac{O_k}{(1+i)^k}$$

当 PI>0 时,说明投资方案收益大于总成本,投资报酬率大于预定贴现率;

当 PI=0 时,说明投资方案收益等于总成本,投资报酬率等于预定贴现率;

当 PI<0 时,说明投资方案收益小于总成本,投资报酬率小于预定贴现率。

仍以上例为例,则

$$PI_A = \sum_{k=1}^{n}\frac{I_k}{(1+i)^k}\bigg/\sum_{k=1}^{n}\frac{O_k}{(1+i)^k} = 1\,078.80/1\,000 = 1.078$$

$$PI_B = \sum_{k=1}^{n}\frac{I_k}{(1+i)^k}\bigg/\sum_{k=1}^{n}\frac{O_k}{(1+i)^k} = 2\,098.3/2\,000 = 1.049$$

$$PI_A > PI_B > 0$$

A、B 两方案投资收益均大于总成本,投资报酬率均高于预定贴现率。但 $PI_A > PI_B$,方案 A 更可取。

同样的投资方案,使用净现值法和使用现值指数法得出了不同的结论,是因为方案 B

获得较高的净现值是靠投资 2 000 元得来的，而方案 A 净现值小于方案 B，是靠投资 1 000 元得来的。净现值法是一个绝对数指标，反映投资的效益；现值指数法是一个相对数指标，反映投资的效率。因此，如果这两个方案是互斥的，则方案 B 更可取；如果这两个方案是独立的，则应优先考虑方案 A。现值指数法的主要优点在于可以进行独立投资机会获利能力的比较。

净现值法和现值指数法都有广泛的适用范围，理论上也比较完善，关键问题是如何选定预定贴现率。预定贴现率有时由资金成本率来确定，有时以企业要求的最低投资报酬率来确定。后一种方法运用更为广泛，预定贴现率不一样，会影响方案的选择。

3. 内含报酬率法

内含报酬率法是根据方案本身内含报酬率来评价方案优劣的标准。内含报酬率是指能够使未来现金流入量现值等于未来现金流出量现值的贴现率，或者说是使投资方案净现值为零的贴现率，用 IRR 表示内含报酬率。

内含报酬率的计算，通常需要"逐步测试法"。首先估计一个贴现率，用它来计算方案的净现值；如果净现值为正数，说明方案本身的报酬率超过估计的贴现率，应提高贴现率后进一步测试；如果净现值为负数，说明方案本身的报酬率低于估计的贴现率，应降低贴现率后进一步测试。经过多次测试，寻找出使净现值接近于零的贴现率，即为方案本身的内含报酬率。

仍依上例，计算出贴现率为 10%和 15%时方案 A、方案 B 净现值如表 11-17 所示。

表　11-17

年　　份	$i=10\%$			$i=15\%$		
	现值系数	现　　值		现值系数	现　　值	
		方案 A	方案 B		方案 A	方案 B
1	0.909 1	454.55	181.82	0.869 6	434.80	173.92
2	0.826 4	330.56	495.84	0.756 1	302.44	453.66
3	0.751 3	225.39	601.04	0.657 5	197.25	526
4	0.683 0	68.30	819.6	0.571 8	57.18	686.16
现金流入现值		1 078.80	2 098.3		991.67	1 839.74
现金流出现值		1 000	2 000		1 000	2 000
净现值		78.80	98.3		(8.33)	(160.26)

则

$$IRR_A = 10\% + \left(5\% \times \frac{78.80}{8.33 + 78.80}\right) = 14.5\%$$

$$IRR_B = 10\% + \left(5\% \times \frac{98.30}{160.26 + 98.30}\right) = 11.9\%$$

计算出各方案的内含报酬率后，可以根据企业的资金成本或要求的最低投资报酬率对方案进行取舍，如果企业要求最低投资报酬率为 10%，则两个方案都可取，但若要求最低投资报酬为 12%，则方案 A 可取，方案 B 不可取。

内含报酬率是方案本身的收益能力，反映其内在的获利能力。在计算内含报酬率时不必事先选择贴现率,根据内含报酬率就可以排定独立投资的优先次序,最后只需要一个资金成本或企业所要求的最低投资报酬率来判断方案是否可行即可,而现值指数法需要一个适合的贴现率,以计算现值,选择的贴现率的高低将会影响方案的优先次序。

4. 回收期法

回收期法不考虑资金的时间价值,指投资引起的现金流入累计到与投资额相等所需要的时间。它代表收回投资所需要的年限。例如表 11-18 中的方案 A 和方案 B。

表 11-18

年 份	方案 A		方案 B	
	现金流量	未回收额	现金流量	未回收额
原始投资	(1 000)	1 000	(2 000)	2 000
1	500	500	200	1 800
2	400	100	600	1 200
3	300	0	800	400
4	100		1 200	0

方案 A 回收期为 $2+\frac{100}{400}=2.3$(年)

方案 B 回收期为 $3+\frac{400}{1\ 200}=3.3$(年)

回收期法计算比较简便,但缺点是没有考虑时间价值,而且容易导致决策者过分看重眼前利益。而有很多具有战略性意义的方案,投资后期收益较高。

5. 会计收益率法

使用普通会计成本收益概念计算收益率:

$$会计收益率=\frac{年平均净收益}{原始投资额}$$

$$方案A会计收益率=\frac{(500+400+300+100)\div 4}{1\ 000}=32.5\%$$

$$方案B会计收益率=\frac{(200+600+800+1\ 200)\div 4}{2\ 000}=35\%$$

四、投资决策

1. 固定资产更新决策

固定资产更新决策,不同于一般的投资决策。固定资产更新并不改变企业的生产能力,不增加企业现金收入。与固定资产更新决策相关的现金流量只有现金流出量,即使有少量的残值收入,也属于支出的抵减,而非真正的收入。这就给我们运用净现值法或内含报酬率法来判断方案取舍带来了困难。当收入一定时,我们认为成本最低的方案是最优的,而继续使用老设备和更新设备,使用年限往往不一致。因此,最公正的方法是比较继续使用和更新的年成本,以此作为判断方案取舍的标准。

固定资产的平均年成本是指与该资产相关的现金流出的年平均值。考虑时间价值,即在未来使用年限内现金流出总现值与年金现值系数的比值。

例 7：某企业有一旧设备，技术工程人员提出更新要求，有关数据如表 11-19 所示。

表　11-19

项　　目	旧　设　备	新　设　备
原　值	10 000	12 000
预计使用年限	10	10
已使用年限	3	0
最终残值	1 000	1 200
变现价值	5 000	12 000
年运行成本	4 000	2 500

假定企业要求最低报酬率为 12%。

考虑资金时间价值，有三种方法计算年平均成本：

(1) 计算现金流量总现值，再分摊到每一年。

$$旧设备年平均成本=\frac{5\,000+4\,000\times(P/A,12\%,7)-1\,000\times(P/F,12\%,7)}{(P/A,12\%,7)}$$

$$=\frac{5\,000+4\,000\times4.563\,8-1\,000\times0.452\,3}{4.563\,8}$$

$$=4\,996.47(元)$$

$$新设备年平均成本=\frac{12\,000+2\,500\times(P/A,12\%,10)-1\,200\times(P/F,12\%,10)}{(P/A,12\%,10)}$$

$$=\frac{12\,000+2\,500\times5.650\,2-1\,200\times0.322\,0}{5.650\,2}$$

$$=4\,555.43(元)$$

(2) 由于各年运行成本相等，将原始投资和残值摊销到各年，然后求和，即为年平均成本。

$$旧设备年平均成本=\frac{5\,000}{(P/A,12\%,7)}+4\,000-\frac{1\,000}{(F/A,12\%,7)}$$

$$=\frac{5\,000}{4.563\,8}+4\,000-\frac{1\,000}{10.089}$$

$$=4\,996.46(元)$$

$$新设备年平均成本=\frac{12\,000}{(P/A,12\%,10)}+2\,500-\frac{1\,200}{(F/A,12\%,10)}$$

$$=\frac{12\,000}{5.650\,2}+2\,500-\frac{1\,200}{17.548}$$

$$=4\,555.44(元)$$

(3) 将残值在原投资中扣除，视同每年承担相应的利息，然后与净投资摊销额及年运行成本总计，求出年平均成本。

$$旧设备年平均成本=\frac{5\,000-1\,000}{(P/A,12\%,7)}+1\,000\times12\%+4\,000$$

$$=\frac{4\,000}{4.563\,8}+120+4\,000$$

$$=4\,996.46(元)$$

$$新设备年平均成本=\frac{12\,000-1\,200}{(P/A,12\%,10)}+1\,200\times12\%+2\,500$$

$$=\frac{10\,800}{5.650\,2}+144+2\,500$$

$$=4\,555.44(元)$$

从以上计算可知,新设备年运行成本小于旧设备,应更换新设备。

2. 固定资产的经济寿命

随着固定资产的使用,设备逐渐陈旧,性能逐渐变差,维护修理费及运行费会越来越高;而固定资产价值逐步减少,它用的资金应计利息也越来越少。因此,随着时间推移,固定资产的运行成本和持有成本呈反方向变化,见图 11-20,其中必有一个最经济的使用年限,能够使固定资产平均成本达到最低。假设:

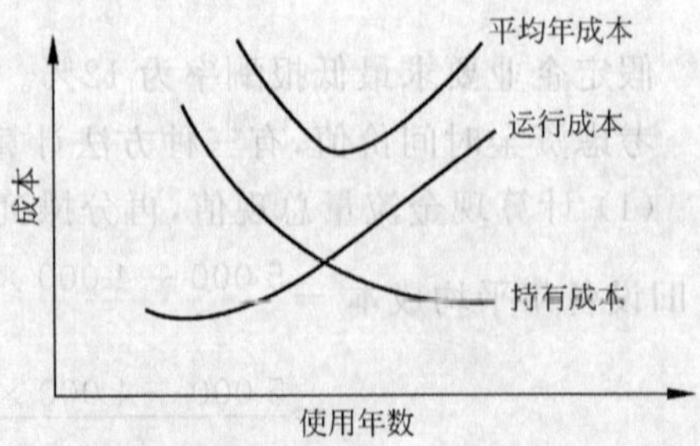

图 11-20 运行成本与持有成本

C——固定资产原值

RV——n 年后固定资产余值

C_n——第 n 年运行成本

n——预计使用年限

i——投资最低报酬率

UAC——固定资产平均年成本

则

$$\mathrm{UAC}=\left[C+\sum\frac{C_n}{(1+i)^n}-\frac{\mathrm{RV}}{(1+i)^n}\right]\div(P/A,i,n)$$

例 8：设某资产原值为 1 400 元,运行成本逐年增加,折余价值逐年减少,有关数据见表 11-20。

该项资产使用 6 年后更新,年平均成本最低(544 元),因为 6 年是该资产的经济寿命。

表 11-20 固定资产的经济寿命

更新年限	原值 ①	余值 ②	贴现系数 ③ (i=8%)	余值现值 ④=②×③	运行成本 ⑤	运行成本现值 ⑥=⑤×③	更新时运行成本现值 ⑦=∑⑥	现值总成本 ⑧=①−④+⑦	年金现值系数 (i=8%) ⑨	平均年成本 ⑧÷⑨
1	1 400	1 000	0.926	926	200	185	185	659	0.926	712
2	1 400	760	0.857	651	220	188	373	1 122	1.783	629
3	1 400	600	0.794	476	250	198	571	1 495	2.577	580
4	1 400	460	0.735	338	290	213	784	1 846	3.312	557
5	1 400	340	0.681	231	340	231	1 015	2 184	3.993	546
6	1 400	240	0.630	151	400	252	1 267	2 516	4.623	544
7	1 400	160	0.583	93	450	262	1 529	2 836	5.206	545
8	1 400	100	0.541	54	500	270	1 799	3 145	5.749	547

本章复习题

1. 什么是财务管理？企业财务管理的特点是什么？

2. 企业财务管理的目标有哪些？分析各个目标的优点和不足。

3. 企业共有多少种生产费用以及多少种成本？请举例说明。

4. 论述如何通过高低点法、散布图法以及回归直线法进行成本预测？分析各种方法的优缺点。

5. 什么是成本性态？根据成本性态可以把企业成本分为哪几类？

6. 简述量本利分析的内涵，以及量、本、利关系的三种数学表达形式。

7. 什么是敏感性分析？举例说明如何应用敏感性分析。

8. 什么是现金？企业为什么要置存现金，企业如何确定最佳现金持有量？

9. 什么是应收账款？为什么会存在应收账款？应收账款管理的目的是什么？

10. 辨析取得成本、存储成本和缺货成本这三个概念。

11. 企业应如何制定存货决策？

12. 辨析复利终值、复利现值、年金终值以及年金现值这四个概念。

13. 将净现值法、现值指数法、内含报酬率法、回收期法以及会计收益率法这五种用来投资决策分析的方法进行对比分析。

参考文献

[1] Liam Fahey. The Strategic Planning Management Reader. PRENTICE HALL, 1989

[2] Arnoldo C. Hax, DAN CANDEA. Production and Inventory Management. PRENTICE Hall, 1984

[3] Steven P. Schnaars. Marketing Strategy. The Frte Press, 1991

[4] C. Merle Crawford. New Products Management Third Edition, IRWIN, 1991

[5] Phillip Kotler. Marketing Management. Prentice-Hall Canada Inc. Sixth Edition, 1989

[6] 徐国华,赵平. 管理学. 北京：清华大学出版社,1989

[7] 中国人民大学工业企业管理教研室. 工业企业生产运作管理. 北京：中国人民大学出版社,1985

[8] 余凯成,蒋贵善,李亚华(译). 工作研究. 北京：中国对外翻译出版公司,1988

[9] 蔡毓平. 工业企业经营管理. 北京：企业管理出版社,1987

[10] 陈良猷. 生产运作管理系统工程. 北京：北京航空航天大学出版社,1990

[11] 刘光庭. 质量管理. 北京：清华大学出版社,1986

[12] 李少华. 现代经营管理学. 北京：化学工业出版社,1991

[13] 杨岳全. 中国市场学. 北京：北京大学出版社,1988

[14] [美]菲力普·科特勒著. 梅汝和等译. 营销管理. 上海：上海人民出版社,1990

[15] 黄良文,吴国培. 应用抽样方法. 北京：中国统计出版社,1991

[16] [美]詹姆斯·H. 迈尔斯. 王祎译. 市场细分与定位. 北京：电子工业出版社. 2005

[17] 刘丽文. 生产与运作管理. 北京：清华大学出版社. 2005

[18] [美]杰伊·海泽,巴里·伦德尔. 寿涌毅译. 运作管理原理. 北京：北京大学出版社,2010

[19] 王静刚主编. 管理会计精要与个案. 北京：科学出版社,2004

[20] 宋献中,胡玉明主编. 管理会计——战略与价值链分析. 北京：北京大学出版社,2008